新基建丛书

读懂新基建
数字技术带来全民机遇

吴宁川 著

电子工业出版社
Publishing House of Electronics Industry
北京·BEIJING

内 容 简 介

本书围绕消费互联网、产业互联网时代的数字经济和共享经济大趋势，从数字化转型的方法论、目的与目标、技术体系、技术厂商、先行案例等角度，给出了既有深度又有广度的介绍与阐述，为传统企业和政府机构的数字化转型提供了切实可行的路径与路线，为希望参与数字经济和共享经济的每个人和每个组织提供了一个完整的知识参考体系。

未经许可，不得以任何方式复制或抄袭本书之部分或全部内容。
版权所有，侵权必究。

图书在版编目（CIP）数据

读懂新基建：数字技术带来全民机遇/吴宁川著. —北京：电子工业出版社，2022.1
（新基建丛书）
ISBN 978-7-121-42243-0

Ⅰ. ①读… Ⅱ. ①吴… Ⅲ. ①数字技术－应用－基础设施建设－研究－中国 Ⅳ. ①F299.24-39

中国版本图书馆 CIP 数据核字（2021）第 212454 号

责任编辑：米俊萍　　特约编辑：张燕虹
印　　刷：三河市鑫金马印装有限公司
装　　订：三河市鑫金马印装有限公司
出版发行：电子工业出版社
　　　　　北京市海淀区万寿路 173 信箱　邮编：100036
开　　本：787×1 092　1/16　印张：22.25　字数：462 千字
版　　次：2022 年 1 月第 1 版
印　　次：2022 年 1 月第 1 次印刷
定　　价：118.00 元

凡所购买电子工业出版社图书有缺损问题，请向购买书店调换。若书店售缺，请与本社发行部联系，联系及邮购电话：（010）88254888，88258888。
质量投诉请发邮件至 zlts@phei.com.cn，盗版侵权举报请发邮件至 dbqq@phei.com.cn。
本书咨询联系方式：mijp@phei.com.cn；（010）88254759。

序

数字经济已经成为全球经济增长的新动力,并且正在革新现有的经济形态。此前,人类社会经历了游牧经济、农业经济和工业经济的递进演变,每次变革的核心推动力都是被经济学家称为"通用目的技术"的新发明,如印刷术、蒸汽机、电力、汽车、计算机、互联网等。它们具有这样的特征:一种可广泛应用的通用技术,有许多不同的用途,可创造溢出效应的经济变革。正是每次"通用目的技术"的创新开启了我们所熟知的一次次工业革命。

人工智能、大数据、云计算、5G 等就是现阶段的"通用目的技术",数字经济便是以这些新兴技术为基础进行生产、交换、消费等各种经济活动的总和。在未来的一段时期内,数字技术的创新将成为拉动经济增长的关键引擎,各行各业也都在加快数字化转型的步伐,为应对未来的不确定性增加更有力的制胜筹码。

新基建就是在这样的大背景下提出的,政策明确指出 5G 建设、特高压、城际调整铁路和城际轨道交通、充电桩、大数据中心、人工智能、工业互联网是"新型的基础设施建设",利用数字技术平台加强对传统基建的渗透,重塑传统行业在数字经济时代的竞争力。新基建政策无疑顺应了"通用目的技术"的历史发展规律,并成为数字经济发展的重要推动力。

人工智能、大数据、云计算等技术不仅是新基建的重点建设内容,也是企业数字化转型与创新的重要手段。在微软内部,我们先行一步,早已将各类数字技术、智能工具全面融入企业的日常运营中,重塑员工体验与生产力提升;与此同时,我们也将很多宝贵的经验和前沿的技术与业界伙伴、客户分享,帮助大家一起解决复杂的商业和社会问题。

作为微软创新引擎的先锋,微软亚洲研究院一直聚焦于计算机科学领域的基础和应用研究,在人工智能领域拥有 20 多年的研究积累和丰硕的科研成果。自 2017 年起,微软亚洲研究院通过"创新汇"与多个行业的龙头企业共同探索前瞻的人工智能落地模式,助力企业数字化转型,推动人工智能的创新和普及,希望可以为数字经济的增长贡献一份力量。

近两年，微软首席执行官萨提亚·纳德拉曾多次提到"全面增强'技术强密度'"的愿景：企业除了要有全面拥抱技术变革的能力，还要具备应对技术变革所带来的文化挑战、激发自身持续创新的能力，将这两种能力相结合，再加上信任这个技术赖以发展的基础，才能造就企业的"技术强密度"。今后，所有企业都将成为科技型公司，并将在不同程度上成为软件应用公司。

在发展数字经济的今天，全球互联、社会全面数字化，因此信任格外重要。任何一种"通用目的技术"最终都是为了造福人类。是工具还是武器，将取决于人类如何使用这些技术。这也是为什么微软致力于打造"负责任的人工智能"，并以七大原则——公平、可靠与安全、隐私与保障、包容、透明、负责、合法与主权来指导人工智能的发展，确保让人工智能等技术真正惠及人类社会。同时，我们也非常关注人工智能、云计算等技术创新背后的可持续发展问题。只有打造出一个可持续的经济模式，并构筑不断产生正向反馈的闭环，才是整个地球、社会健康发展的长久之计。

与吴宁川先生认识多年，他一直都非常关注云计算、大数据、人工智能等数字科技，以及数字经济的变化与发展。《读懂新基建：数字技术带来全民机遇》集中展示了吴宁川先生近年来对行业的观察和对趋势的见解，我很高兴看到本书对微软及业界非常关心的问题进行了系统的呈现与深入的剖析。对于微软来说，我们的愿景一直在持续迭代、与时俱进，希望予力全球每个人、每个组织，使其成就不凡。对于每位读者来说，能够有机会开启并参与数字化浪潮的下一个黄金10年，是非常值得庆幸的事情。希望本书可以加深读者对于新基建和相应技术的理解，共同见证数字经济的腾飞。

洪小文

微软全球资深副总裁、微软亚太研发集团主席

写于2021年4月26日，北京

前言

进入 2021 年，一切都已经变得非常清晰：云+人工智能（AI），正在重塑世界；云+人工智能（AI）等数字技术，正在成为商业、经济与社会的新型基础设施。

2013 年 6 月，公有云 Windows Azure（后更名为 Microsoft Azure）正式进入中国市场，而当时距离 Microsoft（微软）推出公有云服务也仅有 3 年。可以说，Windows Azure 进入中国并在中国市场掀起了一股"云计算"的讨论热潮——究竟什么是云计算？

笔者有幸成为当年 Windows Azure 进入中国的亲历者，也属于在中国市场最早接触云计算特别是公有云概念的第一批人。在 2013 年及之后的 5 年，整个市场对于云计算概念和技术的理解仍处于"春秋战国、百家争鸣""八仙过海、各显神通"的阶段。

2016 年，市场还处于云计算的全民启蒙阶段，谷歌 AlphaGo 的横空出世进一步把人工智能推向了全民启蒙期。一时间，云计算与人工智能成为街谈巷议的热门话题。那些年，除云计算和人工智能外，大数据、物联网、区块链等新技术纷纷进入了"寻常百姓家"。以云和 AI 为代表的新数字技术体系，正悄然改变着商业、经济与社会的运作模式。

● 云计算奠基数字化转型

究竟什么是云计算？为什么说云计算是新型基础设施？在早期，云计算只是一个学术概念，主要是分布式计算的一种。2006 年，在 AWS（Amazon Web Service，亚马逊 Web 服务）亚马逊云科技推出第一代真正工程意义上实现的云服务时，以公有云服务为代表的云计算开始演化成为通过互联网和网络浏览器等，向企业和政府机构交付企业 IT 服务的形式，这就是云计算作为现代新型基础设施的开端。

简单理解，云计算就是把面向各企业、政府机构的计算和数据服务集中起来，特别是把企业和政府机构的数据中心都集中化，通过互联网这一无处不在的共享社会基础设施，向全社会共享计算资源和服务。企业、政府机构甚至个人开发者，只需要使用信用卡等方式就能便捷获得以前由大型企业、政府机构所独享的计算资源和处理能力，还能按使用量付费，也就是即用即付的方式。

2021年，随着云计算进入发展的第 15 个年头，全球逐渐形成了以亚马逊 AWS、微软 Azure、谷歌 GCP 和阿里巴巴云计算为代表的四大超级公有云。四大超级公有云在全球各国各地区基本都有覆盖，而在各国各地区还有各自地方运营的政府云、地区云、行业云等多种形式的云服务，随着各类超大规模、大型、中型、中小型"云"的出现及彼此之间的互联互通，云计算将像水厂与供水系统、电厂与供电系统等传统基础设施一样，成为新型变革的力量——推动数字化转型变革。

● 人工智能加速数字化转型

云计算特别是公有云将是全社会数字化转型的基础设施，而人工智能将加速全社会的数字化转型，这背后有一个隐藏的前提——全社会范围的数据共享和互联互通。

云计算使全社会共享计算基础设施和计算能力。过去由大型企业所独享的数据中心等计算基础设施与计算能力，通过社会化集中的方式形成了全社会共享的计算基础设施和计算能力；过去深藏在企业与政府机构内部的数据也得以在云计算的"高速路"上快速流转、共享和共创新价值，而创造新价值的方式就是通过人工智能算法——一种全局优化算法。

人工智能算法的能力，体现在全局性的优化和全局性的数据价值创新。当然，可以通过深度学习等人工智能和机器学习算法，实现图像识别、视频识别、自然语言理解等认知计算，也就是单点问题的处理；而人工智能和机器学习算法的更大优势则在于将不同领域的全局数据汇聚在一起，从中找寻到与以往不同的解决问题之道。例如，将天气数据、交通数据、人口数据、零售数据等汇聚在一起，找到提高零售效率的新方式、新方法。

除全局性优化及跨边界创新外，每个人和每个机器都可以拥有一个人工智能代理，人工智能代理可以替人及机器处理各种任务。设想一下在数字社会中，既有局部的处理单点问题的人工智能代理，也有处理全局性整体系统优化的人工智能自动化协调机制，借助无处不在的云计算基础设施及全社会共享的大数据，人工智能将加速数字化转型。

新基建：数字技术的全民机遇

中国的新基建对于全球的数字化转型来说，是一场历史性的机遇。新基建不是一个新的概念，就像云计算也不是一个新的概念一样。新基建的意义在于将云、人工智能、大数据、物联网等技术体系以工程化方式落地到社会基础设施中，成为全社会共享的技术资源。随着中国各个城市纷纷出台新基建规划，《中华人民共和国国民经济和社会发展第十四个五年规划和 2035 年远景目标纲要》专门辟出《加快数字化发展 建设数字中国》篇章，一场将持续数年的全民共享数字技术机遇正在展现。

新基建的出台有一个深刻的历史背景，即共享经济的发展。所谓共享经济，是指以使用权分享为主要特征的经济形式，通过互联网等现代信息技术手段，整合海量的分散资源以满足多样化的需求，同时通过技术平台完成供需的快速匹配和最优化配置。云计算本身就是共享经济的一个典型代表，就是将原本大型企业才具备的数据中心整合起来，再将计算资源和计算能力通过互联网以廉价方式对外输出，实现全社会的共享和分享。

新基建在强调兴建大数据中心等数字基础设施的同时，还强调把云、人工智能、物联网等技术嵌入各种社会基础设施中，这极大限度地提升了社会基础设施的"智慧"程度，以及共享和分享能力。随着各类社会基础设施转变为具备强大数字能力的数字基础设施，数字技术能力将像水和电那样嵌入日常生活和生产运营中，一个全民共享数字技术红利的时代即将到来。

本书主要内容

第一章至第三章主要从数字经济发展、商业模式变革和产业互联网崛起等角度，介绍和阐述了这一轮数字化转型的不同之处：基于消费互联网和产业互联网的共享经济变革，以及相应的企业组织方式变革和平台型组织的出现。特别介绍了数字营销，因为在这一轮数字化转型中，首当其冲的就是企业的前端营销组织和营销方式的变革，由外向内倒推企业的中后台变革，进而引发企业在数字经济时代的颠覆。

第四章至第八章主要介绍了云计算、大数据、人工智能、物联网、区块链这五大数字经济和共享经济的关键技术体系。在介绍每个关键技术体系的时候，都从技术发展史角度回顾了该关键技术体系的起源，试图解决哪些重大问题，在发展过程中出现的主要技术流派，以及当前的主流技术方案和应用。因为这五大关键技术是新基建的重点，所以采用相当的篇幅进行介绍和阐述。

第九章至第十二章主要从应用的角度介绍了关键技术体系正在如何变革零售、制造、金融和城市的运营与管理。以新零售、新制造、新金融和新城市为代表的共享经济与城市管理模式，都围绕多样化的消费和市民需求而重新组织商品与服务的生产制造、流通、渠道、交付等形成共享价值链，也是新基建的主要应用场景。

第十三章至第十八章主要从技术厂商的角度介绍了在这一轮数字化转型过程中率先完成转型的科技企业，包括微软（Microsoft）、亚马逊（Amazon）、IBM、阿里巴巴（简称阿里）、腾讯和华为，这些科技企业也是传统企业和政府机构数字化转型的主要技术供应商、服务商。了解这些科技企业如何完成自身的数字化转型，以及其为传统企业和政府机构所提供的数字技术、服务与方案，将极大助力新基建时代的企业和政府机构转型与发展。

本书围绕消费互联网、产业互联网时代的数字经济和共享经济大趋势，从数字化转型的方法论、目的与目标、技术体系、技术厂商、先行案例等角度给予了既有深度又有广度的介绍与阐述，为传统企业和政府机构的数字化转型提供了切实可行的路径与路线，为希望参与数字经济、共享经济的每个人和每个组织提供了一个完整的知识参考体系。

本书中引用了大量的数据，这些数据中既有历史数据也有当下数据，即使没有收录最新的数据，也反映了科技与商业领域的大趋势，请读者以趋势性眼光看待本书中涉及的各种数据和事实。

希望有更多的人和组织，能够在本书的启发下，积极主动参与新基建时代的伟大科技与商业变革！

目录

01 第一章
从消费互联网到产业互联网   1
- 第一节 信息消费拉升数字经济   1
- 第二节 走进移动互联网大时代   4
- 第三节 智能技术驱动共享消费者   7
- 第四节 新信息交互界面   9
- 第五节 产业互联网：共享商业网络   12

02 第二章
数字化转型：共享商业与数字服务经济大时代   18
- 第一节 平台型企业：百年企业组织模式大变革   18
- 第二节 XaaS：数字服务商业模式   21
- 第三节 数字化转型方法论   26
- 第四节 数字中台：共享商业的基石   29

03 第三章
数字营销：以个人体验为中心重建品牌   34
- 第一节 新媒体时代   34
- 第二节 内容营销成为营销新范式   38
- 第三节 营销技术大发展   42
- 第四节 营销4.0：个性化消费体验崛起   47

04 第四章
云计算：全社会共享数据中心   51
- 第一节 什么是云计算   51
- 第二节 不同的云计算技术流派   55
- 第三节 云原生技术与PaaS   59
- 第四节 全社会共享计算资源   64

05 第五章
大数据：全社会共享数据资源　　67

第一节　大数据启动新一轮经济长周期　　67
第二节　数据开放与数据资源共享　　70
第三节　大数据技术与大数据产业　　73
第四节　数据分析与新分析算法　　77

06 第六章
人工智能：全社会共享数据智能　　81

第一节　人工智能全球商业化浪潮　　81
第二节　人工智能产业全景图　　85
第三节　人工智能产业化新时代　　92
第四节　人工智能新算法、新方向　　95

07 第七章
物联网：全社会共享机器连接　　99

第一节　Web 3.0 时代的共享市场　　100
第二节　必须了解的物联网通信技术　　102
第三节　巨头抢占物联网平台　　109
第四节　物联网应用爆发的前夜　　115

08 第八章
区块链：全社会共享信任网络　　120

第一节　区块链与共享信任　　121
第二节　区块链技术进展　　123
第三节　区块链泡沫之年　　132
第四节　区块链产业脱虚向实　　134

09 第九章
新零售：全社会共享商业网络　　140

第一节　零售业的结构性变革　　141
第二节　"双 11"与零售电商瓶颈　　143
第三节　巨头加入共享经济战场　　147
第四节　新思维、新技术、新体验　　152

第十章
新制造：全社会共享制造网络　　159

第一节　中国制造业的两大任务　　159

第二节　制造巨头与互联网巨头"跑马圈地"　　163

第三节　共享制造网络　　171

第四节　3D 打印：新思维、新技术、新体验　　176

第十一章
新金融：全社会共享金融资源　　180

第一节　互联网金融与数字金融的区别　　180

第二节　颠覆传统 IT 的数字金融科技　　183

第三节　数字货币：未来已来　　187

第四节　新思维、新技术、新体验　　190

第十二章
新城市：全社会共享智慧城市　　196

第一节　智慧城市：城市的信息化　　196

第二节　从智慧城市到数字中国　　201

第三节　数字孪生城市与城市大脑　　206

第四节　新思维、新技术、新体验　　209

第十三章
微软：全社会共享数字生产力　　216

第一节　数字化转型领导力　　217

第二节　DevOps：新软件工程，提升开发生产力　　221

第三节　微软数字平台一览　　230

第四节　微软创新机构　　234

第十四章
亚马逊：全社会共享计算基础设施　　238

第一节　"痴迷客户"的技术发明　　239

第二节　构建可持续演进的系统　　243

第三节　AWS 技术发展史　　247

第四节　零售与电商的互补　　254

第十五章
IBM：全社会共享技术创新力　　258

- 第一节　打破企业级技术迷思　　258
- 第二节　开源技术：全社会共享技术创新　　262
- 第三节　人工智能与混合云：下一个共享创新平台　　270
- 第四节　IBM 大型主机：新计算基石　　276

第十六章
阿里巴巴：全社会共享商业基础设施　　280

- 第一节　大中台、小前台　　280
- 第二节　"双 11"：世界级的共享经济工程　　285
- 第三节　阿里云：世界级的共享公有云　　288
- 第四节　蚂蚁金服：世界级的共享数字金融　　296

第十七章
腾讯：全社会共享连接力　　300

- 第一节　研发文化的转型　　300
- 第二节　产业互联网"共同体"　　304
- 第三节　小程序、广连接　　312
- 第四节　数字生态连接者　　314

第十八章
华为：数字中国新"土地"　　319

- 第一节　数字化转型再造华为　　319
- 第二节　云+AI：打造数字"黑土地"　　327
- 第三节　鲲鹏计算产业　　333
- 第四节　以开发者为核心　　338

后记
后疫情时代，全社会提速数字化转型　　342

第一章
从消费互联网到产业互联网

消费是终极需求。2015年11月23日,国务院发布的《关于积极发挥新消费引领作用 加快培育形成新供给新动力的指导意见》指出了新消费的重大意义所在:我国已进入消费需求持续增长、消费结构加快升级、消费拉动经济作用明显增强的重要阶段。

以传统消费提质升级、新兴消费蓬勃兴起为主要内容的新消费及其催生的相关产业发展、科技创新、基础设施建设和公共服务等领域的新投资、新供给,蕴藏着巨大发展潜力和空间。新消费领域特别是服务型消费领域,包括旅游、教育、医疗、健康、养老、交通方式等都在发生重大变化,服务型消费要比产品消费的发展速度快很多。

2018年,我国信息服务消费首次超过了信息产品消费,2018年是互联网产业的一个分水岭。进入2017年和2018年,关于"互联网下半场"的说法逐渐流行起来。此前的2015年被普遍视为中国的企业级SaaS(软件即服务)元年或产业互联网元年,这一年以AWS(Amazon Web Service,在中国的品牌名称为亚马逊云科技)为代表的云计算模式在中国市场引起了广泛的关注,"互联网+"、产业互联网、工业互联网、企业级SaaS、物联网等逐渐成为"互联网下半场"的热点。2018年,以腾讯的第三次组织架构转型为标志,产业互联网拉开时代大幕。

第一节 信息消费拉升数字经济

《关于积极发挥新消费引领作用 加快培育形成新供给新动力的指导意见》明确指出,服务消费、信息消费、绿色消费、时尚消费、农村消费、品质消费六大领域是消费升级的重点领域和方向。

信息消费指把信息技术特别是移动互联网用于改变消费习惯、变革消费模式、重塑消费流程,催生跨区跨境、线上线下、体验分享等多种消费业态。通常认为,信息消费包括信息产品和信息服务等的消费。当前，信息产品从手机、计算机向数字家庭、虚拟现实/增强现实、智能网联汽车等产品延伸，可穿戴设备、消费级无人机等新型信息产品不断涌现。信息服务则从通信需求转向应用服务和数字内容消费，随着移动互联网、网络支付等信息消费支撑要素日臻完善，O2O生活服务、在线教育、在线医疗等新兴消费市场快速成长。

活跃的信息消费

在六大新消费领域中，信息消费是"当前创新最活跃、增长最迅猛、辐射最广泛的经济领域之一"，信息消费成为消费结构升级的方向。根据中国信息通信研究院的研究，从发达国家的经验看，收入水平与消费结构有显著的匹配关系，人均可支配收入达到中等发达国家水平后，IT、通信等方面的消费比例显著提升，具有高技术含量、服务含量、可扩展性的信息消费成为消费结构升级的重要方向。各类信息产品和信息服务消费需求增长迅速，在消费升级中创造出巨大的消费增长空间，不断优化消费结构。

根据中国信息通信研究院测算，2016年中国信息消费规模达到3.9万亿元，占最终消费的比重从2013年的6.4%提高到9.2%，4年平均增幅达21%，为同期最终消费增速的2.4倍。2016年信息消费对GDP增长的直接贡献达到0.8个百分点，对全社会生产效率提升的作用达35%，直接贡献新增就业岗位172万个，间接新增就业岗位406万个。2018年，中国信息消费规模进一步提升到5万亿元，根据《2018年中国互联网产业发展报告》，信息消费已成为创新最活跃、增长最迅速、辐射最广泛的新兴消费领域之一。2018年信息消费规模同比增长11%，占GDP的比例提升至6%。

2017年8月24日，国务院发布的《关于进一步扩大和升级信息消费 持续释放内需潜力的指导意见》明确了信息消费的发展目标，到2020年，中国信息消费规模预计达到6万亿元，年均增长11%以上。信息技术在消费领域的带动作用显著增强，信息产品边界深度拓展，信息服务能力明显提升，拉动相关领域产出达到15万亿元。2019年2月，中国互联网络信息中心（CNNIC）发布的第43次《中国互联网络发展状况统计报告》显示，2018年中国商务交易类应用持续高速增长，网络购物、网上外卖和在线旅行预订用户规模持续增长。中国是全球最大的电子商务市场，中国电商交易额在2017年就已经达到世界电商交易额的40%以上。

信息消费与数字经济

信息消费与数字经济息息相关。根据中国信息通信研究院的数据，我国数字经济正在进入快速发展新阶段：2017年中国数字经济规模达到27.2万亿元，占GDP

比重达 32.9%；2018 年中国数字经济规模达到 31.3 万亿元，占 GDP 比重达 34.8%；2019 年中国数字经济规模达到 35.8 万亿元，占 GDP 比重达 36.2%；2020 年中国数字经济规模达到 39.2 万亿元，占 GDP 比重达 38.6%。

数字经济是继农业经济、工业经济之后的更高级经济阶段。数字经济不是信息经济，而是信息经济发展到高级阶段的产物。通常认为，数字经济是以使用数字化的知识和信息作为关键生产要素、以现代信息网络作为重要载体、以信息通信技术的有效使用作为效率提升和经济结构优化的重要推动力的一系列经济活动。简单理解，信息经济的初级阶段以互联网和移动互联网促进信息的流通为主要形式，信息流通的目的和功能是促进人们的消费与社交；而在信息经济的高级阶段，数字和信息对于其他生产要素具有倍增作用，数字与信息本身也成为新型生产要素，进而融入生产制造、企业经营等关键的生产工具和流程中，成为新的先进生产力。

在从信息经济初级阶段发展到以数字经济为代表的高级阶段的过程中，信息消费始终都是主要的驱动力及牵引力。正是因为信息通信基础设施和信息服务的飞速发展，信息流通越来越无障碍，具备低成本、高流量、低时延、广覆盖、可永久性存储等特点，成为类似水和电一样的社会基本资源，这才能推进数字、信息进入关键的生产制造和企业经济环节中。

通常认为，数字经济包括数字产业化和产业数字化两大部分。数字产业化也称为数字经济基础部分，即信息产业，具体业态包括电子信息制造业、信息通信业、软件服务业等；产业数字化，即产业组织因使用信息技术而带来的产出增加和效率提升，也称为数字经济融合部分，包括传统产业由于应用数字技术所带来的生产数量和生产效率提升，其新增产出构成数字经济的重要组成部分。

2017 年 3 月，"数字经济"首次进入《政府工作报告》，政府要推动"互联网+"深入发展、促进数字经济加快成长，让企业广泛受益、群众普遍受惠。这实际上就是从国家层面推动数据和信息进入生产制造与企业经营等重要的生产环节，也就是产业数字化。2020 年 3 月，中共中央、国务院印发了《关于构建更加完善的要素市场化配置体制机制的意见》（以下简称《意见》），数据作为一种新型生产要素进入了《意见》，进一步印证了整个信息经济向高级数字经济发展的大势。

疫情加速了信息消费的发展

2020 年的新冠肺炎疫情（以下简称疫情），加速了各类信息消费和数字消费的发展。根据中国互联网络信息中心于 2020 年 4 月和 9 月发布的第 45 次和第 46 次《中国互联网络发展状况统计报告》，2020 年年初受疫情影响，大部分网络应用的用户规模呈现较大幅度增长。其中,在线教育、在线政务、网络支付、网络视频、网络购物、即时通信、网络音乐、搜索引擎等应用的用户规模较 2018 年年底增长迅速。

特别是在线教育呈现爆发式增长,截至 2020 年 3 月,我国在线教育用户规模达近 4.23 亿人,较 2018 年年底增长 110.2%,占网民整体的 46.8%(见图 1-1)。2020 年年初,全国大中小学推迟开学,2.65 亿名在校生普遍转向线上课程,用户需求得到充分释放,在线教育应用呈现爆发式增长态势。而网络消费成为消费增长的重要动力。到 2020 年 6 月,我国在线教育用户规模有所回落,达 3.81 亿人,占网民整体的 40.5%。

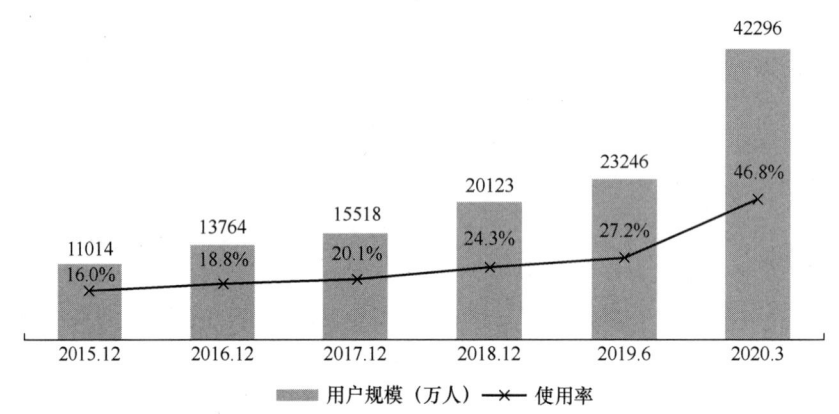

图 1-1　2015 年 12 月—2020 年 3 月,我国在线教育用户规模及使用率

(资料来源:中国互联网络信息中心 CNNIC,第 45 次《中国互联网络发展状况统计报告》)

截至 2020 年 6 月,我国网络购物用户规模达 7.49 亿人,占网民整体的 79.7%。2020 年 1—2 月,全国实物商品网上零售额同比增长 3.0%,实现逆势增长,占社会消费品零售总额的比重为 21.5%,比 2019 年同期提高 5 个百分点。而全国一体化政务服务平台在疫情防控中发挥了有力支撑作用。

截至 2020 年 6 月,我国在线政务服务用户规模达 7.73 亿人,占网民整体的 82.2%。在疫情期间,国家及各地区一体化政务服务平台提供疫情信息服务,推行线上办理,协助推进精准防疫,应用成效越来越大,已经成为创新政府管理和优化政务服务的新渠道。

第二节　走进移动互联网大时代

在 2016 年 11 月召开的第三届乌镇世界互联网大会上,百度公司董事长李彦宏做了一个判断,即移动互联网时代已经结束。相应的依据是市场已经进入了一个相对平稳的发展阶段，互联网人口渗透率已经超过 50%。但恰恰相反，正因为互联网人口渗透率超过了 50%，说明移动互联网的大时代才刚刚开始。

● 2018 年：使用互联网和移动互联网的人数比例突破 50% 大关

早在 2018 年，全球互联网用户数就已经突破了 40 亿人大关，即意味着全球 50% 的人口"触网"。根据 2018 年 1 月"We Are Social"和"Hootsuite"两家互联网研究机构的数据，在当时全球 76 亿人中，约 2/3 的人已经拥有手机，且超过半数的手机为智能型设备，人们可以随时随地、轻松地获取丰富的互联网资源。GlobalWebIndex 当时的数据显示，全球互联网用户每日平均在线 6 小时，互联网已经占据了人们清醒时间的 1/3。

在中国市场，中国互联网络信息中心的第 42 次《中国互联网络发展状况统计报告》显示，截至 2018 年 6 月 30 日，我国网民规模达 8.02 亿人，互联网普及率为 57.7%，而我国手机网民规模达 7.88 亿人，网民通过手机接入互联网的比例高达 98.3%。

更为重要的是，中国宽带资费不断下降、下载速率不断提升，根据宽带发展联盟（由中国通信标准化协会代管）2018 年 11 月的统计数据，2018 年第三季度我国固定宽带网络平均下载速率达到 24.99Mbps，已逼近 25Mbps；我国移动宽带用户使用 4G 网络访问互联网的平均下载速率也达到 21.46Mbps。

● 2018—2019 年：我国移动宽带资费水平大幅降低

在 2015 年 5 月，"提速降费"就已被提上日程，具体包含：鼓励电信企业尽快发布提速降费方案计划；使城市平均宽带接入速率提升 40% 以上；推出流量不清零、流量转赠等五大服务。2017 年，工业和信息化部（以下简称工信部）相关数据中显示的相关流量费用已经降到了 28 元/GB 的水平，2018 年上半年移动流量平均资费较 2017 年年底又下降了 46.2%。

截至 2018 年 6 月，我国移动数据流量平均资费从 2014 年年底的平均 131.3 元/GB 下降到 2018 年 6 月的 11.6 元/GB；国际电信联盟的数据显示，我国每 GB 移动流量资费占人均国民总收入的比例为 1.1%，显著低于全球 6.8% 的平均水平。由于移动宽带费用大幅下降，我国用户月均移动数据使用量（DOU）由 2014 年 12 月的 205MB 增长至 2018 年 6 月的 4.2GB，出现了移动数据流量的爆发式增长。2018 年 7 月 1 日，三大运营商同时取消了流量"漫游"费，受惠用户达 7.8 亿人。

2019 年，我国继续开展网络提速降费，启动宽带网络"双 G 双提，同网同速"

行动,加快固定宽带千兆应用推广,做好建档立卡贫困户、中小企业精准降费,推动大幅降低内地与港澳间漫游费等。特别是针对特定的贫困人口,我国的基础电信部门企业向所有贫困县、贫困户制定了相应扶贫优惠措施,推出了"扶贫套餐",切实降低了贫困人口的通信费用,促进了贫困人群使用宽带。

2019 年,我国还迎来了 5G 商用初期。5G 可以给用户带来更高的带宽速率、更低更可靠的时延和更大容量的网络连接。理论上来说,5G 的网络速度将是 4G 的百倍甚至更多,5G 网络峰值速度甚至可达到 20Gbps,整部超高画质电影可在 1 秒之内下载完成。进入 2020 年,三大运营商相继推出 5G 套餐,移动宽带流量资费进一步降低。例如,中国移动 5G 智享套餐(个人版)最低费用为 128 元/月,含 30GB 流量+200 分钟通话时长。

● 移动互联网重塑 PC 互联网

毋庸置疑,无论从用户行为习惯、移动设备与宽带技术发展,还是从资费和(移动)互联网的覆盖面来看,移动互联网的大时代已经全面到来。互联网和移动互联网对人类的巨大影响正在显现。当智能手机和移动互联网已经可以覆盖绝大多数消费者的时候,其将反过来以移动互联网的用户行为和使用习惯来重新影响 PC 互联网下所产生的技术与商业模式。

典型的 PC 逻辑是大数据量、串行处理、孤岛和中央管理,而移动互联网的逻辑与 PC 的逻辑正好相反——小数据量、并行与并发处理、永远在线、广播式开放管理等。阿里巴巴集团技术委员会主席王坚在 2016 年曾说过:"Facebook 等是从最后一批传统互联网中发展出来的伟大企业,尽管乘着移动互联网的东风没有掉队,但是移动互联网到今天还没有成就过一家伟大的公司。"

在商业模式方面,互联网是人类迄今为止最大的技术革命之一,而互联网特别是移动互联网对于消费领域的影响才刚刚开始。通过移动互联网的技术手段对生产和消费进行重构,将是商业史上最伟大的变革之一,电商、O2O、直播、众筹、Uber、Airbnb 等仅是这个变革的初期模式。而移动互联网将最先变革教育、旅游、医疗、汽车后市场等,这些领域都有巨大的新消费潜力。

在企业联网方面,马化腾在 2016 年腾讯"云+未来"峰会上指出,有很多传统的企业,从过去"触网"到现在开始"触云",过去是从用户角度使用互联网,而现在开始成为互联网的一部分,这就是新的商业生态。云计算和移动互联网融合在一起,把企业、消费者和社会连接起来形成了一个新的有机体,这是因为在过去没有腾讯这样单一的大规模在线用户平台,而云服务托起的"互联网+"正在变成大规模在线企业平台。这就是产业互联网。

第三节　智能技术驱动共享消费者

随着人们越来越多地使用智能硬件设备、互联网和移动互联网，整个网络上将积累起真实的人的数据和数字轨迹。

● 数字孪生与数字轨迹

在工业4.0中，有一个重要的概念叫"数字孪生"，简单地理解就是在数字世界中建立起物理设备的全息数字影像或者全息数字模拟。例如，对应现实中的一个物理楼宇而建立起数字楼宇，通过各种传感器不断把物理设备数据传输到数字楼宇显示图像中，可以在数字控制面板中观察物理楼宇的各种状态变化，同时模拟这些状态变化对于楼宇的影响，并将控制器的调节参数传递给前端的物理控制设备，从而达到自动调节的作用。

对一个楼宇建立起"数字孪生"并不困难，只需要给物理楼宇装配各种传感器即可，安装的传感器越多，越能捕捉物理楼宇的各种细节。但要在现实世界中捕捉真实的个人的完整数据集和数字轨迹却并不容易，因为这首先需要各种可穿戴设备、桌面设备、移动设备等的大面积普及；其次需要能够存储个人数据的大容量云盘，以及实时处理数据的各种分析算法；再次需要各种APP之间的打通以连接个人的数字轨迹，最重要的是还需要个人隐私保障和数据保护。2018年5月，欧盟《通用数据保护条例》（General Data Protection Regulation）发布，该条例被视为史上最严的数据保护立法，当企业发生数据泄露事故时，可能会面临高达企业年收入4%的罚款，这将不仅影响欧洲地区保存或使用欧洲公民个人数据的方式方法，而且对全球有着深远影响。

尽管建立个人的"数字孪生"和数字轨迹面临着种种挑战，但这一天正在越来越快速地逼近。在这个过程中，人的行为对市场经济的影响正在挑战经济学。随着人类社会进入移动互联网的大时代，以前无法被正确观察到的人的行为，有了有效的观察途径和方法。

● 电信与移动互联网大数据

电信运营商拥有海量而精准的个人数字轨迹数据，电信运营商是消费互联网、企业互联网和政府互联网的主要载体。无论是个人的上网浏览数据、APP使用数据、地图导航数据、支付消费数据、共享单车数据等，还是企业和农业、卫生健康、应急救援等政府数据等，都能与具体的个人和企业属性数据相结合。更重要的是，这些数据具有时间和地理位置的时空属性,从中不仅可以获得相当精准的个人和企业画像,还可以获得不同事件的因果关系。不过,由于数据隐私保护,电信运营商不能随意泄露个人和企业的数据,因此近年来,三大运营商纷纷寻找在对拥有的大数据进行数据脱敏后,对其进行挖掘和商业化的方法。

例如,中国联通于2017年9月成立了联通大数据公司。中国联通的大数据维度全面,包含地理位置、上网行为、运动轨迹、支付能力、咨询投诉等多维信息,并可准确地反映用户行为状态。数据来源于网络,具有连续性和可追溯性,无人为因素干扰,而且通过这些不同维度数据的交叉关联,可以创造更多的新数据和新价值。标签体系是联通大数据公司对用户的全量业务、网络、消费数据进行归纳提取后,以标签化形式输出的分类结果,包括用户360°的属性特征和行为偏好等。联通大数据公司还提供数盾风控、数达营销、数赢洞察、数言舆情、数睿广告等产品,以及政务、旅游、交通、工业互联网等行业解决方案。

能够达到或近似达到与电信大数据同等开放规模效应,也能反映真实的人的行为数据的,就是(移动)互联网APP大数据。首当其冲的就是BAT(百度、阿里巴巴、腾讯)中的微信和支付宝两大APP大数据,尤其是微信大数据。2019年1月,腾讯发布的《2018微信大数据报告》显示,微信月活用户已经达到10.82亿人,其中55岁以上的用户有6300万人;微信用户每天发送消息450亿次,同比增长18%;每日音视频通话4.1亿次,同比增长100%;在微信打造的智慧生活方面,每个月使用微信乘公交/地铁的乘客比2017年增加4.7倍,每个月使用微信零售消费的买家比2017年增加1.5倍,每个月使用微信吃饭买单的食客比2017年增加1.7倍,每个月使用微信支付医疗费用的人数比2017年增加2.9倍。

当然,微信大数据远不止于腾讯官方公布的这些数据及其属性,在微信支付里的各种第三方服务,特别是美团外卖、大众点评、猫眼电影、同程艺龙酒店机票等第三方O2O应用,以及京东优选、拼多多、蘑菇街、唯品会等电商应用,一旦实现与微信的数据互动,就能产生更大的数据协同效应,也就能捕捉更加细致的、真实的人的行为。2020年8月,根据腾讯2020年第二季度财报,微信及WeChat的合并月活跃账户数达12.06亿人,同比增长6.5%。

● 从大数据平台到共享消费者

消费者在这些大数据平台所留下的真实数字痕迹及数据积累,正在形成新的数字生态——关于真实的人的行为数据生态,而这个生态在长期能实现捕捉个人的细节数据,在短期能在数据平台形成社群或人群的特征数据,从而形成生态化的规模经济效应。

这样一个生态化的规模经济效应，正是 iPhone 及苹果公司（Apple）的成功之道：放弃了键盘的 iPhone，其根本的成功原因在于苹果公司从一开始就着手建立一个属于自己的数字生态，iPhone 成为连接和打通上游数字内容供应商和下游消费者之间的智能数字平台。除了 iPhone，类似的还有小米、Uber、Facebook、淘宝、亚马逊（Amazon）、Airbnb 等智能硬件、出行、电商、社交等方面的数字平台。

过去，这些公司以一己之力建立了完整的数字生态，未来的数字生态则是开放式的、由多家公司联合建立的。所谓共享消费者，就是打通不同数字平台上的消费者数据，或者通过第三方数字平台中转，或者利用人工智能技术对数据进行建模后共享数据模型，或者通过 API（Application Programming Interface，应用程序接口）的方式进行数据共享，等等。

第四节　新信息交互界面

以信息消费为代表的新消费，成为拉升和重构经济的重要引擎。而"引擎"并不是一个虚拟的比喻，正如汽车引擎这样一个看得见、摸得着的物理硬件，信息消费"引擎"最终也要落实到具体的智能硬件终端，成为消费者每天都可以使用的物理设备，并使消费者通过这个物理设备进一步消费各种信息和信息服务。

智能手机是当前最主流的智能硬件终端，无论是电商、视频等消费级服务，还是在线教学、电子政务等政企服务，最终都要通过智能手机才能被广泛的消费者和用户所使用。全面普及的智能手机、平板电脑、笔记本电脑等信息终端，已经推动了信息经济的大发展。面向未来的信息消费，虚拟现实/增强现实设备、智能音箱、智能汽车等正在成为下一波推升信息经济的新一代信息终端及新交互界面。

● XR：虚拟现实与增强现实打开新视界

在虚拟现实（Virtual Reality，VR）、增强现实（Augmented Reality，AR）与混合现实（Mixed Reality，MR）领域，无论是在应用程序方面还是在设备方面，到 2018 年的技术进展都不大，商业化程度都不高。进入 2019 年，随着 5G 正式商用，5G 正在推动 XR（VR/AR/MR）产业迎来大规模的复苏和复兴期。"2019 世界 VR 产业大会"指出，虚拟现实技术体系相关传感、交互、建模、呈现技术正在走向成熟，特别是 5G 和新一代头显体验显著提升，让 2019 年 AR/VR 头显设备出货量强劲增长。

在所有预测的区域中，中国是走在最前沿的市场区域。2019 年，Facebook 的头显设备 Oculus Quest 问世，带来了 XR 头盔设备市场的强劲增长——售价在 399 美元的Oculus Quest被视为历史性的突破；2019年12月上市的华为VR Glass（见图1-2）更被视为一个重大突破：佩戴质量为166g，镜腿为可折叠设计，支持0~700°近视调节与55~71mm瞳距自适应，具有3D音效、IMAX巨幕、透气遮光面罩和全场景VR体验，可用VR手机投屏，配备3万小时VR视频、100+手机VR游戏和数千款计算机VR游戏等，售价仅为2999元。

图1-2 华为VR Glass

不仅是XR游戏、XR教育、XR直播、XR巨幕影院等消费领域，XR在面向垂直行业的商用领域也有望迎来新一轮快速增长。市场调查公司Greenlight Insights预测，2020年全球企业VR花费增长79%，政府、航空、汽车、能源与电力、农业、工程与建筑工程、制造、物流、零售、医疗等多个商用领域和行业的VR市场都有望快速增长。

● 智能音箱：新的人机交互入口

与智能手机类似，智能音箱也是一款互动性很强的智能硬件产品，而且智能音箱以语音进行操控，扩展了智能手机必须用文字进行交互的方式，特别适合不方便输入文字的特殊人群和特殊场景，以及不识字的低学历、半文盲和文盲人群。由于语音交互是对文字交互的极大补充，智能音箱有着潜在的广阔应用空间。

智能音箱的竞争焦点，正如iPhone和安卓智能手机一样，在于生态体系的完善。自亚马逊于2014年推出第一款智能音箱以来，各大科技企业纷纷入局智能音箱。根据市场调查公司Canalys的数据，全球智能音箱在2018年第三季度的销量达到1970万台，同比增长830万台；其中亚马逊的Echo智能音箱与谷歌的Home智能音箱成为美国市场的双寡头，在2018年交替成为市场第一大品牌。实际上，亚马逊与谷歌自身就具有丰富而庞大的互联网生态，智能音箱可成为其互联网内容与服务的出口，无论是亚马逊的电商还是谷歌的搜索，都是智能语音和智能音箱的用武之处。全球第三大智能音箱品牌是阿里巴巴的天猫精灵智能音箱，第四大智能音箱品牌是小米的智能音箱。在中国市场，百度于2018年第二季度发布了自己的智能音箱产品，并很快取得了中国市场第三大智能音箱品牌的地位。

作为全球智能音箱第一大品牌及市场第一的亚马逊 Echo 智能音箱，其成功之道在于亚马逊庞大的内容与服务生态。亚马逊自身的电商业务、音乐业务、视频业务、图书业务等，为 Echo 智能音箱和 Alexa 语音助手提供了庞大的应用空间。2019 年 1 月，苹果公司也将自己的音乐内容与 Echo 和 Alexa 打通，苹果音乐接入亚马逊的智能硬件，显示了苹果公司做大数字内容业务的决心，也说明了亚马逊 Echo 智能音箱的市场地位。而 Alexa 语音助手搭配 Echo 智能音箱后，有望成为市场第一大智能语音助手，将有更多的数字内容与服务主动接入。

● 智能汽车：下一个"移动"智能终端

相比于智能手机，无论是 XR 设备还是智能音箱，都不那么"移动"，相应也损失了很多便利性。而以纯电动汽车为代表的新能源汽车，正在成为下一个具备庞大经济体量的移动智能信息终端。纯电动汽车没有传统的汽车发动机，这让整个电动汽车具有极大的设计想象空间，甚至可以说是具备了 4 个轮子的智能手机。纯电动汽车还是办公室和家庭的延伸空间，特别是一旦实现了无人驾驶技术，那么配备了无人驾驶技术的电动汽车将成为移动的智能空间。

2020 年 2 月，中国国家发展和改革委员会印发了《关于〈智能汽车创新发展战略〉的通知》，指出智能汽车是通过搭载先进传感器等装置、运用人工智能等新技术、具有自动驾驶功能、逐步成为智能移动空间和应用终端的新一代汽车。

美国特斯拉是智能汽车的代表。2020 年 7 月，特斯拉市值冲向新高，达到近 3000 亿美元，成为全球市值最高的车企。特斯拉的纯电动汽车配备了强大的智能科技：截至 2020 年上半年，特斯拉的所有车型都标配了 8 个摄像头及雷达和超声波，其中的 8 个摄像头以 60 帧/秒的速度运行，可产生每秒 10 亿像素级的实时数据，加上雷达、超声波及车内传感器等实时数据，共同驱动了驾驶员辅助功能及自动驾驶功能的更新。为了驾驭这些实时大数据，特斯拉开发了自己的车载硬件系统 HW3（硬件级别 3）和基于深度神经网络的机器视觉软件。

国际自动机工程师学会（SAE International，原美国汽车工程师学会）将自动驾驶技术分为 5 级：L1 辅助驾驶、L2 部分自动驾驶、L3 有条件自动驾驶、L4 高度自动驾驶和 L5 完全自动驾驶。2010 年 10 月，谷歌成功研发全球首款全自动驾驶汽车，引发了全球的关注。2013 年，苹果公司在全球开发者大会上公布了"iOS in the Car"项目，并在 2014 年正式发布了更名为 CarPlay 的车载系统。2015 年，阿里巴巴与上汽集团宣布投入 10 亿元成立互联网汽车研发合资公司。2015 年，全球多家车企、互联网企业、高科技公司等纷纷宣布进入智能汽车和车联网领域。

根据《智能汽车创新发展战略》，到 2025 年，中国标准智能汽车的技术创新、产业生态、基础设施、法规标准、产品监管和网络安全体系基本形成；实现有条件自动驾驶的智能汽车达到规模化生产，实现高度自动驾驶的智能汽车在特定环境下市场化应用。2020 年对于我国智能汽车产业来说是加速发展的关键之年。

第五节　产业互联网：共享商业网络

宽带资本董事长、亚信董事长田溯宁在 2014 年 3 月的深圳 IT 领袖峰会上，比较明确地阐述了"产业互联网"的概念：智能终端的普及，以及拥有了云计算和大数据的能力，互联网还将创造从改变消费者个体的行为到改变行业、政府乃至社会的新时代，即"产业互联网时代"。制造业、医疗、农业、交通运输、教育等产业在未来 20 年都将被互联网化，而互联网化的新型产业将表现为生产力的大幅提升。

● 腾讯的三次组织架构转型

在互联网的"下半场"或产业互联网时代，最令人期待和充满想象力的莫过于腾讯的第三次组织架构转型。在第三次组织架构转型之前，腾讯的业务模式都以 ToC 的消费类工具软件为主，包括 QQ、微信、支付、游戏等。2018 年 11 月，腾讯成立 20 周年，腾讯对未来 20 年的判断是：整个社会将从消费互联网走向产业互联网。在这个大判断下，腾讯进行了第三次组织架构转型。

腾讯的第一次组织架构转型是在 2005 年升级为 BU（Business Unit，事业部）制，腾讯由一家初创公司转向规模化的生态协同，单一的社交产品变成一站式生活平台；2012 年的第二次组织架构转型是升级为 BG（Business Group，事业群）制，确保了腾讯从 PC 互联网向移动互联网升级，通过科技"连接一切"，在为亿万用户提供优质服务的同时建立起开放生态；2018 年的第三次组织架构转型代表腾讯由消费互联网向产业互联网升级的思考和进化。

2018 年 9 月 30 日，腾讯官方发布的公告《腾讯启动战略升级：扎根消费互联网，拥抱产业互联网》引用了马化腾对腾讯第三次组织架构转型和战略升级的表述："此次主动革新是腾讯迈向下一个 20 年的新起点。它是一次非常重要的战略升级，互联网的下半场属于产业互联网，在上半场，腾讯通过连接为用户提供优质的服务，在下半场，我们将在此基础上，助力产业与消费者形成更具开放性的新型连接生态。"该公告也引用了时任腾讯总裁刘炽平的表述：产业互联网是互联网下半场的关键词，通过数字技术进行产业升级，把消费者与产业对接起来将创造巨大的社会效益和产业价值。

然而，腾讯将走怎样的ToB演进路径？这在公布第三次组织架构转型时并没有明确说明，只有一句话：在互联网上半场，腾讯的使命是做好连接；而在下半场，腾讯的使命是成为各行各业最贴身的数字化助手。2018年11月1日，在腾讯第三次组织架构调整后的首个大会——2018腾讯全球合作伙伴大会上，腾讯新成立的CSIG事业群负责人、腾讯高级执行副总裁汤道生特别指出：产业互联网不仅是ToB、ToG的，归根结底也是ToC的；腾讯将利用服务C端用户的经验，帮助B端伙伴实现生产制造与消费服务的价值链打通，以独特的C2B方式连接智能产业、服务产业，也服务于人（见图1-3）。

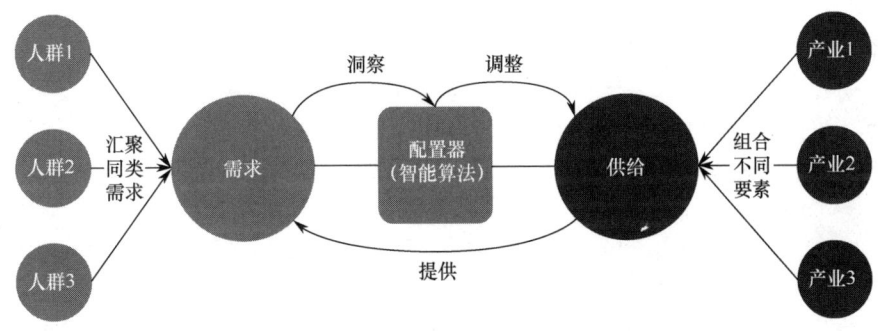

图1-3　腾讯对于产业互联网的理解

对于腾讯来说，向ToB方向转型思考的是未来数字社会中的企业组织形态，包括数字企业的核心构成要素、企业活动的组织方式与流程、企业与员工和生态的关系、"去中心化"的沟通与协作模式等，以此来重新思考数字化的个人、企业与社会生产力，这其实是回归到了企业经营的本质。例如，如何把微信支付技术和模式输出给企业，让企业重构自己的财务与供应链金融流程等。在消费互联网时代"连接"人与人，相对简单；而在企业互联网或产业互联网时代，"连接"商业流程则相对复杂，需要回归到"生产力"这个本质上来重新思考。在这方面，微信小程序是个尝试，但仅仅是个开始。

就在2018腾讯全球合作伙伴大会前一天，马化腾发表了《致合作伙伴公开信》，信中有如下表述：我们非常愿意成为各行各业最好的"数字化助手"，以"去中心化"的方式帮助传统企业和公共服务机构实现数字化转型升级，让每个产业都变身为智慧产业，实现数字化、网络化和智能化。而在谈到移动互联网下半场的腾讯合作伙伴开放战略目标时，马化腾表示：要做好"连接器"，为各行各业进入"数字世界"提供最丰富的"数字接口"；还要做好"工具箱"，提供最完备的"数字工具"；同时更要做好"生态共建者"，提供云计算、大数据和人工智能等新型基础设施，激发每个参与者进行数字创新，与各行各业合作伙伴一起共建"数字生态共同体"。

相比之下，阿里巴巴则从整个社会层面重新思考如何用互联网来重构社会化商业模式，特别是通过互联网连接庞大的中小企业而形成虚拟化的"大企业"形态。例如，新零售在本质上就是把不同零售公司的线下门店、不同物流公司的线下运输能力等，用阿里巴巴的社会化基础设施连接起来而形成的社会化零售模式。

● 产业互联网的由来

什么是产业互联网？这一直以来都是个宽泛的概念。所谓产业互联网或企业互联网，是相对于消费互联网而言的，也就是互联网技术向传统企业和产业进行渗透，从而提升传统企业和产业组织的生产效率及生产力水平，甚至达到创新和实现颠覆性商业模式的目的。近年来，产业互联网更强调在互联网平台上跨组织、跨行业、跨领域的集成和共享资源、重组流程、形成生态圈及扩大服务范围。简单理解，消费互联网是共享消费者和消费品与消费服务的网络，产业（企业）互联网是共享企业和企业级产品及企业级服务的网络。

2015年被视为中国的SaaS产业互联网元年，也就是基于SaaS的产业互联网模式。SaaS是从美国引进的软件即服务的理念，创立于1999年年底的Salesforce被视为产业（企业）互联网鼻祖。早在1996年，Salesforce创始人Marc Benioff就已经在Oracle工作了10年并成了高级副总裁，在10年之痒的时候，Marc Benioff开始寻找职业的方向，并形成了今天SaaS的概念，也就是让用户通过互联网订购软件和通过互联网使用软件的方式，而不是当时主流的用CD购买和安装软件的方式。

1999年3月8日，3个程序员在Marc Benioff租的一个一室一厅公寓里，开始为Salesforce.com编写最初的代码。2000年，Salesforce推出了第一款CRM（客户关系管理）SaaS产品；2003年，Salesforce.com提供了API服务，希望用户或开发者能够通过API开发应用程序，从而打通Salesforce.com与其他互联网平台的信息通道；2004年，Salesforce上市成为一家市值10亿美元的公司；2005年，Salesforce.com创建了企业应用交易市场AppExchange，这非常类似苹果应用商店，美国《商业周刊》称之为"企业级软件的eBay"，AppExchange的成功让Salesforce.com从提供在线CRM工具，发展到企业级SaaS的平台；2006年，Salesforce.com进一步开放了核心代码，推出了世界上首个云计算编程语言Apex，让用户和开发者能够基于Salesforce.com的平台开发新的应用，这也是PaaS（Platform-as-a-Service，平台即服务）的早期形式；2014年的Salesforce.com就已经成为全球第一的CRM平台，2014年年初，其每天处理15亿次交易。

2008年，就有16万名开发者加入了Salesforce.com的开发大军。在当年，AppExchange提供了超过800个基于Salesforce.com平台的企业级软件。2014年，

AppExchange 则拥有超过 2000 个企业级软件。这些软件极大扩展了 CRM 功能,形成了庞大的企业软件生态系统。2015 年,Salesforce.com 已经拥有超过 10 万个企业用户。而根据 2009 年的数据,当时 Salesforce.com 有 67900 个企业用户,背后仅用 1000 台服务器就满足了这近 7 万个企业用户的需求,强大的技术实力是 Salesforce.com 成功的关键。

2015 年,Salesforce 旗下有 CRM SaaS 云平台 Salesforce.com、企业软件 PaaS 开发平台 Force.com、移动端应用开发平台 Salesforce1 Platform、企业级软件和应用交易市场 AppExchange、市场营销云 Market Cloud、销售支持云 Service Cloud、中小企业云 Desk.com、社区云 Community Cloud、企业社交网络 Chatter、分析云 Analytics Cloud 等多条产品线。

2018 年,成立近 20 年的 Salesforce 实现大幅盈利,其主要产品和商业模式以 CRM SaaS 云为主要营收来源、以 PaaS 平台云为主要技术支撑;平台云的营收从 2016 年开始稳步上升,2019 年更大幅从 2018 年的 28.54 亿美元升至 44.73 亿美元。2020 年年初,盛传 Google 将以 2500 亿美元估值收购 Salesforce,直逼 AWS 业务的估值;2020 年 8 月,Salesforce 的股价从 2015 年的 70 美元左右攀升至 2020 年 8 月的 270 多美元,不仅股价增加了近 3 倍,而且市值也超过了传统企业级软件巨头 Oracle。

从 2004 年上市的 10 亿美元市值到 2015 年的超过 500 亿美元市值,Salesforce 的市值在 10 年间翻了 50 倍(见图 1-4)。在 Salesforce 的激励下,2015 年在中国市场掀起了一波企业级 SaaS 的创业潮,很多创业者开始投身企业互联网/产业互联网领域。

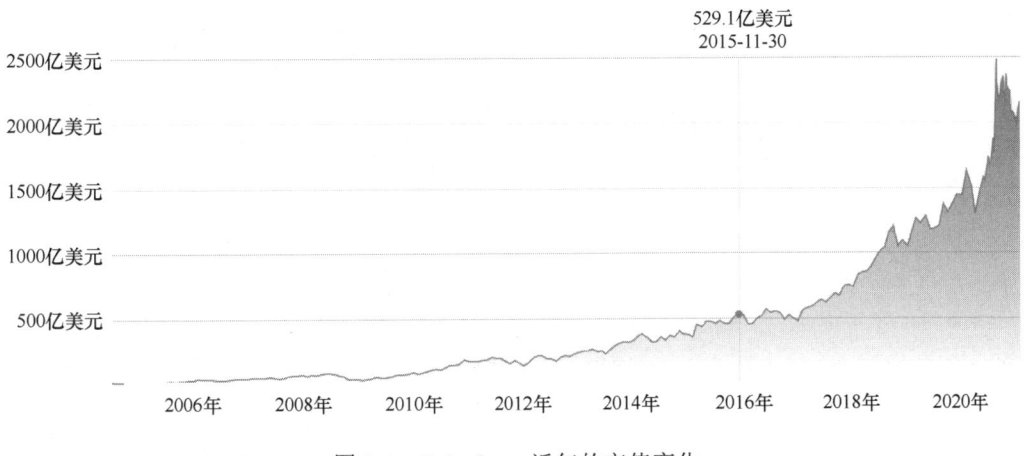

图 1-4 Salesforce 近年的市值变化

为什么向美国学习 SaaS 模式

成立于 2000 年左右的 Salesforce 开创了全球企业互联网/产业互联网的商业模式，但 Salesforce 并不是当时美国市场唯一的企业互联网/产业互联网创业公司。以 Salesforce 为代表的美国新一代企业服务公司创立时间集中在 2000—2010 年，而且其中绝大多数为 SaaS 公司。Square、Veeva、Zendesk、Elastic Search、New Relic、Pivotal、Docusign、Twilio、WhatsApp 等，包括 2006 年发布的第一代 AWS 云服务、2008 年发布的第一代 Microsoft Azure 服务、2011 年成立的 Zoom 等，这些公司后来都成为资本市场的宠儿，并在 2018 年之后大放异彩。

2015 年，中国市场掀起一波 SaaS/企业服务/产业互联网创业潮，有着深刻的时代背景：这就是消费互联网流量突破 50%后一直到 80%的饱和区间，互联网流量开始转向企业和产业领域。美国网民数量虽然远远没有中国网民数量多，但美国在 2000 年左右开始突破 50%的消费互联网渗透率、2006 年突破 70%的渗透率、2010 年进一步突破 80%的渗透率，也就是说美国从 2000 年开始互联网流量就流向企业和产业，也因此出现了以 Salesforce 为代表的一批企业服务 SaaS 实践。

从 2015 年到 2019 年，美国纯 SaaS 企业服务公司及向云转型成功的美国传统软件企业，都获得了财务和估值的双重提升，股票涨幅也大幅超越了行业基准。这批新一代的企业服务公司数量众多，遍布各个细分领域，丝毫不逊色于以 Facebook、Amazon、Apple、Netflix、Google 为代表的消费互联网公司。在"互联网女皇"玛丽·米克尔发布的 2019 年互联网趋势报告"全球互联网企业市值领导者"30 强中，Microsoft、Adobe、Salesforce、ServiceNow、Workday、Shopify、Square 这 7 家企业互联网公司都来自北美，此外还有 11 家美国消费互联网公司上榜；而中国只有百度、阿里巴巴、腾讯、京东、小米、网易、美团点评 7 家互联网公司上榜，在上榜的 7 家中国互联网公司中，除美团点评外，其余的都或多或少地开展了企业级服务业务，除这 7 家中国互联网巨头和小巨头外，尚无来自中国的 SaaS 企业服务创业公司上榜。

产业互联网的几种模式

从 2015 年开始，中国进入了互联网的后流量时代、人口红利逐渐消失、企业从粗放经营向精细化运营转型、宏观经济开始供给侧结构性改革等，种种趋势叠加导致产业互联网成为下一波热点。

但中国市场的情况不同于美国市场，从美国发起的 SaaS 企业软件服务模式并不能直接照搬到中国市场，中国企业的管理成熟度和 IT 应用成熟度也不同于美国企业。例如，美国企业的IT渗透率已经超过80%，因此美国的SaaS、IaaS等"as a Service"（即服务）模式在更大程度上是把已有的企业IT资产转移至第三方公有云（也称公共云）服务商，再通过互联网反向租赁软件服务，从而达到降本增效的目的。

在中国市场，除金融、电信、电力等行业的IT渗透率较高外，其他行业的IT渗透率都较低，因此中国市场的SaaS出现了不同于美国市场的形态。

- **B2B电商**：以找煤炭网、找塑料网、农产品集购网、中国化学品交易网等为代表，通过第三方互联网平台促进企业采购和大宗商品交易。
- **供应链金融与B2B交易**：依托B2B电商平台的数据，为产业上下游参与公司提供企业金融服务，包括应收、应付、存货等环节的融资服务等。
- **科技类SaaS软件服务**：类似美国SaaS公司，提供数据分析、数据处理、CRM、HR、营销、销售等通用型企业级技术和流程软件云服务，进而提升企业的信息化水平。
- **业务类SaaS软件服务**：面向零售、教育、地产、医疗、交通、旅游、农业、公共服务等行业提供适应中国市场的SaaS业务软件。
- **工业互联网平台**：面向工业和制造领域的第三方数字生态平台，即提供制造和供应链管理等业务SaaS软件，也提供大数据、数据分析、人工智能等纯技术类开发和软件服务，还提供包括金融服务、电商等在内的新形态服务。

第二章
数字化转型：共享商业与数字服务经济大时代

数字化转型，是继云计算、大数据、人工智能、物联网和区块链等新技术词汇之后的又一个社会化热词。然而，数字化转型并不是一个新词。自 20 世纪 80 年代诞生了 PC 之后，基于 PC 和单机软件的全球第一次大规模信息化浪潮，催生了第一波数字化转型。20 世纪 90 年代的互联网浪潮掀起了全球第二次大规模信息化浪潮，催生了第二波数字化转型。今天，我们处于全球第三次大规模信息化浪潮之中，以移动互联网、云计算、大数据、人工智能、物联网和区块链等为代表的企业级信息技术，催生了第三波数字化转型。

第一波数字化转型的特征是办公电子化和自动化，以微软 Microsoft Office 为代表的办公软件席卷全球，PC 初步提升了个人与企业的效率。第二波数字化转型的特征是电子商务、电子政务和社交网络，基础电信网络逐渐普及，局域网、城域网和广域网等广泛连接企业与个人，企业自有数据中心和互联网技术开始深入提升个人与企业的局部效率。第三波数字化转型的特征是社会化的计算平台，云计算让企业要素全面上线与互联，移动互联网全面普及，广泛连接消费者和用户，电商、公有云数据中心、共享服务等第三方社会化平台开始渗透并全面接入企业的流程，企业组织形态被打破，个人和中小企业的效率和能力得到全面提升，整个社会进入以共享商业为代表的数字服务经济时代。

第一节　平台型企业：百年企业组织模式大变革

● 网络经济挑战现代企业制度

数字化转型是对现代企业组织模式和制度的颠覆。根据高等院校精品课系列教材《现代企业理论》，1840 年以前，现代企业在美国尚不存在。19 世纪初，美国制造业几乎全部为古典企业，其组织相对简单。而现代企业的规模庞大、组织复杂、运行机制和制度已经完全不同于古典企业。

现代企业理论诞生于贝利和米恩斯于 1933 年出版的《现代公司与私有财产》一书，以及科斯于 1937 年发表的《企业的性质》经典论文，这三位作者是现代企业理论的开场者。自 20 世纪 30 年代诞生了现代企业理论以来，现代企业理论研究取得了显著进展，对于企业的概念总体来说形成了两大派系：一是把企业看成科层组织以替代市场，可以节省市场交易费用；二是把企业视为契约组织，在本质上与市场没有差别，之所以出现企业是由于团队的生产效率高于单个企业的生产效率，或由于风险的重新分配，或由于管理劳动交易的特殊性等。

随着网络经济的发展，现代企业理论开始受到挑战。网络经济采用最直接的方式拉近了服务提供者与服务对象的距离，这种直接方式减少了公司治理边界中的中间环节；而在网络经济中，需求方的规模经济和供应方的规模经济的有机结合导致了正反馈效应，即需求方的增长能够减少供应方的成本，还能进一步让供应方的产品对更多用户产生吸引力，从而导致了双方的超速发展；而加入一个网络的用户数量越大，新的网络想要转换已有网络中用户的成本就越高；在网络经济中，信息产品的边际成本近乎为零，而注意力经济也成为公司边界的变量等。

进入云、大数据和人工智能时代，大量的企业通过数字化转型把自己的内部流程和治理搬到了网上，科层级的现代企业理论受到了极大挑战。科层级组织是现代企业运营的重要基础和必要条件，在科层级组织中保持信息和数据流转通畅，各级之间及与总部之间的反馈与指挥及时到位，不同科层在总体目标的基础上各自履行自己的职责和功能，与外部市场力量之间协调一致，就能实现企业组织的整体目标。但是，科层级组织的危害在于各类资源容易被套牢在公司科层之中，企业的科层为了自身利益而阻碍了资源的流通，互联网和数字化流程与治理对信息、数据资源流通的阻碍形成了制约。

● 扁平化：打造网络型组织

在全球社会经历从工业生产方式向高科技和以信息为基础的生产方式转变之际，等级制度遭遇危机并非偶然。随着经济的发展，经济活动变得日益复杂，公司治理所需要的信息以几何指数形式增长。而现代企业治理所需要的各种技术和知识，远远超过了企业高层个人的能力范围，因此必须依赖技术专家、各级管理者及更了解区域市场的区域负责人。但是，在将权力下放到技术专家、各级管理者及区域负责人等不同层级时，高管面临着被削权的挑战。

企业史学家艾尔弗雷德·钱德勒（Alfred Chandler）指出，公司在组织内部向下放权的现象在过去至少 100 年里持续发生。但新的问题也随即而来：在一个权力分散、基层员工获得授权的组织内，如何协调各方的行动？一种方式是通过网络这种廉价和泛在的信息技术，把企业演变成一种非层级制的组织形式，这样形式的组织能够适应复杂的、信息密集的经济世界。在企业内部，实现网络型组织的方式之一就是扁平化，2010 年以后出现了很多大型企业，特别是出现了制造型企业扁平化的实践。

20 世纪初，汽车工业巨头福特开创了现代生产制造流程。福特工厂的生产管理原则是由工业工程师弗雷德里克·温斯洛·泰勒（Frederick Winslow Taylor）提出的。泰勒制有一个隐性前提，就是如果企业的信息和情报被限定在白领管理层流通而不是分发给整个组织，可能使得组织的运作效率更高。但泰勒制所协调的是 20 世纪初的低技能产业工人，在 20 世纪初前 20 年中福特公司有超过半数的蓝领工人是不会讲英语的第一代移民，直到 20 世纪 50 年代仍有 80% 的蓝领工人没有高中学历。2019 年，全球的制造业已经从早期的蒸汽动力和手工制造，经过 20 世纪初的电力能源与自动化工业生产流水线，再经过 20 世纪 70 年代的计算机与电子控制及 21 世纪的智能制造，进入了产能过剩时代，制造业的更高利润来自高端制造业、电子信息制造业和制造服务业等，特别是无人工厂和智能机器人的出现，让知识在制造业中所扮演的角色和作用越来越重要，制造型企业扁平化已经是大势所趋。

● **平台型组织**

随着知识经济和知识工作者在整个社会经济、商业和企业中所扮演的角色越来越重要，企业的组织模式从科层级逐渐到扁平模式，再进一步进化到平台化模式。

由于整个社会的分工越来越基于知识工作者和研发（Research and Development，R&D，研究与开发）投入，而知识工作者和研发工作都不适合科层级的管理方式，即使是扁平模式也无法完全去除科层级，社会化的平台和平台经济是现代企业制度的重大演变。21 世纪初，以电子商务、网约车等为代表的平台经济给微观经济学、信息经济学相关理论带来新挑战。

什么是数字平台？什么是平台经济？简单理解，数字平台就是将供需双方都聚集到一个互联的智能平台上，形成供应商网络和需求方网络，二者之间的对接和协调则依靠平台的智能算法进行自动化匹配，财务结算也通过平台完成，而实体产品或服务的交互可以在线下进行、线上监控。

Uber 就通过一个数据和智能技术平台，动态地在司机群体和乘客群体之间建立了实时的自助式点到点连接。而数字平台的价值不仅在于连接了某一类服务与用户，还在于一旦获得了稳定的用户群后，就可以扩展到相邻的服务。例如，Uber 就从共享乘车服务发展到了共享送餐、共享送货等服务。根据 Uber 的 2019 年年报，在 2019 年 12 月 31 日前的三个月里，同时使用 Uber 乘车和送餐服务的用户平均每月消费 15.9 次旅程，而只单独使用某项服务的用户平均每月只消费 5.7 次旅程。

截至 2019 年年底，在 Uber 平台上聚集了数以亿计的司机、消费者、餐馆、物流公司、货运公司等。在 Uber 这个虚拟的"公司"里，没有传统的科层级模式，所有的参与者都依靠数据和技术连接在一起；更奇妙的是，Uber 平台上的用户每使用一次 Uber 服务都能让 Uber 平台变得更加智能，这是因为每次使用过程都在贡献新的数据。本质上，Uber 是一个大数据平台，积累的数据越多，平台越"聪明"、带来的用户体验越好，平台成本也越低，而积累的数据其实就是"知识"。例如，"Mary 经常乘 Uber 从 A 到 B"就是一条关于用户 Mary 的动态知识，Uber 可以利用这条动态知识向 Mary 推荐与地理位置相关的服务，而 Mary 采用的 Uber 服务越多，Uber 在 Mary 这个客户身上的收益就越高、成本就越低，这就是"知识就是生产力"的价值所在。

在数据和数字经济时代，以平台型组织为代表的新模式、新业态，正在冲击工业社会以企业为核心的传统组织结构，重构经济社会运行中各方主体关系及相互之间的竞争关系。著名的波特五力竞争分析是诞生于产品竞争时代的理论，其基础假设是市场中的主体是相互竞争的关系，特别是企业与企业之间往往是"零和"竞争。但在数字商业和数字经济时代，需要不同企业的数字服务组合在一起，共同满足消费者和客户的需求，因此企业与企业之间转而成为相互依存、共同做大市场的热带雨林模式。

著名的"网络效应"并不是相互竞争的策略，其核心理念是，网络中的每个主体都因为让网络中其他每个参与者和主体都更有价值而让自己变得更有价值，这是与传统的产品时代完全不一样的企业策略。因为平台经济中的网络效应，每家企业都需要想办法为其他企业做贡献、创造价值，从而增加整个平台和网络的总体价值，进而带来自身的增值。

第二节 XaaS：数字服务商业模式

● XaaS：推动数字化转型

在基于移动互联网和云计算等第三代信息化技术的企业数字化转型过程中，主要通过两种方式实现新的增长：内部运营的数字化转型、对外商业模式的数字化转型。对外商业模式的数字化转型，是数字化转型的重中之重。因为内部运营的数字化转型的主要目的是提高效率、降本增效；对外商业模式的数字化转型的目的是创造新的收入源。

在对外商业模式的数字化转型方面，主要是从之前的产品型商业模式转向数字服务类商业模式，特别是基于云计算平台的数字服务，这就是 XaaS（一切即服务）模式，包括 IaaS（基础设施即服务）、PaaS（平台即服务）及 SaaS（软件即服务）。其中的 IaaS 和 PaaS 模式更适合大型科技公司，而 SaaS 模式则适用于所有的商业企业。

XaaS 数字服务的商业模式，诞生于科技企业中的 IT 和互联网企业。最早的 AWS 云服务就是 IaaS 模式，后来的 Microsoft Azure、Google Cloud 等，巩固了 IaaS 和 PaaS 这两类科技公司产品转型的方向。简单理解，IaaS 和 PaaS 就是 IT 和互联网公司将 IT 资产（软件、硬件和网络等）的运营方式，转换成为集中管理、集中运维，并以互联网门户的方式对客户提供按需使用、按用量付费的模式。

TSIA（Technology Service Industry Association，美国技术服务行业协会）是一家帮助高科技企业战略转型为以技术服务驱动利润增长企业的研究与咨询机构。TSIA 的研究团队与上百家高科技公司合作，包括 80% 的财富 100 强技术领袖企业，收集了 XaaS 业务的最佳实践和启动策略。TSIA 在云计算开始后没多久，就开始研究和追踪 50 家大型高科技企业（TSIA T & S 50）的营收表现（见图 2-1），这 50 家大型高科技企业包括 Microsoft、IBM、Adobe、Oracle、Autodesk、Cisco、CA、HPE、VMware、Equinix、Ericsson 等。这 50 家大型高科技企业基本上是传统 IT 软件和硬件产品公司，它们在这轮数字化转型中率先向不同模型的 XaaS 转型，有些取得了很大的成功，如 Microsoft、Adobe、VMware、SAP 等。

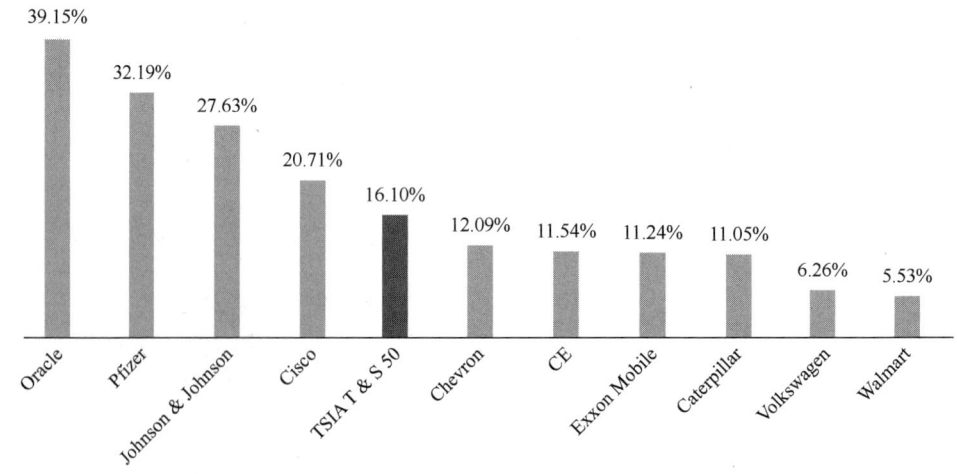

图 2-1　全球 50 家大型高科技企业在 2014 年的平均营业利润率超过了 16%

（资料来源：美国技术服务行业协会，2017 年）

由 XaaS 诞生的订阅经济

企业客户更愿意租用技术而不是直接购买技术资产,这个趋势导致了 XaaS 订阅经济的诞生,终结了传统技术商业模式。当企业客户决定不再拥有而是租用科技资产时,将会发生三件事情:不会为不想要的功能支付费用;不再需要处理不想要或不需要的资产;可以更灵活地切换提供商。

对于高科技公司而言,于是就出现了"供给侧结构性改革":在之前的高科技商业模式下,高科技公司倾向于向企业客户销售过多的技术产品,以此拉高自己的营收;而高科技公司在设计每一代产品的时候,也倾向于换个名字就向企业客户销售重复的技术和功能,特别是不同供应商的利益纷争和利益保护导致企业客户经常重复性建设 IT 系统,导致不同 IT 系统之间不互联互通,不同技术供应商之间的产品可移植性差、技术共享性低等问题。

在传统的高科技商业模式下,企业客户会在前期进行大量投资以获得技术资产,而一旦进行了这些投资,就需要为保护这些技术资产的价值而持续不断地投入维护成本。在订阅经济中,技术服务商负责维护资产,企业客户则无须投入高额的"保险费用"。同时,由于技术服务商统一维护大规模的技术资产,企业客户由此得到了一致性的技术体验,碎片化的技术和数据孤岛现象得以消失。即使在多云和混合云时代,超大规模的云技术供应商被削减到只剩几家,对企业客户来说仍是利好消息,因为这些云技术供应商往往为了维护企业客户的利益而彼此联盟,打通各自云技术之间的壁垒,从而为企业客户提供一致性的技术体验。

实际上,XaaS 的订阅模式,把以前产品和技术导向的高科技商业模式及高科技部署模式,转向了商业和业务结果导向的模式;无论是企业还是技术供应商,都共同为最终的企业经营结果负责,并从最终实现的企业经营销售中分得各自的回报,因此 XaaS 技术供应商不再设计复杂且晦涩难懂的技术产品线和产品型号,企业客户也只按技术功能租用技术服务。例如,企业只向云服务商租用网络服务,至于云服务商使用的是 Cisco(思科)的交换机还是 HPE 的路由器,企业既不关心也被屏蔽了这些具体的产品品牌和技术型号,企业只需要了解自己租用的网络带宽和高可用性等 SLA 服务水平指标即可。在订阅经济中,技术供应方和使用方的博弈关系得到了极大的改善。

XaaS 的商业模式

传统高科技公司向 XaaS 的转型,不仅是从产品模式向服务模式的转型,更是整个公司运营模式的配合与转型,涉及的财务模型、财务报表模型、市场营销模型、销售模型、人才能力模型等都需要相应的转型。例如,Microsoft(微软)就从 2016 财年第一财季开始采取了新的财报格式和科目,后来又陆续进行了微调以反映 XaaS 模式的增长性和增长能力。

XaaS 有几种与传统企业不同的财务和运营指标:平均客户收入(Average Revenue per Account)、客户生命周期价值(Customer Lifetime Value,LTV)、客户获取成本(Customer Acquisition Cost,CAC)、客户生命周期价值对客户获取成本比率(LTV To CAC Ratio)、客户流失率(Customer Churn Rate)、客户留存率(Customer Retention Rate)、月重复性营收(Monthly Recurring Revenue,MRR)、按月计算重复性营收增长率(MoM MRR Growth)、客户盈亏平衡时间(Month to Recover CAC)、净推荐值(Net Promoter Score,NPS)等。

TSIA 建议,云服务企业必须从根本上改变自己的营收引擎和运营能力,包括围绕核心订阅服务项目展开高等级的年金类云服务,这些高等级年金类云服务将为商业模式增加收入和利润;具备对云服务消费的分析能力,必须能够分析客户使用云服务情况的数据和信息,而这些分析将成为留住客户和扩展客户价值的更经济的方式;基于对云服务消费的分析,增加客户的"用云量",而有一些云服务将会收费,另一些将免费提供。

另外,TSIA 研究认为如下措施可以提升云服务的采用速度和深度:通过设置客户成功(Customer Success)经理一职(见图 2-2)来扩大销售,成为云服务企业长期盈利的关键能力,这将是一个比传统的直销团队更具成本效益的策略;通过低成本结构扩大销售,成为最主要的获得收入的方式,这意味着要降低客户进入的门槛,并采取更系统化的客户价值扩张方法;基于项目的云服务必须盈利,或者通过工程

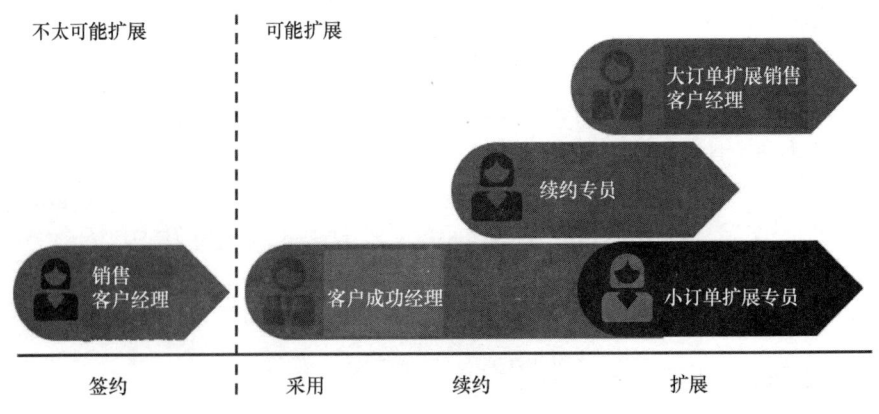

图 2-2 XaaS 业务的拓展模式

化的方式实现盈利。云计算公司 90%的营收通过 XaaS 订阅收费获得，10%的营收来自其他帮助客户成功的服务。

Salesforce 在 2018 年的成功验证了 TSIA 的观点：订阅类服务营收占总营收的 93%，其余 7%为辅助性专业服务及培训等；订阅类服务的成本保持在订阅类服务营收的 20%左右。Salesforce 的销售方式以直销为主，辅助渠道类销售方式。Salesforce 的客户成功集团（Customer Success Group），主要通过专业服务帮助客户用好云。Salesforce 的第一大增长策略是现有客户的交叉销售和增值销售，也就是寻求向已经采用了 Salesforce 云服务的客户、向其更多的机构和部门，销售更多的高等级版本和增值订阅服务。Salesforce 寻求成为企业数字化转型的战略伙伴，并与客户最高层直接展开对话。Salesforce 的其他成长策略包括减少客户流失、扩展已有的服务产品种类和不断提供新的服务种类、扩展合作伙伴生态系统、提供垂直行业解决方案、推广客户成功采用的实践与案例、鼓励第三方基于 Salesforce 云平台开发应用等。

在营销与销售模式方面，XaaS 以直销为主，而且客户往往自助注册一个免费的 SaaS 账户开始试用，试用成功后再逐步增加付费用量。在这个过程中更多的是基于互联网的自助式体验及免费版本体验，因此在整个从客户获取到客户初始采用阶段，都更多的是依靠市场营销的力量而非大量销售人员；在客户采用阶段，更多的是依靠客户成功的平台化和工具化机制及客户成功经理的辅助；在客户续约或续签，以及加深加大用云量和扩展采用云产品阶段，才需要销售的直接介入。在整个过程中，用户净推荐值更为重要。因此，XaaS 是全民营销的模型，市场营销在公司中处于战略地位，销售则处于辅助地位。

XaaS 的研发和运维模型也与传统的产品类业务不同，由于云服务的无形和无实体触摸性，XaaS 更强调客户体验和满足客户需求。客户体验的好坏，直接决定了 XaaS 能否成功；而客户需求，则决定了 XaaS 的研发方向、更新频率等。例如，AWS 在研发新的云服务前就写好新闻稿，通过从客户角度写新闻稿来确认将要发布的产品可满足客户的某类需求，再反过来开发云服务。

由于 XaaS 的 7 天×24 小时×365 天在线特点，要求运维也是 7 天×24 小时×365 天的模式，这对于传统的产品类运维提出了极大的挑战。DevOps 敏捷开发运维模式不仅仅是云服务的开发运维模式，而且也意味着企业文化的重大改变，敏捷文化意味着企业人员配置的小规模化、小组化、工具化、平台化、快速响应化、决策分散化等一系列重大改变，不同岗位的 KPI 及薪酬也需要重新设计和考虑。而考虑到整个 XaaS 模式的知识性，也需要学习型和成长型企业文化，如 Microsoft 就运用 Growth Mindset（成长型思维）重塑了企业文化。

第三节　数字化转型方法论

数字化转型指重新塑造企业生产力，推动传统生产关系向新生产关系转变。在新企业生产力中，包括生产工具、生产要素和劳动者，生产工具转变为以人工智能为代表的数字技术，生产要素为日益增多的数据，而劳动者则为具备了数字技术能力的新型劳动者。

数字经济与实体经济相结合的新经济将是新生产关系的体现。在新生产关系中，数字平台是企业、市场和政府等市场主体之外的新协调关系。平台是一个自动化系统，依靠算法进行资源的分配与调节，而不同市场主体在平台上的关系是共生共存、共同发展，不再是彼此竞争的零和关系。

数字平台连接了用户、企业和政府机构，进一步推动了供给侧结构性改革，同时优化了需求与供给之间的精准匹配。而基于区块链的平台，更进一步促进了社会信用与信任的流动，降低了商业门槛与壁垒。

● 联合国的数字化转型倡议

WEF（World Economic Forum，联合国经济发展论坛）于 2015 年开始启动了数字化转型倡议，以推动全球的第四次工业革命；在该倡议启动之初，WEF 就数字化转型对 13 个行业和 5 个跨行业领域的影响展开分析，并与全球 300 余位企业高管、政府官员及学术界人士展开对话。

2017 年 1 月，WEF 的《数字化转型倡议报告》认为，数字化能解锁全球约百万亿美元的价值。数字化转型不仅重塑了商业和运营模式，也对社会产生了深远和深刻的影响。WEF 的《数字化转型倡议报告》涉及数字消费、数字企业、平台经济、社会性影响、解锁社会的数字价值五大跨领域主题。

WEF 的《数字化转型倡议报告》认为，世界正处于一个十字路口：新技术打开了经济增长的新机遇、降低了不平衡性和提高了全球包容性；同时，全球正在面临去全球化的挑战。全球正面临一个重大的选择关口：是选择一个更开放、包容和互联的未来，还是一个封闭、孤立和不平等的未来？数字化和数字化转型与全球社会及经济的内在关联性，也在影响着矛盾的观点及被矛盾的观点所影响。数字化变革是一个一代人只有一次的机会，能推动全球经济的剧烈改变。但这种改变不会自然而然地发生，同时也需要管理其可能出现的负面和非其本意的影响。WEF 认为，需要全球采取合作性行动，从而让数字化转型向着促进全球繁荣的明天前进。

WEF 的《数字化转型倡议报告》认为，在消费品、汽车、物流、电力、电信、航空、石油燃气、媒体、矿产、化工这 10 个行业的数字化转型价值达数万亿美元，而由此引发的所有行业的数字化转型，其社会经济价值将在 2025 年超过 100 万亿美元。2018 年的全球 GDP 在 84.84 万亿美元左右，因此数字化转型在 2025 年带来的社会经济价值将超过 2018 年的全球 GDP。

达美乐比萨的成功转型：Pizza-as-a-Service

本轮数字化转型是一个复杂的社会经济工程，是互联网从个人、家庭到企业和商业，再到政府机构等全面蔓延，进而形成共享数字平台的过程。在这个过程中，整个社会从之前的个人与个人互联到企业与企业互联，再到国家与国家互联等，形成了不同的共享数字平台，尽管各国在设置各种数据不离境等管控措施，但总体来说，整个地球在日益走向一个全面互联互通的世界。

数字化转型的成功案例之一就是达美乐比萨（Domino's Pizza）。作为成立于 1960 年的全球知名连锁比萨品牌，达美乐比萨在 2008 年遇到了前所未有的危机，股价跌至历史最低点，比萨的销售量也非常低迷。从 2001 年开始，达美乐比萨开始进行基础性投资，以改善和现代化该连锁店的 POS 销售系统。2007 年之前，达美乐比萨对于科技的投资都属于技术升级性质的改造。2007 年之后，前期的科技投资逐渐转向更大规模的产品重新改造，以及定制化的在线订单系统。在更大规模的科技改造开始后，达美乐比萨减少了与资本市场的沟通，一直到科技改造能够展现出具体的成果，之后，达美乐比萨就把技术升级定义为数字化转型战略。2018 年，达美乐比萨已经是全美第五大电商公司，资本市场把达美乐比萨视为一家科技公司，只不过这家科技公司的产品是比萨。2000—2020 年，达美乐比萨的股票表现都优于亚马逊或谷歌。2009 年年底，达美乐比萨股价在 6 美元左右；2020 年 10 月，达美乐比萨股价最高超过 433 美元（见图 2-3），11 年增加了 70 多倍。相比之下，亚马逊的股价 2020 年度最高值（截至 2020 年 10 月）比 2009 年度最高值仅翻了近 25 倍，而谷歌更是仅仅翻了近 5 倍而已。

达美乐比萨的成功之道在于把自己转型为一个电商平台，同时又只经营一种产品——比萨，这样就很容易控制各个环节的质量、成本和速度等，当有更多消费者使用达美乐比萨的电商平台后，达美乐比萨就很容易获得消费者的口味变化并预测新的消费者需求，从而保持在市场的前沿。从 XaaS 商业模式的角度来看，达美乐比萨的商业模式就是 Pizza-as-a-Service。

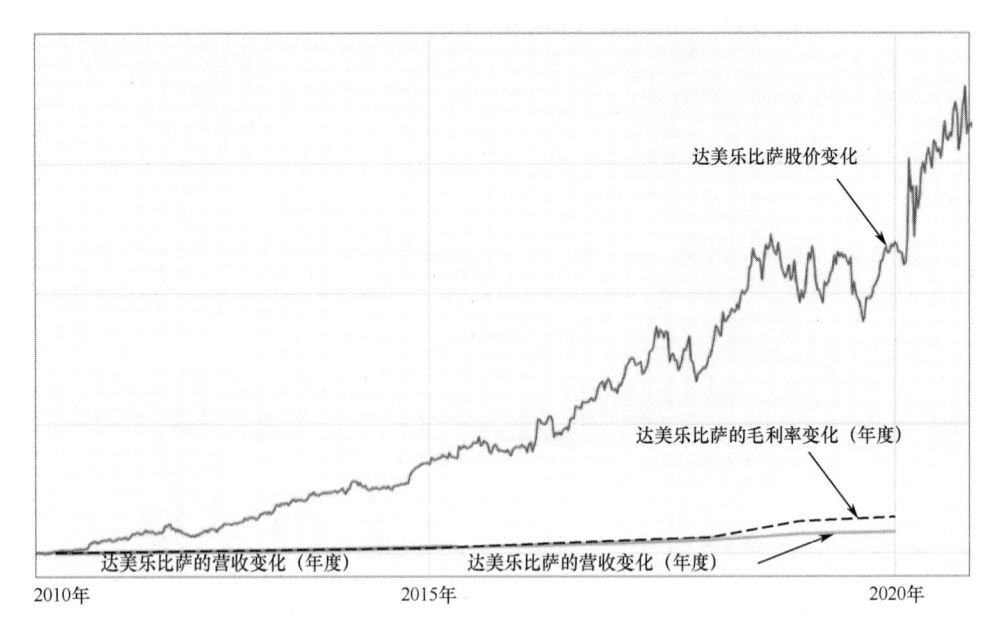

图 2-3　达美乐比萨的财务数据对比（2010—2020 年）

数字化转型殊途同归

WEF 与 Bain & Company 合作，于 2018 年 9 月推出了名为《数字企业洞察报告：从实验到转型》的研究报告，从数字策略、商业模式、使能抓手和协调扩大数字化规模四个层面，阐述了企业数字化转型的基本方法论。

除 WEF 与 Bain & Company 推出的企业数字化转型方法论外，很多咨询机构和科技企业推出了各自的数字化转型方法论，从不同侧面阐述了对企业数字化转型的观点。Microsoft、IBM、华为、阿里巴巴、Accenture、Gartner、IDC 等公司都推出了各自的数字化转型方法论。例如，Microsoft 在 2017 Inspire 合作伙伴大会上，针对企业数字化转型四大痛点（赋能员工、与客户交互、优化业务流程、产品与服务的转型），提出了相应的解决方案组合：现代化的工作场所、商业应用、应用与基础设施、数据与人工智能。

IBM 认为数字化转型经历了从数字化到数字化转型再到数字化重塑的三大阶段。数字化即信息化，包括传统设备、人员、资源、流程等信息的在线化；数字化转型则是企业生产运营管理的在线化，ERP（Enterprise Resource Planning，企业资源计划）、CRM（Customer Relationship Management，客户关系管理）、MES（Manufacturing Execution System，制造执行系统）等是这一阶段的典型代表；而随着云计算、大数据的发展，超越了企业组织范围的第三方互联网与电子商务平台，进一步把企业与消费者和用户紧密连接起来，再反过来倒逼企业形态转型，以适应消费者和用户的个性化需求、创造个性化体验，这就是企业数字化的高级阶段——数字化重塑。到了数字化重塑阶段，以人工智能为代表的新技术可以自动化连接广泛的消费者、企业、机器、政府机构等，而第三方社会化的大规模共享商务互联网平台的出现，彻底改变了单个企业的生产运营管理方式。

数字化转型与数字化重塑就像一个硬币的两面，企业将最终停在这二者的平衡点。数字化转型是对企业传统业务的改造，通过新一代实时信息化系统的建设，达到提高效率、降低成本、满足个性化需求等效果；而数字化重塑则是创造新的企业业务和企业形态，一方面在传统产品上叠加增值的数字化服务，另一方面则通过社会化的共享商务互联网平台在企业间进行资源、分工和价值等重新分配。

归纳不同的数字化转型方法论：对于企业数字化转型来说，基本涉及内部运营管理数字化、外部商业模式数字化和行业平台生态数字化三大类；对于行业龙头企业来说，主要是成为行业性和社会化数字平台；对于行业内的中小企业来说，主要是成为行业平台上的专业化合作伙伴。对于不同的数字化转型方法论，平台是一个交汇的策略，平台经济和平台模式是数字化转型和落地的主要实现方式，XaaS 商业模式是数字化转型的主要商业目标。

第四节　数字中台：共享商业的基石

数字中台，相对于过去企业信息化的各种孤岛而言。数字中台就是用一个技术平台打通企业所有的业务和流程，在此基础上得以汇聚和打通企业所有的数据。中台的概念在中国最早出自阿里巴巴的"大中台、小前台"或"厚中台、薄前台"的策略。

● 阿里巴巴数字中台的历程

2003 年，阿里巴巴成立了淘宝事业部；2008 年，阿里巴巴又成立了 B2C 模式的天猫（最初叫淘宝商城）。加上在 1999 年成立的 1688，阿里巴巴在 2008 年共有三大电商体系，即三套"烟囱"式 IT 系统。天猫虽然出身于淘宝，但与淘宝是两套完全独立的业务体系和 IT 系统，两套电商平台都包含了商品、交易、评价、支付、物流等功能。

2009 年，阿里巴巴成立了共享业务事业部，与淘宝、天猫为平级部门。但当时的淘宝和天猫在业务贡献上显然比共享业务事业部具有更大话语权，共享业务事业部还处于 IT 支持形态，缺乏业务话语权，只能在夹缝中生存。2010 年，市场上的团购业务蓬勃发展，阿里巴巴决定建立自己的团购平台。在前期共享服务建设的基础上，依托共享服务体系中的用户中心、商品中心、交易中心、评价中心等，阿里巴巴仅投入产品经理、运营、开发等十几名员工就在一个半月的时间内成功上线了阿里巴巴自己的团购平台。阿里巴巴团购平台上线后在短期内展现了超出所有人想象的流量吸力，阿里巴巴投入大量资源到这一新兴业务中，形成了后来的"聚划算"团购平台。

"聚划算"的出现初步体现了"大中台、小前台"的能力。更为重要的是，在2010年，阿里巴巴提出，无论是淘宝、天猫还是1688，如果想要接入"聚划算"，则必须通过共享业务事业部。这样，共享业务事业部就获得了与阿里巴巴三大电商平台一样的业务话语权，最终使共享业务事业部成为今天阿里巴巴的核心业务平台而不只是IT部门。目前，阿里巴巴的淘宝、天猫、聚划算等25个前端业务单元，都构建在共享业务事业部的共享业务单元之上，在共享业务单元的下面才是阿里云技术平台；阿里巴巴前端业务的所有公共、通用的业务都沉淀到了共享业务单元，包括用户中心、商品中心、交易中心、评价中心等十几个中心（见图2-4），共享业务事业部也是"大中台"的具体组织实践体现。

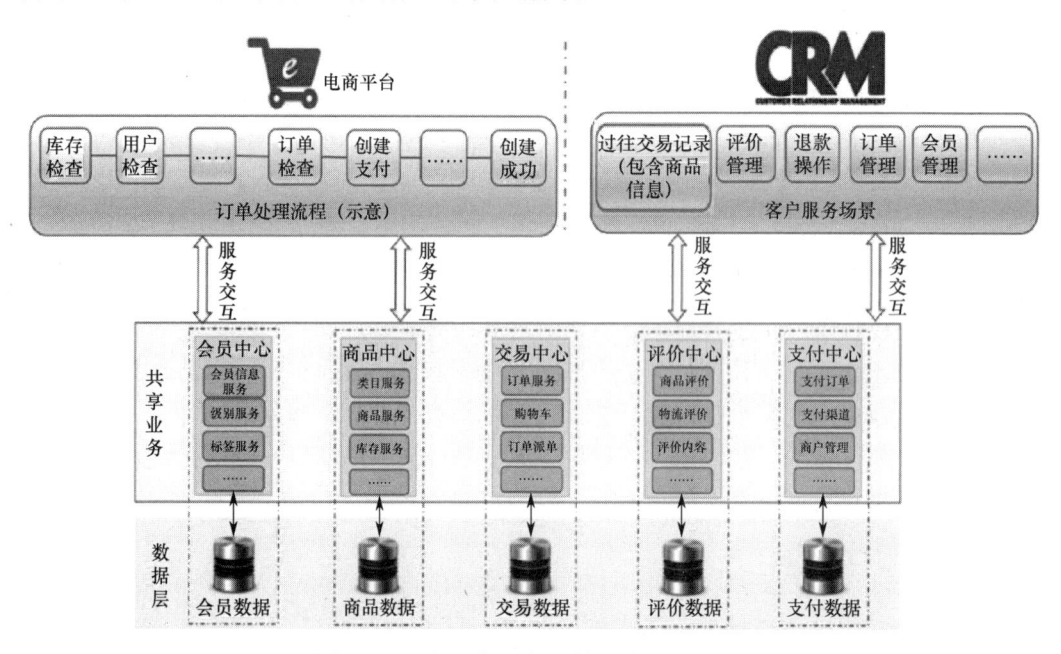

图 2-4 共享业务服务是数字中台的关键

总结阿里巴巴发展数字中台的核心经验：原有的共享IT部门必须以极强的互联网业务为抓手，把自己变成核心业务部门，才能够真正转型成为企业的共享业务事业部，而不是某种变形的、换汤不换药的共享IT部门，这也就是阿里巴巴共享业务事业部经常讲的"业务滋养"的概念。阿里巴巴发展数字中台还有一个关键经验，即共享中心的技术团队组织构成不再是之前与业务相匹配的流水线模式：之前是UED（用户体验设计师）对应前端交互界面，架构师、开发人员对应业务逻辑，运维工程师和 DBA（Database Administrator，数据库管理员）对应数据库等；而阿里巴巴共享业务事业部则改为由架构师、UED、开发人员、运维工程师和 DBA 等组成一个新的技术组织，对应一个共享业务单元进行持续开发和运营。这种组织模型中最核心的就是架构师：技术出身的架构师要对不同前端业务中的公共和通用业务有深刻的理解，还要时刻掌握市场发展趋势，这样才能不断从不同前端业务中抽象出可以沉淀到共享业务中的业务点，还能前瞻性地从共享业务层面提出业务创新方向并反哺给前端业务。

2020 年年底，有媒体报道阿里巴巴将拆中台，阿里巴巴高管认为阿里巴巴的业务变化较慢，因此需要使中台变薄、敏捷和快速。实际上，根据"2020 中国企业 500 强"，按照年营收排名，阿里巴巴为第 34 名，而且是前 34 名中唯一一家互联网公司。因此，阿里巴巴的中台探索对于绝大多数中国企业来说都是遥遥领先的，而且很多公司也不可能增长到阿里巴巴的营收体量，因此数字中台对于大多数中国企业来说仍具有十分重要的长期价值。

中台思想已经成为很多大型企业数字化转型的抓手。作为中国规模最大的物流集团之一，中国邮政希望打造一个以提升客户服务与体验为核心，面向邮件全生命周期的现代化核心业务架构。IBM 帮助中国邮政设计并构建了一个基于私有云和业务融合的一体化寄递业务信息平台架构，采用了"厚平台+薄应用"的设计理念和分布式微服务架构，将邮政、速递两个业务板块整合在同一个平台中运作；该平台整合了 400+原有产品及服务和 77+相应系统，在全国 31 个省（自治区、直辖市）的分支机构全面上线，并在 2018 年"双 11"中应对了超 1 亿件的业务订单量。

上汽云计算：从制造向智能服务转型

中国企业的管理和组织模式经过了 20 世纪 80—90 年代的以制造业为主的发展后，正在经历新一轮的重组和再造——面向"互联网+"和"智能+"数字商业战略的数字服务企业。

2019 年 8 月，上汽集团总投资 20 亿元的云计算数据中心项目在郑州开工，这也是截至 2019 年汽车行业最大、最先进的云数据中心，是上汽集团"电动化、网联化、智能化与共享化"（简称"新四化"）战略，以及"以创新的汽车产品和服务，引领智慧出行，成就美好生活"愿景的基石。

上汽郑州云计算数据中心是上汽云中心的一部分。上汽云中心是上汽集团"新四化"的战略平台之一。上汽云中心的定位，就是上汽集团的技术中台，通过与集团业务中台及人工智能实验室的有机整合，形成上汽集团的中台，对下连接用户、智能终端、车辆、物联设备等，对上为智能网联汽车、智慧出行、智能制造服务。通过云计算的汇聚功能，上汽云中心对业务数据进行计算和存储，再传递到业务应用层，如数据湖、人工智能算法，以及包括用户中心、物料中心、订单中心、生产中心在内的业务中台，推动业务更快速、更高效地发展。

为了更好地强化上汽云中心的能力，服务不断壮大的创新业务，上汽集团在2017年7月将上汽云中心注册为独立的公司，即上海帆一尚行科技有限公司。上汽云平台基于多种开源框架定制开发，以业务系统及应用场景的底层云化为切入点，与云计算行业领先厂商深度合作搭建混合云架构平台，为客户提供弹性计算、数据、存储、网络、安全、应用、人工智能、IoT等服务。上汽集团总部、上汽乘用车、上汽大通、斑马汽车、环球车享等多家上汽旗下公司已深度使用上汽云中心提供的各类云产品和服务。

● 数字中台：新型共享商业系统软件

ERP在某种程度上是传统企业的数字中台，ERP开发经历了长时间对企业管理最佳实践的总结和沉淀，再落实到一个信息化系统中。ERP的产品化以西方企业管理模式高度成熟和趋同为前提，但也是SAP等公司对ERP可产品化的坚定信念的结果。

起源于中国市场、以共享商业为理念的数字中台，与起源于西方的企业信息化管理系统有着颠覆性的不同。数字中台的最终目的是促进业务数据、知识在企业和产业内的自由流动，最终与自动化业务执行IT系统一起完成由数据驱动的运营；而企业信息化管理系统是为了记录企业的静态数据和知识，既不能捕捉实时动态数据和知识，也不能把知识洞察反馈给由IT支撑的自动业务执行单元，更多时候只是把数据和知识存储在服务器上形成"黑洞"。

数字中台是数字商业的新型基础设施，与以往的企业信息化管理系统最大的不同是：数字中台是企业商业运营的业务数据和知识共享层，向下连接企业数据中心和基础技术层，向上支撑企业的前端互联网+商业应用。典型的数字中台包括两大组成部分：业务中台和数据中台，分别承载了企业商业系统的共享业务能力与共享数据能力。

中国信息通信研究院发布的《云计算发展白皮书（2020）》认为，数字中台是将企业的共性需求进行抽象，并打造成平台化、组件化的系统能力，以接口、组件等形式共享给各业务单元使用。数字中台涵盖广泛，其中业务中台将企业经营管理涉及的业务场景流程标准化、数据化，为数据中台提供完整的数据源，保证数据的可复用性，完成业务数据化，通过成熟业务来沉淀企业的数字化能力；数据中台则将业务数据化沉淀的数据,通过大数据、机器学习等技术处理进行价值提炼,形成企业数据资产,提供决策支持,赋能前端业务。

起源于阿里巴巴的消费互联网技术的数字中台尤其适合直接面向最终消费者的企业,包括零售、快消、汽车、地产、服务等领域的企业。消费互联网技术下的数字中台,加强多种线上渠道的消费者触达、交易、沉睡唤醒、会员转化、复购等,通过业务中台与数据中台双驱动创新营收。特别是业务中台与数据中台二者联动加速前端业务创新,其中业务中台指面向消费者业务 APP 的共享服务,如共享的会员服务、商品服务、支付服务、评价服务、库存服务、营销服务等;数据中台指与业务中台相匹配、具备业务模型的数据,如会员数据、商品数据、交易数据、库存数据等。这样,业务中台与数据中台就可以联动,向上支撑前端消费业务应用的快速开发、快速创新、快速运营。

产业互联网下的数据中台,以产业或工业数据湖的形态出现,无法产品化,必须走项目制。在疫情期间,企业和产业的大量流程也大批向线上迁移,促进产业互联网及其中台技术深化。例如,越来越多的企业依靠工业互联网平台开展业务——工厂转向无人值守、农业转向无人机播撒、产业链转向工业互联网平台。根据 SAP 在 2020 年提出的新工业 4.0 战略,在云与边缘计算时代,数据湖将打通和融合传统的 ISA-95 工业软件体系(ERP、PLC、MES 等),成为事实上的工业"中台"。

数字中台本质上就是把复杂的企业商业系统化解于基于共享数据和业务知识及促进其流动的扁平化响应体系,用源源不断的业务数据和知识的流动驱动最小业务单元迅速组成应对方案,快速响应外界不确定的变化,在不确定环境中实现盈利。数字中台与大数据平台最大的区别:数字中台处理和运营业务数据及知识,大数据平台仅处理和分析数据。基于数字平台的数字商业新模式的最终目的就是化解和应对整个商业和社会的不确定性。数字化转型的本质是,在数据+算法定义的世界中,以数据的自动流动化解复杂系统的不确定性,优化资源配置效率,构建企业新型竞争优势。

数字中台软件是具有鲜明中国特色的企业级软件。广州云徙科技有限公司(以下简称为云徙科技)是我国最早一批为大型企业提供数字中台解决方案的创新型企业,于 2017 年推出第一代数字中台及数字营销云产品,2018 年推出 2.0 版本,2019 年推出 3.0 版本,截至 2019 年年底,云徙科技已经从服务的新零售、新地产、新汽车、新渠道、新直销等近 70 家头部企业实践中,逐渐落地了一整套的产品化中台系统与服务体系。2020 年 5 月,云徙科技再次推出了以"数舰"为品牌、面向大企业的数字中台 3.5,以七大产品系列+数据运营服务为特色,加上面向中小企业的"数盈"新营销中台 SaaS 产品,形成了完整的面向消费领域的企业数字中台产品与服务矩阵。

第三章
数字营销：以个人体验为中心重建品牌

自从 2006 年云计算兴起及 2007 年第一代 iPhone 面世以来，全球不仅见证了科技产业的巨大变革，而且受科技变革影响的媒体和广告营销机构也被彻底颠覆了。媒体与广告营销机构之间本来有一种共生的依赖关系，但进入 2012 年，iPhone 5 的全面发售、智能手机的全面普及，让媒体产业面临前所未有的危机。人手一部的智能手机和移动互联网已经成为全球最大的媒体，任何 APP 都可以把信息精准地传递到消费者和用户的手里，机构媒体在社会中垄断信息的地位开始消亡，而广告和营销机构作为机构媒介代理也失去了价值。

在 2018 年全球四大品牌价值排行榜前 30 名中共同的五家品牌公司——Apple（苹果公司）、Amazon（亚马逊）、Google（谷歌）、Facebook（脸书）、Microsoft（微软）都是数字平台型公司，它们通过互联网、移动互联网及智能手机等智能终端设备直接触达最终消费者和用户，反而成为数字时代的品牌赢家。数字平台取代品牌，正在成为共享经济下的新现象。例如，共享单车成为数字时代的自行车品牌；淘宝和京东等电商平台品牌取代部分商户和制造品品牌；支付宝、微信支付等支付平台品牌取代部分银行品牌等。

在数字平台时代，无论是 B2B 企业营销还是 B2C 消费者营销，都进入了以个人体验为中心的品牌重塑时代。

第一节 新媒体时代

● 传统媒体的断崖式下跌

根据《中国传媒产业发展报告（2018）》的统计，2017 年中国传媒产业总规模达 18966.7 亿元，较 2016 年增长 16.6%，然而传统媒体仍将下行。2017 年，中国的广播电视广告收入首次负增长，较 2016 年下降 1.84%；报刊广告和发行继续"双降"，整体市场下滑 14.8%，其中报纸广告市场的跌幅更是超过了 30%，市场整体规模不足 150 亿元；图书和电影是传统媒体中仍能保持两位数增长的市场，但与互联网相比仍规模相对较小。《中国传媒产业发展报告（2019）》进一步显示，网络广告和移动内容及增值收入都大幅增长，而报刊行业持续断崖式下跌、距峰值已跌去超 8 成。

机构媒体的衰落不仅发生在中国市场。2006 年的著名电影《时尚女魔头》中的时尚杂志主编这个职业曾经风光一时，但在 2014—2017 年出现了时尚杂志的倒闭潮。著名时尚媒体集团康泰纳仕相继关闭了 Self、Details、Lucky、Domino、《Vogue 男士》等旗下时尚刊物，赫斯特集团的 CosmoGirl 等大量时尚杂志都停止出版。国内的《外滩画报》则关停纸媒，全面转型新媒体，而《新视线》《芭莎珠宝》《瑞丽时尚先锋》等杂志相继停刊。《周末画报》母公司现代传播在 2016 年纯利润暴跌 85.4%至 300 万元，传统杂志类广告收入大跌；现代传播在 2017 年亏损 3978.8 万元，已经连续 6 年下滑，凸显传统时尚杂志的转型艰难。

● 媒体的数字化与移动互联网化

自 2009 年推出新浪微博内测版、2011 年推出微信自媒体平台、2012 年发布今日头条 APP 以来，中国的媒体行业伴随全球媒体产业的调整而迅速走向了数字化和移动互联网化。

《中国传媒产业发展报告（2018）》指出，以 2011 年为分水岭，中国的新兴媒体市场份额超过传统媒体，从 2011 年平面、广电、互联网、移动互联网"四分天下"，到 2013 年的传统媒体、互联网和移动互联网"三足鼎立"，2017 年则转向"一超多强"的局面——移动互联网占市场份额近一半、传统媒体总体规模仅占五分之一、其中报刊图书等平面媒体的市场份额不到 6%。

什么是新媒体？什么是数字媒体？就是"两微一端"（微博、微信、新闻客户端）吗？《中国传媒产业发展报告（2018）》指出，以互联网广告和网络游戏等为代表的移动互联网与互联网已成为传统核心产业（见图 3-1），网络视频、手机游戏、数字音乐与数字阅读是增长潜力最大的细分市场，这些业务采取内容付费模式，成为新的关注点。"中国传媒产业发展报告"课题组认为，原有的媒体产业划分方式和分析

模型难以体现传媒产业全貌与变化，课题组在不断调整研究方法，以更新的视角观察产业发展。

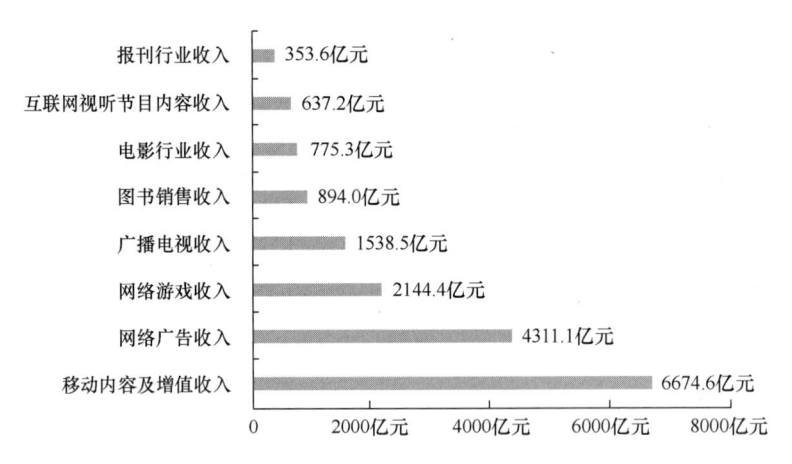

报刊行业收入	353.6亿元
互联网视听节目内容收入	637.2亿元
电影行业收入	775.3亿元
图书销售收入	894.0亿元
广播电视收入	1538.5亿元
网络游戏收入	2144.4亿元
网络广告收入	4311.1亿元
移动内容及增值收入	6674.6亿元

图 3-1　移动互联网与互联网已成为传统核心产业

（资料来源：《中国传媒产业发展报告（2018）》）

如何认识新媒体和数字媒体

第一，内容消费是刚需。机构媒体的衰落并不代表人们不需要看更多的内容，根据企业智库 2018 年 6 月的调研数据，73.7%的中国网民每天会拿出 30 分钟以上的时间看资讯，47.1%的网民会每天消耗 1 小时左右看资讯，16.3%的网民会每天消耗超过 2 小时看资讯。

根据中国互联网络信息中心于 2018 年 8 月发布的第 42 次《中国互联网络发展状况统计报告》，截至 2018 年 6 月 30 日，我国网民规模达 8.02 亿人，普及率为 57.7%，其中手机网民规模已达 7.88 亿人。换句话说，即使手机网民也有超过 5 亿人每天要读 30 分钟以上的内容。企业智库调研中提到的 16.3%重度内容消费者主要集中在一二线城市、30 岁以上、金融业和互联网、企业管理者、工程师/专家、自由职业者、政府机构、文化传媒等，按手机网民计算也有 1.26 亿人。

第二，新媒体和数字媒体的内容推送渠道已经趋于免费，进入内容主导的时代。在"两微一端"中，微信、微博的内容推送和分发成本对于内容创作者来说为零，而 APP 客户端的开发成本和运营成本则较高，通常客户端适用于机构媒体和机构新媒体。但免费的内容分发渠道已经足够覆盖广大的网民，微信、微博、今日头条、一点资讯、百度百家等渠道可以满足大部分文字内容的分发需求；抖音、快手、西瓜视频、腾讯视频、优酷等可以满足大部分视频内容的分发需求；京东品牌头条、淘宝头条等电商媒体则满足商品类内容的分发需求；此外，还有 QQ 空间、百度贴吧、知乎及各类直播平台等。

内容分发渠道的低门槛和广覆盖导致内容创作存在差异，而且很多机构媒体出身的记者和编辑都依托免费的内容分发渠道而转型成为生产原创内容的自媒体人。根据清博大数据发布的《2018—2019 年度互联网和新媒体趋势报告》，在 TOP 100 公众号中，自媒体占比高达 75%，而机构类媒体仅占 25%。

企业智酷的统计显示，随着用户的时间和注意力变得日益宝贵，用户开始聚集于头部创作者。越来越多的用户不再每篇必看、每个账号必看，而是寻找那些他们认可的优质内容作者。更为重要的是，用户在向头部创作者聚拢的同时，也会热情地向亲友进行内容转发和推荐，以及进行高质量的评论互动。接近 5% 的用户成了创作者的铁杆粉丝。但仍有 65.3% 的网民认为好内容不足，这为好内容创作提供了极大的空间。

第三，从泛读者走向用户和粉丝，先有用户和粉丝后生产内容。在传统机构媒体时代，媒体面对的是泛读者。由于缺乏有效的反馈机制，无论是纸质媒体还是电视、广播等，都只是把内容通过各种线下或广电网络分发出去，最终只能通过订户数、销量来衡量媒体的影响力和价值。然而，在新媒体和数字媒体时代，更多的是先有用户，然后再根据用户需求提供内容。

Airbnb 是全球知名的共享住宿 APP，其主要目的是为全球用户提供各地的共享住宿信息及完成交易。2017 年，Airbnb 与美国赫斯特出版集团合作推出了纸质版的 *Airbnb* 杂志，该杂志仅设置纸质形式，其最大的卖点是选题策划都基于 Airbnb 庞大的数据库。成立于 2008 年的 Airbnb，到 2019 年，在 191 个国家的 81000 余个城市提供了 500 多万个共享住宿地点，Airbnb 还在 1000 多个市场地区通过 15000 多个房东组织的当地活动为旅客带来独特的体验。Airbnb 的用户数在 2017 年就超过 1.5 亿人，是一个巨大的粉丝群。无论是把 *Airbnb* 杂志放置到所有的 Airbnb 住宿地点，还是通过 Airbnb 用户数据分析来设计杂志内容，都为 Airbnb 开展媒体业务提供了全新的思路。

因此，所谓新媒体，并不一定要通过数字化渠道发行或用 APP 等数字化形式承载内容，像 Airbnb 这样先通过一个功能性 APP 聚集庞大的同类兴趣用户群，然后再定制化媒体内容，也是新媒体。中国的滴滴打车 APP、共享单车 APP、大众点评 APP 等都有机会发展自己的媒体业务，这些功能型 APP 所聚集的庞大用户群足以启动媒体业务。

第二节　内容营销成为营销新范式

进入 2019 年，内容营销已经上升为跨 ToB 与 ToC 两个营销领域的新范式。在数字媒体平台崛起的时代，内容创作已经成为主要的营销差异化点。在传统的营销领域，ToB 营销与 ToC 营销一直是两个泾渭分明的领域；而在新媒体时代，这两个领域的差异更多的是在内容方面，因为内容分发的渠道几乎都是一致的数字媒体平台。

新品牌体验：参与感和品牌文化

什么是好的跨 ToB 与 ToC 营销内容？在 2019 年戛纳国际创意节上，900 多位全球营销和品牌专家分享了对创意营销传播的观点与见解。其中，关于品牌的观点很有见地，专家们认为当今的消费者已经不能再被强制与品牌建立相关性及情感连接，品牌创造出的内容必须吸引人们参与且融入品牌文化。换句话说，参与感和品牌文化是在新媒体与数字媒体时代，所有品牌塑造和营销活动都必须创造和提供的体验。

以微软公司首席执行官萨提亚·纳德拉（Satya Nadella）的 *Hit Refresh* 一书为例。*Hit Refresh* 是非常好的跨 ToB 与 ToC 的营销及内容营销的例子，纳德拉在这本书的开篇就开宗明义地写道：本书并不是一本自传，而是试图解释微软这一轮重启和复兴背后的逻辑；本书更多是分享其当下的旅程，希望借此让业界、微软员工和微软生态等共同参与微软的这场转型变革。特别是，*Hit Refresh* 一书非常真实地分享了纳德拉的第一手经历，包括公司高层间的冲突、不同部门之间的利益之争、如何重建新文化，以及让不适应新文化的公司高管离任等。

Hit Refresh 是"参与感"品牌营销的典型代表。自从该书出版以来，全球各地媒体自发跟进阅读及报道。美国 Geekwire 网站评价该书是一本坦诚之书，以及向外界展现了微软复兴的内部故事；美国 Zdnet 网站评价纳德拉把文化变革放在第一位的做法既令人惊讶但也符合时代发展趋势；*FastCompany* 刊登了该书的节选并强调了纳德拉的观点——CEO 中的 C 代表文化（Culture）。该书的英文版自 2017 年出版以来，持续得到了全球媒体、企业家及高校和学术界等的关注。虽然 *Hit Refresh* 采用传统纸质书籍的媒体形式，但它所创造的"参与感"并不亚于新媒体。从这个角度来说，新媒体与传统媒体在本质上是相通的，都是创造有"参与感"的内容，只是媒体形态和传播渠道有所不同而已。

通过内容创造新的品牌体验

内容营销曾经是 ToB 营销的主要方式，但在数字经济的今天也成为 ToC 营销的主要方式，其主要体现就是通过内容提供和创造品牌体验。

在 2019 年第 66 届戛纳国际创意节发布的《2019 定义品牌体验》白皮书中，TBWAMedia Arts Lab 的数字体验负责人 Rohit Thawani 指出：伟大的品牌体验来自其中参与者的卓越个人体验，体验关乎个人而非品牌，品牌的角色是为人创造有用甚至有魔力的帮助。Weber Shandwick 健康业务全球创意负责人 Peter Gay 认为：伟大的品牌体验来自品牌要获取消费者和用户的信任、景仰、激动之情，这关乎人们如何在品牌中生活、尝试、呼吸甚至完全信任一个品牌，这需要把品牌价值与消费者和用户的个人价值观相连接，"品牌是否像我一样相信某个事物？""品牌的行为是否对我有所启发？"等，都需要品牌体验来回答。Peter Gay 没有提及的是，在当今大企业时代，一家企业往往会有上万名甚至数十万名员工，因此品牌体验也需要内部员工参与，而在移动社交时代，内部员工=外部消费者或用户。*Hit Refresh* 一书所创造的不仅是微软外部的微软品牌体验，更是微软内部十余万名员工的新微软体验。

如何创造有参与感的品牌体验？《2019 定义品牌体验》白皮书给出了以下四点建议。

- 创造体验：让消费者和用户成为更加伟大事物的一部分，如苹果公司的品牌塑造就不仅仅是 iPhone 手机或 Mac 电脑，而是从音乐到设计、从娱乐到科技的现代消费体验。
- 升级"为你而生"的体验：也就是通过产品和服务的个性化设计让人们得到自我价值的实现，在这个过程中也把用户转换为自觉的品牌大使。例如，微软 Xbox 设计实验室项目就可以让用户定制其 Xbox 手柄。
- 创造连接的用户体验：特别是通过统一的体验来连接用户，三星（Samsung）的首席市场营销官 YH Lee 曾说过，三星的品牌愿景就是基于相互连接的解决方案。
- 创造令人惊讶和愉悦的体验：如 Burger King 的"惊奇和愉快的胃觉"体验。无论是市场活动、网站还是 APP，现代品牌体验都不再是一次性的产品广告，而是挖掘用户需求、价值和情感的连接用户体验之旅。

Eight Inc.的创造人和 CEO Tim Kobe 认为，要创造成功的品牌体验，企业的高管层必须愿意为此付出和做贡献，特别是 CEO，其是所有品牌体验的交汇点。Tim Kobe 在 Steve Jobs 回归苹果公司后的 12 年里，每周都与他工作在一起。Tim Kobe 称赞 Steve Job 的分析型风格，以及能够偏向更加直觉的设计和工作方式，本质上

Steve Jobs 是客户体验大师。

Steve Jobs 为全球基于内容的 ToC 与 ToB 品牌体验营销做出了表率。Steve Jobs 利用一切场合、机会为最终消费者和用户创造独特的苹果品牌体验，甚至十几年如一日的黑色高领衫、蓝色牛仔裤和 New Balance 运动鞋这样一种反传统高管的穿着，也为苹果用户带来了简约而不普通的品牌价值理念。

● 什么是内容营销

内容营销无疑是统一 ToB、ToC 和内部员工品牌体验的主要方式。美国内容营销协会对于"内容营销"的定义是：通过持续生产和发布对目标人群有价值、有关联的内容，持续吸引目标人群并改变或强化目标人群的行为，从而转化为商业目的的营销方式。

就内容来说，对于 ToB 营销而言，白皮书往往是吸引目标人群最主要的内容形式，无论是技术白皮书还是产品白皮书、产业白皮书，只要有足够深度的内容，都能产生持续的影响力；对于 ToC 营销来说，深度内容对于销售线索的收集和转换也具有越来越大的影响力。《中国传媒产业发展报告（2018）》指出：信息轰炸下的受众，对产品的选择具有偏爱性和被影响性，未来兼具较高阅读效率、特色化和社交属性的新产品可能会打破"两微一端"模式；内容产品有价值、有特色，渠道有针对性、有扩展性，就能获得受众青睐。

市场调查公司 Forrester 有一个 CX Index 客户体验指标年度调查，每年调查超过 10 万名消费者以了解品牌体验在多大程度上加强客户忠诚度，而该指标在最近几年已经持续走平。这在很大程度上是因为所有的品牌、产品都在强调和实现同样的用户体验，如简单、易用、快速，几乎所有的快餐店品牌 APP 都可以在线下订单、所有的航空公司 APP 都可以在线值机、所有的零售 APP 都可以在线浏览商品和在线购买，当这些功能性体验全部都趋同之后，能创造差异化体验的方式在于对品牌的创意表达和所激发的情感响应。

创造一个激发所有消费者、用户、客户、员工、合作伙伴等的品牌体验和创意表达的一个主要方式就是深度内容，特别是足够深度的内容，如 *Hit Refresh* 这样一本大部头书籍。

● 内容营销的趋势

美国内容营销协会每年都会发布北美 B2B 和 B2C 内容营销趋势报告，具有一定的代表性。该协会于 2019 年年初发布的《2019 年北美 B2B 内容营销年度趋势研究报告——B2B 趋势》分析了 2018—2019 年度北美内容营销最佳实践趋势（见图 3-2）。

- 不论是 B2B 还是 B2C，企业都非常重视内容营销，甚至认为内容营销已经成为营销的一切。
- 内容营销强化了长篇内容的创作与开发，社交媒体故事与视频片段也是 B2B 和 B2C 内容营销者们在 2018 年主要采用的内容形式。
- 在社交媒体上的付费赞助内容是 B2B 和 B2C 内容营销者们一致的首选方式，其次是 SEM、网站 Banner 等搜索营销方式，社交媒体赞助内容+付费的搜索引擎营销正在成为完美搭档。
- 在内容营销预算和支出方面，内容的生产、内容营销人员、付费内容传播是 B2B 和 B2C 内容营销的前三大选择。

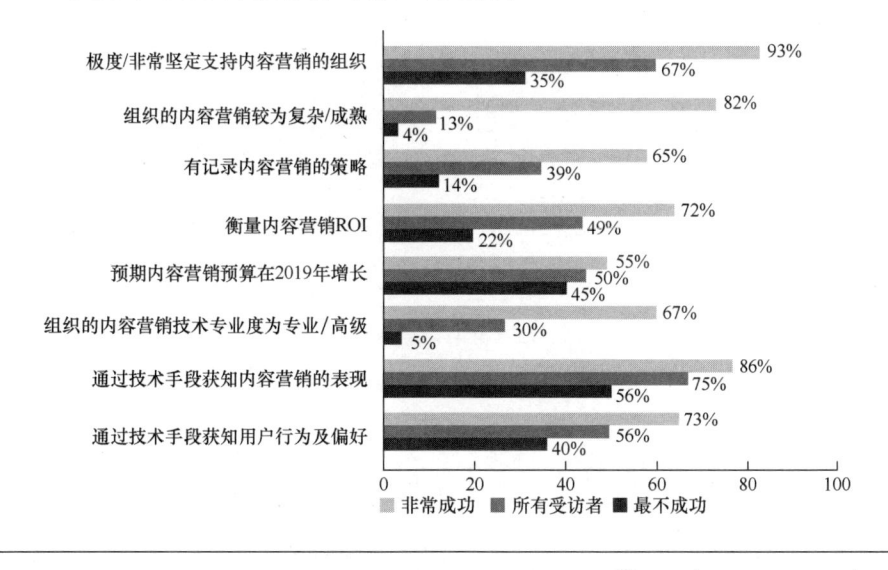

图 3-2　2018—2019 年北美内容营销最佳实践趋势

（资料来源：美国内容营销协会的《2019 年北美 B2B 内容营销年度趋势研究报告——B2B 趋势》）

该协会于 2019 年 10 月发布了《2020 年北美 B2B 内容营销年度趋势研究报告——B2B 趋势》（见图 3-3），指出内容营销实践正在高歌猛进：2018—2019 年，58%的 B2B 营销人员使用内容营销来培养潜在客户，这一比例在 2019—2020 年跃升至 68%；63%的受访者使用内容营销来建立现有客户的忠诚度，而 2018—2019 年的这一比例为 54%；超过一半的受访者（53%）利用内容营销创造销售/收入（高于 2018—2019 年的 45%）。此外，几乎 2/3 的 B2B 营销人员认为，内容营销是一种有效的营销漏斗顶部策略，但它也被证明对营销漏斗底部活动有效。

年度B2B内容营销最佳实践		最成功者	所有受访者	最不成功者
组织的内容营销是复杂/成熟的		87%	42%	8%
有记录内容营销的策略		69%	41%	16%
在组织内部有集中化的内容营销工作组跨整个组织工作		44%	25%	14%
采用相关指标衡量内容营销的表现		95%	80%	62%
对于内容营销活动采用KPI		83%	65%	30%
衡量内容营销的ROI		67%	43%	23%
验证ROI的能力为优秀/良好		84%	59%	25%
成功将内容营销用于	与客户建立忠诚关系	84%	63%	39%
	培养订阅/读者/销售线索	83%	68%	51%
	产生销售/收入	75%	53%	29%
	建立订阅读者群	68%	45%	30%
经常/频繁地	将读者的信息需求优先于组织销售/营销推广信息之上	88%	66%	50%
	根据用户旅程的不同阶段而创建内容	74%	48%	26%
强烈同意/同意	组织能够根据用户期待而优化内容交付的时间和地点	93%	71%	37%
	组织根据与用户的交互旅程而优化内容体验	83%	52%	23%

图 3-3　2019—2020 年度北美内容营销最佳实践趋势

（资料来源：美国内容营销协会的《2020 年北美 B2B 内容营销年度趋势研究报告——B2B 趋势》）

第三节　营销技术大发展

在有了好的内容之后，还需要用合适的营销技术将营销内容扩散出去，特别是产生"1 对 1"的影响。品牌专家在 20 多年前就提出了"1 对 1 营销"的概念，对后来的市场营销有着深远的影响，不过当时由于技术的限制而仅限定于对品牌最重要的那 20% 的忠诚客户。进入 2019 年，随着互联网、云计算、大数据和人工智能等技术的发展，全员"1 对 1 营销"已经有可能成为现实。

营销技术在自 2006 年开始的公有云时代有极大的发展，互联网和移动互联网技术已经让企业有渠道可以接触到每个用户和消费者，而云平台给了企业一个可以集中管理所有数据和软件的平台，随着营销云和营销中台技术的发展，企业更能够通过大数据分析和人工智能技术向每个用户、消费者推送完全个性化的内容和服务，人工智能和机器学习将让"超个性化"成为现实。

8 年成长了 45 倍的营销技术

在谈论人工智能等新兴技术对于市场营销技术的影响之前，需要先了解营销技术，它本身就是一个十分热门的领域。

美国市场营销技术专家 Scott Brinker 自 2008 年就开始撰写一个专门研究和记录营销技术进展的博客，他于 2011 年开始每年制作一份营销技术解决方案全景图。2011 年的全景图包含约 150 个营销技术解决方案，2012 年约为 350 个，2014 年约为 1000 个，2015 年约为 2000 个，2016 年约为 3500 个，2017 年约为 5000 个，2018 年为 6829 个，2019 年为 7040 个，2020 年则达到 8000 个！

可以说，营销技术在 2012—2018 年经历了爆炸性发展。2018 年的 6829 个营销技术解决方案来自 6242 家营销技术供应商，营销技术解决方案在 7 年间增长了 44 倍，而风险投资和私募基金在 2017 年全年对营销技术的投资高达 140 亿美元！不过，在 2019 年有 615 个营销技术解决方案或者被整合到其他营销技术公司，或者直接消失。根据 Scott Brinker 的统计，这相当于 1/5 的 2020 年的营销技术方案并不在 2019 年的全景图中，也就是营销技术解决方案的流失率达 8.7%，而 2020 年的全景图中的新营销技术占比高达 24.5%。营销技术方案追着营销人员的现象，在进入 2019 年后则相当明显。

2012 年，Scott Brinker 对宏观的营销技术趋势进行了预测。他提出五大趋势：①传统营销方式向数字营销转型，不仅仅是营销，商业和生活等也在数字化转型；②独立的媒体孤岛向融合媒体集成；③市场营销沟通融入客户体验；④代码与数据将深入营销的 DNA；⑤僵硬的营销规划向迭代式营销管理与文化转变。2008 年，Scott Brinker 发起其营销技术博客，他以为：营销已经成为技术所赋能的领域，营销组织必须把技术能力扩散到组织的 DNA 中。如今，这些营销技术趋势一直在持续发生。

营销技术预算持续增长

Gartner 的 2018—2019 年度 CMO 花费调研显示，CMO 为营销技术所拨的预算高达 29%，已经接近营销预算的 1/3，营销技术已经成为营销资源和项目投资中最大的一项。的确，营销技术已经成为现代营销组织的最大支出部分，而营销技术的碎片化也让营销组织非常头疼，甚至是基于云计算的营销软件，也是碎片化的状态。进入 2020 年，尽管受疫情影响，但 Gartner 于 2020 年 8 月发布的 2020—2021 年度 CMO 花费调研继续显示，CMO 的营销技术预算仍高达 26.2%，而且 68% 的 CMO 预期将继续显著扩大对营销技术的投资。

Scott Brinker 估计，现代企业平均至少采用上千种的云软件，营销、销售、客户服务、财务、IT（信息技术）、HR（人力资源）等不同的业务部门都采购了自己喜欢的云软件，而营销云或营销 SaaS 软件的种类繁多。另外，由于公有云的便捷性，企业营销组织也很容易开发自己的营销 SaaS 软件。

一份由营销机构 Asend2 及调研合作伙伴于 2018 年 11 月发布的报告显示，52% 的市场营销人员表示集成分散的技术和系统是他们营销工作成功的最大障碍。而对于企业的营销人员来说，除营销技术的高度分散化外，营销机构也处于高度分散的状态，如全美的营销机构就超过 1 万家。Gartner 的 2020—2021 年度 CMO 花费调研也指出，对于市场营销人员来说，需要继续优化对营销技术的使用，调研显示市场营销人员仅使用了 58%的已有技术能力。

因此，这就回到了营销中台和全方位全域营销的概念。所谓营销中台，指在一个企业共享的 IT 平台上集成所有的 IT 技术和业务，打通数据层和业务层，通过人工智能、大数据和数据分析等技术，向应用层交付个性化的软件和服务。由于这样一种集企业 IT 大成的性质，营销中台在本质上就是可以覆盖企业所有业务的数字中台。在数字中台的基础上，全方位全域营销也成为可能。

● 全方位全域营销与营销中台

全方位营销是由现代营销之父科特勒于 2002 年前后提出的概念。该概念指贯穿企业全流程全业务、从后台运营到前端消费接触的全程营销体验管理，也就是把全业务全流程都视为营销体验的一部分，整合起来共同打造一个完整的营销体验。全业务全流程的打通，只有在企业内部云平台即数字中台上才有可能实现。全域营销指打通企业内外部所有数据，对全域所有消费者的数据进行分析、运营，以及打通企业内部全业务、全流程的数据整合体验。

2019 年 2 月，赛迪顾问发布了《2019 年中国数字营销解决方案市场白皮书》，其中特别提出了云原生数字营销的概念，其核心是建立基于云原生技术的企业数字中台，即通过一个共享的数字化平台承载所有业务系统，包括营销、客户关系、销售、研发和服务等所有业务环节，形成从前端客户营销到后台业务系统的闭环，让整个企业演变成为可以快速感知和响应客户需求变化的数字原生企业。

数字中台能够打破"烟囱"式的 IT 系统，通过一个平台打通所有的 IT 系统和数据，一旦业务变更就能马上响应新的应用需求，以消费者和客户为中心重构业务与组织。云原生数字营销平台即基于 IaaS 云底层平台和采用微服务构建 PaaS 层数字中台，开发面向营销的 SaaS 云应用服务；而 PaaS 层数字中台则包括业务中台和数据中台，即共享业务中台和大数据平台。

赛迪顾问认为，数字中台是数字经济发展到今天，IT 架构更新迭代的必然产物，同时也适应了企业数字化转型的必然趋势。数字中台避免了企业重复建设 IT 系统和数据打通问题，数字中台的跨平台、跨终端、全渠道、全运营、集成数据的优势，将成为未来企业数字营销和数字化的主导方案、主流模式。赛迪顾问在《2019 年中国数字营销解决方案市场白皮书》中还推出了 2018 年中国数字营销解决方案市场品牌竞争力矩阵图（见图 3-4），以供市场参考。

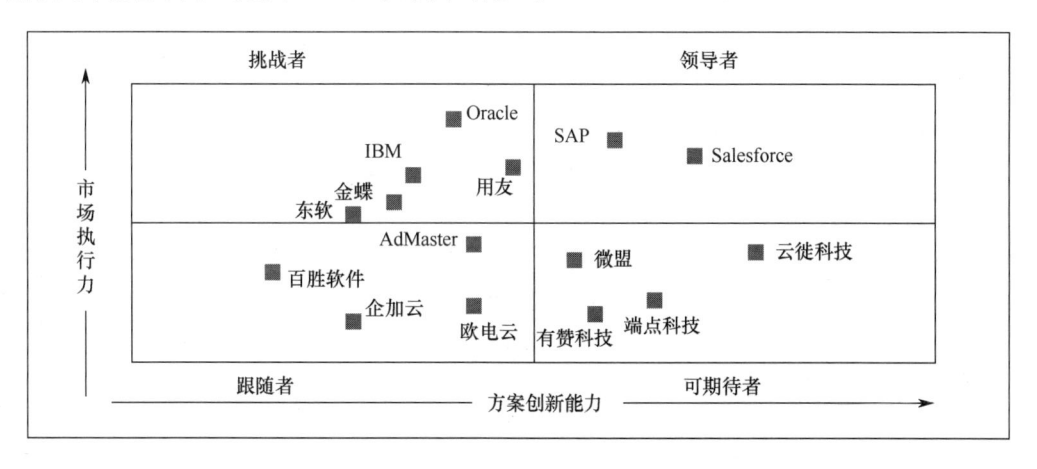

图 3-4　2018 年中国数字营销解决方案市场品牌竞争力矩阵图

● 良品铺子的数字化

2019 年 6 月，良品铺子与云徙科技合作，打造食品行业的业务中台实践。良品铺子与云徙科技合作的会员业务中台从全企业层面打通了会员数据，从而赋能营销渠道和营销系统。在 2020 年疫情期间，良品铺子的 2300 余家门店全部停摆，但良品铺子的收入不降反增，一季度营收增长了 4.16%。

良品铺子所在的休闲零食行业虽然小却很复杂。①产品多，1000 多个 SKU，每年有 300 款以上产品上新；②渠道多，基本上要覆盖所有渠道，一旦某个渠道没有覆盖就将损失销售机会，因为零食是场景触发的购买——消费者看到了可能就会购买，没看到可能就不购买了，因此属于场景触发的品类；③用户多，良品铺子目前有超过 8000 万名会员，但中国十几亿人口也都是潜在客群；④环节多，从品牌研发到供应链等；⑤竞争对手多。在疫情期间，门店租金和员工工资的上涨等都带来对企业效率提升的要求。这些倒逼企业必须高度数字化，否则就无法竞争和发展。

早在 2013 年，良品铺子就与国外某主流 ERP 系统供应商合作建设信息系统，当年公司净利润还不到 3 亿元，就一口气投入了 1.6 亿元，对整个信息系统进行全面升级。良品铺子的 IT 团队还自研了订单处理系统、库存管理系统及商品管理系统等，实现了日常经营业务的数字化。近两年来，随着新零售的发展，其线上渠道越来越多，还必须面向消费者打通商品、价格、营销、供应链等环节，但已有的 ERP 系统并不能支撑新业务形态，如 ERP 系统中的 CRM 系统就与阿里巴巴及第三方系统完全不融合，也无法承载海量数据，特别是节假日期间一个活动就能带来上百万个并发请求，多数据关联就会造成系统繁忙，无法满足秒杀、抢购等新场景下的营销活动需求，严重拖了业务的后腿。

旧系统限制了良品铺子未来的发展，以良品铺子当时近百亿元销售额计，上市之后要冲 200 亿元、300 亿元，未来还要冲更高的销售额。经过内部反复讨论，良品铺子最终决定上数字中台。良品铺子与云徙科技合作的业务中台分为两个阶段：第一阶段是规划阶段；第二阶段是"在飞行过程中换发动机"阶段，实现新老系统的切换，用中台替换原有 ERP 系统中的会员、营销等功能。值得一提的是，双方团队在项目的实施过程中采用了"协同共创、驻点开发"的模式，云徙科技的团队入驻良品铺子，对良品铺子的痛点及业务流程进行了全面调研，并且项目由双方项目经理领导的专业团队实施。之前实施 ERP 系统的时候，是其他公司的人带着良品铺子的人按部就班地做，而由双方共同完成的中台项目的质量非常高。

良品铺子中台项目采用迭代模式，既能保证系统的快速开发，又能够在上线后快速获得使用评价，便于迭代优化。项目团队在实施过程中，还发现原有的需求调研远远不够，业务部门经理表示没有预见到项目的实施投入会这么大，而且不仅基于当前的痛点还包括未来的业务规划。因此，双方高度协同合作，通过不断迭代，挖掘出很多新需求。业务中台成功上线后，替换了原有 CRM 系统的功能，并将天猫平台的海量会员数据打通，完成了 8000 万个会员的数据融合。

2020 年，在业务中台的基础上，良品铺子继续与云徙科技合作数据中台，包括通过数据中台支撑数据智能分析、经营决策分析报表与报告等上层应用，以及围绕用户群体进行数据驱动的运营。数据中台整合公司所有数据，根据业务对数据进行清洗、整理、标签化与规范化，把数据当成资产进行更科学和精细化运营；通过数据中台支撑其上的各种应用，包括数据的智能分析、经营决策分析报表与报告等；围绕用户群体进行数据驱动的运营，如根据消费者近期去过的门店、购买偏好等不断对消费者画像进行动态计算，或与阿里巴巴、腾讯、抖音、快手的用户大生态圈融合形成用户的精准闭环，后期还可基于数据中台进行"人、货、场"的 AI 运营等。

为了适应数字中台的变革，良品铺子在 2015 年进行了组织架构调整，把组织架构简化为扁平的三层——市场经营层、资源能力层与规划策略层，以提高决策效率；

2016年又在内部试行小组制经营，取消分公司层级，直接建立总部和最小经营单元的连接，形成敏捷响应机制。这些为良品铺子后面成功发起中台系统建设打下了坚实的基础。

第四节　营销4.0：个性化消费体验崛起

科特勒把营销分为三个时代。

（1）1.0时代：是卖方市场主导时代和以产品为中心的时代，在第一次和第二次工业革命之后，现代人类社会还处于产品稀缺的时期，以产品为核心的4P营销理论就诞生在这一时代。

（2）2.0时代：进入买方市场主导时代和以顾客为中心的时代，随着全球在19世纪70年代开始进入产品过剩阶段，这时出现了以顾客和消费者为核心的4C营销理论，细分市场战略STP就出现在这一时代。

（3）3.0时代：进入互联网时代，信息高度发达，营销开始侧重于体验和情感等。

今天，营销进入了4.0时代，即进入高度发达的技术营销时代，软件和数据驱动成为营销的主要核心能力。

● 营销4.0：企业数字平台核心战略

伴随着全球大规模进入数字服务经济时代，4.0时代的营销已经不是单一的推广和推销功能，而是融入了企业数字平台战略的核心能力。传统的大型广告和营销公司明显感受到来自大型技术咨询公司的压力，这一趋势也开始重塑中小型广告和营销公司的格局。品牌越来越多地指望营销机构来寻找和构建新的技术解决方案，优化现有营销技术的使用，帮助整合数据和不同的技术系统。

虽然一些传统广告营销机构可能会通过小众方式获得成功，如在电子邮件营销或电视广告等渠道上成为深度专家，但大多数会越来越多地在人工智能、数据集成、客户体验分析、移动应用程序等方面建立深厚的专业知识和能力，以及开发定制解决方案等。传统广告营销公司与新兴数字营销公司同样擅长创意、战略和技术，但越来越多的营销咨询将根据结果进行评估和收费，而不仅仅是时间和项目，这就需要强大的技术实施能力。

全球进入了数字服务经济时代，依托硬件产品的差异化的时代即将结束，未来在硬件产品高度同质化的时代，数字服务将成为新的差异化点，而数字品牌营销也将成为差异化竞争策略和能力之一。营销人也进入了 4.0 时代，即技术营销人的时代，越来越多的营销团队正在采用敏捷开发运营框架作为营销数字化转型的一部分，软件与数据能力成为营销人的核心能力之一——围绕以客户为中心，持续推动营销的数字化转型。营销 4.0 还意味着以客户体验为中心，整合所有流程、技术、数据，包括营销技术、广告技术、CRM 等都在一个统一的企业数字中台上进行整合，特别是整合企业所有内外部数据，再以人工智能技术进行个性化的客户交互。

2020 年 4 月，Gartner 发布了"CRM 和客户体验实施服务魔力象限"，其中的领导者象限共有三大领导者：IBM iX、Accenture（埃森哲）和 Deloitte（德勤）。这三大领导者全都是技术类服务商。

● IBM iX：面向未来的数字化战略

IBM iX（IBM Interactive Experience，IBM 互动体验）部门是全球最大的数字设计机构之一，致力于数据驱动的设计，截至 2020 年年初在全球拥有 1.7 万余名 CRM 和 CX（客户体验）专职人员，遍布北美、拉丁美洲、中东地区、欧洲及亚洲。为了充实该部门，IBM 先后收购了 Resource/Ammirati、Aperto、Ecx.io、Bluewolf 和 Vivant 五家数字营销机构，并将它们整合到 IBM iX 部门下。IBM iX 所服务的行业包括银行、快消品、公共部门、旅行/交通、石油/天然气等。

2013 年，IBM 设计团队开始在公司内部创造一种规模化设计创新的文化，IBM iX Studio（简称为 IBM Studio）也应运而生。IBM Studio 是 IBM GBS（全球企业咨询服务）面向未来数字化战略咨询而推出的服务，IBM 在纽约、伦敦、巴黎、悉尼等全球主要市场都开设了 Studio 工作室，专注于利用最新的技术和创新方法论来进行设计，其中包括营销技术与解决方案。

IBM Studio 具有 1 万多名咨询师，每天全球的 IBM Studio 里都有超过 1000 名咨询师驻场工作，所谓"IBM Way"就是把客户带到 IBM 工作室里，针对每个客户的特定问题,在最短的时间里为其痛点寻找解决方案,把 IBM 敏捷开发实践与 Design Thinking（设计思维）实践融合在一起。Design Thinking 是一个以用户体验和解决问题为导向的设计思维方式,IBM Design Thinking 强调以帮助用户实现有用的结果、不断创新再创新、多样化团队三大原则，以及观察、反思和执行三步循环来驱动整个思考和创新过程。

IBM Studio 里不仅有技术、开发和产品工程类人员，还有视觉艺术设计师等，通过共享不同类型、多样化创新人才的创意和智能，再加上入场企业客户的实际业务场景与问题，按照 IBM Design Thinking 的方法论进行交叉、交互、体验式创新。IBM 从全球的设计类院校招揽人才，其中包括斯坦福设计学校、卡耐基梅隆大学、罗德岛设计学院（Rhode Island School of Design）、萨凡纳艺术设计学院（Savannah College of Art & Design）等，也从 Frog Design 等专业设计公司招聘，涉及技能有视觉设计、图像动画设计、用户体验设计等和移动开发设计、工业设计等。

IBM iX 是 IBM GBS 的一个业务部门，主要负责领导企业数字化转型的前端变革。GBS 不仅仅是业务咨询服务机构，还能够承担整个解决方案链条的设计、实施和运维的端到端服务，包括软/硬件和移动开发等。IBM GBS 拥有大量的咨询顾问，其中包括认知及人工智能解决方案顾问，以及认证云开发者和在物联网、区块链、安全等方面的大量内部专家，这些技术专家能够为各行业提供各种营销技术解决方案。

● 共享数据与人工智能

随着人工智能和机器学习技术的兴起，以及营销中台特别是全域数据的形成，我们将进入"超个性化"时代。人工智能和基于机器学习的营销工具正在改变营销人员的决策和部署营销活动的本质。

例如，在 2017 年"双 11"前，阿里巴巴的人工智能 Banner 设计师"鲁班"已经学习了数百万张设计图像，可以根据运营提供的产品元素智能生成 Banner，每秒可生产 8000 张商品 Banner，解决了"双 11"期间大批量的设计问题；在 2017 年"双 11"期间共设计了 4.1 亿张 Banner 用于电商网站推广。"店小蜜"是在 2017 年"双 11"期间，阿里巴巴重点为商家提供的智能客服机器人，该机器人基于阿里智能云的云智能客服机器人服务"云小蜜"。"云小蜜"可以实现基于知识库的知识咨询和问答，结合多轮对话配置工具，可以将业务集成到机器人会话中，如订单查询、物流跟踪、自助退货机器人等。"云小蜜"每天能够为 600 万个客户服务，问题解决率达到 95%；拥有 36 个行业知识库，可以 7 天×24 小时提供多语言服务。过去，一个"店小二"每天服务 200～250 个客户。在 2017 年"双 11"期间，"店小蜜"一天就能服务 350 万个客户左右。此外，在 2017 年"双 11"当天，阿里巴巴的机器智能推荐系统为用户生成超过 567 亿个不同的专属货架，像智能导购员一样，给消费者"亿人亿面"的个性化推荐。

类似阿里巴巴，大量的互联网公司、电商公司及企业的数字化营销，今天都在采用人工智能和机器学习技术，带来"超个性化"的营销体验。茅台借助阿里智能云上线了"茅台云商"，该平台集社会化营销、溯源验证、大数据精准营销、跨界精品销售、收藏拍卖等于一体，推动线上线下的深度融合。茅台云商的中台包括营销中心、会员中心、商品中心、交易中心等 10 多个共享服务中心。茅台云商平台形成精准的营销闭环，前至生产流水线、供应商包材，后至所有经销商、零售终端和消费者信息，并且终端卖出的每瓶酒都会进入茅台云商数据库。基于全域数据，茅台还在打造线下智慧门店，在用户进店的那一刻，店员就能知道用户画像。

不过，在人工智能为企业和消费者带来"亿人亿面"体验之前，企业仍面临共享数据的管理问题。在市场调查公司 Forrester 于 2020 年 2 月发布的一份名为《解密个性化：用户体验从优秀到卓越》的报告中，受访企业面临的前五大技术挑战中有四个与数据管理相关：难以管理客户数据、缺乏数据集成、难以有效利用客户数据、维护与管理数据库。实际上，企业有多个渠道获得客户和消费者相关的数据，但由于缺乏有效的共享数据平台，企业难以从全局上最大限度地获得客户和消费者洞察。这就要用到营销数据中台或企业数据中台。2019—2020 年，中国市场掀起了一波数据中台热潮。

第四章
云计算：全社会共享数据中心

自 AWS 在 2006 年发布了第一代 IaaS 以来，整个 ICT（信息与通信技术）高科技产业就在发生一场重大的商业模式改变——从产品销售向订阅服务转型，而企业客户在采购时也从直接购买产品和解决方案转向租用技术服务的数字服务模式——以公有云为代表的云计算。

2015 年第一季度，亚马逊（Amazon）首次公布了 AWS 作为一个业务单元的营收，当季 AWS 营收 15.7 亿美元，分析师预计 AWS 当年的全年营收在 60 亿～90 亿美元；2018 年 5 月，AWS 再次公布了新的营收指标——"未来收入"，同时公布 AWS 当时至少有 124 亿美元的未来收入，这些合同的剩余时间为 3.2 年，也就是说亚马逊有 124 亿美元的销售额将在这段时间里转化为收入。自亚马逊在 2015 年第一季度开始公布 AWS 的营收以来，亚马逊股价表现就一路上扬，从 2015 年 4 月的最高约 420 美元一路上涨到 2018 年 8 月的最高点约 2000 美元，3 年股价增长了约 4 倍。2018 年 9 月，亚马逊市值曾短暂触及万亿美元，随后回落到了 8000 亿美元左右的水平；亚马逊市值在 2019 年及 2020 年多次运行于万亿美元之上。

在 AWS 树立的榜样力量下，全球掀起了以公有云为代表的云计算狂潮。

第一节　什么是云计算

关于到底什么是云计算的争论持续了很多年，直到 2017—2018 年才有了基本统一的理解。

● AWS 的"互联网操作系统"

云计算的鼻祖 AWS 在 2006 年发布最初的云计算服务产品时，并没有采用"云计算"这个名字，而是以"网络服务"命名。AWS 最早在 2002 年 7 月发布，最开始是服务于对外开放亚马逊电商网站的技术和产品数据，以供外部开发者和商户调用和使用，并围绕亚马逊电商网站构建应用程序，如帮助其他商户更好地在亚马逊电商网站上销售产品。2006 年，AWS 重新发布的时候，推出的第一个产品就是 S3（简单存储服务），它是 AWS 最经典的产品，当时的新闻稿里是这样描述 S3 的：Amazon S3，面向互联网的存储。

最开始的 S3 的核心技术思想就是通过互联网向开发者提供存储服务：S3 让基于互联网的存储服务成为可能，开发者不再需要关注到底在哪里存储数据、是否安全可靠、成本如何、存储空间是否足够等，开发者通过互联网就可以按需使用存储服务而不用自己购买、部署和维护存储服务器设备。S3 在最开始发布时的价格为：数据存储服务为 0.15 美元/月·GB；数据传输服务为 0.2 美元/GB。S3 的核心设计思想包括去中心化、异步机制、自治系统、本地节点质量自控、可控的并发机制、容错、可控的并行计算、对称节点、简化、化大为小而美的构建模块，这些核心设计思想都成为后来云计算系统设计的灵魂。

简单地理解，云计算就是把过去的企业 IT，包括服务、存储、网络、数据库、中间件、开发工具，以及 CRM、ERP、HRM 等应用软件，通过互联网以网络服务的方式交付给企业用户使用。以前，企业需要先自建多个数据中心，然后购买相应的软/硬件搭建企业 IT 及企业 IT 服务，再通过内部网络服务于企业内部的各个业务部门，整个 IT 和 IT 资产全部都由企业自行投资、负担、运维。现在，云服务厂商建立数据中心，把所有的企业 IT 服务都形成互联网上的网络服务，再以即用即租的方式供企业使用，这就是公有云。

公有云，可以理解为社会化的共享数据中心，也是云计算的主要代表形式。公有云让企业不必投资初始的数据中心，以及后续的运营和维护，而只是像使用水和电一样从公有云厂商处租用即可。此外，由于公有云以互联网服务的方式向企业提供企业 IT，那么其支持的企业 IT 和软件规模就从过去一个小范围区域上升到整个国家甚至全球，相应的云数据中心的组织和运营方式也与传统的中小型企业数据中心有所不同。

2018 年 11 月 26 日，《纽约杂志》"Intelligencer"栏目刊登了对 AWS 首席执行官安德鲁·贾西（Andrew Jassy）的采访。他亲述了 AWS 的诞生过程。2000—2003 年，亚马逊开始考虑和筹划后来的 AWS，当时的起因是亚马逊网站增加了很多软件开发工程师，但开发软件项目所花费的时间和以前一样多，其原因在于仅为了部署底层的存储、数据库或计算中的一项就要花费 2~3 个月的时间。为了方便亚马逊内部的软件工程开发，加速亚马逊互联网服务的上线速度，亚马逊高层启动了后来被称为 AWS 的项目，即像亚马逊擅长运营的零售行业基础设施那样，构建与运营可靠、可扩展、高性价比的企业 IT 和互联网 IT 基础设施。2003 年夏天，亚马逊的高层问了自己一个问题：如果有公司会使用这些基础设施服务从头构建应用程序，那么这是否能够形成一套"互联网操作系统"，它的关键组件有哪些？而在 2003 年夏天，世界上还没这样的"互联网操作系统"。亚马逊的高层当时决定：要么就不做、要做就做大。于是在时隔 3 年后的 2006 年，亚马逊才推出了 AWS 的第一项服务，即 S3。

微软的"蓝天"

无独有偶，虽然微软（Microsoft）晚了一步才开始对云计算特别是公有云投入，但微软公有云的名称"Azure"也不是"云"的意思。Azure 是"蓝天"的意思，也就是说微软 Azure 公有云的本意是为全世界实现这样一个"虚拟"操作系统：如果把全世界的计算设备都连在一起形成一台虚拟计算机的话，它的操作系统就是 Azure。

提到微软 Azure 公有云，就不得不提到微软早期的两个首席软件架构师中除比尔·盖茨外的 Ray Ozzie。Ray Ozzie 曾接替比尔·盖茨，于 2006—2010 年出任微软的第二任也是最后一任首席软件架构师。在微软曾发布的关于 Windows Azure（现更名为 Microsoft Azure）的介绍中，提到 Windows Azure 的最初想法来自 2005 年 10 月的名为 *The Internet Services Disruption*（互联网服务时代来临）的备忘录，其要点在于推动微软整体向互联网服务转型，而这份备忘录就是由当时刚加入微软不久的 Ray Ozzie 起草的。

Ray Ozzie 在这篇纲领性文件中，记述了他针对后 PC 时代、面向互联网的计算架构的最基本思想。他提出了由面向服务的软件架构所实现的"无缝用户体验"，并将之解析为"无缝操作系统"、"无缝沟通"、"无缝生产力"、"无缝娱乐"、"无缝市场"、"无缝解决方案"和"无缝 IT"。其中，"无缝市场"的思想已经基本由今天的电子商务网站（阿里巴巴、亚马逊、京东等）实现，全世界逐渐被几个电子商务网络所覆盖。但是，当时 Ray Ozzie 的其他技术思想目前仍在实现中，特别是将由公有云实现。

Azure 有三个最基础的功能：计算、存储和网络通信。每个功能都通过庞大的数据中心以虚拟的方式实现。基于对操作系统最基本的了解，可知 PC 时代的操作系统其实就是由"计算、存储和网络通信"三个基础模块构成的。不同的是，PC 时代的操作系统由 CPU、硬盘和网卡对应实现这三个基础模块，而在"全球所有计算设备连接成一台巨型虚拟计算机"的终极时代，这三个基础模块分别由庞大且互联的数据中心实现。

微软 Azure 公有云在某种程度上就是为"天空"而生。在微软 2018 Build 开发者大会上，微软首席执行官萨提亚·纳德拉发表了演讲，谈到了自己对智能云与智能边缘时代的看法，其中提到"Azure 正在成为一个世界计算机"，而"如果你把世界想象成一台计算机，那么开发人员就是这个数字连接世界的新力量"。

纳德拉还提道：在近 30 年前，时任施乐帕克研究中心（PARC）首席科学家的 PARC Mark Weiser 在一篇颇具影响力的论文中这样预测——在未来，计算将无处不在。这个预测正在成为现实，计算不仅仅是一个接口，还可以嵌入任何地方、任何事物，无论是家庭中还是城市中——世界就是一台计算机。

● 究竟什么是云计算

云计算特别是公有云，成功地让遍布世界的数据中心吸纳了全球大部分的计算和存储，而联网在一起的数据中心可以看作由计算、内存、存储、网络及互联等部分组成的一台大型计算机，公有云软件系统就是从全局的角度考虑，高效而可靠地协同各种软/硬件和网络工作，并对外为用户提供简单即用的互联网服务。

从大型机、PC、传统数据中心到云计算数据中心，全球的计算体系结构经历了从私有集中化到个人分散化再到集中化和社会化的过程。那么，什么是云计算呢？首先，云计算是针对企业 IT 和互联网 IT 的一种计算供应方式，是整个企业 IT 和互联网 IT 供应链的重组，即通过由公有云服务商统一拥有和管理的遍布全球的数据中心，为企业、政府机构的 IT 部门及互联网公司的 IT 部门提供按需付费的计算能力。

这里有两个视角。第一个视角是用户即企业、政府机构和互联网公司的角度：其不再需要自建数据中心和企业 IT 的能力，相应减少了固定资本和一定的可变资本，也不需要维护一个庞大的 IT 基础设施运维团队，更不用 2~3 个月才能部署一个新应用所需要的底层存储、计算或网络，企业应用开发和更新周期可以缩短到一周多次甚至一天多次，企业 IT 人员也可以集中精力于业务和应用创新，并且企业的 IT 成本也改为按使用量付费，无须在一开始就为数据中心及设备支付一大笔固定费用。

第二个视角是公有云服务商的角度：对于公有云服务商来说其实是要建设一个全社会共享的计算基础设施，AWS 一开始也确实是从这个角度切入的，即数据中心的资产所有权从企业让渡到公有云服务商手里，由公有云服务商统一管理和运营，公有云服务商在此基础上再开发让多个租户共享使用计算能力的软件，这就是公有云的"操作系统",即前面提到的"互联网操作系统"。

那么,谁有能力建成一个全世界共享的"计算机"呢?IT 系统是人类社会秩序的映像,如果人类社会都无法统一成一个地球村,则不会出现一个真正的全社会共享的统一计算基础设施。因此,抛开不同的云计算技术而言,云数据中心的建设者也无法统一为某一家云服务商,而是像各国电信网络一样既有顶级和一级运营商,也有二、三、四级运营商,形成一个既有商用属性又有公用事业基础设施属性的新型数字基础设施网络。

第二节 不同的云计算技术流派

● 云计算的典型分类

所谓云计算就是把全社会的计算资源连接在一起,其中由公有云服务商运营的计算资源将占据越来越主要的份额。超大型公有云服务商,包括 AWS、微软云、阿里云、谷歌云、IBM 云等,将有机会发展出超大规模、跨地域互联的数据中心的"操作系统",这就是公有云软件;而把公有云软件缩小规模运行到中小型企业私有数据中心就形成私有云软件,连接公有云和私有云并能跨两边调度计算资源的软件就是混合云软件。

公有云、私有云、混合云和传统 IT 是按照计算资源的所有属性进行划分的。公认的云计算系统框架分为三层:IaaS、PaaS 和 SaaS(见图 4-1)。这三层可以理解为 IaaS 即底层的基础计算资源(主要包括计算、存储和网络)、PaaS 即 IaaS 之上

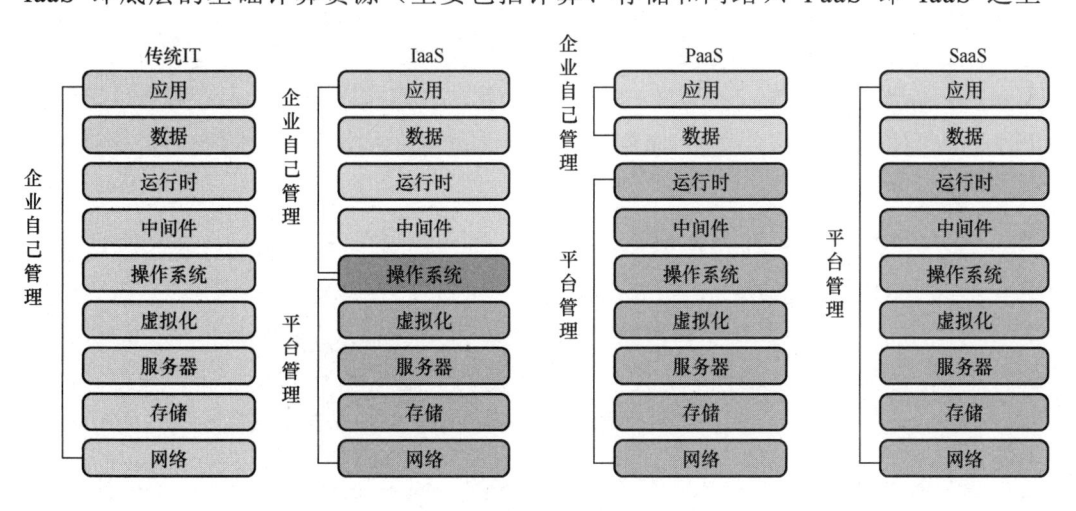

图 4-1 云计算与传统 IT 的区别

和应用层之下的中间层（主要包括云化数据库、云化消息列队、云化应用管理平台等）、SaaS 即各类云应用（包括 ERP 云、CRM 云、HCM 云等）。这个三层的云计算系统架构，既适用于公有云，也适用于私有云和混合云。但架构仅仅具有指导性，不同云计算厂商在实现的时候各有各的侧重和实现方式，因此导致了三层之间的边界混淆，也就导致了对云计算概念理解的混乱。

10 年六大技术流派

公有云软件或者"互联网操作系统"，调用资源的规模有所不同。之前的 Windows、Windows Server、UNIX、Linux 已经形成主流的 PC 和服务器的操作系统，而云计算软件则在 2006 年之后的 10 年，经历了从百花齐放到收归市场主流地位的几大流派的发展过程。

（1）全球超大规模公有云软件。其中包括微软的 Azure、亚马逊的 AWS、阿里巴巴的 Aspara 飞天、谷歌的云软件、华为的云擎天，这五种软件是经过实践检验且获得市场认可的公有云计算操作系统软件。微软提供了完整的从公有云到私有云再到混合云的微软体系软件，AWS 提供了公有云和混合云的 AWS 体系软件，阿里云提供了公有云、专有云的阿里体系软件，谷歌主要提供公有云软件，华为提供了公有云和混合云的华为体系软件，这五种软件都是其自行研发的软件体系且均覆盖 IaaS 和 PaaS 层及有限的 SaaS 应用软件。在第二梯队中，还有腾讯云、紫光云、中国电子云等，第二梯队的势头相当猛烈，虽然难以在短时间内达到第一梯队的规模，但也不容小觑。

（2）OpenStack 和 Nutanix 开源云软件。其中，OpenStack 本身是适合私有云的 IaaS "操作系统"，而私有云的规模要小于公有云，不过随着 OpenStack 技术的发展，也有公有云服务商基于 OpenStack 技术提供公有云服务，但规模较小。Nutanix 是一套私有云操作系统软件，Nutanix 自成立之初就在开源技术的基础上，向企业交付生产级的成熟私有云方案。与 OpenStack 一样，Nutanix 面临着缺乏成熟且庞大的生态系统支持的问题。

（3）VMware 源自企业级虚拟化技术，成功向云计算模式转型，推出了适合私有云系统的 SDDC（Software-Defined Data Center，软件定义数据中心）系列软件产品 Cloud Foundation，完全兼容传统的 VMware 虚拟化技术；同时也推出了多种兼容和管理主流公有云软件的技术，是私有云和混合云 IaaS 市场的主导软件技术。2020 年，VMware 完成了对 Pivotal 的收购，增加了 PaaS 私有云软件的能力。

（4）各类开源 PaaS 技术。其中包括著名的开源大数据技术 Hadoop 和 Spark，也包括 MongoDB、MySQL、PostgreSQL 等云化和分布式数据库，分布式消息队列和应用服务器等技术，以及 Docker 容器和 Kubernetes 容器集群管理编排技术等，主流的开源 PaaS 技术由开源社区 CNCF（云原生计算基金会）和 Cloud Foundry 基金会等主导。CNCF 孵化出著名的 Kubernetes 技术及围绕 Kubernetes 的周边生态；Cloud Foundry 主要是面向私有云的 PaaS 开源软件，也可以用于提供公有云服务。例如，IBM Bluemix 云计算软件就基于 Cloud Foundry，Cloud Foundry 的主要扶持厂商为 VMware、DellEMC、Microsoft、IBM 等，因此更适合企业级 IT 环境。之前，开源社区的主要精力和热点主要集中于从 2010 年开始兴起的 OpenStack 等基础 IaaS 开源技术，但随着 OpenStack 等逐渐成熟开始转向 PaaS 开源技术，2019 年也被视为云原生 PaaS 技术的商业化元年。

（5）Oracle 和 SAP 公有云。Oracle 是传统的数据库和企业级应用厂商，从 2010 年开始全力向云计算转型。在 Oracle 公有云数据中心运行的是基于 Oracle 技术的软件，Oracle 公有云推出了面向企业本地和私有环境的软件、硬件一体机，Oracle 公有云的强项在于以云数据库为核心的 PaaS 技术及 ERP 等企业级 SaaS 应用套件。SAP 是传统的 ERP 厂商，在 2015 年 2 月推出了面向云计算时代的第四代 ERP 产品 S/4 HANA，可运行在多种云环境中，SAP 还收购了多种 SaaS 应用以补充其 ERP 核心。

（6）大中小规模及在开发中的公有云软件、私有云等，包括中国的腾讯云、百度云、紫光云、网易云、浪潮云等，还有创业公司 UCloud、青云、EasyStack 等的云软件，这些多以开放开源软件为基础并进行了改进，其软件也可以对外向客户交付。而私有云软件主要以 Linux、OpenStack、KVM、Cloud Foundry 等开放开源软件为基础，为企业提供集成服务；还有以 VMware 为主的非开源私有云软件，主要为企业降低了更新人才及技术的成本。

开源软件和云计算 DIY

开源软件为云计算带来了 DIY 模式。什么是云计算 DIY 模式？简单来说，就是提供不带任何软件的裸机服务器产品，由客户自行安装所需要的软件，思科（Cisco）高密度存储服务器就是这样的产品。除裸机服务器外，裸机交换机也开始流行起来，不仅带来成本的大幅降低，更重要的是可以把裸机交换机纳入数据中心的编排系统里，进行服务器、存储和网络的整体自动化管理。

云计算 DIY 模式建立在软件定义基础设施（SDI）之上，也就是把软件与硬件剥离，用通用软件管理通用硬件。比如，原先的思科交换机就是专有软件+专有硬件，而软件定义网络（SDN）则把通用 X86 服务器作为底层硬件，上层用软件交换实现交换机的功能。基于英特尔（Intel）处理架构的服务器、存储和网络，就是标准化、模块化和通用化的硬件资源池。

说到开源云软件，就必须提到 OpenStack 开源软件体系。简单来说，OpenStack 是云时代的 Linux。OpenStack 为开源爱好者提供了一整套自由代码，可实现几乎所有 IaaS 类型的云环境，其目标是提供实施简单、可大规模扩展、丰富而标准统一的云计算平台（见图 4-2）。OpenStack 是一个由 NASA（美国国家航空航天局）和 Rackspace 合作研发并发起的、以 Apache 许可证授权的自由软件与开放源代码项目。2010 年 7 月，在 NASA 和 Rackspace 将 OpenStack 开源时，获得了 25 家企业和组织的支持。开源一年后，OpenStack 就从 42 个组织成员和 95 个开发者增长到 80 个组织成员和 1200 个开发者及 217 个注册贡献者。得益于 OpenStack 的开放性，几乎所有的硬件厂商都在尝试往 OpenStack 中加入对自己存储或网络硬件的支持，OpenStack 能支持所有的 X86 架构服务器。

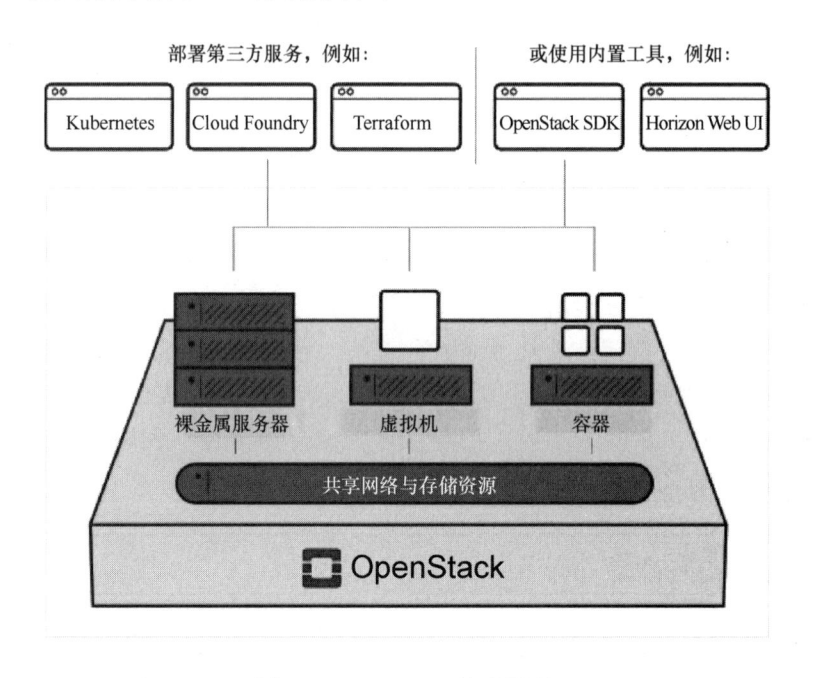

图 4-2 OpenStack 技术原理

OpenStack 项目最开始的想法是要与亚马逊云 AWS 对抗，通过开源的方式打破亚马逊云的市场垄断。OpenStack 作为全球公认的私有云技术标准，也被部分公有云服务商用于提供公有云服务。截至 2020 年，也就是 OpenStack 开源项目 10 周年，OpenStack 已经成为全球最活跃的三大顶级开源项目之一（另两个是 Linux Kernel 和 Chromium），全球超过 75 家大型公有云数据中心及数千个私有云部署都运行在 OpenStack 技术之上，OpenStack 管理的计算内核超过了 1000 万个。10 年来，OpenStack 已经发布了 21 个版本，其在 2020 年 5 月发布的第 21 个版本 Ussuri 就收到了来自全球 50 多个国家 188 个不同组织的 1000 多开发者提交的 2.4 万行代码修改。

OpenStack 作为一种强大的基础架构解决方案，适用于发展中公司和成熟企业，并在企业级范围内得到验证。用户选择 OpenStack 的原因：避免供应商锁定、标准化全球公有云、私有云网络的相同开放平台及 API、提高运营效率、加快创新能力、实现安全/隐私目标、吸引顶尖技术人才等。2018 年之后，OpenStack 比以往任何时候都更加丰富，由互补的技术服务组成的生态系统可让用户以一种高度灵活和高效的方式管理数据中心。作为基于开源技术基础的首选 IaaS 环境，OpenStack 已经达到企业级成熟度。

作为一个开源软件与代码集成的引擎，OpenStack 为企业数据中心网络中的裸金属服务器、虚拟机和容器等计算资源提供 API，这让 OpenStack 越来越像企业云数据中心的"操作系统"。HPE、Cisco、DellEMC、IBM、华为、联想、浪潮等国内外企业软硬件厂商，都支持 OpenStack 技术体系。截至 2020 年上半年，中国厂商占据 OpenStack 基金会黄金会员的半壁江山，特别是三家中国电信运营商的出现，表明 OpenStack 在运营商基础架构中的重要地位；加上 2018 年腾讯晋级白金会员，而 IBM、Ubuntu 等先后退出白金会员，都说明中国厂商在 OpenStack 基金会的规模、层级、影响力不断提升，逐步成长为全球性领导力量。

2020 年 10 月 20 日，OpenStack 基金会对外正式宣布更名为开源基础设施基金会（Open Infrastructure Foundation，OIF），OIF 由 187 个国家和地区的 10 万余名成员组成，OpenStack 则是由 OIF 支持的顶级开源项目。

第三节　云原生技术与 PaaS

以云、大数据、人工智能、物联网、区块链等数字技术驱动的企业数字化转型的最终的目标是什么？就是云原生的数字企业，或者称为数字原生企业。简单地理解，数字原生企业的核心竞争力在于大规模的云软件的开发、运维及运营能力。

数字化转型的目标：一是让软件成为企业的核心能力，二是把软件作为数字服务对外输出，成为企业的核心业务，最终使企业成为数字原生企业。在这个过程中，必须提到 Red Hat（红帽公司）的 OpenShift、Cloud Foundry 基金会和 CNCF，也就是 OpenShift、Cloud Foundry 和 Kubernetes 这三大开源 PaaS 框架，它们也是数字原生或云原生的核心技术。

● 容器技术与 Docker

Docker 翻译成中文是"码头搬运工"的意思。"码头搬运工"搬运的是什么？是标准化"集装箱"，这个标准化"集装箱"里装的是应用程序。"码头搬运工"在世界上任何提供了标准化接驳的"码头"都可以接收标准化"集装箱"，之后快速安装、运行和管理"集装箱"里的应用程序，而提供标准化接驳"码头"的就是各类云服务商。借此，Docker 把云计算环境下的应用程序开发和分发带进了工业化生产的时代，这就是 Docker 的意义。

在 Docker 环境下，程序开发者按一定的打包标准生产程序，生产出来的标准化程序被装进标准化容器（Container）里，也就是"集装箱"。世界各国的云服务商都提供了标准化"码头"，可以很容易地接收标准化容器和里面的应用程序，再把这些标准化应用程序以即插即用的方式组装到自己的个性化解决方案里，然后提供给最终用户。而与 Docker"集装箱"对应的标准化程序架构，就是微服务。

Container 与 Docker 是两个英文单词，Docker 相当于标准化容器，是容器技术经历近 30 多年发展出的阶段性成果。容器本质上是一种操作系统技术，是基于操作系统的虚拟化技术。基于容器开发的应用软件可以达到"一处开发、处处运行"的效果，而无关乎底层到底是什么样的操作系统或什么样的 IaaS 云服务环境。

作为操作系统级的虚拟化技术，容器技术本身的历史最早可以追溯到 1982 年。当时，UNIX 推出的 Chroot 技术被公认为操作系统级虚拟化的起源，也就是容器技术最早的状态。2008 年，LXC 也就是 Linux 容器开源项目成立，容器技术开始在业界广泛使用。

2010 年，dotCloud 公司成立了。dotCloud 是早期基于 LXC 技术的 PaaS 平台，它的理念是提供跨底层 IaaS 云、支持多种开发语言的开发云平台。dotCloud 的创始人在 LXC 技术的基础上，对容器技术进行了简化和标准化，并命名为 Docker 后将其开源，同时推出了开放容器计划（OCI），Docker 和 Docker 开源社区随后迅速发展起来。2013 年 10 月 29 日，dotCloud 公司更名为 Docker 公司。之后，多家厂商开始宣布支持 Docker。

可以说，X86 架构的 PC 服务器是异构硬件架构的赢家，Linux 和 Windows 是异构操作系统的赢家，Docker 为基于 X86 服务器和 Linux/Windows 操作系统的云数据中心提供了统一的虚拟操作系统，导致异构架构时代结束。

OpenShift 与 Cloud Foundry

OpenShift 是一组由 Red Hat 开发、维护的基于 Docker 和 Kubernetes 构建的开源的容器云产品，可帮助企业和组织搭建及管理基于容器应用的私有云解决方案。通过 OpenShift，企业可以快速地搭建稳定、安全、高效的容器私有云应用平台。

OpenShift Container Platform 是一个在企业数据中心本地部署的基于 Docker 和 Kubernetes 的 PaaS 平台，属于 Kubernetes 的社区发行版，该平台基于 Red Hat Enterprise Linux。OpenShift Origin（又称为 OKD）是由开源社区维护的基于 Docker 和 Kubernetes 的开源应用容器平台，OKD 是 OpenShift Online、OpenShift Dedicated、OpenShift Container Platform 的核心。OpenShift Online 是 Red Hat 的公有云应用开发和托管服务，该服务运行在 AWS 上。OpenShift Dedicated 是 Red Hat 的托管私有云，运行在 AWS 和 Google 云平台上。此外，Openshift.io 是 Red Hat 的应用开发环境。Istio 是与 Kubernetes 配合的微服务网格治理开源框架，为 Service Mesh 提供了一个完整的解决方案，以满足微服务应用的多样性需求。通过 OpenShift 家族系列产品，Red Hat 构建了一整套服务于企业私有云与混合云 PaaS 需求的解决方案，这也是 IBM 于 2018 年以 340 亿美元收购 Red Hat 的重要原因。

Cloud Foundry 由资深 Java 程序员 Chris Richardson 于 2008 年开发，在 2009 年被 SpringSource 收购，而 SpringSource 则由大名鼎鼎的微服务架构 Spring 框架创建者所创建。SpringSource 通过一系列收购获得了 Tomcat（开源 Web 应用服务器）、Hyperic（开源应用性能管理）、Groovy（开源应用编程语言）、Grail（开源 Web 应用开发框架）等领域的顶尖程序员和工程师，初步构建了覆盖软件开发、运行部署和管理等全生命周期的开源 PaaS 解决方案。SpringSource 于 2009 年以 4.2 亿美元被 VMware 收购，VMware 随后又收购了开源消息队列 RabbitMQ、开源缓存计算 Redis、分布式内存数据库 Gemstone（主要产品为 GemFire）等。2013 年，EMC、VMware、GE 成立合资公司，VMware 把面向应用的软件资产与 EMC 收购的分布式大规模并行处理分析数据库 GreenPlum 等合并，成立 Pivotal 公司。Pivotal 公司于 2014 年 3 月宣布创立 Cloud Foundry 基金会，用开放管理的方式把 Cloud Foundry 运作成为全球 PaaS 云操作系统标准。在 Cloud Foundry 基金会的平台之上，成员企业所使用的代码都是相同的，以减少碎片化版本，成员企业主要通过提供差异化服务盈利。Cloud Foundry 是到目前为止支持最多种开发语言和中间件的开源 PaaS 框架，IBM 当时就宣布投资 10 亿美元开发基于 Cloud Foundry 的 Bluemix PaaS 云平台。

OpenShift 与 Cloud Foundry 是两大 PaaS 开源框架，相互之间既有区别也有相似之处。OpenShift 主要基于 Kubernetes 的社区发行版，因此对 Kubernetes 是天然的原生支持。而 Cloud Foundry 基于 Pivotal 公司自行研发并开源的技术，后转向支持 Kubernetes。在对 Docker 容器技术的支持方面，OpenShift 也是原生支持；而 Cloud Foundry 原生支持 Pivotal 公司自行开发并开源的 Garden，Garden 是一种类似 Docker 的容器技术。OpenShift 的主要支持者是 Red Hat，而 Cloud Foundry 则有大批支持者，包括 IBM、HP、DellEMC 等。因此，如果选择 Cloud Foundry，则有广泛的供应商选择；如果选择 OpenShift，则只有 Red Hat，但 Red Hat 本身有广泛的用户群和开发者生态。

实际上，Docker、Kubernetes、OpenShift 是一个体系，Garden、Diego、Cloud Foundry 是一个体系。其中，Diego 是与 Kubernetes 竞争的同类型技术。这两条路线都是容器技术的实现路线：一条有大批企业、IT 公司支持，另一条逐渐获得了广泛的开源社区支持。这两条技术路线并行发展，只不过 Kubernetes 在 2018 年获得了业界的广泛认可而成为容器集群编排技术的主流，导致 IBM 在 2018 年以 340 亿美元收购 Red Hat，以获得 Docker、Kubernetes、OpenShift 技术体系的原生支持。随着 Kubernetes 的流行，Cloud Foundry 基金会推出了开源项目 Eirini，该项目致力于把 Cloud Foundry 技术堆栈内部的容器集群编排引擎替换为 Kubernetes，从而提供更好的云原生体验。此外，Cloud Foundry 的发展方向是作为云原生 DevOps 集成平台，满足企业对云原生技术的各类需求，如底层容器集群技术支持 Kubernetes、Diego、BOSH 等。

● 云原生计算基金会

说到 Kubernetes 就必须提到云原生计算基金会（CNCF）。CNCF 成立于 2015 年 12 月，该基金会由 Google 主导组建，隶属于 Linux Foundation，是一家非营利性组织。CNCF 为 Github 上高速发展的开源项目提供完全中立的平台，并促进业界顶级开发者、最终用户及供应商之间的紧密合作。CNCF 的官网上定义了 CNCF 的使命：创建一个可持续的生态体系，围绕高质量的开源项目群体培育开源社区，确保容器成为微服务架构的基础之一。作为一个开源软件基金会组织，CNCF 致力于推广"云原生计算"并确保其可持续性，而"云原生计算"是一个用于部署微服务应用的开源软件堆栈，其方式是把各个组件都打包到容器中并动态调度容器以优化计算资源利用率。

CNCF 对云原生（Cloud Native）的初始定义包含以下三个方面：应用容器化、

面向微服务架构、应用支持容器的编排调度。2018年，随着云原生生态的不断壮大，所有主流云计算供应商都加入了该基金会，而且云原生有意兼容非云原生应用的部分。随着CNCF中的会员及容纳的项目越来越多，CNCF重新定位了"云原生"：云原生技术有利于各组织在公有云、私有云和混合云等新型动态环境中，构建和运行可弹性扩展的应用。

云原生的代表技术包括容器、服务网格、微服务、不可变基础设施和声明式API。结合可靠的自动化手段，云原生技术使工程师能够轻松地对系统做出频繁和可预测的重大变更。CNCF致力于培育和维护一个厂商中立的开源生态系统，以推广云原生技术。

CNCF所关注的"云原生计算"侧重于云软件开发后的交付与部署，主要针对以容器为基础的云软件部署，即把一个云应用软件所需要和依赖的底层软件组件打包到一个个的标准化容器中，而容器可以把一次编写的云应用程序部署到从本地数据中心到公有云的多种底层计算环境中，进而无数的"小"容器横向连接起来形成云软件的规模化扩展能力。在容器化部署的过程中，容器的调度技术和能力显得尤为重要，相当于应用层的"操作系统"，其中一种已经取得市场主导地位的容器调度与编排技术就是Kubernetes。

在2018开源领袖峰会（OSLS）上，CNCF、Google Cloud 工程总监 Chen Goldberg 宣布，Kubernetes成为第一个从CNCF毕业的项目。这也意味着该开源项目已经成熟且足够灵活，可在任何行业、各种规模的公司中大规模地管理容器。到了2018年，Kubernetes成为整个云原生计算的核心、灵魂和平台级技术，正因为Kubernetes技术、商业和生态的成熟，2019年是云原生技术全面商业化之年，Kubernetes成为整个云原生产业的灵魂。

在云原生计算技术全景图的各个组成部分中，既有CNCF所托管和孵化的顶级开源项目作为可选实现技术，也有其他开源项目和技术商提供的解决方案，如数据库部分既有CNCF孵化的Vitess（可横向扩展的MySQL数据库集群）可选，也有Oracle、IBM、SQL Server、MariaDB、Redis等可选，这些可选技术之间既有竞争关系也有互补关系，组合起来就可以实现一个完整的支撑云原生应用的PaaS操作系统。

在2018年之前，整个云计算领域围绕底层计算资源的管理达成了共识：OpenStack、AWS、微软Azure、谷歌云、IBM云、阿里云、VMware SDDC等IaaS软件业已成熟，而面向DevOps的云原生应用PaaS支撑技术则在2018年及之后全面成熟起来，这就是CNCF所代表的云原生开源项目群体。

第四节　全社会共享计算资源

2013年，中国市场掀起了一波"云计算"热，整个IT产业甚至整个社会都在热议一项叫作"云计算"的技术。到底什么是云计算？云计算是怎么构成的？云计算能做什么？从以下几个角度可以最终理解云计算的本质。

● 云计算是企业级IT技术

不同于消费互联网和消费IT技术，云计算的本质是通过互联网向企业、政府和组织等交付IT服务。这十分类似于过去的企业数据中心外包，但云计算是把企业的数据中心收归到云计算厂商手中，由云计算厂商统一运营和管理，再统一以按使用量付费和通过互联网交付的方式向企业提供IT服务。企业只需要打开一个互联网浏览器，就可以登录到公有云厂商的服务界面，勾选相应的计算需求和配置（包括服务器、存储、网络、软件等）；就可以马上使用这些计算资源，而不再像过去那样还要经过采购、部署、安装、配置、上线、调试等一系列复杂且需要一定周期的工程。而私有云就是按公有云的架构和体验，重新构建企业内部IT系统，企业内部人员也像使用公有云一样通过浏览器使用私有云。把公有云和私有云连接在一起的就是混合云技术。在这些云技术之外，还有无法云化的传统企业IT技术，它们通过某种方式连入云计算资源池，成为可以调用的计算资源。

● 云计算是共享计算资源

公有云就是社会化的大规模共享计算资源，公有云的最终目标是让计算资源像水和电一样成为标准化的社会基础设施。企业无论大小，都可以接入同样水平的计算资源，仅按使用量付费。共享计算资源不仅仅是全社会共同节约IT基础设施，因为随着越来越多的企业开始采用基于互联网的商业模式（就像亚马逊和阿里巴巴电商那样），整个社会对于服务器、存储和网络等计算资源的需求激增，而承载这些计算资源的数据中心还要耗费大量的工业用电和冷却水资源。例如，在阿里巴巴电商的发展历史上，杭州的电力资源就一度无法满足阿里巴巴数据中心的用电需求，因此阿里巴巴不得不在贵州、张北等有自然风冷等条件且有电力容量的地方兴建数据中心。那么，不论是对亚马逊、阿里巴巴等互联网公司，还是对正在建设大规模数据中心的传统企业，如果按照满足互联网流量峰值的需求建设数据中心的计算资源，这些资源在互联网流量洪峰过后无疑可以共享给社会上的其他企业和组织。

云计算是更大规模的虚拟化计算

过去,VMware、微软等虚拟化解决方案供应商解决了中小规模的企业计算虚拟化问题,如数百台服务器连接在一起的数据中心虚拟化,这些虚拟化技术虽然无法承载更大规模的互联网计算,但能完成很多具有复杂业务逻辑的计算任务,并且能满足企业级安全、合规等各种要求。将上千台服务器、上万台服务器甚至像前三大公有云厂商那样将上百万台服务器连在一起的虚拟化技术,以及大规模的自动化管理技术,就是云计算。在阿里云的历史上,曾经著名的"飞天5K"之战,就是阿里巴巴通过自研技术来解决5000台服务器连接在一起形成一个虚拟计算资源的挑战。

2009年,阿里云自写下第一行代码起,就要自主研发出以"飞天"为代号的大规模分布式计算系统。飞天的设计宗旨就是通过构建一套综合性的软硬件系统,将数以千计的服务器连成一台"超级计算机",并最终实现两个目标:对内,通过对这台超级计算机进行物理资源分配、程序运行操控,以及保障服务及数据安全的操作系统,支撑阿里巴巴集团服务的核心技术平台;对外,将这台超级计算机的计算、存储等资源,以公共服务的方式,输送给互联网上的用户或者其他应用系统。使飞天平台从1500台的集群规模到3000台的集群规模,再到2013年8月最终成功实现单集群超越5000台、同时支持多集群跨机房计算的目标,阿里云整整花费了5年的时间,因此5K集群的难度可想而知。

实现云计算有多种技术方案

世界几大公有云厂商,如 AWS、Google、Microsoft、阿里巴巴、Oracle、SAP等,都采用自行研发的技术方案。例如,阿里巴巴就基于C语言自行开发云计算技术方案。也正因为如此,云计算的第一个10年(2008—2018年)也可视为"孤岛"云的10年,云计算是更大规模的IT"孤岛",不同技术方案的云计算之间很难实现互联互通,而且一旦上了某个云计算技术方案就很容易被"锁死",导致"上云容易、下云难"的情况。不过,到了云计算的第二个10年,也就是从2018年开始,开源技术逐渐成熟并占据了产业主导地位。

例如,到了2018年,也可以用OpenStack实现5K集群,当然这晚于阿里巴巴2013年的"飞天5K"整整5年,但2017年开始建设的云计算系统都可以受益于成熟的开源云计算技术。此外,OpenStack等IaaS开源技术也开始走向开放架构,成为企业新IT资源和系统的集成器与连接器,统一的开源技术开始主导云计算的技术方向。

在 PaaS 应用平台层面，以 Kubernetes 为代表的开源技术在 2018 年取得了绝对的产业主导地位，所有的 IaaS 技术都开始与 Kubernetes 连接，Kubernetes 从应用层面统一了云计算的架构,这样就开始出现了可以真正互联互通的云计算技术。Docker 容器和 DevOps 敏捷开发，是统一的 SaaS 应用开发和运维技术。这样，"全世界一台计算机"的梦想开始成为现实。

● 云计算是"互联网+"技术

基于云计算的新商业模式就是"+互联网"。可以将云计算特别是公有云理解成整个社会的共享数字中台，所有的企业共享一个互联互通的互联网架构和计算系统，这样所有的企业都可以互联互通起来，相当于企业整体上网，这就是"互联网+"。一旦企业整体上网，当整个企业及所有企业和组织都运行在一个计算平台上时，就可以通过大数据、人工智能、区块链等增值技术实现新商业模式；这就是"+互联网"。

例如，在过去的技术条件下，无法追踪一个人在整个社会中的轨迹，因此传统的经济学只能通过少量的观测数据分析人的行为及其对经济的影响；而在全社会都基于"一台计算机"的前提下，可以很容易地追踪一个人的全社会数字轨迹，或研究所有消费者在线的全量数字行为，这将打开全新的经济学理论空间。当所有企业都在线的时候，很容易打开企业的边界，形成新的社会化合作，企业形态也发生巨大的变化，网络化组织和平台型组织也由此出现。把 365 辆互联智能汽车在一天内、在全球各地的驾驶数据汇集起来，就能抵过一辆汽车跑 365 天的数据，这相当把一年的学习时间缩短到一天，同样还能缩短到一小时、一分钟甚至一秒钟。人工智能在云计算的基础上改变人类文明和知识的发现方式。

云计算是一种新的计算范式，它并不是新发明或新技术，而是对原有技术的重新组织和重新架构，以支撑各种程度的共享计算。在全社会共享计算的基础上，人类正在进入新的数字文明时代，人类正在由工业革命的个体时代进入数字革命的社群和群体时代。云计算不仅是现代社会的神经网络，更是新社会经济的启动"机器"。

第五章
大数据：全社会共享数据资源

2006年，Apache Hadoop项目启动，通常这一年被定义为大数据技术的起点。"Big Data"（大数据）一词最早于2011年8月出现在Gartner新兴技术炒作曲线中，当时Gartner预计大数据技术需要2～5年才能进入企业的实际生产型应用中。从那以后，大数据就迅速被市场热炒，最终于2015年彻底在Gartner新兴技术炒作曲线中消失。

虽然大数据在Gartner新兴技术炒作曲线中消失，但大数据时代才刚刚开始。从2014年到2020年，大数据七进政府工作报告；2020年，中共中央、国务院发布了具有历史意义的《关于构建更加完善的要素市场化配置体制机制的意见》，首次提出数据成为新型生产要素，要加快培育数据要素市场，特别提出推进政府数据开放共享、提升社会数据资源价值、加强数据资源整合和安全保护等举措。大数据大时代开始了。

第一节 大数据启动新一轮经济长周期

大数据是什么？自从有了大数据概念之后，关于到底什么是大数据引发了广泛的争议。在2018年2月28日举行的2018中国国际大数据产业博览会（简称：数博会）新闻发布会上，时任贵州省委常委、常务副省长、贵阳市委书记李再勇说：大数据是一种资源、一种技术、一种产业，更是一个时代。

在2015年中国科学院组织的一次学术讨论中，时任中国社会科学院数量经济与技术经济研究所数量经济理论方法研究室主任、研究员、经济学博士蔡跃洲，阐述了关于大数据技术革命对于宏观经济长期影响的观点——大数据将可能成为人类历史上的第六次技术革命，并由此启动新一轮经济长周期。

◉ 举国重视大数据

我国在大数据方面的重要政策集中在 2014—2017 年出台。2014 年，大数据首次进入政府工作报告。2015 年 5 月，贵阳举办了首届大数据产业博览会，当年引起全社会的广泛关注。国务院在 2015 年 8 月 31 日发布了《促进大数据发展行动纲要》，提出要全面推进我国大数据发展和应用，加强建设数据强国。2015 年 10 月 29 日发布的党的十八届五中全会公报提出要"实施国家大数据战略"，这是大数据第一次被写入党的全会决议，标志着大数据战略正式上升为国家战略。

2016 年 4 月，国家发展和改革委员会（简称国家发改委）发布了《促进大数据发展三年工作方案（2016—2018 年）》。2016 年 12 月，国务院印发了《"十三五"国家信息化规划》，其中提出数据资源共享开放行动：到 2018 年，形成公共数据资源开放共享的法规制度和政策体系，建成国家政府数据统一共享交换和开放平台，跨部门数据资源共享共用格局基本形成；到 2020 年，实现民生保障服务等领域的政府数据集向社会开放。

2016 年 12 月 18 日，工信部发布了《大数据产业发展规划（2016—2020 年）》（以下简称《规划》），指出："十三五"期间是我国全面建成小康社会的决胜阶段，是实施国家大数据战略的起步期，是大数据产业崛起的重要窗口期，必须抓住机遇加快发展，实现从数据大国向数据强国转变。《规划》提出到 2020 年的发展目标：大数据相关产品和服务业务收入突破 1 万亿元，年均复合增长率保持 30%左右。此外，我国还将培育一批专业化数据服务创新型中小企业、10 家国际领先的大数据核心龙头企业和 500 家大数据应用及服务企业，初步形成大数据产业体系。

2017 年 12 月 8 日，中央政治局集体就实施国家大数据战略进行集体学习，习近平指出大数据是信息化发展的新阶段：要推动大数据技术产业创新发展；要构建以数据为关键要素的数字经济；要运用大数据提升国家治理现代化水平；要运用大数据促进保障和改善民生；要切实保障国家数据安全。习近平还特别指出，善于获取数据、分析数据、运用数据，是领导干部做好工作的基本功。

◉ 七进政府工作报告

"大数据"一词从 2014 年首次进入政府工作报告，到 2020 年第七次进入政府工作报告，其中相关的表述可以说逐年深化与具象化：从最开始将大数据视为一种新技术，逐渐过渡到与实体经济的结合，再到聚焦于数字经济，特别是服务于金融和金融科技。

2014 年的政府工作报告第一次提到大数据时的表述为:"在新一代移动通信、集成电路、大数据、先进制造、新能源、新材料等方面赶超先进,引领未来产业发展";2015 年的表述为:"推动移动互联网、云计算、大数据、物联网等与现代制造业结合";2016 年的表述为:"促进大数据、云计算、物联网广泛应用";2017 年的表述为:"加快大数据、云计算、物联网应用",而"数字经济"在 2017 年首次进入政府工作报告——"促进数字经济加快成长,让企业广泛受益、群众普遍受惠";2018 年的表述为:"要实施大数据发展行动,加强新一代人工智能研发应用";2019 年的表述为:"深化大数据、人工智能等研发应用,培育新一代信息技术、高端装备、生物医药、新能源汽车、新材料等新兴产业集群,壮大数字经济";2020 年进一步明确,强化对"稳企业"的金融支持,"利用金融科技和大数据降低服务成本,提高服务精准性"。

从大数据到数字经济再到服务金融,凸显了大数据不仅仅是一种新兴信息技术,更是一种战略资源、新兴产业及新经济时代。

● 第六次技术革命

从技术创新的角度来看,在自工业革命以来的 200 多年的历史中共有五次技术革命:

- 第一次技术革命发生在工业革命开始时,大约在 18 世纪六七十年代,标志性事件是出现了斯密顿水车,解决了持续动力的问题。
- 第二次技术革命发生在从 18 世纪末到 19 世纪 30 年代的英国,标志性事件为瓦特蒸汽机的广泛应用,以及 1829 年从利物浦到曼彻斯特的铁路实验线路,人类由此进入了蒸汽和铁路时代,形成了新的经济范式。
- 第三次技术革命以 19 世纪 70 年代的美国和德国为代表,主要体现在钢铁、电力和重型机械的广泛应用,人类进入了钢铁和电气化时代。
- 第四次技术革命发生在 20 世纪初的美国和德国,以石油化学和汽车制造为代表,开启了石油与汽车时代。
- 第五次技术革命出现在 20 世纪六七十年代的美国,标志性事件是英特尔发布了首款微处理器,宣告了信息时代的到来。

在 2008 年前后,与金融危机爆发相契合,又出现了新一轮的信息技术变革,这就是移动互联网、互联网、云计算、大数据等,也被视为第六次技术革命。大数据技术革命基于移动互联、云计算和大数据技术,使信息的生产和收集、信息的处理、信息的应用等方面都出现了颠覆性变化。

人类社会的运行,从某种意义上可以简化为物质流、信息流、能源流、资金流的消费和传递。信息的生产无处不在、无时不在，从古至今都是如此，只是以往缺乏信息的收集、存储和传播的有效手段。第一次信息技术革命可以概括为 PC 加软件的时代，而大数据革命作为新一轮的信息技术革命，使信息的收集、存储和传播都发生了革命性变化，原先的技术障碍都已经消失。有了大数据以后，需要大数据处理技术、大数据分析技术、大数据分析结果的展示即可视化技术，这些技术有的已经出现，有的正处于革命性进步的边缘。

围绕着信息的收集、存储、处理、分析、展示等，从目前来看，我国形成了一个比较完整的产业链。从国民经济的角度看，信息要素的独立性愈发强化。更为重要的是，ICT 作为通用目的技术，具有广泛的通用性和渗透性，已经渗透到社会的方方面面。在大数据革命下，信息收集、处理、反馈的速度都被最大可能地提高了，随之带来了资本和劳动等要素之间协同性的提升，最终的结果是整个经济社会的运行效率提高、生产力水平提升。这一次的技术革命有望催生新一轮的产业技术革命，推动整个技术—经济范式的转换。

第二节　数据开放与数据资源共享

● 大数据的爆炸性增长

大数据指由数量巨大、结构复杂、类型众多的数据构成的数据集合，所涉及的信息资料库规模巨大，无法在合理的时间内通过传统的软件工具实现撷取、管理、处理并整理为可帮助组织进行决策的信息。

大数据系统有 4 个特性：数据量大、数据种类多样、实时性强、蕴藏的商业价值大。特别是随着物联网的发展，越来越多的传感器被部署在城市、服务业、金融业、工业、农业、能源等领域，借助条形码、二维码、RFID 等可唯一标识产品，传感器、可穿戴设备、智能硬件、视频采集等源源不断地产生着海量数据，相关领域的数据规模已经达到 TB 级甚至 PB 级。有统计表明，2013 年中国产生的数据总量是 2012 年的 2 倍，相当于 2009 年全球的数据总量。

市场调查公司 IDC 与企业存储技术公司 EMC 在 2014 年联合发布了第七次《数字宇宙报告》，该报告自 2005 年开始推出。2014 年，IDC 预计到 2020 年，数字宇宙（指由全球所有消费者和企业所创建的数据，包括视频、音频和文件等）规模将达到 44 ZB。数字宇宙的规模在 2005 年仅为 132 EB，2010 年为 0.8 ZB，2013 年为 2.8 ZB，数字宇宙从 2013 年开始每两年翻一番，而数字宇宙膨胀的主要原因是机器生成数据量的增长。这些机器包括智能手机、智能家电、智能工业仪表等嵌有传感芯片的机器，每一次鼠标点击、每一次点按触屏，都会留下一个或一组数字，这些数字都被保存和记录下来。

2019 年 3 月，希捷公司与 IDC 共同发布了《IDC：2025 年中国将拥有全球最大的数据圈》白皮书。根据该白皮书，全球数据圈将从 2018 年的 33 ZB 增至 2025 年的 175 ZB；中国数据圈的增长速度最快，到 2025 年，预计中国将以 48.6 ZB 的数据量成为全球最大的数据圈。

推进数据开放与共享

互联网公司是天生的大数据公司，在搜索、社交、媒体、交易等各自核心业务领域积累并持续产生海量数据。物联网设备每时每刻都在采集数据，设备数量和数据量都与日俱增。除这两大数据源外，政府是全社会最重要的数据源。

《大数据产业发展规划（2016—2020 年）》指出："十二五"期间，我国政务信息化水平不断提升，全国面向公众的政府网站达 8.4 万个；近 300 个城市进行了智慧城市试点；信息消费蓬勃发展，网民数量超过 7 亿人，移动电话用户规模已经突破 13 亿人，均居世界第一；月度户均移动互联网接入流量达 835 MB；政府部门、互联网企业、大型集团企业积累沉淀了大量的数据资源，我国已成为产生和积累数据量最大、数据类型最丰富的国家之一。当然，我国大数据产业具备了良好基础，面临难得的发展机遇，但仍然存在一些困难和问题，包括数据资源开放共享程度低、数据质量不高、数据资源流通不畅、管理能力弱、数据价值难以被有效挖掘利用。

国务院于 2015 年发布的《促进大数据发展行动纲要》把公共数据互联开放共享作为努力方向，包括在 2017 年年底前形成跨部门数据资源共享共用格局，在 2018 年年底前建成国家政府数据统一开放平台。《促进大数据发展行动纲要》还提出了"十大工程"：政府数据资源共享开放工程、国家大数据资源统筹发展工程、政府治理大数据工程、公共服务大数据工程、工业和新兴产业大数据工程、现代农业大数据工程、万众创新大数据工程、大数据关键技术及产品研发与产业化工程、大数据产业支撑能力提升工程、网络和大数据安全保障工程，其中七大工程都与数据开放有关。2016 年 1 月 7 日，国家发改委下发了《关于组织实施促进大数据发展重大工程的通知》。

2016 年，国家加大了对大数据应用的推动力度，批复了京津冀等 7 个国家级大数据综合试验区和超过 10 个大数据国家工程实验室；同时，针对医疗、交通等行业，有关部门均出台了关于大数据发展的指导意见，推动大数据在各垂直领域的应用进程。根据中国大数据产业生态联盟发布的《中国大数据产业生态地图白皮书》（2017

年），截至 2017 年 6 月，全国多个省、市相继成立了大数据管理和服务机构，统筹决策领导大数据的管理和服务力度，如辽宁的沈阳市大数据管理局、浙江的宁波市大数据发展管理局和杭州市数据资源管理局、贵州的贵州省大数据发展管理局、广东的广东省大数据管理局、甘肃的兰州市大数据管理局等。

◉ 政府和城市数据大开放

2020 年 7 月，复旦大学与国家信息中心数字中国研究院联合发布了"2020 中国开放数林指数"和《2020 中国地方政府数据开放报告》。"中国开放数林指数"和《中国地方政府数据开放报告》是我国首个专注于评估政府数据开放水平的专业指数和报告，由复旦大学数字与移动治理实验室制作出品，由复旦大学和国家信息中心数字中国研究院联合发布。"开放数林"意喻我国政府数据开放利用的生态体系，自 2017 年 5 月首次发布以来，中国开放数林指数每隔半年对我国地方政府数据开放水平进行综合评价，到 2020 年已连续第四年发布。

《2017 中国地方政府数据开放报告》统计显示，截至 2017 年 4 月，以 2015 年 8 月底国务院印发《促进大数据发展行动纲要》为分水岭，在此之前各地数据开放平台增长较为缓慢，上海和北京最早进行了探索，此后无锡、佛山南海、湛江、武汉等地先后上线；《促进大数据发展行动纲要》出台后，各地平台增长速度明显提升。

截至 2020 年 4 月底，我国已有 130 个省级、副省级和地级政府上线了数据开放平台，其中省级平台 17 个，副省级和地级平台 113 个；我国 54.83%的省级行政区（不包括港澳台）、73.33%的副省级行政区和 32.08%的地级行政区已推出了政府数据开放平台。从 2017 年的 20 个，到 2018 年的 56 个，到 2019 年的 102 个，再到 2020 上半年的 130 个，政府数据开放平台日渐成为地方数字政府建设和公共数据治理的标配，"开放数据，蔚然成林"的愿景已初步实现。

在 2020 省级排名中，浙江和上海的综合表现最优，获得省级"数开繁盛"大奖，紧随其后的是山东、广东、贵州和北京，分别获得省级"数开成荫"奖和"数开丛生"奖；深圳和贵阳则获得地级（含副省级）"数开繁盛"大奖，之后是宁波、烟台、济南、福州和成都，分别获得地级（含副省级）"数开成荫"奖和"数开丛生"奖。这些地方都为全国"开放数林"树立了新的标杆。

在城市数据开放方面，在 2020 世界人工智能大会云端峰会·国际智能城市峰会上，上海社会科学院信息研究所正式发布《2020 全球重要城市开放数据指数》。根据该指数排名，上海、纽约、首尔、北京、芝加哥、贵阳、深圳、广州、洛杉矶和巴黎位列前 10。除首尔和巴黎外，排名前 10 的城市全部被中国和美国城市占据。

说明继美、英之后，中国城市已经跻身全球城市数据开放领导者地位。上海的综合指数（百分制）高出第二名的纽约近 30 分，其他城市之间的分数相差只有个位数，说明上海数据开放水平远高于其他全球城市。

● 大数据交易促进数据流通

大数据交易是一种促进数据资源流通的创新方式，一批政府主导的大数据交易平台也成为我国大数据服务应用的新热点，如青岛大数据交易中心、江苏大数据交易中心、上海数据交易中心、杭州钱塘大数据交易中心、广州数据交易服务中心、贵阳大数据交易所、河北大数据交易中心、武汉东湖大数据交易中心等，交易产品包括数据包、API 和数据分析报告等。在我国的大数据交易平台中，政府主导的大数据交易平台占 14.29%，企业主导的大数据交易平台占 82.86%。

截至 2020 年，国内现有的数据交易平台主要有三种类型：一是以贵阳大数据交易所为代表的交易所平台，包括湖北长江大数据交易所、陕西西咸新区大数据交易所等；二是产业联盟性质的交易平台，以中关村数海大数据交易平台为主；三是专注于互联网综合数据交易和服务的平台，比如数据堂等。

在《关于推进公共信息资源开放的若干意见》《政务信息系统整合共享实施方案》等文件的推动下，我国加快了政府数据共享开放的步伐。除中央政府主导的大数据资源有序开放外，各地方政府也纷纷制定了自己的大数据产业发展规划和大数据资源开放计划，各行业主机机构、产业联盟等也纷纷制定了本行业和联盟下属企业的大数据发展、开放、合作计划等。尽管政府和公共大数据的开放共享还处于起步状态，但可以说大数据资源正在继石油之后，成为可规模化经济的战略性资源。

第三节 大数据技术与大数据产业

● 大数据产业分类

2017 年 9 月，工信部信软司（信息化和软件服务业司）指导中国电子信息产业发展研究院发布《中国大数据产业发展评估报告（2017 年）》。该报告界定了大数据产业的概念（见图 5-1）：大数据产业指以数据生产、采集、存储、加工、分析、服务为主的相关经济活动，包括数据资源建设，数据软硬件产品的开发、销售和租赁活动，以及相关信息技术服务。

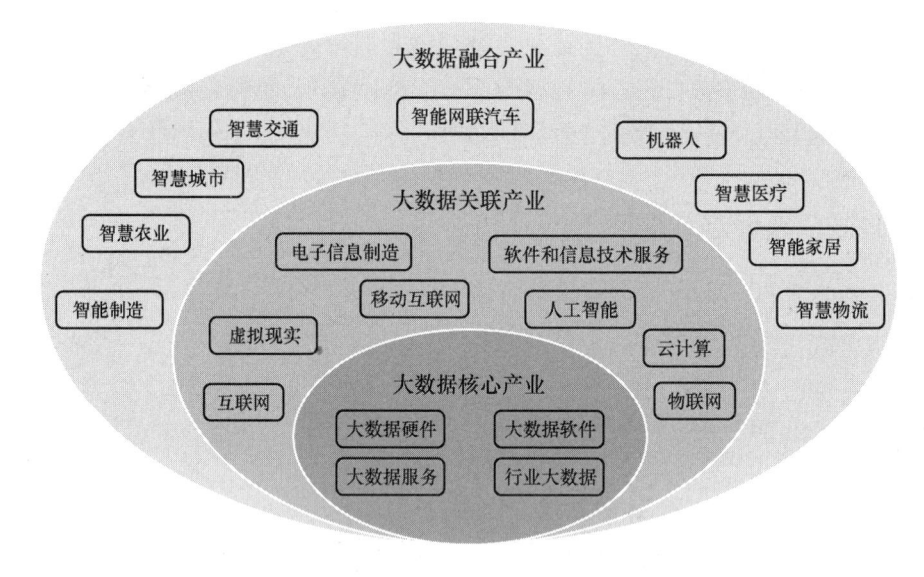

图 5-1 大数据产业的概念

（资料来源：中国电子信息产业发展研究院发布的《中国大数据产业发展评估报告（2017年）》）

也可从以下三个产业层次理解大数据产业。

（1）大数据核心产业：指专门应用于大数据运行处理生命周期的软件、硬件、服务等，包括大数据硬件、大数据软件、大数据服务和行业大数据。其中，行业大数据指的是面向行业特点的大数据解决方案等。

（2）大数据关联产业：指在大数据运行处理的过程中，为其提供基础设施、处理工具、相关技术等的产业，包括云计算、物联网、互联网、移动互联网、人工智能、虚拟现实等。

（3）大数据融合产业：指大数据与其他行业领域融合产生的新兴业态、升级业态，包括智能制造、智慧农业、智慧城市、机器人、智慧交通、智慧医疗、智能家居、智能网联汽车等。

其中，大数据核心产业中的大数据软件是大数据技术创新的主要体现。目前，我国大数据技术创新能力还有待提升。《大数据产业发展规划（2016—2020年）》指出，我国在新型计算平台、分布式计算架构、大数据处理、分析和呈现方面与国外仍存在较大差距，对开源技术和相关生态系统的影响力弱。同时，我国大数据应用水平不高。我国发展大数据具有强劲的应用市场优势，但目前还存在应用领域不广泛、应用程度不深、认识不到位等问题。

《大数据产业发展规划（2016—2020年）》提出了我国大数据产业到 2020 年的发展目标：大数据相关产品和服务业务收入突破 1 万亿元，年均复合增长率保持 30%

左右。基于当时的电子信息产业统计数据及行业抽样估计，2015 年我国大数据产业业务收入为 2800 亿元左右，这就意味着 2016—2020 年我国大数据产业有近 7200 亿元的增长空间。

开源大数据技术

在大数据软件方面，开源大数据技术是大数据软件的主要技术来源。2016 年是 Hadoop 诞生 10 周年，开源大数据技术在 10 年间已经从 2006 年的 Hadoop 发展到 2009 年的 Spark 再到 2011 年开源的 Storm，形成批量大数据处理、内存计算大数据处理、实时流大数据处理这三大分布式开源大数据架构三足鼎立的格局。

其中，Hadoop 适用于非结构化数据的批处理，Spark 适用于非结构化数据的内存计算（大规模海量数据的实时分析和运算），Storm 则为流处理架构（处理类似物联网实时无穷数据集）。传统数据存储和分析的成本约为 3 万美元/TB，而采用 Hadoop 技术，成本可以降到 300～1000 美元/TB，Spark 进一步把 Hadoop 性能提升了 30 多倍。截至 2020 年，开源 Hadoop 和 Spark 已经形成了比较成熟的产品供应体系，基本上可以满足大部分企业建设大数据存储和分析平台的需求，为企业提供了低成本解决方案。

Hadoop 是三大分布式开源大数据技术架构中最"老"的一员，但这也意味着 Hadoop 的商业化程度最高，开源社区及商用软件开发商围绕 Hadoop 开发出了一系列可商用化软件和实施咨询服务，传统企业与互联网公司也相继出现了一批 Hadoop 应用的成功案例。尤其是面向 Hadoop 的混合云架构，是目前最为成熟的分布式大数据处理技术。

在 Hadoop 生态中，规模最大、知名度最高的莫过于 Cloudera 公司。2017 年，曾经是大数据创业公司代表的 Cloudera 公司成功地 IPO（Initial Public Offerings，首次公开募股），但其市值远低于之前的融资估值。从理论上讲，Hadoop 与 Linux 一样都是免费的开源软件，任何公司都可以免费下载。促进企业使用和管理 Hadoop，挖掘 Hadoop 的商用价值、推动业务增长，是 Hadoop 创业公司和商业软件公司的发展方向。

以 Cloudera 公司为代表的 Hadoop 商业软件公司既出售基于 Hadoop 的软件，也发布自家版本的 Hadoop 产品，还通过云服务或托管服务等帮助客户管理数据。Hortonworks 是另一家开发、推广和支持 Apache Hadoop 的商业供应商，其 Hadoop 认证也是业界公认的 Hadoop 权威认证。Hortonworks Hadoop 培训课程由 Apache Hadoop 项目的领导者和核心开发人员设计，代表了这一行业的最高水平。2018 年 10 月，Cloudera 公司与 Hortonworks 宣布合并，凸显了纯技术公司的商业化难题，以及 Hadoop 生态的大整合。

国内大数据产业地图

国内大数据企业总体来说超过上千家，首席数据官联盟发布《中国大数据企业排行榜》，榜单由北京大学电子政务研究院、中国新一代 IT 产业推进联盟共同指导，中国首席数据官联盟专家组依据中国创新型企业国标作为本次大数据企业评价指标体系，对国内上千家大数据企业进行分析，评选出百余家上榜企业，涉及数据准备、数据交易、基础服务、行业应用、领域应用、人机交互、挖掘分析、基础技术服务、智慧城市、大数据周边领域 10 个大类 64 个细分领域。

该榜单自 2016 年起，每半年发布一次，2017 年 6 月发布的《中国大数据企业排行榜 V4.0》共涉及 76 个细分领域及 10 个周边服务，近 400 家企业入围。2019 年 5 月发布的《中国大数据企业排行榜 V6.0》新增了 8 个垂直行业的领域，510 家企业入围，去重后共计 368 家，这 368 家企业是从全国 5000 多家大数据企业中选优出来的佼佼者，较客观地代表了中国大数据企业的发展水平和实力。

《中国大数据企业排行榜》提供了一个索引图，从基础设施、基础应用、行业应用、大安全、人工智能与智慧城市 6 个维度共计 102 个细分领域，对中国的大数据企业的能力进行了评估、推荐和划分，为企业选用大数据技术供应商提供了参考。

大数据人才培养

就大数据人才整体情况而言，根据猎聘网的统计：到 2025 年，中国的大数据人才缺口将达到 200 万人。与此同时，国内的高校大数据人才培养起步较晚，无法满足市场需求。对大数据人才的需求主要有数据工程师、数据分析师和 AI 工程师/科学家。其中，数据工程师主要负责设计、开发、管理、优化和监控数据平台与数据；数据分析师则围绕业务对数据进行分析、参与业务运营和决策，并建立面向业务的模型；AI 工程师/科学家则研究和试验 AI 算法，设计和开发 AI 系统，优化和改进算法/模型等。国内对数据工程师的需求增长迅速，薪资大幅领先于其他两类大数据人才，数据分析师的需求处于稳步增长状态，行业分布集中在互联网和金融等行业。

中国商业联合会数据分析专业委员会隶属于中国商业联合会，是经民政部正式批准和登记的全国性数据分析行业组织，主要负责监管和服务全国数据分析事务所，是全国性非营利行业管理协会。中国商业联合会数据分析专业委员会自有技术开发能力及数据分析深度分析能力，拥有自主知识产权的 Datahoop 数据分析平台。自 2008 年成立以来，中国商业联合会数据分析专业委员会在项目引进、知识普及、行业监督、数据分析人才培养及数据分析专业事务所建立等方面发挥着积极的作用。"项目数据分析师"（CPDA）是中国商业联合会数据分析专业委员自主研发的数据分析行业专业培训课程，该课程自 2003 年在国内正式开办以来，已经在全国 10 多个省市培养了数万名项目数据分析师。通过专业的课程培训及考试后，学员可获取主管行业机构和主管部委认证机构颁发的"项目数据分析师证书"和"项目数据分析师职业技术证书"，而获得了"项目数据分析师证书"的学员在具备创业条件后，经过备案及工商部门的注册即可成立"项目数据分析师事务所"。

当然，我国教育体系也在不断纳入对大数据人才的培养。2014 年年初，中国人民大学、北京大学、中国科学院、中央财经大学、首都经济贸易大学五院校成立了大数据分析硕士培养协同创新平台；2016 年 2 月，我国教育部公布本科新增"数据科学与大数据技术"专业，北京大学、对外经济贸易大学、中南大学成为第一批获批的高校；2017 年 3 月，教育部公布第二批"数据科学与大数据技术"专业获批的 32 所高校，截至 2017 年 7 月，我国已有 35 所高校获批该专业。2019 年 3 月 21 日，教育部发布《2018 年度普通高等学校本科专业备案和审批结果》的通知，全国共有 35 所高校获首批"人工智能"新专业建设资格；另外，96 所高校获批"智能科学与技术"专业，203 所高校获批"数据科学与大数据技术"专业，25 所高校获批"大数据管理与应用"专业，101 所高校获批"机器人工程"专业，25 所学校获批"网络空间安全"专业，14 所学校获批"物联网工程"专业。

第四节　数据分析与新分析算法

● 大数据分析是关键

真正能够打开大数据时代之门的是大数据分析，因为只有大数据分析才能创造真正的商业价值。IBM 认为，就全球来看，大数据对企业的影响在 2012 年就体现出来了。当时，数据的爆炸性增长跨越了临界点，企业对大数据投资最初是为了管理突然增加的数据量和数据种类。然而，今天的企业对于大数据分析又有了新的要求，这就是数据分析的速度。企业需要加快运营管理速度，最大限度地缩短从原始数据向基于数据分析的决策的转换时间。这要求在企业内广泛采用分析技术，以及具备相应的技术能力，快速依据数据分析结果进行决策。

IBM 于 2015 年 3 月发布了名为《分析：速度的优势》的大数据白皮书，该白皮书基于 IBM 对全球 67 个国家中超过 1000 位业务和 IT 高管的深度调研。尽管本次调研形成于 2015 年，但鉴于中国企业与全球企业在技术应用领先性方面有 3～5 年的差距，本次调研的结果依然适用于今天的中国大数据市场。IBM 的大数据白皮书指出，从企业使用大数据分析的深度和广度来看，领跑者有非常强大的数据分析能力，它们把数据分析既用于客户，也用于提升自己的业务流程，领跑者通过大数据和数据分析创造了巨大的商业价值（见图 5-2）。领跑者还通过分析全面的数据集（通常是外部数据集），创建对组织绩效有影响的数据分析能力，从而实现差异化优势。IBM 发现领跑者非常倾向进行分析的数据源包括第三方的金融、经济和人口统计数据，调研机构数据，竞争对手情报，地理空间信息；来自社交媒体的客户互动数据，以及客户生成的数据；内部流程中机器生成的数据，传感器和制动器产生的数据，RFID 扫描或 POS 数据等。此外，在分析速度方面，大数据的特点之一是时空特性，也就是说大数据的分析要与时间点相结合，围绕目标时间点快速进行分析、快速得出结论并快速用于指导决策。而一旦错过了目标时间点，大数据的分析也就失去实际的意义了。

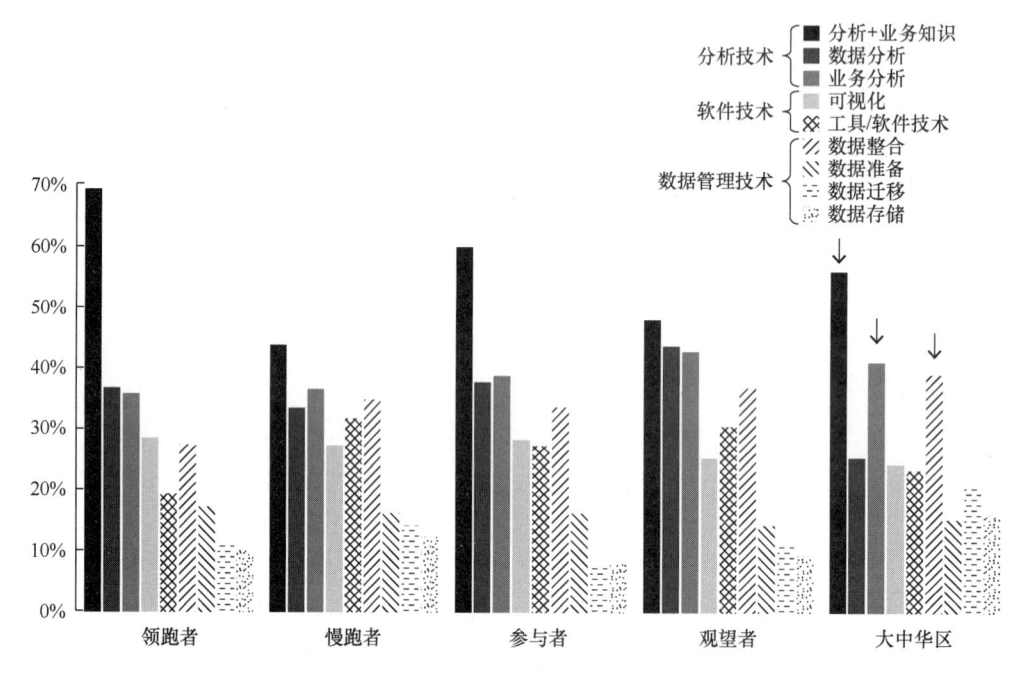

图 5-2 全球关键分析技能的差距

（资料来源：IBM 的《分析：速度的优势》）

中国企业与全球企业的分析技能差距主要集中在分析与业务知识相结合、业务分析、数据整合这三个方面。其中，缺乏分析与业务知识相结合的能力，以及相应的人才是中国企业面临的首要挑战。中国企业还特别缺乏将分析用于提升业务表现的能力，以及既懂数据分析又知道如何与业务相结合的人才。因此，在引进人才的同时，也要注重在企业内部培养这方面的人才。企业需要将分析能力嵌入一线流程中来提高员工能力，并使员工能够快速、准确地采取行动。

大数据智能

大数据时代还意味着新型的数据分析算法，以及将数据分析用于商业和政府决策优化。大数据驱动下的商业决策的三个阶段：基于数据收集与管理的描述型（Descriptive）决策，数据成为大数据时代商业决策的基础和公司发展的"原燃料"，通常由计算机和信息科学技术完成；基于规律性分析的预测型（Predictive）决策，从大数据中提取信息，获得事物背后的规律，通常由统计和机器学习技术完成；但仅仅对数据的管理与规律性分析并不能释放数据的巨大价值，必须真正提升决策质量、从海量数据中发掘规律，才能让大数据产生实质性价值，这就是基于决策建模与求解的处方型（Prescriptive）决策。

作为发现规律、提取知识的数据分析算法，大数据智能首当其冲。所谓大数据智能，是以人工智能手段对大数据进行深入分析，探析其隐含模式和规律的智能形态，实现从大数据到知识，进而决策的理论方法和支撑技术。大数据智能将建立可解释通用人工智能模型，实现"大数据+人工智能"的方法论。换言之，以往的人工智能研究是在小数据样本下实现的算法模式，而在大数据全样本下则可实现由大数据驱动的高阶算法模式，甚至是机器自优化算法模式。

2017年7月，国务院印发的《新一代人工智能发展规划》指出：大数据智能理论重点突破无监督学习、综合深度推理等难点问题，建立数据驱动的、以自然语言理解为核心的认知计算模型，形成从大数据到知识、从知识到决策的能力。有监督学习主要指对算法模型用人工知识进行校正，而无监督学习则指机器可自行学习和形成知识而不需要依赖人工干预，这只有在大数据全样本的条件下才有可能实现。

现代运筹学

除大数据智能外，现代运筹学是另一大类的大数据分析算法。现代运筹学利用统计学、数学模型和算法等方法，为复杂问题寻找在满足约束的条件下能够最大化/最小化某一目标的最优决策，典型的应用就是解决复杂巨系统的优化决策问题。

复杂巨系统指的是规模巨大、构成要素复杂、包含众多子系统的系统，如电力系统、城市交通网、数字通信网、柔性制造系统、水资源系统、社会经济系统等。复杂巨系统性能的优化将产生巨大的经济效益或社会效益，而其中运筹学的应用就能起到重要作用。比如，对于工厂生产、货物库存、销售中心、消费区域等，不能对各个环节孤立地进行研究和管理，必须把这些环节连接起来，以获得全局优化的运行管理。

运筹学将实际中的决策问题转化为数学模型，用高效的优化算法求解，运用系统科学和优化算法获得最佳决策及战略，并实现决策的自动化、流程化、规范化，进而解决复杂巨系统的优化问题。这是以运筹学为代表的最优化算法的最大价值，甚至对于一个国家来说具有战略意义。

● 统计机器学习

统计机器学习是一门新兴的交叉学科，融合了计算科学、优化和系统科学。当计算和存储设备可以捕获全样本数据的时候，可对全样本数据进行降维，从而可以在有限的时间和成本内，理解和反映真实世界的情况。由于数据噪声和丢失数据等原因，真实世界的大数据问题其实很有挑战性，机器学习的目标是通过自动化软件流程从数据中提取可靠、有用的信息，而统计推理本身也可从数据噪声中提取有用信息，二者结合将有更好的效果。

随机投影（Randomized Projection）是统计机器学习中近年来新兴的算法，它把高维大数据集"投影"到低维数据集，而在降维过程中并不损失有效信息，这样就只需要在低维空间研究数据即可。统计机器学习算法为人工智能在现实商业世界的快速普及打开了一条道路，对于城市交通、智慧物流、电力网络等复杂巨系统的研究与建模有着很重要的现实意义，甚至对于电商推荐系统、社交网络评分系统等的研究也有很高的价值。

当然，还有更多的传统算法在大数据条件下焕发了新的生命，不同算法的结合也为挖掘大数据的商业价值创造了新的路径。至2020年，大数据七进政府工作报告、数博会第六次举办、数据科学与大数据技术成为高校专业等，这些意味着大数据已经渡过了炒作期，正式进入发展成熟期。随着政府和公共的"数据金矿"规模与日俱增，大数据与实体经济日益融合，由大数据启动的新一轮经济长周期已经开始。

第六章
人工智能：全社会共享数据智能

2016年谷歌AlphaGO战胜世界围棋高手李世石事件，激发了全球几乎所有媒体的兴趣，尤其是来自电视、电台、报纸等大众媒体的铺天盖地的报道，导致舆论被一边倒地引导到AlphaGO所代表的深度学习算法上。特别是在中国市场，之前对于人工智能的大众宣传报道力度不够，以至于大众把人工智能、机器学习和深度学习之间画上了等号。

提起"人工智能"这个词，人们就会想到科幻电影中的终结者机器人等场景。人工智能通常又分为弱人工智能和强人工智能。弱人工智能主要指让机器具备观察、感知的能力并做到一定程度的理解和推理；而强人工智能指让机器具有类似人脑的自适应能力，甚至成为具有自我意识的智能机器。实际上，人脑的思维方式是多种逻辑和非逻辑思维、线性和非线性思维等的组合，这更体现在西方广泛应用的统计学、概率论、优化算法等非线性算法方面，机器学习和深度学习算法只是到了近年来才大规模用于生产生活中。

尽管2016年被认为是以机器学习和深度学习为代表的人工智能商用化元年，以互联网公司为代表的企业正在大规模采用人工智能技术，但目前人工智能技术所能应用的场景还比较有限，而在人工智能算法之外的统计学、概率论、优化算法等有着更高的商业和经济价值。

第一节　人工智能全球商业化浪潮

● 人工智能、机器学习与深度学习的区别

在展开讨论之前，需要界定人工智能（Artificial Intelligence，AI）、机器学习（Machine Learning，ML）和深度学习（Deep Learning，DL）的联系与区别。因为

自从 2016 年 AlphaGo 横空出世及 IBM 大力在全球推广 Watson 以来，人工智能、机器学习和深度学习算法这三个词汇就不绝于耳，很多人都把这三者混淆，但实际上它们既有联系又有区别。

人工智能是最大的学科范畴，包含专家系统、机器学习、进化算法、模糊学习、知识图谱、推荐系统、机器人与认知等分支。而在机器学习这一个分支中，则包括了深度学习、增强学习、有监督学习、无监督学习、决策树、聚类、贝叶斯分类、支持向量机等。深度学习主要指以多层深度神经元网络（见图 6-1）为代表的算法分支，在训练深度神经元网络模型时也会用到有监督学习、无监督学习等，以及近年来由微软提出的残差网络等算法。深度学习其实是一种思想，即以模仿人脑神经元的方式来处理计算任务，经常会交叉应用很多算法。

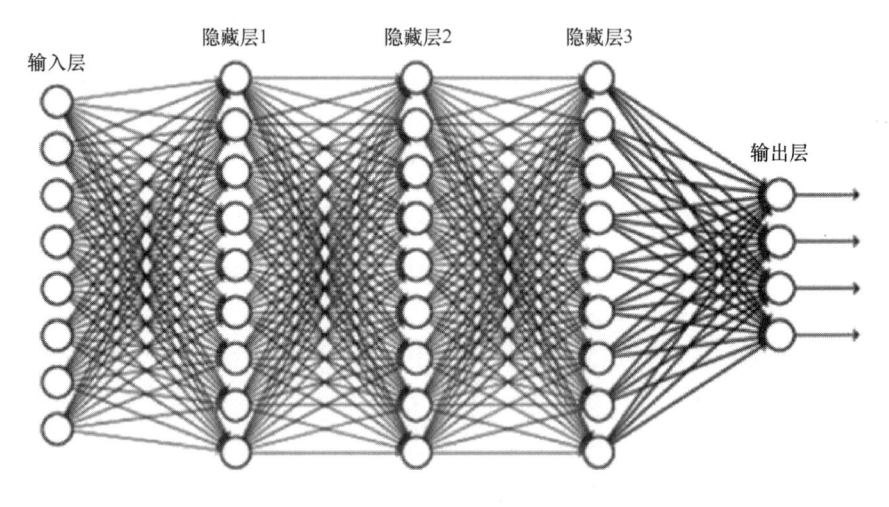

图 6-1　多层深度神经元网络

需要强调的是，以深度学习为代表的机器学习算法主要适用于解决单点问题的单体智能，如图像识别、文本识别、语音识别等，而即使在解决图像识别这一个单点问题上，其也只识别单一图像集的图像。例如，通过学习所有带有猫的图片后得出的深度学习模型，只能用于识别猫而不能用于识别其他物体。目前为止，还没有能够识别所有物体的通用图像识别算法，其他文本识别、语音识别等也是类似。

因此，IBM 强调机器学习和深度学习只是 Watson 算法中的一种，而且 IBM 也把 AI 重新定义为 Augmented Intelligence（增强智能），以此强调 IBM 的 AI 是比人工智能更为广泛的算法集，IBM 也把 Watson 代表的算法称为认知计算（Cognitive Computing）。实际上在欧美等国家，认知计算是更被广泛接受的名称，虽然在西方的理论界或产业界也没有对于认知计算的可广泛接受的定义，但基本认同认知计算代表了模拟人脑对外部信号响应的算法,包括视觉识别、语音识别、上下文理解等具体的场景,而不试图去模拟人脑的思维。

为什么机器学习、深度学习算法在近年来才重新得到学术界和产业界的关注呢?主要是因为硬件计算能力的大幅提升和成本的飞速降低,以及在云计算、大数据、移动互联网等的融合推动下,以机器学习和深度学习为代表的人工智能算法有了突破性进展。比如,一个流行的比喻是"一部苹果手机里的计算能力,几乎相当于阿波罗登月时 NASA 所有计算机运算能力的总和",实际上一部 iPhone 6 的计算能力甚至超过 20 世纪 80 年代的超级计算机。

人工智能的两次"寒冬"

人工智能作为一个科学和工程领域,得益于 20 个世纪国际科学、计算机科学、信息论、控制论等很多科学发展的交汇。人工智能的研究基于一个很基本的假设,即认为人的思维活动可以用机械方式替代。

1936 年,英国数学家、逻辑学家阿兰·麦席森·图灵(1912—1954 年)提出了一种抽象的计算模型——图灵机(Turing Machine),用纸带式机器来模拟人们进行数学运算的过程,图灵本人被视为计算机科学之父。1950 年,图灵发表了一篇划时代的论文《计算机器与智能》,文中提出了人工智能领域著名的图灵测试——如果计算机能在 5 min 内回答由人类测试者提出的一系列问题,且其超过 30%的回答让测试者误认为是人类所答,则计算机就通过测试并可认为机器具有智能。

图灵测试的概念极大地影响了人工智能对于功能的定义,在这个途径上,卡内基梅隆大学的两位科学家希尔伯特·西蒙(Herbert Simon)、曼纽尔·布卢姆(Manuel Blum)做了前期的工作,这两位开发的"逻辑理论家"程序非常精妙地证明了罗素的《数学原理》中 52 道题中的 38 道题。

1956 年,美国达特茅斯学院开了一次会,希望确立人工智能作为一门科学的任务和完整路径。后来普遍认为,达特茅斯会议标志着人工智能的正式诞生。达特茅斯会议推动了全球第一次人工智能浪潮的出现,即从 1956 年到 1974 年。当时,在算法方面出现了很多世界级的发明,其中包括一种称为增强学习的雏形(贝尔曼公式),增强学习就是后来谷歌 AlphaGo 算法的核心思想内容。现在的深度学习模型的雏形称为感知器,也是在那几年间发明的。

第一次人工智能的"冬天"出现在 1974—1980 年。因为人们发现逻辑证明器、感知器、增强学习等算法只能做很简单、非常专门且很窄的任务,稍微超出范围就无法应对。一方面,人工智能基于的数学模型和数学手段被发现有一定的缺陷;另一方面，因为有很多计算复杂度以指数程度增加，所以成为不可能完成的计算任务。

进入20世纪80年代，卡内基梅隆大学为DEC公司制造出了专家系统（1980年），这个专家系统可帮助DEC公司每年节约4000万美元的费用，特别是在决策方面能提供有价值的内容。受此鼓励，很多国家（包括日本、美国）都再次投入巨资开发第5代计算机（1982年），当时称为人工智能计算机。在20世纪80年代出现了人工智能数学模型方面的重大发明，其中包括著名的多层神经网络（1986年）和BP（Back Propagation，反向传播）算法（1986年）等，也出现了能与人类下象棋的高度智能机器（1989年）。

1987—1993年，现代PC的出现让人工智能的寒冬再次降临。当时，苹果、IBM开始推广第一代台式机，计算机开始走入个人家庭，其费用远远低于专家系统所使用的Symbolics和Lisp等机器。相比于现代PC，专家系统被认为古老陈旧且非常难以维护。于是，政府经费开始下降，人工智能第二次寒冬来临。

随着新的数学工具、新的理论和摩尔定律出现，现代人工智能的曙光出现。人工智能也在确定自己的方向，其中一个选择就是要做实用性、功能性的人工智能，这导致了一个新的人工智能路径。值得一提的是，摩尔定律让计算机越来越强大，而强大的计算机很少被用在早期人工智能研究中，因为早期人工智能研究更多地被定义为数学和算法研究。当更强大的计算能力被应用于人工智能研究后，显著提高了人工智能的研究效果。由于这一系列的突破，人工智能又产生了一个新的繁荣期。最早的结果为1997年IBM的"深蓝"机器人战胜国际象棋大师。在通用型的功能性方面，机器在数学竞赛、识别图片的比赛中，也可以达到或者超过人类的标准。

如果说过去的人工智能创业必须在基础科研层面有所突破，到了2016年也就是人工智能发展60周年的节点，这个壁垒已经被打破。谷歌、微软、Facebook等大公司及卡内基梅隆大学、加州大学伯克利分校等高校纷纷开源核心的机器学习算法，谷歌的TensorFlow、微软的DMTK、Facebook的Torch、卡内基梅隆大学的Petuum、加州大学伯克利分校的Caffe等，都提供了成熟的人工智能和深度学习算法模块。以IBM Watson认知计算为代表的人工智能云服务，本身就是以低价格向全社会大规模输出人工智能的能力。

● 人工智能的新一轮全球商业浪潮

尽管人工智能已有60多年的历史，但人工智能的规模化商业浪潮迟迟没有到来。之前，尽管有微软、谷歌、Facebook等大公司不断投资人工智能技术，但大多把研究成果用于自身业务的优化与效率提升。因此，可以说2016年IBM在全球范围内倾全力推出的"认知商业",才是真正意义上的人工智能商业化的第一波浪潮。

1960年4月25日,在一份给IBM管理者的备忘录中,首席执行官小沃森谈及IBM面临的问题是制造"会思考的机器"。从大型机到小型机、从PC到Power服务器、从"深蓝"到"IBM Watson",IBM对"会思考的机器"的思考从未停止过。尤其是自20世纪90年代人工智能研究陷入低潮以来,IBM是少数坚持投入人工智能研究的企业。

作为世界上第一家百年IT企业,IBM坚持每年投入超过60亿美元的研发经费。2014年1月12日,IBM宣布投资逾10亿美元,创建一个新的IBM Watson业务集团,基于云计算交付模式,实现认知计算技术的商业化,这一个节点标志着IBM又一次打开了新世界的大门。2015年年底,IBM首席执行官罗睿兰(Ginni Rometty)在美国推出了IBM公司105年历史上第3个代表商业战略的品牌"认知商业"。

可以说在谷歌AlphaGo和IBM Watson的推动下,全球掀起了新一轮人工智能技术与商业化高潮。在这一轮大潮中,起到引领或主角作用的都是科技企业巨头,包括谷歌、IBM、微软、亚马逊、Facebook、华为、阿里巴巴、腾讯、百度等,这些软件和互联网公司对于推动人工智能的算法、技术、生态和商业发展等都起到了关键性作用。

第二节 人工智能产业全景图

● 谷歌

2016年的春天,一场谷歌AlphaGo与世界顶级围棋高手李世石的人机世纪对战,把人工智能浪潮推上了新高。2017年,第二代AlphaGo问世,这就是AlphaGo Zero。AlphaGo Zero从零状态学起,在无任何人类输入的条件下,能够迅速自学围棋,并以100%的战绩击败AlphaGo。

2014年1月,谷歌用4亿英镑收购了一家人工智能创业公司DeepMind。成立于2010年英国伦敦的DeepMind通过一个巧妙的思路实现了增强学习算法。在收购DeepMind后,谷歌对其进行了大量的投入。基于整合的有监督和增强性深度学习及Monte Carlo树搜,谷歌DeepMind成功开发了AlphaGo。

AlphaGo系列算法代表的增强学习是机器学习的一个重要前沿分支,而谷歌在机器学习的深度学习算法方面则通过推出开源的 TensorFlow 来抢占开发者市场。2015 年 11 月 9 日，谷歌推出第二代开源机器学习软件库 TensorFlow；2016 年 4 月谷歌又推出了分布式 TensorFlow。

从人工智能开源算法的力度和生态丰富性看，谷歌占了大头。2010 年 10 月，谷歌成功研发全球首款全自动驾驶汽车，引发了后来的全球无人驾驶和自动驾驶热潮。自 2016 年以来，谷歌进一步推出了智能音箱、智能眼镜、智能手机、智能摄像头、VR 设备等，以丰富人工智能的前端硬件产品。

微软

微软是人工智能领域的另一巨头。如今，人工智能正在重新定义微软，微软的目标是普及且全民化人工智能（Democratizing AI）——将先进的人工智能技术转化为每个人触手可及的工具、平台和服务。

微软以人为中心设计人工智能，在人工智能方面的投入包括基础研究、商用产品和解决方案。2015 年 12 月，微软亚洲研究院视觉计算组在 ImageNet 计算机识别挑战赛中再次打破纪录，获得图像分类、图像定位、图像检测三个主要项目的冠军，将系统错误率降低至 3.57%。在计算机视觉识别领域，卷积神经网络（有监督的深度学习）是主要的算法。微软亚洲研究院的研究团队使用了高达 152 层的深层卷积神经网络算法，比以往任何成功的算法层数多 5 倍以上。随后，微软率先在计算机视觉、自然语言理解和机器翻译三大领域达到甚至超过了人类的同等水平。

为了加快推进人工智能的研究和应用，微软于 2016 年 9 月成立了人工智能及研究事业部，该部门由全球计算机视觉和计算机图形学专家沈向洋领导。随后，该部门的员工总数增加到约 8000 名。该部门汇集了微软研究院最顶尖的人才，以追求人工智能的颠覆性进化。沈向洋于 2020 年 2 月从微软离职，离职后继续担任微软公司首席执行官萨提亚·纳德拉和比尔·盖茨的顾问。

微软小冰由微软亚洲互联网工程院开发。2014 年 5 月 29 日，第一代小冰开始了微信公测，在 3 天内赢得了超过 150 万个微信群、逾千万个用户的喜欢。微软小冰不仅是聊天机器人，而且希望成为一个慢慢融入人类社会的机器人、每个用户的个人助手，并且是一个真正通过情感计算，理解用户、能够交流、能够沟通的人工智能机器人。2020 年 7 月，微软宣布将微软小冰拆分为独立公司发展。

在更为广泛的人工智能产品和解决方案方面，微软利用人工智能、数据和云计算方面的优势，帮助企业加快数字化转型。微软 Azure 提供认知服务、Bot Framework 机器人框架及 Azure 机器学习等功能，加速 AI 解决方案的开发；微软还提供数据科学工具、深度学习框架等 AI 工具，最大限度地提高开发效率。微软已经将 AI 融入自己的应用中，Office 365、Dynamics 365、必应搜索及 Microsoft Translator 等都在通过人工智能提高效率，帮助用户提高生产力，人工智能助手微软小娜也正帮助用户使其工作和生活变得更快捷、有趣。

● 亚马逊

作为全球最大的电商网站之一，亚马逊（Amazon）自身已经大量应用了人工智能技术。但直到推出 Echo 智能音箱，亚马逊的人工智能技术才引起了业界的广泛关注。Echo 是一款可以与用户对话的智能音箱，可帮助用户查询各种信息（如天气、行车路线规划等），执行各种日常任务（如设置闹钟、播放音乐等），还能帮助用户在亚马逊电商网站搜索和购买商品。

2014 年 11 月，第一代 Echo 智能音箱开始接受预订。2017 年 5 月的 eMarketer 调查报告显示，亚马逊的 Echo 智能音箱占美国智能音箱市场的 70.6%，远远领先于第二名 Google Home 及其他品牌，这种情况一直持续到 2020 年。Echo 智能音箱本身并不具备复杂的学习分析能力，它的智能部分是通过互联网连接到云端的 Alexa 服务完成的，Alexa 输出为云服务，即 Amazon Lex。在 2016 年 11 月底举办的 AWS re: invent 2016 大会上，AWS 正式推出了自己的 AI 产品线。以此为标志，AWS 正式展开了人工智能的全线布局：AI 服务、AI 平台、AI 框架和 AI 基础设施。

在 AI 框架方面，亚马逊支持所有主要 AI 框架，包括 Apache MXNet、TensorFlow、Caffe、Theano、Torch、Keras、CNTK 等，这些开源框架提供了灵活 AI 编程模型，可以进行大规模的自定义模型训练，适用于那些想要构建复杂智能系统的研究人员和数据科学家等。在所有的开源深度学习框架中，AWS 选择 MXNet 作为官方机器学习首选平台，选择 MXNet 是因为它的可编程性、可移植性及性能等。

为了简化人工智能和深度学习的开发、部署与应用，亚马逊与微软联手在 2017 年 10 月发布了深度学习云开发平台 Gluon。Gluon 可以视为 TensorFlow 的竞争对手，TensorFlow 是一个带有谷歌深度学习算法库的开源开发平台，Gluon 则是集合了亚马逊与微软的深度学习算法库的开源开发平台，以争夺广大的 AI 开发者。

在 2017 年 11 月的 AWS re: Invent 2017 大会上，AWS 发布了首个深度学习摄像头 DeepLens，这是 AWS 继 Echo 智能音箱后推出的又一个新的智能硬件品类。AWS 还在 AWS re: Invent 2017 大会上推出了全托管机器学习服务 AWS SageMaker，开发者只需要关心数据、机器学习框架和算法，其他参数调优等工作都由 SageMaker 自动化完成。

截至2019年，AWS持续深化SageMaker作为机器学习的统一平台，通过Amazon DeepLearning AMI对接各种机器学习和深度学习框架，顶层提供各种预置的人工智能和机器学习服务，底层对接各种云和计算基础设施，从而满足各类开发人员的需求。

阿里云

"拥有了数据的积累，机器将替代人类的智商。我们认为人类一定会进入数据时代，我们认为人类一定会进入人工智能时代。"2016年8月，阿里云总裁胡晓明在北京阿里云栖大会上阐述了阿里巴巴对人工智能的基础观点。

在2017年3月的深圳阿里云栖大会上，胡晓明宣布阿里云正在"通往智能之路"。马云后来进一步修正阿里巴巴/阿里云的方向是机器智能，马云在多个场合强调机器智能："让机器去发展自己的智能力量，尊重机器、敬畏机器，一个巨大系统将诞生，它会与众不同地做出不一样的东西。"

实际上，在BAT中，阿里巴巴的业务场景最为广泛、最为庞杂、体量巨大，但靠人工智能已经无法胜任阿里巴巴所需要的广泛社会商业协同，而机器智能则把更为广泛的人工智能算法、统计概率算法、优化算法等综合运用到各个业务场景中，形成不同机器之间的复杂智能自动化协同。

阿里巴巴/阿里云通往智能之路，可以分为四个层面：一是在自身业务场景中锻炼和孵化智能技术；二是通过阿里云对外输出及获得企业使用阿里巴巴智能技术的反馈；三是通过合作伙伴的生态进一步扩大智能技术的应用场景与获取各类商业大数据；四是与科研机构合作研究前瞻性智能技术，比如与中科院合作的量子计算。

阿里巴巴的智能技术体系经由阿里云对外整体输出，这就是在2016年8月推出的阿里云人工智能"大脑"ET，后又在此基础上推出城市大脑（见图6-2）、工业大脑等。在2016年10月的2016杭州云栖大会上，杭州市政府公布了一项计划，阿里云联合另外12家企业，共同为拥有2200多年历史的杭州市，安装一个人工智能中枢——杭州城市数据大脑，即"城市大脑"。2017年11月15日，在科技部新一代人工智能发展规划暨重大科技项目启动会上，阿里云入选了城市大脑国家新一代人工智能开放创新平台，这也就意味着阿里云ET城市大脑正式升级为国家级平台。

在2019年云栖大会上，阿里巴巴推出了自己的人工智能芯片"含光800"，并在杭州城市大脑的业务测试中，取得了一颗"含光800"相当于10颗GPU算力的成果。截至2019年，阿里云已经具备了芯—云—端一体的机器学习和人工智能解决方案；成立于 2017 年 9 月的阿里巴巴达摩院开始承担起更加底层的机器学习和人工智能基础研究。

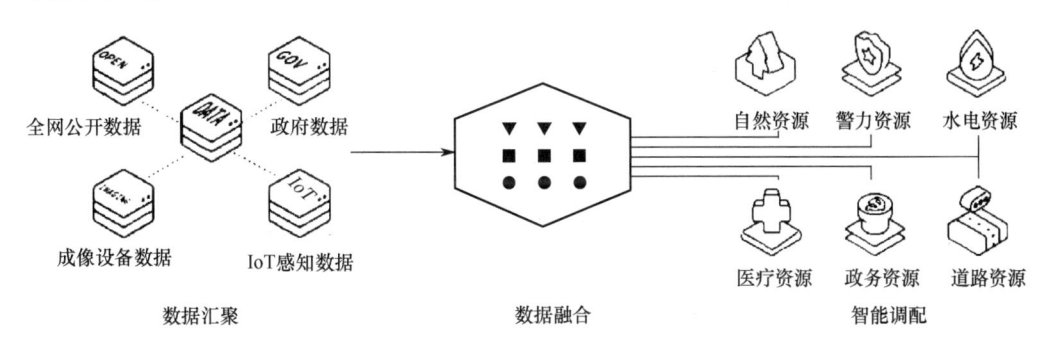

图 6-2　阿里云 ET 城市大脑示意

腾讯

腾讯 AI 的布局包括基础研究、场景共建和 AI 开放。在 2017 年 8 月的二季度财报中，腾讯称将加大对人工智能、支付及云服务等方面的投资，以确保日后可以为合作伙伴提供更好的服务。该财报认为人工智能具有战略意义，腾讯会持续进行长期投资，以加强腾讯在机器学习、计算器视觉、语音识别及自然语言处理等领域的技术能力。

在基础研究方面，腾讯有计算机视觉、自然语言处理、智能语音识别三大实验室。其中，腾讯优图实验室专注在图像处理、模式识别、机器学习、数据挖掘等领域开展技术研发和业务落地；腾讯 AI Lab 专注于计算机视觉、语音识别、自然语言处理和机器学习等基础研究；腾讯智能语音实验室主要由微信 AI 团队负责，专注于通过智能语音连接用户。此外，腾讯于 2018 年成立了机器人实验室 Robotics X。

腾讯优图实验室成立于 2012 年。2018 年，腾讯优图实验室升级为腾讯计算机视觉研发中心，聚焦并加强在计算机视觉领域的投入。自成立起，腾讯优图实验室就一直以"技术与场景深度融合"为理念，升级之后进一步围绕社交娱乐、工业生产、社会进步、前沿探索等方向，深入医疗、自动驾驶、工业、零售、办公、文化、社会公益等十大领域的具体应用，加速研究成果的转化。

腾讯微信 AI 团队成立于 2011 年，基于技术基础研究和产品能力的合作开放两大要素的双核驱动，微信 AI 实现了技术能力的飞速发展和技术应用的场景落地。微信 AI 团队相继推出了以硬件合作为核心的腾讯小微硬件开放平台、以对话开放能力为核心的微信对话开放平台，以及以自然语言处理能力为核心的 NLP 基础技术平台等。

腾讯 AI Lab 成立于 2016 年，与世界顶级院校及机构合作，共同打造产学研用一体的 AI 生态。腾讯 AI Lab 的基础研究方向包括计算机视觉、语音识别、自然语言处理和机器学习，应用探索结合了腾讯场景与业务优势，分为内容、游戏、社交和平台工具型 AI 四类，已打造了围棋 AI "绝艺"，相关技术也被微信、QQ、天天快报和 QQ 音乐等上百个腾讯产品使用。

2017 年 8 月，腾讯发布了首个在医学领域应用的人工智能产品——腾讯觅影，这也是腾讯入选科技部医疗影像国家新一代人工智能开放创新平台的原因。腾讯觅影由腾讯互联网+合作事业部牵头，聚合公司内部（包括腾讯 AI Lab、腾讯优图实验室、架构平台部等）多个人工智能团队的能力，由图像识别、大数据处理、深度学习等技术与医学跨界融合研发而成，可利用 AI 医学影像分析，辅助临床医生筛查早期肺癌、眼底病变、结直肠肿瘤、宫颈癌、乳腺肿瘤等。

在面向通用 AI 开发者的需求方面，腾讯云推出了机器学习云平台智能钛（Ti One）与云智天枢人工智能服务平台（Ti Matrix）。在构建和训练 AI 模型的过程中，智能钛可以提供灵活高效的算力、更好的计算框架，同时内置行业多种流行算法，以及腾讯在自身数百种场景中多年锤炼和积累的各种算法，并提供拖曳式图形化界面，从而帮助数据和算法工程师们更高效地训练 AI 模型。云智天枢人工智能服务平台是将传统应用开发与 AI 能力进行连接的一站式平台，其目标是让开发者在进行应用开发或者解决方案集成时，不需要或者较少关注 AI 模型的训练、测试、部署、监控、运维、更新和升级，也不需要关注智能设备的适配及计算资源的调度，从而能够专注于业务逻辑的实现，以及系统集成的稳定可靠。

● 百度

百度在人工智能方面的起步源于在 2013 年年初成立的百度深度学习研究院（IDL）。当时，李彦宏亲自出任院长。2014 年 1 月，百度推出少帅计划，主要面向全球招募 9 名 30 岁以下的人工智能领域青年精英，年薪百万元起步。2014 年 5 月，吴恩达加入百度任首席科学家，吴恩达曾是斯坦福大学计算机科学系和电子工程系副教授、人工智能实验室主任，也是谷歌大脑创始人之一。

百度在 2013 年、2014 年相继成立了硅谷人工智能实验室、北京深度学习实验室（原深度学习研究院）和北京大数据实验室，并于 2017 年 1 月成立第四大实验室——增强现实实验室（AR Lab）。百度于 2017 年 3 月成立了 AI 技术平台体系（AIG），进一步深度整合包括自然语言处理、知识图谱、交互式数据语言、大数据等在内的百度核心技术。

吴恩达在百度任职期间负责的一个主要项目是百度大脑。根据有关资料，百度大脑的计算方法采用了超大规模的神经网络、万亿级的参数、千亿个样本和千亿个特征训练，主要用于语音、图像、自然语言处理和用户画像方面。

百度无人驾驶车项目于 2013 年起步，由百度研究院主导研发，其技术核心是"百度汽车大脑"。2014 年，百度发布"阿波罗计划"，向汽车行业及自动驾驶领域的合作伙伴提供一个开放、完整、安全的软件平台，使其可结合车辆和硬件系统，快速搭建一套属于自己的完整的自动驾驶系统。2019 年 9 月，百度自动驾驶出租车队 Robotaxi 试运营正式开启。

百度还有一个人工智能成果是 DureOS 和基于 DureOS 的度秘。度秘是基于 DuerOS 对话式人工智能系统的智能助理。通过语音识别、自然语言处理和机器学习，用户可以使用语音、文字或图片与度秘进行沟通，可以通过度秘调用各种服务。

● 华为

华为云的人工智能生态以华为整体为依托，而华为的人工智能战略也通过华为云落地。华为轮值董事长徐直军在 2018 华为全联接大会上表示："华为人工智能的发展战略，是以持续投资基础研究和 AI 人才培养，打造全栈全场景 AI 解决方案和开放全球生态为基础。面向华为内部，持续探索支持内部管理优化和效率提升；面向电信运营商，通过 SoftCOM AI 促进运维效率提升；面向消费者，通过 HiAI，让终端从智能走向智慧；面向企业和政府，通过华为云 EI 公有云服务和 FusionMind 私有云方案为所有组织提供算力并使能其用好 AI；同时我们也面向全社会开放提供 AI 加速卡和 AI 服务器、一体机等产品。"

具体来说，华为的 AI 战略包括五大方面：投资基础研究——在计算机视觉、自然语言处理、决策推理等领域构筑数据高效（更少的数据需求）、能耗高效（更低的算力和能耗）、安全可信、自动自治的机器学习基础能力；打造全栈方案——打造面向云、边缘和端等全场景、独立、协同的全栈解决方案，提供充裕、经济的算力资源，以及简单易用、高效率、全流程的 AI 平台；投资开放生态和人才培养——面向全球，持续与学术界、产业界和行业伙伴广泛合作；解决方案增强——把 AI 思维和技术引入现有产品和服务，实现更大价值、更强竞争力；内部效率提升——应用 AI 优化内部管理，对准海量作业场景，大幅度提升内部运营效率和质量。

华为强调全栈和全场景 AI 解决方案：全栈就是技术功能视角，包括芯片、芯片使能、训练与推理框架和应用使能在内的全堆栈方案；全场景就是包括公有云、私有云、边缘计算、物联网行业终端，以及消费类终端等全场景的部署环境。在 2018

年 10 月的 2018 华为全联接大会上，华为发布了基于华为自研达芬奇架构的人工智能芯片昇腾系列和基于昇腾芯片的智能计算平台系列产品；芯片算子库和高度自动化算子开发工具——CANN；支持端、边、云独立、协同的统一训练与推理框架——MindSpore；提供全流程服务的机器学习 PaaS——ModelArts，可提供分层 API 和预集成方案的应用使能；面向生产环境的模型自动优化——ExeML，可面向执行的自动模型生产和适应部署环境的自动优化。

华为一直提倡普惠 AI，强调让 AI 用得好、用得起、用得放心。普惠 AI，也就意味着要攻克算法和算力难关，特别是算力这个最关键的基础科研难关。华为从 2014 年就启动了 AI 芯片底层架构的预研工作，经过两年的论证后于 2016 年正式启动昇腾 AI 芯片的研发。华为在 2018 华为全联接大会上发布了 AI 芯片昇腾 310 和昇腾 910，以及 CANN、MindSpore、ModelArts 和硬件系统产品 HiLens 等。

第三节　人工智能产业化新时代

● 将 AI 扩散到社会的每个角落

如果说过去的人工智能应用必须在基础科研层面有所突破，如今这个壁垒已经被打破。谷歌、微软、Facebook 等大公司，以及卡内基梅隆大学、加州大学伯克利分校等高校纷纷开源核心的机器学习算法，谷歌的 TensorFlow、微软的 DMTK、Facebook 的 Torch、百度的 PaddlePaddle、卡内基梅隆大学的 Petuum、加州大学伯克利分校的 Caffe 等，都提供了成熟的人工智能和深度学习算法模块。

IBM Watson 认知计算服务、微软 Azure 智能云、AWS、阿里云、腾讯云、百度云、金山云、华为云、网易云等，本身就以低价格向全社会大规模输出人工智能，而 Oracle 云、SAP 云、京东云等 SaaS 云应用本身也嵌入了各种人工智能技术。正是因为廉价的云计算和大数据技术，人工智能才有可能扩散到社会的每个角落。

为了防止人工智能技术的垄断，2015 年 12 月，特斯拉 CEO Elon Musk 在 Twitter 上宣布正式启动非营利性人工智能项目 OpenAI。OpenAI 是一个非营利性人工智能研究公司，目标是"推动数字智能的发展，同时不被财务回报所限制，从而造福整个人类"。OpenAI 筹措了 10 亿美元作为经费，从谷歌等公司挖来了人工智能专家，专门研究人工智能技术并承诺无偿公开。

另一项业界的开放开源合作是 Linux 基金会旗下的 LF AI 基金会。该基金会成立于 2018 年 3 月，专门孵化开源的人工智能、机器学习和深度学习技术，其高级会员包括腾讯、百度、华为、爱立信、AT&T、Nokia 等，会员有 IBM（Red Hat）、滴滴、Orange 等。从 LF AI 基金会已经毕业的项目有著名的 ONNX，以及腾讯开源的 Angel ML 和 LF AI 基金会推出的 Acumos AI。

世界各国发展人工智能产业

当前，人工智能技术水平逐步向人类逼近，为实体经济创新提供支撑，语音识别、图像分类等技术已经达到可用级别，甚至部分已超越人类。机器视觉是深度神经网络算法应用最为成功的领域之一，在 2017 年 ImageNet 大赛中，机器图像分类的错误率仅为 2.3%，低于人眼辨识错误率。在语音语义方面，谷歌翻译、微软翻译、讯飞翻译等都已经接近人类的水平；智能语音转换文字的准确度，甚至可以达到替代人类速记员的水平。2017 年，最后一届 ImageNet 大赛落幕。

世界各国政府都在鼓励发展人工智能产业，以及用人工智能技术推动数字化转型和数字经济。我国十九大报告指出，加快建设制造强国，加快发展先进制造业，推动互联网、大数据、人工智能和实体经济深度融合。2018 年，我国政府工作报告强调要做大做强新兴产业集群，实施大数据发展行动，加强新一代人工智能研发应用，在医疗、养老、教育、文化、体育等多领域推进"互联网+"。2019 年 11 月，普京签署命令批准发布《俄罗斯 2030 年前国家人工智能发展战略》，提出使俄罗斯在人工智能领域居于世界领先地位，以提高人民福祉和生活质量，确保国家安全和法治，增强经济可持续发展竞争力，这标志着俄罗斯这一超级大国正式加入全球人工智能赛道。此前，美国、中国两个大国和世界上许多主要国家都已经提出自己的人工智能战略。

在产业方面：根据中国信息通信研究院的数据，2016 年全球人工智能公司已突破 1000 家，跨越 13 个子门类，融资金额高达 48 亿美元。中国具备庞大的数据资源基础，人工智能企业已经超过 360 家，初步形成较为健全的产业生态体系，与国际领先国家具备竞争实力。根据《中国人工智能指数 2019》，中国的人工智能创业公司数量在 2012 年之前多于美国，但在 2012 年以后，美国的人工智能创业公司数量不仅超过中国且大幅度加速增长；中国的人工智能创业公司数量在 2015 年以后呈现大幅下降趋势；在 2012 年之后，美国在人工智能领域活跃的创业公司数量呈现快速上升的趋势。人工智能产业需要长期研发投入，短期很难获得收益。中、美两国活跃的人工智能创业公司的数量对比，似乎表明中国在人工智能产业领域的投入后劲不足。

人工智能催生一大批新产品、新服务、新应用

人工智能的兴起催生了一大批新产品、新服务、新应用，带来了新的产业价值和商用场景。在产品服务上，科大讯飞、旷视科技、商汤科技等智能技术型公司，为产业提供语音识别、图像识别等技术服务及解决方案；深鉴科技、中星微电子、寒武纪等人工智能芯片公司，为产业提供专用计算芯片；海康威视、大华股份、百洋智能科技等应用公司，为产业提供各种行业应用。从基础层的数据标注到应用层的自动驾驶、基因测序、智能医疗、智能投顾等，新的行业伴随产业化进程的推进不断涌现。

本次人工智能浪潮在传统产业转型方面大有可为，安防、电子商务、智能终端等产业已经初步受益，有效地提升了业务运行效率和产品品质，而"十四五"期间是智能基因融入实体经济的关键阶段，人工智能将有望重点在制造、能源、医疗等对于成本较为敏感抑或人才资源较为紧张的领域进行渗透。

人工智能对于企业、商业和政府机构的作用主要有三大类：创造新的产品、服务与商业模式；提升业务运营效率，降低成本，减少对人才、员工等数量和质量的依赖；优化资源配置，提高供应链效率等。其中，创造新的产品、服务与商业模式主要指数字化产品、数字化服务、数字化商业模式，如围绕智能汽车的车联网服务等。

用于解决复杂的社会经济问题

随着人工智能技术的深入应用，企业和政府机构已经开始把人工智能用于解决复杂的社会经济问题。在这个过程中，与传统的商业智能相比，人工智能技术有较大的区别。商业智能已经有了成熟的商业化产品和服务商，可以由软件开发商、系统集成商和企业自行部署，商业智能主要解决单点或单领域的数据分析问题；而人工智能的算法设计与研究还掌握在类似微软研究院、IBM研究院，以及高校和科研机构研究员的手中，需要企业与基础科研机构形成新的商业合作关系。此外，人工智能主要解决全局、全域、全量跨领域的数据分析问题。商业智能在很大程度解决已知或确定性问题，而人工智能主要解决未知或随机性问题（需要全新的视角与思路）。

早在 2017 年 11 月，微软亚洲研究院就启动了"创新汇"项目，主要结合微软前沿的人工智能科技成果及"创新汇"成员企业的行业经验，以人工智能落地为企业数字化转型的突破口，寻找大型企业的数字化转型之道。微软研究员认为，应该把人工智能视为一种方法论，需要根据具体问题进行定制化设计，这样它才能真正

成为可用的技术工具。每个行业所面临的痛点不同,每个应用场景的特点不同,因此人工智能想要真正落地,需要结合行业的领域知识,进行深入的算法定制。

例如,全球一体化让世界贸易成为一个大而复杂的场景,其中存在资源分配不平衡的问题。微软"创新汇"成员企业——东方海外货柜航运公司(OOCL)的最大资源是集装箱,若想以最优方式有效调度集装箱,满足不同港口和区域的需求,则需要一个高效的集装箱供需回路。传统的做法是,对各个港口的空集装箱需求和供给进行预测,再利用组合优化方式获得合理的调度算法。但每一步的准确性会影响下一步,如一个港口出现问题会影响下一个关联港口的准确性。微软亚洲研究院与 OOCL 合作研究,提出了一个端到端的机器学习方法,也就是对 OOCL 全球航运网络的供需进行整体建模——竞合多智能体强化学习(Coopetitive Multi-Agent Reinforcement Learning)技术。相比于传统的全局求解优化方法,竞合多智能体强化学习技术把每个港口和船只建模成智能体,在各个智能体之间建立高效的通信机制,通过协调智能体之间的利益分配与转移来促进智能体之间的合作及协调竞争,对原来的全局复杂问题分而治之,以去中心化的方式进行求解,最终起到全局优化的作用。对于利用传统优化方法需要计算几个小时的路径优化问题,利用竞合多智能体强化学习技术则可以缩短到毫秒级。当某个智能体遇到突发状况时,系统只需要调动周围相关的几个智能体自己协调就能解决,不需要重新计算。

第四节 人工智能新算法、新方向

● 机器博弈学习

对人工智能技术的发展新方向来说,除以 AlphaGo 和 AlphaGo Zero 为代表的增强学习外,还有以 Libratus(冷扑大师)为代表的博弈型 AI。博弈论在西方已经有近 90 年的历史,而在中国则是于近年来得到了广泛的关注和应用。从 2009 年开始的互联网广告拍卖设计算法,使博弈论在国内经济界得到了重视,如今国内工业界对博弈型 AI 的算法也有大量的需求。究其原因是在研究人工智能时发现仅处理针对机器的算法远不能满足实际商业的需求,在现代商业中往往是"人+机器"的复杂场景,而博弈论恰好是针对人类的智能算法。因为有人的地方就有竞争,有竞争就有博弈。

Tuomas Sandholm 是卡内基梅隆大学计算机系教授,其研究兴趣包括人工智能、机制设计、优化理论、博弈论、电子商务、多代理系统、自动谈判及合同等广泛领域,迄今已经发表 450 多篇论文,还是 Optimized Markets 和 Strategic Machine 两家公司的创始人。在他带领下,人工智能系统Libratus诞生,并在2017年击败全球德州扑克世界高手。Libratus结合了优化的博弈论和机器学习等算法,是迄今为止唯一击败人类德州扑克世界顶级高手的人工智能系统,在战略推理和战略思维方面达到了超越人类的水平。

与AlphaGo围棋的完美信息场景不同,德州扑克是典型的非完美信息场景,其已经挑战人工智能+博弈论数十年之久。在德州扑克进行的过程中,缺乏甚至没有任何数据,在这种情况下需要计算每一步的最优平衡点,同时要考虑对手每一步的情况。因为不需要完美信息的输入,因此可以说Libratus无应用领域限制,可广泛应用到多种商业与经济场景中。

2019年7月,美国卡内基梅隆大学与Facebook联合研发的人工智能扑克机器玩家Pluribus,在6人无限注德州扑克游戏中打败了15名人类顶级职业扑克手。这是人工智能软件系统首次在超过两名玩家的游戏中击败人类精英玩家,表明人类向利用人工智能解决不完全、非对称性多方博弈类复杂问题方面迈出了一大步。同时,这也意味着在追求自身获取最大效益的纳什均衡策略方面,人工智能开始超越人类。这些成果将可能应用到战争、产业竞争、商业欺诈、股票交易、自动驾驶等各种与多方博弈相关的各个领域,并将深刻影响世界格局的发展。

麻将是将人工智能应用于博弈的另一个游戏类别,与象棋、围棋、德州扑克等棋牌类游戏相比,麻将具有更复杂的隐藏信息和更高的难度。2019年6月,由微软亚洲研究院开发的麻将AI系统Suphx成为首个在国际知名专业麻将平台"天凤"上荣升10段的AI系统,这是当时AI系统在麻将领域取得的最好成绩,其实力超越该平台公开房间顶级人类选手的平均水平。由于长期在民间广为流传,不同地区的麻将玩法多样,缺乏统一的规则标准和评价体系。日本在线麻将竞技平台"天凤"因其完善的竞技规则、专业的段位体系,成为业界知名的高水平专业麻将平台,受到职业麻将界的广泛承认。

Libratus、Pluribus和Suphx等采用的新算法的出现,意味着人工智能和机器学习博弈算法取得了实质性进步,将人工智能和机器学习用于解决复杂社会经济问题的可能性又往前推进了一步。

● 群体智能

人工智能技术的其他发展方向在《新一代人工智能发展规划》中也有描述:经过60多年的演进,特别是在移动互联网、大数据、超级计算、传感网、脑科学等新理论新技术,以及经济社会发展强烈需求的共同驱动下,人工智能加速发展,呈现出深度学习、跨界融合、人机协同、群智开放、自主操控等新特征。大数据驱动知识学习、跨媒体协同处理、人机协同增强智能、群体集成智能、自主智能系统成为人工智能的发展重点，受脑科学研究成果启发的类脑智能蓄势待发，芯片化、硬件化、平台化的趋势更加明显，人工智能发展进入新阶段。

其中值得一提的是群体集成智能或群体智能。所谓群体智能，可以简单理解为把小型低等智能机器或物体连接起来形成群体，就能完成令人惊叹的复杂任务。早在 20 年前，Kevin Kelly 的《失控》一书就对其进行了描述：低智能但个体结实的小型机器本身不需要复杂的算法，而只需要简单的控制命令，再通过连接协议就能连接成"机器蜂群"；尽管小型机器的个体智能较低，但"机器蜂群"的群体智能可进化到超乎寻常的高级水平；小型机器的制造成本低廉，而且在"机器蜂群"中，即使损失成批的小型机器也不影响"机器蜂群"整体的表现。

例如，无人机之父 Raffaello D'Andrea 教授创立了 Kiva Systems 公司，专门研究物流机器人，后被亚马逊收购，如今在亚马逊全美 10 个运营中心内配备了超过 1.5 万台 Kiva 机器人，协助安排数千万件库存商品。在 2016 年的 TED 舞台上，Raffaello D'Andrea 展示了进阶版的无人机群组体——30 多个微型无人机组成的无人机群，可以自由地在空中完成飞行、跳舞、表演等群体行为，不需要人工干预，也不会相互碰撞。在 2018 年的冬季奥运会开幕式上，1218 架英特尔 Shooting Star 无人机打造了奥运会历史上的首次无人机灯光秀，并创造了"同时放飞数量最多无人机"的吉尼斯世界纪录，而这一组无人机只由一名"飞手"来控制，无人机灯光秀借奥运会的舞台向全球展示了"机器蜂群"的智能力量。

2019 年 9 月，科罗拉多大学波德分校和东京大学的研究者发表文章称，他们开发出了一种新型集群机器人 ShapeBots。这种机器人的单体和群体均可发生变形，多个 ShapeBots 可以构建不同的二维图形，机器人的位置可以根据图形自动调整，并且还可以根据用户需求进行三维的形状变换。智力、能力较低的微小个体通过集群协作的形式往往能实现智力和能力的飞跃式提升，完成许多个体所不可能完成的复杂任务，这也是群体智能引起关注的主要原因。截至 2019 年，群体智能还有大规模群体智能空间构造、运行、协同及演化等诸多核心技术问题需要解决，ShapeBots 无疑为解决这些核心技术问题奠定了良好的基础。

● AI 伦理与立法

近年来，国际社会对于人工智能的关注，日益转移到重视人工智能中的伦理道德与法律问题上。从美国到欧洲到中国，全球掀起了关于人工智能伦理道德的大讨论。特别是在 2018 年 3 月，Uber 自动驾驶车首次撞死了行人，进一步激发了各界对人工智能立法的关注。

国际电气与电子工程师学会（IEEE）在2016年12月发布了"自主和智能系统的伦理设计"1.0版本，当时汇集了全球数百位思想领袖及人工智能、伦理道德领域专家的意见，主要为鼓励技术开发者在开发自主系统和智能系统时，要优先考虑伦理道德因素与原则。2017年12月，"自主和智能系统的伦理设计"2.0版本发布，IEEE同时推出了"伦理道德在行动"活动，鼓励全球都积极参与IEEE发起的讨论。

欧盟于2018年12月18日公布了《可信AI的道德指南草案》，并于2019年4月推出最终版本。《可信AI的道德指南草案》指出，人工智能是当代最重要的转型力量之一，也注定将改变社会的组成。但要正确地发展人工智能，就必须提出可信赖的人工智能，"可信赖的人工智能是'北极星'"。人工智能的未来在于信任，如果想要驱动业务成功，人工智能就不能隐藏在"黑盒子"中。

Google、Facebook、Amazon、IBM、Microsoft在2016年发起成立了Partnership on AI。作为一个非营利性组织，Partnership on AI旨在汇集全球不同的声音，以保障AI在未来能够安全、透明、合理地发展，让世界更好地理解AI的影响。截至2019年年底，Partnership on AI共有来自13个国家的100余个成员，除创始成员外，还包括Apple、Intel、Accenture、Nvidia、三星、百度等巨头及超过50个非营利性组织成员。

2017年，中国政府发布《新一代人工智能发展规划》，提出要"建立人工智能法律法规、伦理规范和政策体系，形成人工智能安全评估和管控能力"。2019年6月，中国国家新一代人工智能治理专业委员会发布了《新一代人工智能治理原则——发展负责任的人工智能》，明确了人工智能治理的框架和行动指南，既回应社会上对人工智能的种种担忧，又为这一方兴未艾的技术保留了足够的创新空间。

第七章
物联网：全社会共享机器连接

物联网并不是一个新的概念，已经存在 30 多年。早在 1991 年，前施乐 PARC 首席科学家 Mark Weiser 教授就首次提出了"泛在计算"（Ubiquitous Computing）的概念，这被视为物联网的起源。1999 年，美国 MIT 教授 Kevin Ashton 最早提出了物联网一词，当时 MIT 建立了一个自动识别中心（"Auto-ID"），提出万物皆可通过网络互联。

2005 年，《ITU 互联网报告 2005：物联网》这一报告对物联网进行了详细的讨论。ITU 指出：物联网是一场代表未来计算与通信的技术革命，物联网的发展依赖于多个方向的重要技术创新，包括从无线传感器到纳米技术等多种技术。ITU 的定义明确地指出物联网不仅是 IT（信息技术）的变革，也是 CT（通信技术）的变革。

然而，物联网并没有引起全球的重视，一直到 2008 年 IBM 提出智慧地球愿景。在 2008 年 IBM 年报的致股东信中，IBM 董事长认为：过去 20 年，我们看到地球变得更小、更扁平；未来 20 年，我们将看到地球变得更智慧。而所谓的未来 20 年巨变，即把"智慧"扩散到这个世界实际的物理过程中，包括用于生产、制造、采购和销售物理产品的系统与流程，交付的服务，从人和货币到石油、水、电子，涉及数以 10 亿计的人们的生活与工作。具体的例子有智慧交通、智慧电力、智慧金融、智慧电信、智慧医疗等。

但从物联网先驱 GE 的故事来看，从 2008 年智慧地球被提出到 2018 年 GE 被移出道琼斯工业平均指数，反映了物联网在过去 10 多年从 0 到 1 的缓慢发展过程。种种迹象，特别是 5G 在 2019 年商用显示，物联网从 2019 年开始具备了大规模发展的条件，开始了从 1 到 N 的阶段。

第一节　Web 3.0 时代的共享市场

● 各国加大对物联网的投入

各种数据描绘了未来物联网世界之大，对经济具有巨大价值，对整个世界具有重大影响。例如，根据市场调查公司 ABI Research 在 2013 年发布的数据，全球物联网上的无线联网设备总数在当时已经突破 100 亿台，ABI Research 预计 2020 年将达到 300 亿台；根据 Gartner 在 2014 年的预测，到 2020 年全球联网设备数量将达到 260 亿台，物联网服务业规模达到 1.9 万亿美元，而 2009 年全球的物联网设备仅为 9 亿台；根据 Intel 在 2015 年的预测，到 2020 年全世界将会有 500 亿台互联互通的设备，而当时这类设备只有 150 亿台，这意味着此后 5 年将新增 350 亿台；Cisco 在 2016 年的预测与 Gartner 相同，即到 2020 年全世界将有 260 亿台联网设备。

2008 年金融危机后，物联网被各国政府视为新经济的"救世主"。简单计算，100 亿台联网设备每年消耗 10 美元的维护和运营成本，即总消耗 1000 亿美元，相应可转换为 1000 亿美元的总收入；如果按 10 倍计算周边关联消费与投资，可达 1 万亿美元规模。这样的规模总量，无疑可以支撑起 2008 年的美国智慧地球愿景、2009 年的欧洲物联网行动计划、2009 年的中国"感知中国"愿景等国家物联网计划。其中，中国政府在 2009 年提出了"感知中国"计划，要大力扶持物联网产业发展，并将物联网上升为国家五大战略性新兴产业之一。

物联网的愿景和前景如此美妙，以至于世界各国政府、各大企业都不断加码对物联网的投入。

● Web 3.0 时代的物联网

对于物联网的观点，欧盟有比较明确且清晰的阐述。欧盟是比较积极推进物联网的地区，因为物联网对于欧盟来说，是一个建立统一且数字单一市场最好的机会。

在欧盟 2016 年的《在欧洲推进物联网》文件中，对物联网有一个定义（见图 7-1）。一开始，互联网被设计为连接计算机并通过有限数据交换能力来传送信息；随着网络技术的发展，互联网的第一波技术变革使文本互联而出现了 WWW（万维网），即 Web 1.0。21 世纪初，互联网进一步发展了通用的沟通技术，可以传输所有的语音、音频或信息内容，社交媒体可以支持用户产生内容，即 Web 2.0。

20世纪60年代 互联网诞生	1989—2000年 第一次变革	21世纪初 互联网无处不在	现在 下一步：物联网
IT连接计算机，并以有限的数据交换能力，传输简单信息。	网页技术的出现，允许文件链接。WWW（万维网）时代到来（Web 1.0时代）。	互联网是统一通信平台，它传输所有的语音、视频或内容信息，还通过社交媒体使用户自生产内容（Web 2.0时代）。	物联网指数字化的下一步，即所有物体和人都能通过通信网络互联，在私有领域、公有领域或工业空间，同时报告各自的状态及周围环境的状态。

图 7-1 互联网：从诞生到物联网

（资料来源：欧盟的《在欧洲推进物联网》，2016 年）

基于已有的互联网技术，物联网代表着数字化的下一步，即通过通信网络把所有的人与物连接起来，无论是在公有领域、私有领域还是在产业领域，同时可以报告它们的状态及周边环境的状态，这就是 Web 3.0。一个简单的例子是连接了传感器和连入物联网的灭火器，当被使用时可以直接呼叫消防部门并及时传送火警事件的信息。

2016 年，《数字化欧洲工业》文件中提出了欧洲物联网愿景：一个繁荣的物联网生态系统，建设跨垂直行业信息孤岛的开放物联网平台，帮助开发者社区创新；以人为中心的物联网，传递欧洲价值观，包括个人数据保护与安全，建立可信物联网；单一物联网市场，所有物联网设备和服务可在欧盟境内以可插拔形式无缝连接，并可跨国家边界扩展。

欧盟的数字单一市场愿景

2014 年 7 月，卢森堡前首相 Jean Juncker 在就任欧盟委员会主席时，发表了《欧洲的新开始》演说，提出了"数字单一市场"（Digital Single Market，DSM）策略，欧盟在 2015 年 5 月采纳了该策略。

欧盟的数字单一市场愿景很具有物联网驱动的 Web 3.0 时代的代表性：数字单一市场就是打破线下界线对于线上世界的影响，比如国界对于获取在线服务的影响；

数字单一市场的目的就是保障商品、人、服务与资本和数据的自由流动,人与企业能够无缝且公平地在欧盟内跨国家间自由获取在线商品和服务。

欧洲数字单一市场的更大想象空间来自将遍布欧洲的物联网设备:2020年,欧洲有60亿台联网设备,这是2016年的10倍之多。如果说之前的线下商品、服务、资本流通等还有物理上的限制,那么由物联网所构成的欧洲数字单一市场将把所有流通的成本降到最低,甚至趋近于零。更重要的是,数据的自由流通将为欧洲带来更大的创新机会。

2017年1月,欧盟提出"欧洲数据经济"策略,促进物联网单一市场的形成。"欧洲数据经济"策略中提及要通过立法等手段,实现自由的跨欧洲国家的数据流动,以及发展物联网技术可能涉及的责任路线图。

与其说物联网是多种创新技术的组合,不如说是一个全世界甚至全人类重新连接起来的新连接,而这个新连接更多是通过各国立法、各国行政主体协商、各企业及企业联盟协调等建立新秩序的。著名的GDPR(*General Data Protection Regulation*,《通用数据保护条例》)就是在这个过程中应运而生的。于2018年5月25日生效的GDPR的前身是欧盟在1995年制定的《计算机数据保护法》。GDPR不仅保护用户数据,更促进了数据的有效流通。比如,在该条例的众多规定中有一条是,企业收集的所有用户数据必须以标准化格式供用户下载,仅此一条无疑将极大促进数据的流通。

物联网推进缓慢,因为这是一个全球秩序重建的过程,而且是一边发展物联网、一边重建新多边秩序的过程,而这个多边秩序主要建立在不同的物联网通信技术上。

第二节 必须了解的物联网通信技术

谈到物联网,必然要谈到联网技术,这是物联网产业兴起的重要条件:2018年,全球范围内低功耗广域网(LPWAN)技术已经步入商用阶段,面向物联网广覆盖、低时延场景的5G技术标准化已经通过,同时工业以太网、LTE-V、短距离通信技术等相关通信技术也有了显著进展。

5G:第五代移动通信技术

2019年6月6日,工信部向中国电信集团有限公司(简称中国电信)、中国移动通信集团有限公司(简称中国移动)、中国联合网络通信集团有限公司(简称中国联通）、中国广播电视网络有限公司这四家公司发放了5G商用牌照，标志着中国进入5G商用元年。中国是全球最早进入5G商用的国家，比原先预定于2020年商用的时间提前了半年。

5G网络主要有三大类应用场景。第一大类应用场景，是消费者最先体验到的5G网络的高速率和高宽带，几秒钟下载一部电影、多路4K高清视频同时流畅播放、360°全景直播，以及AR/VR等技术轻松实现；第二大类应用场景是车联网，主要凭借5G网络的低时延、高可靠性和高带宽的特性；第三大类应用场景，也是5G网络最大的突破，就是海量连接，在每平方千米内能达到上百万连接数，并且其网络和传感器都是低功耗、低成本，5G网络将真正实现万物互联，将会带来许多传统行业的变革。

截至2020年年底，我国已经建成5G基站近60万个，实现所有地级以上城市5G网络全覆盖；中国移动5G套餐客户总数达到1.65亿户，中国电信5G套餐客户总数达8650万户，两家合计超过2.5亿户。2020年，我国5G终端连接数突破2亿个，多个行业抓紧5G商用带来的重大契机，加快产业数字化进程。

在5G标准方面，国际电信联盟于2015年正式发布了5G的愿景需求，明确了5G必须支持增强移动宽带（eMBB）、低时延高可靠通信（uRLLC）和应用于物联网的大规模机器类型通信（mMTC）三大场景；3GPP（The 3rd Generation Partnership Project，第三代移动合作伙伴计划）组织的标准专家随后展开了5G技术标准化研究。2019年3月，5T R15标准冻结，全面支持eMBB场景；2020年7月，5G R16标准冻结，其中核心亮点为uRLLC的增强功能；同样在2020年7月，NB-IoT（窄带物联网）正式纳入5G标准，成为mMTC场景的核心技术。至此，5G三大场景核心支持标准已准备就绪，为5G加速商用奠定基础。

● LPWAN

一个重要的物联网通信技术大类就是低功耗广域网（Low Power Wide Area Network，LPWAN）技术。相比于3G/4G无线移动通信技术，LPWAN由于具有超远距离传输、海量终端连接和超低功耗等特点，非常适合用于物联网的大规模部署。

截至2020年，LPWAN还是一个新兴领域，其中竞争的通信协议、技术标准、厂商和联盟也处于百花齐放状态。LPWAN领域分为基于Chirp扩频技术的LoRa，基于超窄带的Sigfox、Telensa、Weightless、NB-Fi Protocol，以及DASH7、LTE-MTC、NB-IoT、RPMA等。此外，LPWAN还可分为两类：一类是工作于免授权频谱下（类似于无线对讲机）的LoRa、Sigfox等技术；另一类是工作于授权频谱下、3GPP支持的 2G/3G/4G 蜂窝通信技术，比如 EC-GSM、LTE-M、NB-IoT 等。

NB-IoT 技术比较适用于对固定或移动性定位要求不高、传送设备的信息频率低且报文短（低吞吐量）、无语音传输需求的场景，其功耗低，一个电池可用 10 年之久，比如智能抄表应用。eMTC 基于 LTE 协议演进而来，对 LTE 协议进行了裁剪和优化，可以支持 VoLTE 语音，可被广泛应用到可穿戴设备中；eMTC 的上行和下行最大峰值速率远超过 GPRS、ZigBee 等，可支撑低速视频等更丰富的物联应用；eMTC 支持连接态的移动性，物联网用户可以无缝切换；eMTC 在不需要新增 GPS 芯片的情况下就可进行定位，低成本的定位技术更有利于 eMTC 在物流跟踪、货物跟踪等场景的普及；eMTC 可以基于现有 LTE 网络直接升级部署。

LTE（Long Term Evolution，长期演进）是由 3GPP 组织制定的 UMTS（Universal Mobile Telecommunications System，通用移动通信系统）技术标准的长期演进，于 2004 年 12 月正式立项并启动。LTE 的远期目标是简化和重新设计网络体系结构，使其成为 IP 化网络，因此 LTE 的接口与 2G 和 3G 网络互不兼容。另外，LTE 不是 4G 标准，只有升级版的 LTE Advanced（LTE-A）才满足国际电信联盟对 4G 的要求。LTE-A 可达千兆级 LTE 的理论速度，即光纤级别的 1 Gbps，虽然千兆级 LTE 无法和 5G 的每秒几个吉比特的速度相提并论，但可被认为是 5G 商用的第一阶段。实际上，在 NB-IoT 技术中还分为 NB-LTE 和 NB-CIoT 两个阵营，基本区别在于对 LTE 的后向兼容程度，NB-LTE 可向后兼容 LTE、可重复利用运营商在 LTE 上的投资和资产。

MTC（Machine Type Communication，机器类型通信）是 3GPP 对于物联网通信的叫法，LTE-M、LTE-MTC、LTE-M2M 三个词其实是一个意思。在 3GPP R12 版中首次定义了物联网终端装置的收发状态，称为 Cat.0（Cat.为 Category，即等级的意思）。一般而言，数字越高，收发速率越高。Cat.0 为一个规格下修（降低标准），相对于 R12 之前版本已经定义的 Cat.1～Cat.10，Cat.0 意味着终端装置的收发速率仅为 1 Mbps，也允许以半双工方式传输（同一时间只接收不发送或只发送不接收），Cat.0 还有其他规范以适应物联网的传输需求，如只支持一根天线。

eMTC（增强机器类型通信）也称为 LTE Cat-M1，是基于 3GPP R13 版本定义的 LTE 标准，是为物联网服务的 LPWAN 通信技术。eMTC 是低、中速的移动通信，但因连接的物联网设备数量极其庞大，故也是对应于大量数据的技术，可用于可穿戴设备、资产跟踪、远程信息处理、医疗保健等服务领域。NB-IoT 即 Cat NB1，是 R13 版定义的另一种物联网通信协议，是针对更低规格设计的，因此从 R13 版本开始就有了物联网通信的双模式：eMTC 和 NB-IoT。

2016 年，全球主要标准化组织纷纷加速推动面向物联网的关键网络技术标准。

2015年11月，由华为、爱立信、中兴、沃达丰等公司推动的NB-IoT标准在3GPP立项。2016年6月，3GPP在韩国釜山会议上宣布NB-IoT标准冻结。2016年3月，3GPP面向中低速率机器通信的eMTC标准冻结；9月，面向车联网应用的V2V标准冻结。除基于蜂窝网的网络技术外，WiFi联盟于2016年2月正式发布新一代WiFi标准HaLow，其适合低功耗、长距离的物联网设备。2016年12月，新一代蓝牙技术BT5正式发布。

NB-IoT

在众多的LPWAN通信协议和技术标准中，比较成气候的是LoRa和NB-IoT两大阵营。其中，NB-IoT是大家比较熟悉的LPWAN通信协议，主要基于GSM升级，由各国电信运营商大规模兴建基站，以供广泛连接各类物联网设备，与NB-IoT类似的eMTC基于TD-LTE升级而来。

在NB-IoT方面，2015年9月，全球通信业对共同形成一个低功耗、广域覆盖的物联网标准达成共识，即NB-IoT标准。NB-IoT主要针对典型的低速率、低频次业务模型等，容量电池寿命可达10年以上。根据3GPP的仿真数据，如果终端每天发送一次短报文，在恶劣条件下，5W·h的电池寿命可达12.8年。而在成本方面，NB-IoT终端芯片能做到低至1美元。在NB-IoT资费方面，2015年，SigFox宣布获得融资时，曾宣称对每个物联网连接设备收取1欧元/年的费用，这种商业模式被认为是SigFox打破由电信运营商垄断的广域网络连接的重要武器。在2018年之前，不少NB-IoT运营商的资费仍然远远高于1欧元/年的水平。2018年3月，一家欧洲的虚拟运营商（MVNO）推出一套超低NB-IoT资费，达到1欧元/年的水平，引起欧洲物联网领域广泛关注。这家名为1NCE的欧洲虚拟运营商，提供了一个10年期的生命周期资费，用户为每台物联网连接设备一次性地付费10欧元，在设备运行10年内都无须再付费，资费包括最高500 Mbps流量。

2017年6月16日，工信部发布《关于全面推进移动物联网（NB-IoT）建设发展的通知》，提出2017年的NB-IoT基站规模达到40万个，实现基于NB-IoT的M2M（机器与机器）连接基站超过2000万个；2020年基站规模达到150万个，连接总数超过6亿个。2017年是NB-IoT进入规模化商用元年，工信部批准了NB-IoT部署在900/800/1800/2100MHz的商用许可，三大运营商依据自身频段资源的特点开展了NB-IoT商用网络的建设，行业进入高速发展期。截至2019年年底，我国已建成NB-IoT基站超过70万个，实现了全国主要城市、乡镇以上区域连续覆盖，为各类应用发展奠定了良好的网络基础。其中，NB-IoT经过3年发展，连接数已经过亿，智能水表、智能燃气表、烟感器、电动车监控等典型应用的连接数达到数百万个甚至超过千万个，智慧路灯、智慧停车、智能门锁等新兴规模化应用不断涌现。2020年5月，工信部再次发布了《工业和信息化部办公厅关于深入推进移动物联网全面发展的通知》，提出到2020年年底，NB-IoT网络实现县级以上城市主城区普遍覆盖，重点区域深度覆盖；移动物联网连接数达到12亿个；推动NB-IoT模组价格与2G模组趋同，引导新增物联网终端向NB-IoT和Cat.1迁移；打造一批NB-IoT应用标杆工程和NB-IoT百万级连接规模应用场景。

2018年6月6日，GSMA移动运营商德国电信（Deutsche Telekom）和沃达丰已利用授权的NB-IoT技术在欧洲顺利完成首次国际漫游试验，这项服务将确保使用LPWAN的数百万连接的无缝覆盖和服务连续性。本次试验的成功，也意味着NB-IoT物联网服务国际漫游成为可能，一张更大的覆盖全球的物联网有望形成。2020年5月，德国电信宣布已经与多家欧洲移动运营商签署合作，将NB-IoT物联网漫游服务推广到18个欧洲国家。

● LoRa

与NB-IoT不同的是，LoRa不需要电信运营商运营，只需要物联网运营商运营。LoRa工作在免费频段上，也不需要授权频谱，单一基站即可覆盖一个城市或数百平方千米，而且LoRa是最早商用的LPWAN标准之一（2013年）。此外，LoRa还是最安全的LPWAN协议，允许从传感器到应用服务器的多层次128位AES加密。

根据国际LoRa联盟（成立于2015年3月）的数据，截至2019年，该联盟已经有超过500家成员企业，在157个国家有137张LoRa网络。2018年5月，Google Cloud宣布加入国际LoRa联盟成为赞助商级别成员。国际LoRa联盟赞助商级别成员包括阿里巴巴、Cisco、IBM、ZTE等，国际LoRa联盟的生态已经相当成熟。国际LoRa联盟认为，尽管在LPWAN领域有不同的技术标准，但归根结底的差异化点在于生态：必须具有成熟的模式、竞争、多样化的生态系统及行业领军企业，才能拉动一个新技术的大规模应用与部署。2017年10月，国际LoRa联盟第九次全体成员大会在苏州举行，这是国际LoRa联盟首次在中国举办如此大型的会议。

在2018年3月的阿里巴巴深圳云栖大会上，阿里云宣布全面进军物联网，并发布与中国联通携手进行中国首个城市LoRa网络的试运营。在本次宣布的由电信运营商中国联通、芯片商Semtech及阿里云共同推出的以LoRa技术为主，并在杭州、宁波两城市进行试运营的物联网服务中，阿里云以平台业者角色参与其中，以2016年推出的Link物联网平台旗下的Link WAN平台为主，提供开发者LPWAN核心网络服务、基站/终端管理界面、各式物联网套件与消息队列（MQ）接口。

Sigfox

Sigfox 公司是一家成立于 2009 年的法国公司，开发了专门用于 M2M 通信的 Sigfox 协议。Sigfox 网络多年来一直是 LoRa 的主要竞争对手，但在出现 NB-IoT 和 LTE-M 两种标准后，Sigfox 网络似乎开始了挣扎。2017 年年底，Sigfox 网络在全球 36 个国家有部署，其中 17 个是全国性部署。

Sigfox 公司拥有所有的 Sigfox 技术，不过 Sigfox 网络的终端设备市场是开放的，允许不同的厂家制造各自的终端设备。Sigfox 公司的商业模式是硬件近乎免费，然后收取软件的 License（许可）费用。Sigfox 公司自己也运营 Sigfox 网络，Sigfox 公司的目标是让全球所有运营商都部署 Sigfox 网络。截至 2017 年，Sigfox 公司已经获得了 3 亿欧元的投资。

2018 年年初，Sigfox 公司与远程护理方案公司 SeniorAdom 签署了一份战略合作协议，共同开发中国市场。成都高新区宣布联合中国联通、法国 Sigfox 公司、法国 SeniorAdom 共同开发和建设运营"中法合作•成都国际智慧养老服务示范社区"项目，该项目预计总投资 3 亿欧元。不过进入 2018 年后，出现了关于 Sigfox 公司经营不善的媒体报道，Sigfox 网络的发展有待观察，Sigfox 网络也可能同时支持 NB-IoT。在 2019 年，Sigfox 网络并没有取得较大的市场进展。

ZigBee

ZigBee 是基于 IEEE 802.15.4 标准的 LPWAN 协议。根据国际标准规定，ZigBee 技术是一种短距离、低功耗的无线通信技术。与移动通信的 CDMA 网或 GSM 网不同的是，ZigBee 网络主要为工业现场自动化控制数据传输而建立，因而它必须具有简单、使用方便、工作可靠、价格低的特点。ZigBee 是一项开放性的全球化标准，专为 M2M 网络而设计。ZigBee 是许多工业应用的理想解决方案，同时具有低延迟和低占空比特性，允许产品最大限度地延长电池寿命。ZigBee 协议提供 128 位 AES 加密。此外，ZigBee 技术还支持 Mesh 网络，允许网络节点通过多个路径连接在一起。ZigBee 技术最常用的应用场景是智能家居设备领域。

2001 年 8 月，ZigBee 联盟成立。在智能家居领域有很多厂商的产品都基于 ZigBee 技术。在 ZigBee Pro 基础上，ZigBee 联盟又针对不同应用领域，先后推出了多个应用层规范（Application Profile）来满足不同领域的需求，如智能家居领域的 ZHA（ZigBee Home Automation）规范、智能照明领域的 ZLL（ZigBee Light Link）规范、智能建筑领域的 ZBA（ZigBee Building Automation）规范、智能零售领域的 ZRS（ZigBee Retail Service）规范、智能健康领域的 ZHC（ZigBee Health Care）规范、智能通信服务领域的 ZTS（ZigBee Telecommunications Service）规范，其中比较常用的是 ZHA 规范和 ZLL 规范。2016 年 5 月，ZigBee 联盟推出了 ZigBee3.0 标准，其主要任务是统一众多应用层协议，解决不同厂商 ZigBee 设备之间的互联互通问题。用户只要购买任意一个经过 ZigBee3.0 的网关就可以控制不同厂家基于 ZigBee3.0 的智能设备。

蓝牙

2017 年 7 月 19 日，蓝牙技术联盟（Bluetooth Special Interest Group，简称 SIG）正式宣布推出 SIG Mesh 标准，蓝牙技术开始全面支持 Mesh 网络，作为对 ZigBee 的反击。蓝牙 Mesh 提供多对多设备传输功能，并特别提高构建大范围网络覆盖的通信效能，适用于需要让数以万计的设备在可靠、安全的环境下传输的物联网解决方案。据相关报道，蓝牙 Mesh 可支持多达 3.2 万个节点，电池寿命以年为单位。另外，每年生产的十几亿部智能手机几乎全部搭载蓝牙 4.0。2016 年 6 月 17 日，SIG 正式宣布了蓝牙 5.0 标准。它在性能上将远超早期版本，发射和接收设备之间的有效工作距离可达 300 m，传输速率是蓝牙 4.2 的 2 倍。蓝牙 5.0 还允许不需要配对接收信标的数据，传输速率提高了 8 倍。蓝牙 5.0 还支持室内定位导航功能，结合 WiFi 可以实现精度小于 1 m 的室内定位。这些优点加在一起，让蓝牙与 NB-IoT 成为消费物联网的主导技术组合。

V2X

V2X（Vehicle to Everything，车用无线通信技术）是将车辆与一切事物相连接的新一代信息通信技术，其中 V 代表车辆，X 代表任何与车交互信息的对象，X 主要包含车、人、交通路侧基础设施和网络。

V2X 交互的信息模式包括 V2V（Vehicle to Vehicle，车与车之间）、V2I（Vehicle to Infrastructure，车与基础设施之间）、V2P（Vehicle to Pedestrian，车与人之间）、V2N（Vehicle to Network，车与网络之间）的交互。

V2V 是指通过车载终端进行车辆间的通信。车载终端可以实时获取周围车辆的车速、位置、行车情况等信息，车辆间也可以构成一个互动的平台，实时交换文字、图片和视频等信息。V2V 通信主要应用于避免或减少交通事故、车辆监督管理等场景。

V2I 是指车与基础设施（如红绿灯、交通摄像头、路侧单元等）进行通信，路侧基础设施也可以获取附近区域车辆的信息并发布各种实时信息。V2I 通信主要应用于实时信息服务、车辆监控管理、不停车收费等场景。

V2P 是指弱势交通群体（包括行人、骑行者等）使用用户设备（如手机、笔记本电脑等）与车载设备进行通信。V2P 通信主要应用于避免或减少交通事故、信息服务等。

V2N 是指车载设备通过接入网/核心网与云平台连接，在云平台与车辆之间进行数据交互，并对获取的数据进行存储和处理，提供车辆所需要的各类应用服务。V2N 通信主要应用于车辆导航、车辆远程监控、紧急救援、信息娱乐服务等场景。

C-V2X 中的 C 是指蜂窝（Cellular），C-V2X 是基于 3G/4G/5G 等蜂窝网通信技术演进形成的车用无线通信技术。C-V2X 是基于 3GPP 全球统一标准的通信技术，包含 LTE-V2X 和 5G-V2X，从技术演进角度讲，LTE-V2X 支持向 5G-V2X 平滑演进。

产业预期 C-V2X 商用部署在 2020 年，但 C-V2X 产业仍然面临一些主要问题，这些问题何时得到解决将决定 C-V2X 的商用部署进程。

第三节　巨头抢占物联网平台

五年"打底"全球物联网产业

从众多复杂的物联网通信协议与标准之争就可以看出：物联网是一个复杂的长期技术演进，以及技术背后相关企业、组织和国家的博弈。2018 年的 LoRa、NB-IoT、eMTC、蓝牙 5.0 等相继开始胜出及 2019 年的 5G 商用，都让物联网有了开始大规模商用的基础与可能。

2015—2016 年是全球物联网产业"打底"的一年。2015 年 3 月，IBM 成立独立的物联网部门并宣布将向物联网投资 30 亿美元；2015 年 5 月，华为公开"1+2+1"的物联网发展战略，明确向物联网进军的发展战略；2015 年 10 月，微软正式发布物联网套件 Azure IoT Suite，协助企业简化物联网在云端的应用部署及管理；2016 年 3 月，思科以 14 亿美元并购物联网平台提供商 Jasper，并成立物联网事业部；2016 年 7 月，软银公司以 322 亿美元收购 ARM，并明确表示看好 ARM 在物联网时代的发展前景（后于 2020 年将其出售给 NVIDIA 公司）；2016 年 12 月，谷歌对外公布物联网操作系统 Android Things 的开发者预览版本，并更新其"Weave"协议。除此之外，亚马逊、苹果公司、Intel、高通、SAP、IBM、阿里巴巴、腾讯、百度、GE、AT&T 等企业基本上也在 2015—2016 年对物联网进行集中布局。

整体来说，2015—2016 年被视为物联网厂商集中发力阶段，2017—2018 年为产品开发布局阶段，2019 年相对平静，2020 年为 5G 商用第一年，将引发物联网在应用方面的规模化落地。

● 微软

2018年4月初，微软高管表示将在未来4年向物联网的研发、产品、服务和新项目投入50亿美元。时任Azure副总裁朱莉娅·怀特（Julia White）在发表的博文中表示，微软计划继续开发物联网操作系统（基于Windows 10内核）、控制和管理物联网的云服务，以及可以分析物联网设备数据的系统。

微软Azure IoT Suite于2015年推出，旨在捕获连接的物体所生成的数据，整合数据流并将其转化为可操作的信息，通过云服务加上先进的数据分析，帮助客户监控资产以提高效率，提升运营绩效。2017年，微软推出Microsoft IoT Central平台，这是一个高度可扩展的物联网软件即服务（SaaS）解决方案。Microsoft IoT Central平台允许全世界的公司在数小时内建立生产级物联网应用程序，企业无须管理所有必要的后端基础设施或学习新技能。

2018年，微软发布了物联网领域的重要产品Azure Sphere，这是芯片级的云+端物联网安全互联管理方案，将三个方面的安全保障整合在一起：采用定制芯片技术跨级别的微控制器、融入多层安全架构的操作系统，以及能够为每台设备提供保护的"一站式"云服务。Azure Sphere还是一个全面开放的解决方案，可为任何MCU芯片厂商提供安全子系统的免费授权，并且Azure Sphere设备可以免费连接到微软Azure公有云或者任何其他云服务运行应用数据，同时MCU芯片厂商可以基于GPL协议对其采用的开源Linux内核进行自由创新。

● AWS

2015年10月，AWS发布了物联网平台，以帮助数十亿台设备连接到AWS，使企业能在全球范围内存储、处理、分析联网设备生成的数据并采取行动。AWS IoT将与Lambda、Amazon Kinesis、Amazon S3、Amazon Machine Learning和Amazon DynamoDB结合，用于物联网应用研发、基础架构管理和数据分析。2017年12月，AWS又公布了6项面向边缘位置上联网设备的重要服务及功能（AWS IoT 1-Click、AWS IoT Device Management、AWS IoT Device Defender、AWS IoT Analytics、Amazon FreeRTOS和AWS Greengrass ML Inference），使客户能够以一键方式轻松启动物联网项目，帮助客户快速添加并轻松管理大量联网设备体系、审计且强制实施一致的安全策略，同时对物联网设备数据进行分析。其中，Amazon FreeRTOS是一款用于为低计算能力设备引入丰富AWS物联网功能的操作系统，其适用设备包括灯泡、烟感器、传送带等。AWS Greengrass ML Inference是AWS Greengrass的一项新功能，允许用户将机器学习模型直接部署在设备上,从而运行机器学习推理并快速完成决策。

IBM

2017 年 2 月 16 日,IBM 在德国慕尼黑举办了首届 Genius of Things 物联网峰会,同时启动了 IBM Watson 物联网事业部全球总部。IBM 早在 2015 年 3 月就宣布成立物联网部门,同时斥资 2 亿美元在慕尼黑兴建总部大楼,围绕区块链、安全、Watson 物联网技术等,从嵌入机器、汽车、无人驾驶飞机、滚珠轴承、设备部件甚至医院中的数十亿台传感器中获取实时洞察信息。在成立物联网部门时,IBM 宣布并承诺将向物联网领域投入 30 亿美元,用以推动全球物联网产业的爆发式发展。在启动 IBM Watson 物联网事业部全球总部的同时,IBM 还宣布了一系列重大工业物联网进展,时任 IBM Watson 物联网部门总经理 Harriet Green 表示:"我们在物联网的创新已经达到引爆点。"

IBM 对物联网的 30 亿美元投资,构建了贯穿咨询、行业应用、平台的物联网能力。IBM 与 1400 家合作伙伴合作,推出了 750 多项物联网专利,是其他厂商的 3 倍多。在 IBM Watson 物联网事业部全球总部的首个认知物联网实验室内,1000 位研究人员、设计师与开发者和客户协作。IBM 还在全球 8 个城市(包括北京)设立了物联网全球客户体验中心,为全球客户提供技术支持。IBM 还有 1500 位专业顾问和专属的物联网 GBS 咨询实践部门,可提供独特的行业经验和领域知识,以及针对物联网细分领域的分析解决方案,这些解决方案覆盖了交通、物流、制造业、零售、保险等各个行业。在更广泛的领域,IBM 在 170 多个国家与 6000 多家客户有着物联网领域的合作,其中包括全球十大汽车厂商、十大油气公司中的 8 家、二十大多元化公用事业公司中的 11 家、十大能源企业中的 6 家、十五大最繁忙机场中的 9 座,12 家大型航空航天与防卫公司中的 11 家。

阿里巴巴

2018 年 3 月 28 日,阿里巴巴在云栖大会·深圳峰会上宣布,物联网是继电商、云计算、物流、金融之后的第 5 大战略领域,是阿里巴巴业务的主赛道。阿里巴巴全面进军物联网领域,并推出 1 朵云、2 个端、3 类伙伴、4 大领域的"1-2-3-4"战略:1 朵云即阿里云;2 个端即在设备端提供物联网操作系统 AliOS Things、在边缘端推出物联网边缘计算产品 Link Edge;3 类伙伴指开发者、芯片/模组开发商、行业合作伙伴;4 大领域指城市、汽车、生活和制造领域。这次云栖大会还宣布已经有 16 家芯片公司、52 家设备商、184 款模组和网关支持阿里云物联网操作系统和边缘计算产品,很多知名的 MCU 厂家已经把 AliOS Things 放到官网上作为主推的技术开发平台。

阿里云与物联网合作伙伴在广泛领域内进行合作，同时也聚焦四个主要方面：智慧城市、智慧生活、智能制造、智能汽车。在智慧城市方面，阿里云和无锡市在鸿山建立了中国第一个物联网小镇。在智慧生活方面，阿里云正在与万科、美的地产构建智能生活开放平台，打造智能化社区。在智能制造方面，阿里云物联网智能制造平台为中小制造企业转型升级提供新的动能，已与重庆、浙江、广东的相关政府部门达成协议，共同打造智能制造的物联网平台。在智能汽车方面，阿里云通过在上汽的主流车里预装 AliOS Things，并把阿里巴巴的各项技术与服务在车内打通，使车、人、服务有机融为一体，为消费者提供一个更加安全、便捷的新出行的体验，驱动汽车的智能化转型。

2019 年 7 月，在阿里云峰会·开发者大会物联网专场上，时任阿里巴巴集团副总裁、阿里云智能 IoT 事业部总裁库伟宣布，自从阿里云提出物联网平台战略以来，阿里云物联网平台已沉淀 2 万多个应用与解决方案，拥有 20 万个开发者生态，ICA 物模型累计超过 1000 个品类，开发者的设备开发时间、项目周期大幅缩短，月均成本直降 30%～50%。

● 腾讯

在 2018 年 5 月的 2018 腾讯 "云+未来" 峰会上，马化腾指出腾讯在云时代将搭建 "人联网、物联网、智联网" 三张网。此前，腾讯已成立人工智能实验室和机器人实验室，在计算机视觉、语音识别和自然语言处理等技术投入大量精力，未来，还将继续加大投入，为万物互联目标而努力，并在云、边、端构建超级大脑。

作为拥有连接入口优势的腾讯，进一步升级和完善平台级应用属性，在城市、零售、金融、工业、医疗等各行各业提供智慧解决方案。例如，在智慧零售方向，借助云平台实现了实体零售店人、货、场的数字化升级；在工业物联网方向，帮助电池厂商亿纬锂能提升良品率，以此推动物联网产业发展。

2019 年 12 月，在深圳举办的腾讯云 IoT 生态峰会上，时任腾讯云 AI 平台与物联网产品总经理张文杰宣布了腾讯云物联网的全新定位——全链路物联网基础设施建设者，同时在会上总结了腾讯云 IoT 完整的产品矩阵。

- 物联网开发平台 IoT Explorer：2019 年 5 月发布、12 月对外公测，能够快速实现设备对接云的协议开发，支持不同通信模组在平台上的连接能力，以及平台连接腾讯云服务的能力。
- 物联网操作系统 TecentOS Tiny：2019 年 7 月对外发布、10 月开源，主要帮助芯片模组厂商简化物联网终端开发，快速连接云。
- 物联网通信 IoT Hub：2018 年 11 月对外发布，帮助低成本、快速地实现设备—应用—云服务间的数据通信。
- 低功耗广域网：构建大容量、广覆盖、高可靠的物联通信接入服务，帮助企业高效、低成本地组建物联网。
- 流量卡服务 IoT Link：集成三大运营商物联卡及配套集成服务，根据企业实际场景定制优选解决方案。
- 边缘计算服务：包括物联网边缘智能数据处理 IoT EIDP 和物联网边缘计算平台 IECP。前者负责为智能设备提供容器化部署服务，配合 AI 算法市场，快速实现云边协同智能应用；后者负责快速将腾讯云存储、大数据、人工智能、安全等云端计算能力扩展至距离 IoT 设备数据源头最近的边缘节点，满足边缘计算需求。
- 物联网安全服务 TID：2019 年 3 月推出，主要为客户提供多安全等级、跨平台、资源占用少的物联网设备身份认证服务。
- 物联网市场 IoT Market：致力于与芯片、模组及应用开发合作伙伴一起，形成全链路的端到端行业解决方案。

在 2019 年年底的腾讯云 IoT 生态峰会上，腾讯云重点面向物联网行业发布了一整套的 C2B 开放平台服务——腾讯连连：一方面，全力降低物联网产品的研发门槛、缩短研发周期；另一方面，提供以微信小程序为载体、面向消费者的应用入口，将腾讯内部多项内容资源整合进来，打造更好的服务体验。

百度

百度云智能物联战略的核心是 ABC+IoT，基于百度的技术能力做连接和场景落地，包括百度生态体系的 DuerOS、Apollo 等，以及与 AI、IoT 强关联的场景和应用。

百度云天工智能物联网平台是融合百度 ABC 的"一站式、全托管"智能物联网平台，赋予物联网应用开发商和生态合作伙伴从"连接""理解"到"唤醒"的各项关键能力，从而轻松构建各类智能物联网应用。该平台包含物接入、物解析、物管理、时序数据库，规则/AI 引擎、物可视、DuHome、智能边缘等行业领先的产品，具备千万级设备接入能力。

百度云 ABC+IoT 已经落地物流、汽车、工业、生活等多个领域，与山西省政府、阳泉市政府、太原铁路局、宝钢、首自信、海尔等政府部门和企业合作共赢。在智慧家庭方向，DuHome 为智能家居设备提供端、管、云、APP 一站式服务，并依托 AI 能力和 DuerOS 生态，赋能全屋智能产业链。2019 年 5 月，在 2019 ABC Inspire

智能物联网峰会上，百度宣布对天工物联网平台升级，同时在边云融合、时空洞察和数据智能三大领域发布了 9 款新品。

● 小米

2013 年下半年，小米顺应物联网风口，开始投资参股手机周边、智能硬件、生活耗材等公司，建立围绕高品质、智能家居产品的生态链系统。2018 年 5 月，小米通过投资和管理建立超过 210 家生态链公司，其中超过 90 家专注开发智能硬件和生活消费产品，将小米手机最初的理念"高颜值、高品质、高性价比"输出给生态链，围绕"米粉"构造全新生活方式，消费者对小米生态链产品的认可度甚至高于小米手机。

小米区别于传统家电企业的最大优势是不断提升的效率，高效使小米手机和生态链产品在做到有好品质的同时做到低价。小米生态链解决了传统家电品牌间产品无法互联互通的问题，小米目前已经建立了全球最大的消费级 IoT 平台。截至 2019 年 12 月 31 日，小米已经连接的 IoT 设备（不包括智能手机和笔记本电脑）数量达到 2.348 亿部，同比增长 55.6%。随着 AI 技术的快速发展，小米手机、小爱同学 AI 助手将逐步成为智能家电智能控制中心和语音控制入口。

雷军在 2020 年新年致辞时强调，小米未来的方向是"5G+AIoT"，在"5G+AIoT"战场上，未来 5 年将至少投入 500 亿元，要把 AIoT、智能生活的待续优势转化为智能全场景的绝对胜势。

● 京东

2017 年 5 月，京东在北京总部召开物联网战略发布会，宣布正式打造智能生活服务的场景入口、智能设备数据收集和分析平台，进军物联网产业。京东表示，京东智能基于 JoyLink 物联网协议、京东智能开放服务平台、行业解决方案落地渠道来打造智能生活服务场景入口与智能设备数据收集和分析平台。当时，京东智能物联技术平台涵盖了 100 多个一线品牌、1000 多类商品、700 多万部智能设备。

建设京东物联网开放平台、京东 Alpha 智能服务平台和京东开普勒平台，都是京东全力打造零售基础设施、对外开放赋能的举措。2019 年 11 月，在由京东集团主办的"JDDiscovery-2019 京东全球科技探索者大会"上，京东物联宣布战略全面升级，启动消费物联网加产业物联网双引擎驱动，从以智能家居、智能硬件、智能服务为主的消费物联网，延伸覆盖到面向智能地产、智能车联、工业物联、智能园区等多个行业的产业物联网。

华为

华为的物联网战略为"1+2+1",其中,前一个"1"指物联网操作系统 LiteOS,"2"指支持有线和无线接入方式,后一个"1"指云化的全栈式 IoT 联接管理平台 OceanConnect。LiteOS 以轻量级低功耗、快速启动、互联互通、安全等关键能力,为开发者提供"一站式"完整软件平台,有效降低开发门槛、缩短开发周期。更重要的是,LiteOS 通过开源提供统一开放的 API,可以广泛应用于智能家居、可穿戴设备、车联网、制造业等领域,如华为手机一键解锁并开屏就是源自 LiteOS 的神器级应用。

华为支持有线和无线两种网络接入方式,这是华为的传统优势领域,包括 2G、3G、4G、NB-IoT 和未来的 5G,以及物联网关、智慧家庭网关等。多样化的联接,意味着华为可以支持几乎所有的物联网应用场景,并帮助运营商抢占物联网入口,实现从传统带宽销售向智能化业务的转型。

云化的全栈式 IoT 联接管理平台 OceanConnect,可以提供联接管理、设备管理和应用使能服务,对数据的收集、传输、处理、分析进行全方位管理,并向第三方提供丰富的行业应用开发套件。华为 IoT 平台云服务以公有云、混合云、Hosting 等灵活的部署方式,满足业务创新、数据保护等多方面应用。基于华为全球公有云,平台使用者能够实现线上的快速接入且"一点接入,全球可达"。在 2018 年 6 月初发布的《2018 年 IDC 全球物联网平台供应商评估报告——设备和网络连接供应商》报告中,华为 OceanConnect 在技术能力、未来战略、市场表现三个维度以优异表现被列入"领导者"阵营。

2018 年 6 月,在德国汉诺威国际消费电子信息及通信博览会 CEBIT 2018 上,华为发布了 OceanConnect 车联网平台,以满足亿级车辆接入和百万级车辆并发需求。混合云协同可实现一点部署,全球覆盖。在技术演进方面,OceanConnect 车联网平台与 V2X 协同发展,从单车智能到车、路协同智能,使能未来智慧交通,提升社会交通整体的安全性和效率。

第四节 物联网应用爆发的前夜

我国推进物联网产业发展

"十二五"期间,我国物联网产业体系初步建成,已形成包括芯片、元器件、设备、软件、系统集成、运营、应用服务在内的较为完整的物联网产业链。我国 2015 年物联网产业规模达到 7500 亿元,"十二五"期间年复合增长率为 25%。公众网络 M2M 连接数突破 1 亿台,占全球总量的 31%,成为全球最大市场。物联网产业已形成环渤海、长三角、泛珠三角及中西部地区四大区域聚集发展的格局,无锡、重庆、杭州、福州等新型工业化产业示范基地建设初见成效。

我国"十三五"物联网产业发展目标:2020 年,具有国际竞争力的物联网产业体系基本形成,包含感知制造、网络传输、智能信息服务在内的总体产业规模突破 1.5 万亿元,智能信息服务的比重大幅提升;推进物联网感知设施规划布局,公众网络 M2M 连接数突破 17 亿台;打造 10 个具有特色的产业集聚区,培育和发展 200 家左右产值超过 10 亿元的骨干企业,以及一批"专精特新"的中小企业和创新载体,建设一批覆盖面广、支撑力强的公共服务平台,构建具有国际竞争力的产业体系。

2017 年 6 月,工信部下发了《关于全面推进移动物联网(NB-IoT)建设发展》的通知。在该通知中提及全面推进广覆盖、大连接、低功耗移动物联网(NB-IoT)建设,目标是到 2020 年实现 NB-IoT 网络在全国的普遍覆盖及深度覆盖。2020 年 4 月,工信部下发了《工业和信息化部关于推动 5G 加快发展的通知》,强调要推动 5G 物联网发展。2020 年 5 月,工信部下发了《工业和信息化部办公厅关于深入推进移动物联网全面发展的通知》,也强调了 4G、5G 与 NB-IoT 技术的协同发展。

● 物联网平台大集中

在过去几年,经过漫长的优胜劣汰及加大投资,物联网平台和工业网络与互联网的连接协议等重要的物联网产业基础格局开始出现集中化:根据市场调查公司 IoT Analytics 的数据,2019 年排名前 10 位的物联网平台所占市场份额为 58%,而 2016 年排名前 10 位的物联网平台所占市场份额仅为 44%;340 多家工业连接供应商中的网关供应商(70+供应商)和 OT 集成供应商(100+供应商)分别在各自领域展开收购合并;IO-Link、OPC UA 和 MQTT 分别成为增长最快的 I/O、OT、IT 连接通信协议,围绕这三大协议的供应商正在聚集;在更广的领域,LPWAN(LoRa、NB-IoT、Sigfox)、5G 等广域物联网通信技术都各自获得了一定厂商阵营的支持且取得了商业化进展。

与前 20 年物联网产业主要发力 RFID、LoRa、NB-IoT 等芯片和元器件硬件相比,近几年来云与互联网巨头开始发力物联网平台,这为下游物联网应用的规模化发展奠定了基础。根据 IoT Analytics 于 2019 年 12 月发布的《物联网平台竞争格局 2020 报告》,全球共有 620 个物联网平台供应商,多于 2017 年的 450 个;而在 2017 年进入 IoT Analytics 榜单的 450 家物联网平台公司中，有 47 家停止运营，有 70 家被收购，被收购的 70 家公司中有 22 家继续独立运营。不过，自 2017 年后又有初创公司或其他大公司的联合新平台出现，如成立于 2017 年并于 2019 年被推出的、由 BMW 和 Microsoft 合作的开放制造平台 Adamos。

尽管当时市场上仍有 620 家物联网平台供应商，但产业集中度已经进一步增加：前 10 位的市场份额已经提升到 58%，超过 50% 的水平。AWS 和微软成为物联网平台的前两大平台商，两家公司物联网平台的收入排名都很高，在 IoT Analytics 发布的《2019 物联网平台最终用户满意度调研报告》中也占据主导地位。按照最终用户满意度，AWS 物联网平台是全球最佳物联网平台，其各种物联网服务，尤其是分析和设备管理、可用性等都获得了最终用户的认可；微软 Azure 物联网平台在包括"安全功能"在内的多个方面均获得"同类最佳"的评价。《2019 物联网平台最终用户满意度调研报告》评选的八大领导性用户满意度物联网平台包括 AWS、Microsoft、Oracle、Google、Cisco、Verizon、IBM 和 PTC；处于挑战者地位的物联网平台包括华为（Huawei）、SAP、AT&T、阿里巴巴（Alibaba）、GE、Siemens、Accenture 等 13 家（见图 7-2）。

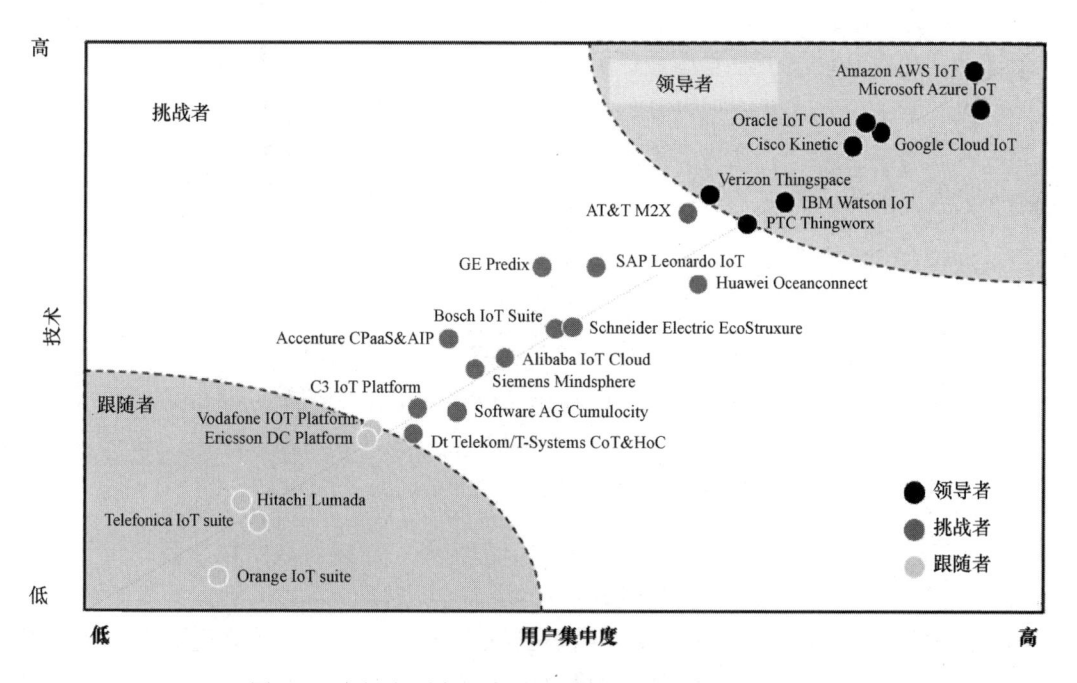

图 7-2 市场上领先的物联网平台（基于用户评价）

整体来说，随着物联网平台向以云服务和电信运营商为主的平台聚集，物联网平台的格局基本已定，由此带来了物联网项目的成功率：早在 2017 年，Cisco 的一份调查显示物联网项目的失败率达到 75%；而 IoT Analytics 发布的《2019 物联网平台最终用户满意度调研报告》显示，2019 年有超过 80%的用户表示对物联网平台投资获得了可观的投资回报率，凸显了物联网平台在 2019 年的可行性，而且最佳的物联网平台项目在一年之内就能收回投资。

物联网商业方法论

如何启动物联网商业？

第一，从通信技术的角度来看，物联网应用分为四大方向：基于公网 LTE-M、V2X 和 5G 的消费物联网，基于公网 NB-IoT 的智慧城市和商用物联网，基于私网 LoRa 的企业物联网，基于公网和私网结合的混合物联网。因此，从通信技术阵营的角度，启动物联网商业就要选定一个合适的方向，或者考虑几个方向之间的配合。

第二，启动物联网商业的原则是，要有利于快速启动物联网项目，快速从项目中获得营收，从而支撑对物联网项目的持续投入。这就是启动物联网项目的"小平快"原则，只有这样才能既让物联网项目在商业上是可持续的，也可持续吸引私营资本的关注与投入。但同时，也要考虑组织机构的机制、体制与文化。由于物联网项目一开始总是被用于原有商业体系的优化，物联网团队在这个阶段还可以在原有体制内存活；一旦物联网项目开始转变为引领数字化转型，甚至跨行业、跨流程、跨领域的新数字项目，就需要考虑成立独立的科技公司、引入风险投资，以及吸引不同的人才加入，将来也可以考虑独立 IPO 上市。

第三，因为物联网生态的碎片化，在启动物联网商业的时候，要注意从下往上、从碎片化可盈利点入手，但也要注意不同物联网项目的可兼容性及可集成性，这就要选择相对成熟的物联网平台，从而把不同的生态角色集成在一起。可以先从物联网私网角度开始设计和启动项目，因为在 LoRa 等私网领域的生态已经相对成熟。而物联网公网的生态相对不成熟。因此，可先从区域性公网项目起步，将来再过渡到一个国家或亚太、欧洲等更大地区的公网项目。

第四，要考虑到与政府投资的公网项目的配备、对接。政府往往会投资智慧水表、智慧井盖等城市公共物联网服务，这些数据也具有商用价值；同时，物联网的最终目的是形成一个全社会的大网、建立数字单一市场，这就需要全社会共同参与建立一个全社会的物联网。这相当于在互联网最开始发展的过程中，不同国家、不同企业、不同机构建立各自的网站，最后再连在一起形成了一个全球共享的互联网。

第五，物联网的终极商业模式就是数据分析。因为物联网在运营的时候，连接费用和设备费用总是有限的，最终当全球建立起类似今天互联网这样的一个物联网时，数据分析就成了物联网的终极商业模式。因此，在今天启动物联网项目的时候，就需要把这个终极目标考虑进去，从未来角度设计当前阶段的商业模式，以及走向未来的路径。

发展到 2019 年，物联网已经到了一个各方面技术、应用基础、成本、用户等都接近临界爆发点的时候，在 2020 年 5G 规模化商用的前提下将引发新一轮产业巨变。物联网是数字化转型的有效抓手和牵引，企业投资物联网项目可以拉动整个企业数字化转型的力度与进程。而物联网的商业模式也已经基本成型，不同商业模式的方向和前景也都逐渐清晰可见。可以说，从 2020 年开始将迎来投资、规划和启动物联网项目的好时机，不过 2020 年主要集中在物联网的上游芯片和设备等领域，物联网更大的市场在下游的应用领域，而这个市场有望在 5 年左右真正启动。

第八章
区块链：全社会共享信任网络

由于区块链诞生于比特币技术，随后又率先获得金融机构的推崇，因此很多人都认为区块链是金融科技。其实区块链仅仅是一种技术体系，这个技术体系能够用于任何行业或商业场景。

简单理解，区块链中的"区块"指的是信息块，这个信息块含有的一个特殊信息就是时间戳。含有时间戳的信息块彼此互连，形成的信息块链条称为"区块链"。区块链可根据设定的时间定时更新一次，把这段时间内生成的新信息块记录到一个分布式数据库里，即"共享账本"。由于互连信息块之间彼此互为验证，如果要篡改某个信息块内的数据，就要改变相连信息块及所有前序信息块的数据，这就意味着对整个区块链条上所有信息块的篡改；还必须在一个特定的时间内改完，这实际上是不可能完成的任务。因为无法被篡改，所以区块链上的信息都是真实的，这解决了第一代互联网的最大问题，即安全和可信，由此可以存储、传递和交换任何有价值的信息。而区块链的中心机构被透明的分布式数据库代替，软件程序以自动化方式读取数据，就不再需要居中协调的公司，这就是"去中心化"。

当然，真实的区块链技术更为复杂，包括了密码学、共识算法、分布式数据存储等。不过必须指出的是，区块链并不是颠覆性的技术，而是通过软件和算法来改进现有的互联网技术。区块链被视为下一代互联网的核心底层技术，也就是在现有互联网的基础上叠加区块链技术后，就能为现有的互联网提供自动化的互信机制，让原先不能在陌生人与陌生机构之间传送金融、支付、账号等关键信息的互联网，也能传送此类信息。因此，区块链技术对于从消费互联网向商业互联网和企业互联网的演进有着重要意义。

第八章 区块链：全社会共享信任网络

第一节 区块链与共享信任

● 比特币

在互联网出现之初，科学家们提出这样一个理念："所有计算机生来都是平等的。"互联网的出现就是让这些"平等的"计算机能够建立一种共同遵守的标准，这样就能建立连接并高效互通信息，而且所有的电子设备既可以随时接入互联网也可以随时离开互联网。互联网是一个全球性的去中心化技术平台，后来又发展出多种互联网服务。

P2P（Peer to Peer，点对点）是一种对等互联网技术。自从20世纪70年代有了网络以来，就已经存在类似P2P的技术，只是当时的网络带宽和传播速度限制了这种计算模式的发展。P2P网络技术即P2P网络的参与者把其各自所拥有的一部分硬件资源共享出来，包括存储、网络连接、打印、计算处理能力等，而这些通过P2P网络共享的资源，可以被其他P2P节点直接访问而不需要经过集中的中转实体。20世纪90年代末，随着高速互联网的普及、个人计算机计算和存储能力的提升，P2P技术重新得到了重视。P2P技术的特点包括非中心化、可扩展性、高容错、耐攻击、高性价比、隐私保护、负载均衡等。

比特币是由中本聪于2009年提出的一种P2P数字通证（Token），或者可理解为数字令牌，即一种可流通的加密数字权益证明。数字通证的基础技术就是区块链，而区块链主要在去中心化的互联网上建立信用体系，可以用于供应链管理、食品安全追踪、合约与契约管理、物联网自动化交易等多种企业互联网和产业互联网场景，有着广泛的应用前景。

● "拜占庭将军"问题

要理解区块链，就必须理解"拜占庭将军"问题，"拜占庭将军"是经典的分布式P2P网络的信任问题。

在罗马帝国时期，拜占庭又称东罗马帝国，由于东罗马帝国幅员辽阔，为了达到国土防御的目的，每支军队驻扎在相隔很远的地方，将军与将军之间只能靠信差来传递消息。在战争时期，拜占庭军队内的将军和副官必须达成共识，才能去攻打敌人的阵营。而由于拜占庭军队相隔得很远，必须有达到一定数量的军队同时发起进攻，才能真正打败敌军。与此同时，在将军中存在着叛徒，既有忠诚将军也有反叛将军。那么，在知道有反叛将军的前提下，其他忠诚将军如何不受到影响而达成一致的攻击协议呢？这就是"拜占庭将军"问题。

在解决"拜占庭将军"问题之前，先假设两军之间传递信息通道是可靠的，信差也一定能把信息准确传递给另一位将军，那么剩下的问题就是传递过来的信息是否可靠、是否被篡改。最简单的假设是其中一位将军给其他将军下达攻击命令：如果这位将军是忠诚将军，那么他下达给其他所有将军的命令都是一致的；如果这位将军是反叛将军，那么他下达给其他所有将军的命令就是不一致的，他会确保同时发起攻击的军队数量达不到最低要求。

其他将军对于各自接到的攻击命令做出自己的判断。一种可能的解决方式是，每个将军与另外其他所有接到命令的将军再次通信，互相验证所接到命令的一致性。如果所有将军收到的命令都是一样的，那么说明发出命令的将军就是忠诚将军；如果其中有的将军收到的命令是不一致的，那么就说明发出命令的将军是反叛将军，所发出的命令也是不可信的。这就是共识机制，即在没有"中心将军"的前提下，其他将军之间依然可以传递可信的信息，并据此采取行动，即履行"合约"（根据事前约定的方式进攻）。此外，由于每次收到的命令都是不可修改和删除的，因此每次下达的命令就成为发出命令的将军的信用记录。

● 共享信任

区块链算法，就是指不需要"中心裁判机构"的权威，基于数字通证（令牌）自动在对等网络成员节点之间建立可信的信息传递。

中国信息通信研究院指出：区块链的价值在于没有任何一个中心能够控制这个系统，数据一旦产生便不可更改，这产生了强大的信任。因此，人们常说区块链是一台创造信任的机器，这便是区块链的最大魅力所在。

企业为什么需要区块链技术？在开源分布式账本技术 Hyperledger 基金会的官方介绍中，开宗明义地指出了区块链对于企业的意义：共享数据库技术。在 Hyperledger（超级账本）的长期愿景里，全球正在成为一个高度互连的世界，所有的企业和人都将更紧密地连接在一起，在大家开始分享更多数据、内容、沟通信息等的时候，就需要更好的管理安全、隐私和信任。Hyperledger 基金会由此看到一个通用的痛点：很多人都希望在一个分布式数据库中分享数据，但没有一个数据拥有者可以被每个用户所信任。其解决方案就是分布式账本技术（Distributed Ledger

Technology，DLT）。当然，分布式账本技术的大范围应用也不会那么容易，例如，在增加区块链安全性与隐私的时候往往要牺牲性能，因此需要更多的能够互联互通的区块链技术，以满足各种应用的不同需求。

第二节　区块链技术进展

● 几大主流技术联盟

自 2009 年比特币出现以来，区块链技术就引起了技术界和产业界的关注。技术界一直在寻找可以把区块链从比特币中剥离出来并单独用于其他业务场景的技术框架。2014—2017 年，出现了几大主流区块链技术及其技术联盟。

以太坊（Ethereum）发布于 2014 年，是一个图灵完备（用该系统写程序都能找到解决方案或一切可计算的问题都能被计算）的区块链开发平台。截至 2017 年 5 月，就已经有 200 多个以太坊应用诞生，以太坊主要代表了基于公共互联网和公有云的公有链。Hyperledger 是 Linux 基金会于 2015 年发起的企业级开源区块链项目，联盟主要成员来自大型金融机构、大型 IT 企业、大型咨询机构等技术供应商。IBM 最早参加了 Hyperledger 项目并贡献了约 4.4 万行代码。IBM 的代码孵化出了 Fabric 项目，其于 2017 年 7 月正式发布了 Fabric 1.0 版本；有 27 个组织、159 位开发者参与并做出了贡献。R3 是由全球大型金融机构组成的区块链联盟，成员包括国际大型银行、科技公司和其他金融服务企业，Corda 是 R3 推出的区块链技术平台，主要聚焦于区块链在金融行业中的应用框架。2017 年 7 月 31 日，深圳前海微众银行、上海万向区块链股份公司、矩阵元技术（深圳）有限公司联合宣布将三方研发的区块链底层平台 BCOS（Block Chain Open Source）完全开源，这是中国自己的区块链技术平台。

区块链可分为公有链、私有链和联盟链，其中最为独特的就是联盟链。公有链就是类似比特币那样的公开网络，任何人不需要身份验证即可随时加入或退出。私有链限于企业或组织内部使用。而联盟链则是由多个机构联合创建，需要身份验证的半公开"受控"系统。在公有链、私有链和联盟链中进行技术选型，取决于开发者和应用场景的需求。对于对"安全"有特殊需求的金融机构和企业级应用来说，联盟链的低风险与高可控性最有利于说服法律部门和监管者。

Hyperledger 基金会

在几个主要的区块链联盟中，Hyperledger 是受关注度最高的开源技术项目。截至 2018 年 1 月，Hyperledger 的顶级成员有 IBM、Accenture（埃森哲）、空中客车、美国运通、百度、Cisco（思科）、Intel、日立、NEC、SAP、万达飞凡科技、戴姆勒、摩根大通等 21 家公司和机构，其中也包括 R3 联盟；而普通成员则有 130 家，其中包括小米、民生银行、招商银行、Deloitte（德勤）、安永、华三、华为、诺基亚、Oracle、Red Hat（红帽）、三星、VMware 等众多科技公司和行业机构，以及众多区块链创业公司；此外还有 26 家附属协会会员，包括云安全联盟、浙江大学、加利福尼亚大学洛杉矶分校区块链实验室等。

到 2020 年 1 月，Hyperledger 的部分顶级会员转为普通会员，顶级会员降为 14 家，但普通成员却增加到 161 家，附属协会会员增加到 63 家，另外新增了附属协会会员学术会员类别成员共 20 家。可以说，Hyperledger 是最受关注的企业级区块链开源项目。

R3 联盟与 Corda

R3 联盟的 Corda 合作伙伴在 2017 年年底达到了 60 余家，其中包括 HPE、埃森哲、Infosys、Microsoft（微软）、Intel、KPMG、波士顿咨询公司、安永等。R3 还代表了超过 100 家银行、保险公司、金融机构、监管机构、交易协会与技术公司等。R3 已经在全球 9 个国家拥有 140 余位专家，且其合作伙伴提供了超过 2000 位技术、金融和法律方面的专家的支持。2020 年 1 月，R3 联盟的 Corda 合作伙伴达到了 300 余家。

严格来说，R3 并不是一个产业联盟，而是一家创业公司，只不过联合了众多的产业合作伙伴。Corda 是一项由 R3 及其成员研发的成果，Corda 平台包括 Corda Open Source 版和 Corda Enterprise 版，其于 2019 年年底发布了第 4 个版本，即 Corda 4 和 Corda Enterprise 4。除了为贸易和商业交易提供金融协议的记录、管理和执行等功能，Corda 4 已经发展成一个完备的支持金融级交易的区块链平台。

企业以太坊联盟

2017 年 3 月，企业以太坊联盟（Enterprise Ethereum Alliance，EEA）成立了，由微软及其他大型科技公司和银行组成，主要包括 JP Morgan、CME Group、BNY Mellon、Banco Santander、Red Hat、Cisco、Wipro 和 British Petroleum 等。初创企

业也参与到 EEA 中，R3 联盟的成员也加入了 EEA。微软主导的 EEA 与 IBM 主导的 Hyperledger 之间是直接竞争关系，不过 EEA 强调的是基于 Ethereum 公有链代码构建私有链或企业应用，而 Hyperledger 直接服务于私有链和联盟链。此外，微软与 EEA 主要利用以太坊公有链技术架构并对该架构没有太大的发言权，而 IBM、Linux 基金会和 Hyperledger 成员对于 Hyperledger 的技术架构却有发言权。

自成立以来至 2017 年 10 月，EEA 已经拥有 120 多家成员，其中 50%的成员企业来自北美，27%来自欧洲，21%来自亚洲。EEA 还成立了数个工作组，包括医疗健康、供应链、保险等方面，但都处于概念验证阶段。2020 年 1 月，EEA 成员进一步扩展到 201 家。2018 年 10 月，鉴于 Hyperledger 与 EEA 两大联盟的行业影响力，两家宣布合作，将共同标准引入区块链技术领域，这样就能在这两种技术应用中实现互联互通。

2019 年 8 月，Hyperledger 发布了 Hyperledger Besu 项目（之前叫作 Pantheon），这是一个基于 Java 的 Ethereum 客户端，也是首个提交到 Hyperledger 基金会的公有链客户端项目，可实现 Hyperledger 私有链或联盟链与 Ethereum 公有链之间的交互和互操作。

Ripple 开放支付网络

Ripple 是一个用于跨境支付与汇款的企业级区块链软件，基于该软件实现了世界上第一个开放的支付网络，通过这个支付网络可以转账任意一种货币，可在几秒钟内确认交易，交易费用也较低。Ripple 本质上是 P2P 软件，任何人都可以创建一个 Ripple 账户。Ripple 本质上是一个实时结算系统和货币兑换与汇款网络，它基于一个分布式开源互联网协议、共识总账和原生的货币 XRP（瑞波币）。瑞波币不是下一个比特币，而是一种中转和中介性质的介质，主要是作为连接货币在不同真实货币之间起到转换的作用，让金融机构可以进行更快速、更低成本的跨境支付结算。

成立于 2012 年的 Opencoin 公司是 Ripple 协议的发明者和开发者，该公司于 2015 年重命名为 Ripple Labs，公司总部位于美国旧金山。根据 Wikipedia，该公司于 2013 年先后获得了 A16Z 等的 250 万美元天使投资、谷歌风险投资与 IDG 的 300 万天使投资、Venture51 等的 350 万种子投资，2015 年获得了总共 3200 万美元的 A 轮投资，2016 年获得了 5500 万美元的 B 轮融资，2019 年获得 2 亿美元的 C 轮融资，公司估值达到 100 亿美元。Ripple Labs 与业界企业于 2013 年成立了数字资产转移权威组织（Digital Asset Transfer Authority，DATA），致力于反洗钱等业界最佳实践。截至 2017 年 10 月，Ripple 支付网络生态中有超过 60 家成员，包括日本的大型银行等。Ripple 的直接竞争对手是国际银行合作组织 SWIFT 及其跨境汇款业务等。

BCOS

来自国内的 BCOS 企业级开源区块链技术平台，借鉴和吸收了大量实践中的经验总结，针对实际商业场景对于区块链的技术需求进行了大量开发工作。BCOS 的优势包括确保金融交易的确定性、不可篡改性、抗抵赖性；在数据安全、隐私保护、网络通信安全等方面实现了无缝安全；在接受国内行业监管方面，可轻松接入监管系统，既可部署监管节点、自动获得数据，也可以把链上数据自动与监管系统同步、自校验，还可让监管机构选择参与交易或事后审核等多种方式；定位为企业级联盟链，重点考虑了金融业务场景的诉求，但也广泛适用各种行业联盟链。

2017 年年底，金融区块链合作联盟（深圳）（简称"金链盟"）宣布将基于 BCOS 的金融版区块链底层平台——FISCO BCOS 完全开源。FISCO BCOS 作为 BCOS 的金融分支版本，在 BCOS 平台基础之上，进行了模块升级与功能重塑，最终完成了深度定制，FISCO BCOS 2.0 于 2019 年 3 月发布（见图 8-1）。截至 2019 年，已经有数百家机构在使用 FISCO BCOS 平台，其支持了数百个应用项目，其中已投产上线运营的应用项目有数十个，覆盖范围包括以交易清结算、供应链金融、数据存证、征信、场外市场等为代表的金融应用领域，以及司法仲裁、文化版权、娱乐游戏、社会管理、政务服务等其他行业应用领域。

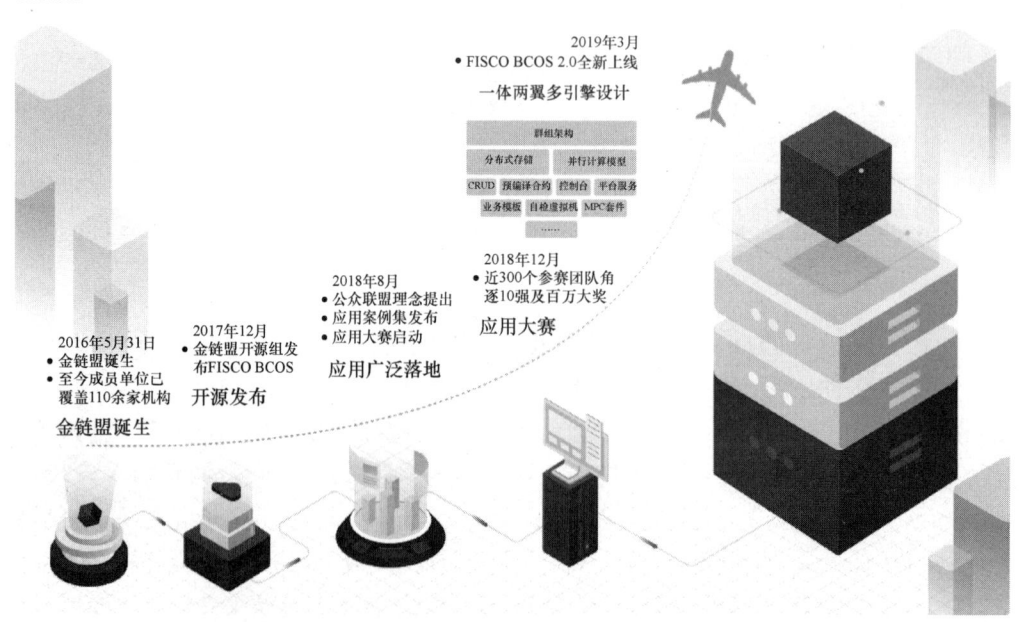

图 8-1 FISCO BCOS 的发展历史

（资料来源：FISCO-BCOS 官网，2020 年）

● 微软

2017年8月，微软（Microsoft）发布了自己的企业级开源区块链基础平台Coco Blockchain Framework（Confidential Consortium Blockchain Framework）。该项目由微软亚洲研究院的区块链团队、Microsoft Azure 区块链产品组及微软剑桥研究院一起设计和开发而成。Coco Blockchain Framework 的设计是为了降低企业级区块链集成和使用的门槛，解决企业商用的需求——系统的性能、隐私和联盟组织管理。

自2016年开始，多个区块链技术创业公司和服务商都在微软 Azure 公有云上部署了各自的区块链服务。微软自2016年开始就与 R3 合作，合作力度逐步升级，2019年10月推出了 Corda Enterprise on Azure Blockchain Service，这是在 Azure 上直接托管 Corda Enterprise 的管理服务。微软也一直在参与 EEA 联盟，不断把 Ethereum 技术引入 Azure。

● IBM

IBM 是企业级安全开源区块链解决方案的领导者之一。IBM 推出了相应的算法、产品和服务，用于实现相应的技术框架，这就是 IBM 的 Blockchain as a Service（区块链即服务）。其中的共识算法是 IBM 的独有技术，其改进了隐私保护和可审计性，能以超快速创新区块链应用。IBM 的 Z 系列 Linux 服务器、Watson 物联网平台、Bluemix 云平台、开源数据库、Websphere 中间件、安全等也有面向区块链的完整解决方案。IBM 还专门针对区块链组建了服务咨询团队，帮助企业开展区块链应用项目，该服务团队也包括 IBM 本地的研发团队、售前团队和金融行业团队等。此外，IBM 的全球互动体验设计工作室 IBM iX，也提供与企业共同创建区块链应用的联合设计服务。

● Oracle

2017年10月，Oracle（甲骨文公司）正式推出了 Oracle 区块链云服务，该服务横跨现有 Oracle ERP 云、Oracle SCM 云、Netsuite SuiteCloud 平台或定制的区块链应用集成。Oracle 区块链云服务完全由 Oracle 管理，凭借内置监控、连续备份和时间点恢复，为客户提供快速配置能力，简化业务运行。截至2019年，Oracle 推出了区块链平台云服务、区块链平台企业级版本、区块链应用云服务及从 Oracle Database 20c 开始的内置区块链表，为企业提供了完整的区块链平台解决方案。

华为

2018 年 2 月，华为云正式发布区块链服务（BCS）产品（见图 8-2）。早在 2016 年，华为就开始积极参与 Linux 基金会下的 Hyperledger 项目，并在两个热度最高的子项目 Fabric 与 STL 中持续做出技术和代码贡献，同时被社区授予 Maintainer 职位，也是两个项目中唯一来自亚洲的 Maintainer。Hyperledger 成立中国区技术工作组，华为获得工作组主席职位，帮助促进全球 Hyperledger 社区与中国本地技术团队之间的合作。华为云 BCS 基于 Hyperledger、Kubernetes 和 Docker 等开源组件搭建，最快用 5～10 min 即可搭建一套基于企业自身业务的区块链系统。

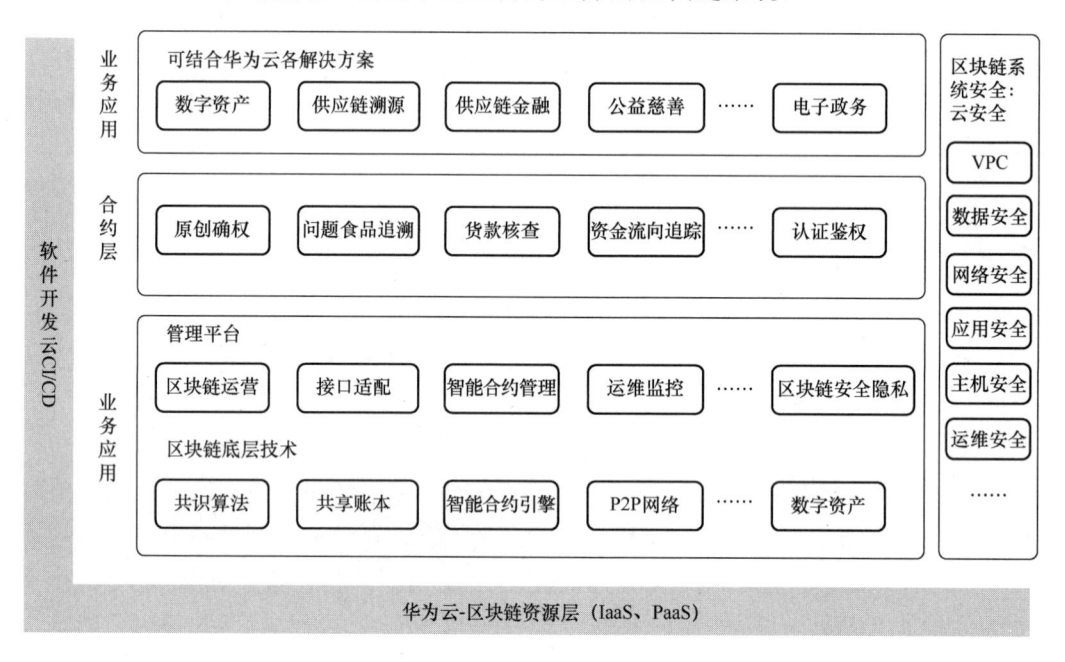

图 8-2 华为云区块链架构逻辑图

蚂蚁金服

2019 年 4 月，由蚂蚁区块链团队运营的阿里云 BaaS 被 Gartner 评选为全球六大领先区块链技术云服务商之一；同月，蚂蚁区块链也上榜福布斯全球区块链 50 强，其在国际采购来源追溯、跨境支付场景的成功落地等都获得了高度认可。

截至 2019 年，蚂蚁区块链主要是公有云服务，成功打造了"普、惠、暖"三大区块链应用场景：与浙江省财政厅、卫健委、医保局合作构建了电子票据平台，改变了过去人跑腿的票据流转模式，极大提高了票据使用便利性，让人均就诊时间从

170min 缩短为 75min，保险理赔时间从半个月缩短到几分钟；从网商 310 到"双链通"，为全国 7800 万个中小企业提供了秒级融资服务；加入了阿里生态技术扶贫计划，与政府合作全程溯源保证原产地品牌，并在天猫提供了销售渠道，从而推动了贫困地区农产品产销对接等。截至 2019 年，包括商品溯源、公益溯源、跨境汇款、供应链金融和电子票据等在内，蚂蚁区块链已经与多个行业融合，落地超过 40 个应用场景。2020 年 7 月，蚂蚁区块链升级为"蚂蚁链"，致力于解决数字时代没有信任的难题；"蚂蚁链"致力于打造全球最大价值网络，让区块链像移动支付一样改变生产和生活（见图 8-3）。

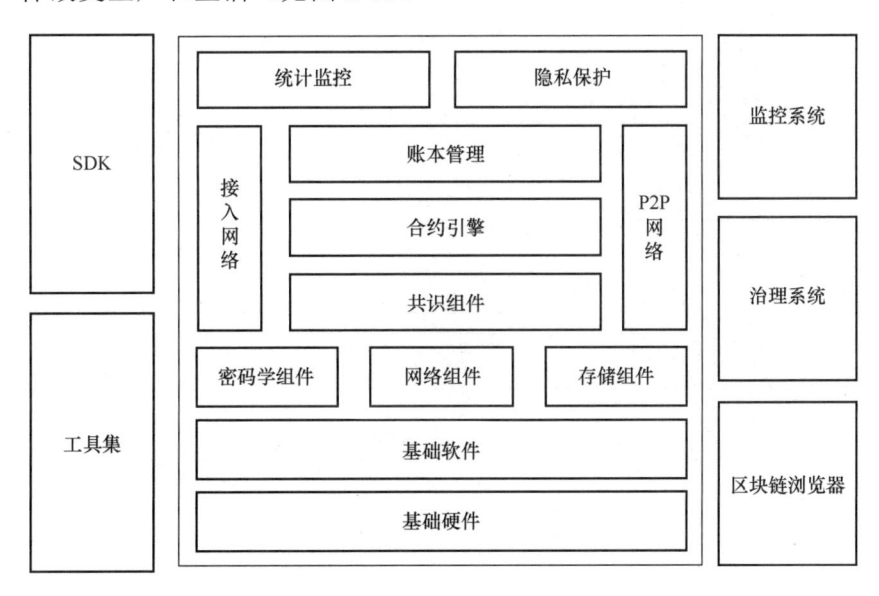

图 8-3　蚂蚁区块链技术架构

● 腾讯

2016 年 6 月，微众银行基于自身业务实践开发出国内第一个面向金融业的联盟链云服务 BaaS，并在腾讯云上发布。值得一提的是，微众银行 BaaS 联盟链实现了去币化，让金融交易不依赖数字货币或代币，这就让区块链服务可以适用于更为广泛的业务场景。2017 年 4 月，腾讯发布了《腾讯区块链白皮书》，介绍了腾讯可信区块链方案。

同样在 2017 年，腾讯基于 Hyperledger Fabric 构建了腾讯云区块链 TBaaS 技术（见图 8-4）。TBaaS 集合了多个区块链底层技术，已支持 Hyperledger Fabric、FISCO-BCOS、Tencent TrustSQL 等。截至 2019 年，TBaaS 已经在多个场景中应用，包括保险直赔、资金结算、电子票据、供应链金融、智慧医疗等领域。

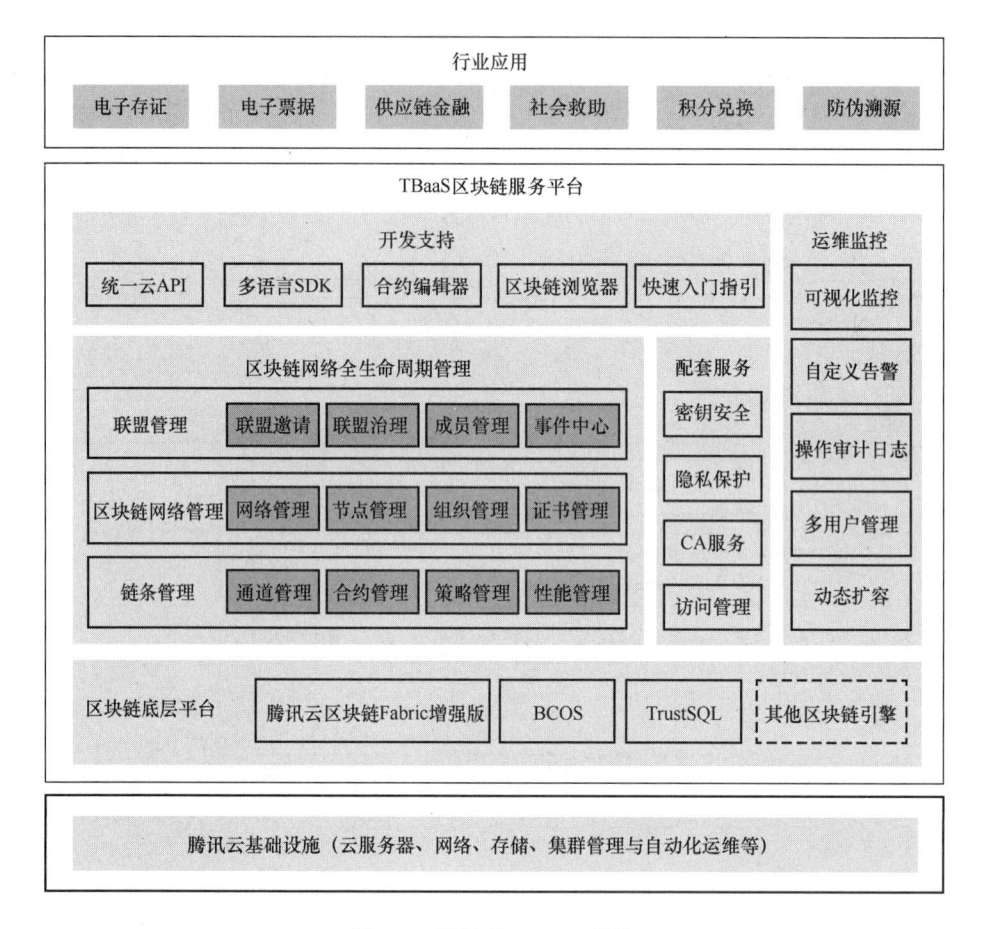

```
                        行业应用
  电子存证   电子票据   供应链金融   社会救助   积分兑换   防伪溯源

              TBaaS区块链服务平台
              开发支持                          运维监控
  统一云API  多语言SDK  合约编辑器  区块链浏览器  快速入门指引    可视化监控

         区块链网络全生命周期管理          配套服务    自定义告警
  联盟管理   联盟邀请  联盟治理  成员管理  事件中心   密钥安全
                                                     操作审计日志
  区块链网络管理  网络管理  节点管理  组织管理  证书管理   隐私保护
                                                     多用户管理
                                              CA服务
  链条管理    通道管理  合约管理  策略管理  性能管理              动态扩容
                                              访问管理

  区块链底层平台  腾讯云区块链Fabric增强版   BCOS   TrustSQL   其他区块链引擎

         腾讯云基础设施（云服务器、网络、存储、集群管理与自动化运维等）
```

图 8-4 腾讯云 TBaaS 架构

● 企业级区块链技术进展

2019 年，企业级区块链技术取得了实质性进展。2020 年 1 月，Hyperledger 基金会发布了 Hyperledger 里程碑版本 V2.0，这次重大的版本更新提供了更高的生产级部署效率和安全性所需的许多新功能及增强功能。随着 V2.0 版本的发布，Hyperledger Fabric 已成为流行且实用的分布式账本框架，推动了企业级区块链从概念化到商业化的极大进展。

Fabric 2.0 是面向企业级场景的新一代区块链框架，可以满足需要把分布式账本功能嵌入核心业务的企业需求。新版本反映了 Fabric 社区的开发和部署经验，标志着企业区块链进入生产环境的新时代。此外，Hyperledger 基金会还提供了一个 Greenhouse，用以描述一个结构化的技术框架生态，从而方便社区成员企业的参与（见图 8-5）。截至 2019 年年底，在 Hyperledger 技术生态里共有 15 个子项目，与 2015—2017 年的早期 Hyperledger 相比，形成了更为丰富、完整的结构化技术体系。

Hyperledger Greenhouse 主要涉及分布式账本、库、工具和面向特定领域解决方案几个板块。

Hyperledger绿色发展框图
由Hyperledger托管的商业区块链框架及工具

图 8-5　Hyperledger 技术生态框架

（资料来源：Hyperledger 基金会，2020 年 2 月）

除了 Hyperledger，其他可用的主要的企业级区块链技术生态还有 EOSIO、Corda Enterprise 和源自中国的 BCOS。2020 年 1 月，EOSIO 2.0 版本面世，2.0 版本强化了对于开发者的支持，特别是采用了 WebAssembly（WASM）引擎以提升性能和开发速度。EOS VM 是面向区块链的 WASM 引擎，比 EOSIO 1.0 版本提升了 16 倍的 CPU 执行速度。2.0 版本还提供了 EOSIO Quickstart Web IDE 开发集成环境，可以让开发者在几分钟内就构建一个区块链应用。在增加安全和隐私方面，2.0 版本中的 WebAuthn Support 是一个广泛应用于网络浏览器的安全验证授权标准，不需要浏览器扩展插件或其他软件。

Corda 是 R3 推出的区块链技术平台，主要聚焦于在金融行业中的区块链应用框架。Corda Enterprise 版本支持 Oracle 数据库与 SQL Server 数据库，在高安全、高可用、灾备等方面都有解决方案，在实际测试环境中每秒可处理 4 万多笔交易。2020 年年初，Corda Enterprise 4.3 版本发布，其新特性 Business Network Operators（BNOs）可支持区块链网络管理员在单一节点上集中管理多个节点而不需要每个节点都配一个管理员；新版本也强化了对开发者的支持，可集成硬件安全模块（HSM）、网络健康检查工具等。

BCOS 是国内的金链盟所开发的金融级区块链平台技术，2019 年 3 月，FISCO BCOS 2.0 发布。2.0 版本在可扩展性、性能、易用性、隐私隔离等方面均取得突破性进展，其新增的群组架构方案可以让企业间像拉微信群一样快速组链，极大降低了维护难度和管理成本。2.0 版本从存储、网络、计算三个角度，围绕高可用性和高易用性进行持续升级，并基于模块化、分层、可插拔等设计原则，持续对核心模块进行升级，保证系统的健壮性。

自 2019 年以来，企业级区块链技术取得了重大进展，Hyperledger Fabric、EOSIO、Corda Enterprise、FISCO BCOS 等开源企业级区块链项目都实现了重大的版本更新，对安全、性能、互操作性和开发者生态等都提供了全新的支持，可以更好地满足企业区块链应用开发的需求。

第三节　区块链泡沫之年

被称为 Web 3.0 价值互联网基石的区块链技术，在 2016—2018 年经历了企业级应用市场的低谷。

对于区块链的发展阶段，Gartner 在 2020 年 1 月给出了预测：2009—2020 年为区块链赋能阶段（Blockchain Enabling Technologies），这一区块链阶段建立在现有系统的基础之上，其目标是减少私人、专属活动中的成本和摩擦，这一阶段的区块链只能为企业内部或企业之间的少量节点分配有限的能力；2016—2023 年为区块链创新阶段（Blockchain Inspired Solutions），区块链处于创新阶段，通常这一阶段致力于解决具体的运营问题，其中最常见的问题是企业机构间流程或记账的低效率，这一阶段的解决方案一般包含五个组成部分中的三个，即分布式、加密和不可篡改；2020 年后为区块链完善阶段（Blockchain Complete Solutions），区块链完善阶段从 2020 年后开始，该阶段将出现包括去中心化和通证化在内的所有五个组成部分，从而实现区块链的全部价值主张；2025 年后为区块链增强阶段（Blockchain Enhanced Solutions），区块链增强阶段解决方案具有所有五个组成部分并将它们与人工智能或物联网等具有互补性的技术相结合。

● 2016—2018 年的低谷期

在中国市场，2016—2017 年的企业级区块链应用屈指可数。

2015 年 9 月，万向集团成立了万向区块链实验室，开展区块链产业研究、开源项目赞助等活动，并建立了中国首个区块链云平台——万云（Wancloud）。此外，其设立了专注于区块链领域的风险投资基金。2016 年 9 月，万向集团宣布在未来 7 年将投资 2000 亿元在杭州建设以新能源汽车为核心产业的"万向创新聚能城"。2019 年年初，万向创新聚能城开工建设，不过主打项目改为锂电池项目，该项目总投资 680 多亿元；除锂电池项目外，万向创新聚能城还有新能源乘用车、国际金融科技社区、智慧城市 CBD 社区、研究院等 12 个重点建设项目，区块链并未被明显提及。截至 2019 年 11 月，万向区块链生态在全球范围内已投资接近 200 个项目，投入总金额超过 10 亿元。

2016 年 5 月 31 日，深圳市金融科技协会等 20 余家金融机构和科技企业共同发起成立了金链盟。至今，金链盟成员已涵盖银行、基金、证券、保险、地方股权交易所、科技公司等六大类行业的 100 余家机构。金链盟在数字资产、信用、股权、理财产品发行及交易、积分、保险、票据 7 个领域，推动区块链技术从理论走向实践。金链盟内部确定了 12 个应用课题研究发展方向，包括区块链底层技术平台、区块链云服务、区块链信用服务、区块链在积分领域的应用、数字资产登记和转让等。截至 2019 年，金链盟已经推动区块链在政务、金融、公益、医疗等 10 余个领域落地。

禾嘉股份是由中国西南地区以制造业供应链管理为主营业务的大型集团公司。西南地区有色金属和煤炭等矿产资源较为分散，实现大规模机械化的难度大、成本较高，最终形成上游供应商小、弱、散，但中下游需求相对较大的局面，出现了产业链上整体信息不对称、价格波动大、缺乏相应信用机制的现象，导致规模较大的需求商采购难度较大，交易成本高。2016 年，禾嘉股份与 IBM 中国研究院一起开发了易见区块链技术应用系统，用于该制造业务场景。其采用了 Hyperledger Fabric 平台，该平台也被用于其他类似业务场景，包括医药供应链管理等。易见股份（曾用名为"禾嘉股份"并于 2017 年 4 月更改了公司名称和经营范围）后来被喻为区块链第一股，在 2018 年年初区块链概念火爆的时候曾获广泛的关注，以至于当时公司出公告澄清区块链并非公司主业。

2017 年 3 月，IBM 宣布与北京能链众合科技有限责任公司（以下简称"能链科技"）推出全球首个基于 Hyperledger Fabric 区块链技术的碳资产管理平台。区块链技术可以解决碳市场的诸多难题：跨企业数字协作结合智能合约，可大幅提高碳资产的开发和管理效率；安全且不可篡改的分布式账本技术，将提升碳减排市场的信用；区块链技术还具有透明和可审计的特点，有利于帮助相关方满足监管的要求。成立于 2016 年 5 月的能链科技致力于为能源环保行业提供包括绿色认证和金融服务在内的一系列企业级区块链应用，例如，2019 年 7 月，能链科技与云南能投智慧能源股份有限公司等合作进行智慧新能源充电桩资产的管理。

2017 年 8 月，港交所宣布计划在 2018 年发起基于区块链的私人市场，旨在帮助小型企业进行融资。此前，港交所曾透露把区块链技术整合到交易系统中的计划，包括香港金管局也与分布式账本联盟 R3 共同测试数字货币。不过，截至 2020 年年初，并没有关于该计划的后续报道。

2017 年 8 月，中国首个高校区块链研究实验室在京宣布成立，该实验室由区块链通（北京）科技有限公司（以下简称"区块链通"）与北京邮电大学联合建设。该实验室将在区块链核心技术原理研究、区块链安全支撑技术研究、区块链电商平台应用研究、区块链追踪溯源技术研究、区块链隐私保护技术研究、区块链应用创新技术研究等方向发展。区块链通成立于 2015 年 10 月，曾于 2017 年 8 月宣布推出"全民链计划"及首家媒购区块链电商。截至 2020 年年初，该公司网站 wearechain.com 已经下线。

2017 年 8 月，阿里健康与江苏常州市合作推出基于医疗场景的区块链应用——"医联体+区块链"试点项目。该项目将区块链技术用于常州市医联体底层技术架构体系中，实现当地部分医疗机构之间安全、可控的数据互联互通，解决长期困扰医疗机构的"信息孤岛"和数据安全问题，而常州市医联体区块链试点也是中国第一个基于医疗场景实施的区块链应用。2018 年 2 月 10 日，雄安宣布引入蚂蚁区块链技术，落地"1+1+1"租房管理平台，通过将区块链与实人核身技术和可信合约技术融合打造一个真实房源、真实租户的可信数据平台。蚂蚁区块链的应用场景包括产品溯源和建立支付交易信用等，如公益捐款。

此外，中信银行、招商银行、中国工商银行等金融机构先后在 2016—2017 年试水区块链技术项目：2016 年 6 月，招商银行通过跨境直联清算业务 POC 实验，率先实现了将区块链技术运用于银行核心系统中；2017 年 7 月，中信银行上线了基于区块链的国内信用证信息传输系统（一期），这是国内银行业首次将区块链技术应用于信用证结算领域；2017 年 12 月，中国工商银行成立了区块链与生物识别创新实验室，作为中国工商银行金融创新成果，中国工商银行软件开发中心区块链与生物识别创新实验室研究出了中国工商银行首个自主可控的区块链 1.0 平台。

根据有关统计，截至 2016 年年底，中国共有 105 家区块链相关企业，2016 年中国新增区块链企业数超过美国，占全球新增企业数的 28%。不过，这些企业与 2016—2018 年的区块链商业应用一样，有的经过了低谷期后迎来了 2019 年的复苏阶段，有的或停止了运营或转向其他创新方向。总体来说，由大公司和大企业扶持的区块链平台和商业应用，更有生存和发展的机会。

第四节　区块链产业脱虚向实

走向实体经济

区块链作为 Web 3.0 的基础技术，在数字经济中扮演着非常重要的角色。早在 2017 年 5 月，中国工程院院士李国杰的一篇文章中就已经明确指出：区块链技术主张"分布式、弱中心、自治"的核心思想反映了信息时代新的社会需求;未来社会是人机物融合的数字社会,人类社会正在进行一场数字化大迁徙;信息社会一定会形成与工业社会不同的治理模式。正因为区块链是对信息社会和数字社会发展的深化,必然将突出信息社会与已经建立的工业社会的巨大矛盾点,即分布式自治与集中化管理。这也是区块链商业与已经建立百年的现代企业制度的巨大矛盾所在,导致了区块链技术和区块链商业推广在2016—2018年举步维艰。

北京理工大学教授、中国计算机学会高级会员、中国计算机学会区块链专委会秘书长祝烈煌在2020年2月撰文指出:数字货币的应用范围逐渐从虚拟资产向现实资产扩张;传统金融机构、互联网企业,甚至各国政府央行,都开始研究基于区块链的数字法币,希望借助区块链技术解决现有金融系统存在的问题;区块链在数字货币领域的研究逐渐向高性能、高扩展性、支持监管等趋向商业化运营的方向发展;而随着区块链技术在安全性、成本、公信力方面的优势逐渐被重视,区块链技术在包括数据共享、物流溯源、信息安全等非货币场景的应用有了重要发展。

经过2016年起步、2017—2018年的泡沫及蓄势期,区块链于2019年进入实体经济的视野。2018—2019年,区块链技术相继在商业应用中不断落地,各家技术供应商也推出了各自的区块链技术、平台、产品和解决方案。随着企业级区块链技术的成熟、联盟链和政务链等率先在主要社会经济场景中落地,区块链在政府和企业市场已经出现了规模化应用的趋势。

IBM不遗余力推进区块链商业应用

IBM一直在推进区块链的企业级应用,从2014年就开始踏足区块链领域。IBM是区块链底层技术和区块链企业级应用的行业领导者之一,其最大的目标是通过区块链这一新技术来重塑企业。除了对开源社区的巨大投入,IBM在人才和专利上也有巨大投入。

IBM为了把区块链用于企业级环境而研发了一整套企业级区块链的架构、技术、产品和服务。截至2020年1月,IBM已经与全球数百家企业合作,一方面让区块链具备业务就绪性,另一方面让区块链创造真正的商业价值。金融服务、供应链、物联网、风险管理、数字版权管理及医疗卫生等行业都在利用区块链网络实现巨变。

其中,最典型的例子就是从2016年6月开始,IBM与全球最大集装箱海运公司马士基合作开发TradeLens平台,该平台将区块链应用到全球供应链中,实现更加安全高效的全球贸易。2018年1月,马士基与IBM组建了新公司以运营TradeLens

平台。TradeLens 平台建立了一个海运信息通道，能够提供端到端的供应链可视性，让供应链管理的所有参与者能够实时、安全无缝地交换运输信息。TradeLens 平台不仅可以实现现有海运生态系统的信息化，而且在一个网状结构的数字商业平台上还可以有更大的想象空间。

we.trade 是一个由 12 家欧洲银行创始的国际贸易金融服务平台，该平台于 2017 年创建，并于 2018 年 7 月开始正式运营。we.trade 平台与 IBM 合作开始了基于 IBM 云的区块链交易平台，可降低跨国贸易的交易摩擦并为国际贸易提供一个简化交易方式。we.trade 平台为国际贸易带来了诸多好处，其中一个好处是智能合约执行，即合同的一方完成了合同后，将触发另一方自动付款流程，这将确保国际贸易中双方的利益。采用 we.trade 平台签订的智能合同可以避免烦琐的法律或执行机制，而由平台自动完成合同的履约。

截至 2020 年年初，IBM 已经在全球完成了 500 多个区块链客户项目，被 Juniper Research 和 HFS Research 评为区块链方面的全球领导者。也正是由于 IBM 的大力支持和坚持，才推动了区块链技术在传统商业和实体经济中的逐步应用。

● 中国不断释放政策利好

中国区块链市场走出了与国际区块链市场不一样的商业路线和技术路线：由于中国禁止民间加密货币和各种代币，中国区块链走向了真正的企业和政府应用，以联盟链、政务区块链等为主；而在国际市场上，基于公有链的加密数字货币及其上的分布式应用仍占据了显著的应用和市场地位。

2019 年 10 月，中共中央政治局就区块链技术发展现状和趋势进行第十八次集体学习，强调要把区块链作为核心技术自主创新的重要突破口，明确主攻方向，加大投入力度，着力攻克一批关键核心技术，加快推动区块链技术和产业创新发展。

在全球区块链产业中，中国成为最活跃的市场。2016 年年底，"区块链"被写入《"十三五"国家信息化规划》；2017 年年初，央行推动的基于区块链的数字票据交易平台测试成功。中国人民银行印发了《中国金融业信息技术"十三五"发展规划》，明确提出积极推进区块链、人工智能等新技术应用研究。2016 年 9 月，国际标准化组织 ISO 成立了专注于区块链领域的标准技术委员会 ISO/TC307，中国成为全权会员。2016 年，工信部发布的《中国区块链技术与应用发展白皮书》提出了区块链标准体系框架；2017 年 5 月 16 日，工信部发布了《区块链参考架构》；2018 年 1 月，工信部发布了《区块链 数据格式规范》，该规范有望为区块链行业应用提供统一的数据标准；2018 年，工信部重点实验室名单中列入了"区块链技术与数据安全工业和信息化部重点实验室"；2018 年 8 月，工信部的《推动企业上云实施指南（2018—2020 年）》中提及了区块链新技术。

2016—2019 年，中共中央和国务院分别在多份文件中提及"区块链"，包括 2017 年 1 月的《国务院办公厅关于创新管理优化服务、培育壮大经济发展新动能、加快新旧动能接续转换的意见》、2017 年 7 月的《国务院关于印发新一代人工智能发展规划的通知》、2017 年 8 月的《国务院关于进一步扩大和升级信息消费持续释放内需潜力的指导意见》、2017 年 10 月的《国务院办公厅关于积极推进供应链创新与应用的指导意见》、2017 年 11 月的《国务院关于深化"互联网+先进制造业"发展工业互联网的指导意见》、2018 年 5 月的《国务院关于印发进一步深化中国（广东）自由贸易试验区改革开放方案的通知》、2019 年 5 月国务院印发的《关于深化改革加强食品安全工作的通知》、2019 年 8 月的《国务院关于印发 6 个新设自由贸易试验区总体方案的通知》、2019 年 9 月国务院印发的《交通强国建设纲要》和《国务院关于加强和规范事后监管的指导意见》、2019 年 11 月国务院印发的《推进贸易高质量发展的指导意见》、2019 年 12 月国务院印发的《长江三角洲区域一体化发展规划纲要》等。

2019 年 1 月 10 日，国家互联网信息办公室发布了《区块链信息服务管理规定》，并于 2 月 15 日公布了首批 197 个区块链信息服务名称及备案编号，这 197 个区块链信息服务基本代表了 2016—2019 年发展的区块链产业，其中包括百度的图腾链、京东的区块链 BaaS 平台、蚂蚁区块链 BaaS 平台、陆金所区块链、微众银行的 BCOS 和金链盟区块链底层开源平台、腾讯区块链等。《区块链信息服务管理规定》被视为中国区块链发展的里程碑，对整个区块链行业起到了规范作用。

赛迪顾问于 2019 年 8 月发布的《2019 年上半年中国区块链发展现状与展望》显示，仅 2019 年上半年国家发布相关区块链政策数量已经超越 2018 年及 2018 年以前的政策数量，充分说明国家在 2019 年对区块链的关注越来越密切。在中共中央第十八次集体学习后的一个月，中央各部委和多地相继印发了产业支持政策和监管政策，云南、吉林、北京、重庆、广东等地积极将区块链应用于政务服务，推动当地数字化转型。

各种联盟、协会、研究机构等是推动区块链发展的主要民间力量之一。根据中国社会组织公共服务平台数据，截至 2020 年 2 月，全国地方登记的区块链社会组织共 51 家。不过，由于很多国家一级协会的区块链专委会无法被检索，以及还有各种并没有注册到社会组织管理机关的区块链组织，实际上区块链行业组织数量更多。根据赛迪区块链研究院整理的数据，截至 2019 年年底，我国就有区块链研究机构

68家，北京、杭州、上海、深圳和贵阳等地的区块链研究机构较多。

截至2020年年初，中国形成了中国电子技术标准化研究院发起的"中国区块链技术和产业发展论坛"，以及中国信息通信研究院发起的"可信区块链推进计划"两大区块链技术标准组织，其中前者发布的区块链标准已有10项，后者在研的也有20多项。2019年11月，国家标准化管理委员会成立了一批全国专业标准化技术委员会，围绕区块链等加快推动标准化技术组织建设工作，启动区块链和分布式记账技术等一批技术委员会的筹建工作。

电子政务成为区块链的主场之一

在所有区块链的应用中，政务区块链应用具有明显的示范效应，也应值得特别注意。2017年为政务区块链的启蒙年，2019年为政务区块链的元年。2018—2019年，各地涌现了很多把区块链应用于电子政务领域的例子。

2018年8月，全国首张区块链电子发票在深圳亮相，此次推出的区块链电子发票由深圳市税务局主导，腾讯提供底层技术和能力，得到国家税务总局的批准与认可；2018年8月，雄安宣布已上线国内首家基于区块链技术的工程资金管理平台，实现多个项目在融资、资金管控、工资发放上的透明管理，累计管理资金达到10亿元；2018年12月，北京互联网法院"天平链"在京正式发布，"天平链"是由工信部安全中心、百度等共建的区块链电子证据平台；2019年4月，北京市海淀区基于区块链等技术在二手房交易和京籍存量房交易等场景实现了"不动产登记＋用电过户"多项业务；2019年6月，浙江省区块链电子票据平台上线，该平台由浙江省财政厅发起，应用支付宝的蚂蚁区块链技术共同推进，旨在优化用户就医流程；2019年8月，中机联工业智能联盟链正式上线，是全国第一个基于区块链+物联网技术的工业区块链项目，实现了智能工业数据资产数字化与工业数权价值的互联互通，等等。

进入2020年，区块链在中国市场脱虚向实的趋势进一步显现：截至2020年2月底，据不完全统计，全国已有22个省（自治区、直辖市）将区块链写入2020年政府工作报告，不仅北上广，重庆、甘肃等中西部省份也已将区块链视为经济弯道超车的新赛道。从政府工作报告内容来看，大多数地方政府将区块链视作当地产业优化升级的技术助力、数字经济产业的新增长点，并对当地区块链发展提出了更为具体细化的目标。尤其值得关注的是，北京、广东、山东等7省市还提及了当地区块链应用场景方向，电子政务成为共同的诉求。

在区块链技术的教育和培训方面，中国各地区相关高校也在积极开设相关科目、课程，以及多种形式的教育培训项目。例如，清华大学、北京大学、中国政法大学等一批国内高校开设区块链课程。不过，我国区块链人才一直处于缺乏状态。

在整个 2019 年，区块链在多个产业和领域取得了突破性进展，广泛被试用于关键的生产生活和政务领域。2019 年 12 月，赛迪（青岛）区块链研究院发布了《中国区块链企业发展研究报告》。截至 2019 年 12 月，在工商备案的区块链企业共达 3 万余家，其中初创企业占比达 57%，相关互联网公司占比为 23%，金融机构占比为 12%，传统上市公司占比为 28%。截至 2019 年，参与区块链应用探索的国内银行机构共 36 家。我国区块链企业应用主要分布在金融、供应链、溯源、硬件、公益慈善、医疗健康、文化娱乐、社会管理、版权保护、教育和共享经济领域。其中以金融、供应链、溯源、硬件为主，仅这 4 个领域共有区块链企业 393 家，约占总数的 64.58%。根据赛迪区块链研究院在 2020 年 11 月发布的《2020 年上半年中国区块链企业发展研究报告》，截至 2020 年 6 月，我国区块链注册企业数量进一步突破 4 万家，主要以金融应用、解决方案、BaaS 平台居多，占比分别为 18%、10%、9%。

对于创业者来说，Gartner 认为我们将会进入一个钱联网或者价值互联网阶段。在这样一个阶段，如同原来的数据互联网和内容互联网一样，最终胜出的科技企业应该不是比较成熟的企业，而是从新公司中诞生的。实际上，区块链架构体系与当前已经运行了超过 300 年的商业体系机制完全对立，这也对创业者提出了新的要求，从另一个侧面反映了为什么当前的区块链创业者以 90 后为主。

区块链更多是用去中心化的分布式技术来颠覆现有的中心化、集中式的商业体系与商业模式，无论是大型机构还是创业公司都需要着重从改变现有的组织模式和生产关系入手，通过技术、工具与平台等方式逐步改变。区块链的分布式账本技术又是共享型数据库技术，随着越来越多的企业采用分布式账本技术，将极大加深全社会的互联互通，一个全新的全人类互联的数字社会即将到来。

第九章
新零售：全社会共享商业网络

自从马云在 2016 年提出"五新"以来，"新零售"就成为电商和零售领域最热的概念。然而，到底什么是新零售？新零售领域的不同参与者有着各自的说法。大数据和人工智能企业以技术为导向，营销企业以全渠道营销为导向，以阿里巴巴、京东为代表的电商企业以互联网商业模式为导向，传统零售企业以实体经济转型为导向，可以说五花八门、各执一角。

2017 年 7 月，商务部发布了《走进零售新时代——深度解读新零售报告》（以下简称《2017 商务部新零售白皮书》），指出新零售以数字化为基础、以消费者需求为核心，推动了商业要素的重构，加速了零售经营模式和商业模式的创新。从宏观经济角度来说，零售业属于商品流通领域，新零售的出现是全社会商业流通业的变革，其前提是技术与消费的双升级。可以说，新零售对微观的零售企业、中观的产业层面、宏观的社会经济发展都有深远的影响。

到底怎么认识新零售变革？一个可能的结论是，今天的新零售是一场全社会范围内的共享商业变革，无论是马云的"人、货、场"重组，还是刘强东的第四次零售革命，一个核心思想就是在微观层面突破零售企业的边界、在中观层面连接和打通相关产业、在宏观层面重组全社会的商品供给与流通，这就是全社会共享商业。

《2017 商务部新零售白皮书》中描述得十分清晰：传统的商品流通需要经历"生产商—一级批发商—二级批发商—三级批发商—零售商"的纵向、多环节的商品流通体系，新零售提高了商品流通环节的效率，实现了"品牌商—经销商—零售商—消费者"甚至"品牌商—零售商—消费者"的新型商品流通体系。从这个角度来看，新制造、新零售、新金融、新数据和新技术连起来，就是一个新的全社会商品生产、制造和流通体系。

第一节 零售业的结构性变革

消费升级持续推进

在讨论新零售之前，必须要讨论消费升级，整个新零售出现的一个大前提就是中国的整体消费升级。

《2017商务部新零售白皮书》引用相关研究：当人均GDP超过1000美元之后，居民消费率开始上升，消费对经济增长的作用不断增强；当人均GDP超过3000美元之后，由于居民收入水平提高为消费结构升级创造了购买力条件，休闲消费、品质消费等进入大众化阶段；当人均GDP超过5000美元之后，消费升级速度加快。近几年，我国经济快速发展，2008年、2011年、2015年，我国人均GDP分别达到了3000美元、5000美元和8000美元以上，相应我国消费结构进入了快速升级阶段，2019年我国人均GDP首次站上1万美元新台阶，人均GDP增加则代表可支配收入也在增加，而收入决定消费就意味着中国消费规模还将持续整体扩大，消费升级将持续推进。

2013—2016年，我国社会消费品零售总额年均增速为11.6%，高出同期国内生产总值名义年均增速3.3个百分点。2018年，我国社会消费品零售总额为38.1万亿元，比上年同比名义增长9.0%。2019年为新中国成立70周年，70年来我国社会消费品零售总额从1952年的277亿元，增长到2018年的38万亿元，我国已经成为全球第二大消费市场；我国进出口总额由1950年的11.3亿美元，增长到2018年的4.6万亿美元，成为全球第一贸易大国。2019年，我国社会消费品零售总额为41.2万亿元，首次超过40万亿元，同比名义增长8.0%，总体保持平稳增长。

商品流通体系仍不完善

与我国消费升级不相适应的是我国的商品流通体系。刘强东在其2017年10月的署名文章《第四次零售革命下的组织嬗变》中指出，在过去的十几年里，中国电商行业总体来说发展得还不太成熟，配套服务相对不完善，在这种情况下垂直一体化是保证成本、效率、体验的最佳方式。以物流服务为例，长期以来，快递公司的物流配送速度难以保证、服务水准不尽如人意，成为阻碍电商发展的一大痛点。因此，京东坚持投入自建物流，通过一体化整合的模式来保证效率和用户体验。

不仅是电商行业，从整个零售行业的物流成本看，我国物流行业集中度低，行业信息化、标准化发展滞后，造成中间环节多、周转期长、效率低下等问题，物流成本依然偏高。根据中国物流与采购联合会数据，2016 年社会物流总费用与 GDP 比率为 14.9%，比上年下降 1.1 个百分点，但仍比美、日、德等发达国家高出 1 倍左右，高于全球平均水平约 5 个百分点。2019 年，我国社会物流总费用与 GDP 的比率为 14.7%，比上年下降 0.1 个百分点。

在最考验商品流通的冷链物流方面，2016 年我国冷链物流建设滞后，全国冷藏车人均保有量不足美国的十分之一；农产品"最初一公里"冷链基础设施不完善，无法第一时间预冷、分级、包装、标准化，导致全国每年农产品损耗超过 3000 亿元。实际上，我国冷链物流行业兴起于 20 世纪 90 年代，而国外的冷藏运输则兴起于 19 世纪上半叶，到 2019 年也有 150 多年的历史，中国冷链物流仅仅处于起步阶段。根据中物联冷链委的统计，2018 年我国冷库容量为 1.3 亿立方米，位居世界第三，但城市居民人均冷库容量仅为 0.156 平方米，远远低于发达国家 0.5 平方米/人的水平。

● 零售店面无法满足消费需求

我国的零售店面类型与总数也远远无法满足处于消费升级中的十几亿消费人的需求。从零售商业网点来看，根据商务部的《中国零售行业发展报告 2017》，我国中心城区商业网点集中，商业体建设过剩，同质化竞争严重，导致企业盈利困难；大型百货店、超级市场饱和。据联商网不完全统计，2016 年全国范围百货与购物中心业态关闭 56 家门店，大型超市业态关闭 129 家门店。根据调查公司贝恩和凯度共同完成的《2016 年中国快速消费品行业和零售业报告》，2015 年我国传统杂货店和大卖场的增长率分别为-10.4%和-0.2%，超市/小超市增速放缓至 4%。2015 年，所有大商超的同店销售额增速持续下降、客流量减少，单次购买量也停滞不前。

百货店、超市、购物中心同质化较为严重，千店一面、千店同品现象突出，其中百货业约 87%的商品雷同。同质化必然导致过度的价格竞争，零售企业微利经营甚至是无利经营。在我国传统零售企业的商业模式下，仍有部分企业将入场费、联营扣点作为其主要利润来源。零售商引厂进店、出租柜台，不掌握产品终端，不参与销售过程，不直接服务顾客，仅为品牌商提供收银和物业管理等商业服务。与此同时，房地产价格上涨推涨商业地产租金，人工成本、商业用电成本等均是零售企业成本增加的重要影响因素。《中国零售行业发展报告 2017》指出，"最后一公里"社区商业仍处于初级阶段，以每百万人拥有社区便利店店铺数量统计，日本为 388 家，中国台湾地区为 425 家，中国大陆城市平均为 54 家。随着中国日益城镇化，更加便利快捷的购物方式在一定程度上成为网上购物的补充。除此之外，便利店还作为新兴的一站式服务平台，提供包括账单支付、票务、其他创新性服务，如网购自提等。

2018—2019年，根据商务部的《中国零售行业发展报告2018/2019》，我国实体零售企业继续推进转型升级，以顾客为中心提升运营体验，加强经济模式创新。其中，随着社区生活服务业态集聚式发展，便利店、超市等社区商业发展加快。2016—2018年，便利店、超市、大型超市增速分别加快，而专卖店、专业店、百货店等则有所降低。中国连锁经营协会统计显示，在2018年连锁百强企业中，便利店业态销售额平均增长21.1%，门店数量增长18%，连续三年在零售业态中保持最快水平。在2019年连锁百强企业中，便利店业态销售额增长16.5%，门店数量增长7.8%，依然保持最快水平。

隐藏在民间的夫妻店是不可忽视的零售力量。根据市场调查咨询公司凯度的统计，中国有将近700万家包括夫妻店在内的小店，贡献了整个零售渠道40%的出货量，其中约30%夫妻店盘踞在乡镇、农村，46%在三线城市、县级市，在一二线城市小区里的夫妻店也不在少数。根据高德地图发布的2015年全国小区数量统计，上海小区数量最多，超过12000个；北京超过7200个；深圳为5700+的水平。全国大概有30万个小区，以每个小区3家夫妻店计算，就有近百万家城市小区内的夫妻店。

第二节 "双11"与零售电商瓶颈

"双11"可以是说中国零售业的一个自创奇迹。在阿里巴巴天猫创造"双11"购物节之前，本来没有每年11月11日的"双11"购物节。

● "双11"的崛起

在2009年之前，11月11日在中国还只是"光棍节"的代名词，那时天猫还叫淘宝商城。2009年的"双11"，淘宝商城推出了全场五折包邮活动，"双11"开始进入中国人的生活。那一年"双11"的销售额是5200万元，共有27个品牌参与了活动，这些品牌商当时以为这只是一次促销，却从此开启一个新的历史，特别是在2013—2019年经历了快速增长（见图9-1）。

2010年的"双11"成长速度已经超出了当时的想象，平均每秒交易额超过2万元，参与活动的商铺存货纷纷告急，共181家店铺销售过百万元，总成交额达9.36亿元，这个数字已经超过了当时香港一天的零售额。2011年的"双11"总成交额达到了33.6亿元，"双11"开始火了。

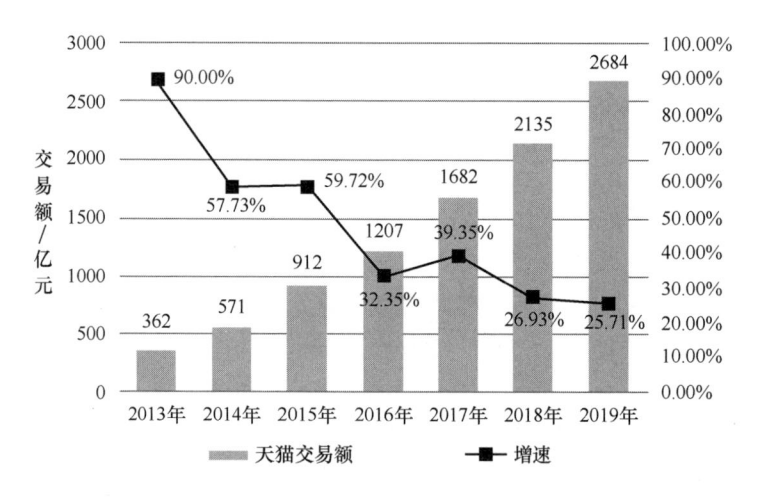

图 9-1 2013—2019 年天猫"双 11"历年交易额和增速

2012 年，淘宝商城正式更名为天猫，"双 11"也更名为"双 11 购物狂欢节"，当年的天猫"双 11"线上总成交额一举达到 191 亿元。从 2012 年开始，"双 11"热潮从线上覆盖到线下，百货商场、购物中心也纷纷推出活动，所有商业形态全民总动员。2013 年天猫"双 11"，新成立的菜鸟物流第一次经受住了考验。2013 年的天猫"双 11"，交易额达到 362 亿元，交易额、交易量大幅提升，而更快的物流、更优质的服务保证了"双 11"的体验。

2014 年 9 月，阿里巴巴在美国纽交所上市。全球化成为那一年天猫"双 11"最显著的标志：74 秒交易额突破 1 亿元、7 小时 17 分突破 200 亿元、全天交易额达 571 亿元，而这些数据的背后是来自全球 217 个国家和地区的商家及消费者的贡献，天猫"双 11"开始全球化。

2015 年的天猫"双 11 全球狂欢节"开始从购物节演变为消费者的体验节。2015 年的天猫"双 11"指挥部在北京水立方打造了一场多屏互动的"双 11 春晚"——2015 天猫"双 11 全球狂欢夜"，最终的交易额达到 912.17 亿元，移动端占比为 68.67%，11 日当天系统交易创建峰值每秒达到 14 万笔交易、支付宝最高峰值每秒达到 8.59 万笔交易，再次创造了中国的消费奇迹；此外，中国的 8000 多个村点辐射到的百万名村民第一次参加天猫"双 11 全球狂欢节"，天猫"双 11"还覆盖到 232 个国家和地区、5000 多个海外品牌，3000 万名中国消费者购买了进口商品。

2016 年，天猫"双 11 全球狂欢节"在 24 小时内总成交额达到 1207 亿元，其中线上占比为 82%，交易峰值每秒达到 17.5 万笔交易。2017 年，天猫"双 11 全球狂欢节"总成交额超 1682 亿元，无线成交占比高达 90%，支付宝支付笔数达到 14.8 亿笔，支付峰值每秒达到 25.6 万笔交易，参与天猫"双 11"的全球网民覆盖了 225 个国家和地区。除"双 11 春晚"外，马云主演的《功守道》短片当晚在优酷等上线。

2018年，天猫"双11全球狂欢节"总成交额超2135亿元。除天猫"双11"外，京东、苏宁等也都在近年来加入了"双11"促销活动。与天猫不同的是，京东把"双11"拉长到11月11日前半个月的时间。以2017年的京东"双11全球好物节"为例，10月25日至31日为预热期，11月1日至9日为专场期，11月10日至12日为高潮期。"双11"期间，全球200多个国家和地区的用户可以通过访问京东商城和京东国际站同步参与京东"双11全球好物节"。

2019年"双11"全网成交额近6000亿元。具体看各平台，2019年天猫"双11"全天成交额为2684亿元，同比增长25.71%；京东2019年"双11全球好物节"（11月1日到11月11日）累计下单金额为2044亿元，同比增长27.90%；苏宁"双11"当天全渠道订单量增长76%，苏宁金融移动支付笔数同比增长139%；拼多多2019年并未公布总的交易数额。

2020年"双11"全网实现销售额接近8600亿元（2020年"双11"为11月1—3日及11月11日当天两个售卖期）。其中，在天猫"双11全球狂欢季"期间（11月1—11日）有近8亿名消费者参与，累计下单金额突破4982亿元；京东平台发布的数据显示，11月1—11日，平台累计下单金额超过2715亿元，超过2万个品牌在京东超市成交额同比翻倍增长；11月1—11日，苏宁易购线上订单量增长75%；天猫与京东两大平台交易额占全网交易额的89.5%。

2020年"双11"销售TOP5的行业是家用电器、手机数码、服装、个护美妆、女鞋/男鞋/箱包。2019年"双11"销售TOP5的行业是手机数码、家用电器、个护美妆、服装、鞋包。2018年"双11"销售TOP5的行业是手机数码、家用电器、个护美妆、电脑办公/家具、家纺/家居，热销品类结构变化不大。通过热销品类可以看到，消费者对于数码产品的热爱度依旧很高，消费重心都在向家庭偏移，同时女性依旧是消费群体的主力军。

● "双11"的瓶颈

虽然"双11"正在创造越来越大规模的零售销售奇迹，但《2016年中国快速消费品行业和零售业报告》的数据显示，"双11"线上的销售增长在很大程度上是以牺牲线下渠道销量为代价而换来的。由相关统计可以看出，"双11"的大部分销售都是日用品和家电。

《2016年中国快速消费品行业和零售业报告》建议，未来几年线上零售商需要基于"双11"的发现及购物者偏好采取相应调整，如消费者持续增加对高端品牌和进口商品的购买。在2017年天猫"双11"开场前的2个小时中，索尼、BOSE均不到 2 个小时成交额就超过 2016 年"双 11"全天的成交额，轻奢品牌 B&O 及 B&W 在前 2 个小时的成交额均达到 2016 年"双 11"全天成交额的 2 倍以上。京东 2017 年"双 11"当天中国黄金销售额同比增长 26 倍，钟表当天售出 40 万只，国际名表泰格豪雅 1 天的销售额超过 2016 年 1 个月的销售额，意大利品牌阿玛尼（Armani）销售额同比增长 27 倍。

随着"双 11"的规模越来越大，瓶颈之说相应浮现，而"双 11"的瓶颈又伴随着整个零售电商的流量瓶颈。电子商务研究中心监测数据显示，2016 年中国零售电商市场交易规模达 5 万亿元，2019 年该数字上升至 10.32 万亿元。中国零售电商各大交易平台的市场份额占比，除拼多多在 2016—2019 年崛起外，其他已趋于稳定，前四名分别为阿里巴巴、京东、拼多多和苏宁易购。

2007—2016 年是移动互联网大发展的 10 年。智能移动设备的普及，带来了更多的互联网用户和更长的使用时间。因为流量便宜，线上获客成本较低，跑马圈地的"互联网思维"成就了一批优秀的互联网企业。然而，2016 年年底，各种数据显示，移动互联网的渗透率已经见顶，"流量红利"耗尽，"互联网思维"也走到了尽头。流量变贵的趋势日益明显，无论是对网游、电商还是对增值服务来说，线上获客成本都比几年前上升了 5～10 倍，流量入口还呈现"强者恒强"的趋势。

● 新跑马圈地

当然，移动互联网渗透率见顶，并不意味着行业高增长期的结束。互联网巨头仍然可以通过加强产品变现、交叉销售和向线下渗透的方式，实现收入和利润率的双重增长。而这其中向线下渗透的方式，就成为互联网巨头新一轮的跑马圈地运动。

在网购的地点场景中，家庭、工作地点代表着完整的时间和固定 PC 端，上下班路上、公共休闲娱乐场所代表着碎片化的时间和移动端。根据艾瑞的数据，2014 年与 2015 年，在家、在工作地点购物的比例分别下降 4.9% 和 10%，而上下班路上、公共休闲娱乐场所购物占比分别上升 5.1% 和 2.7%，这意味着用户消费行为场景的转移，移动地点和碎片化时间成为移动网购的新机会。这也同时给互联网巨头向线下渗透、获取新流量和变现已有流量提供了数据支撑。根据阿里云的数据，2017 年"双 11"期间，超过 5000 万名消费者通过手机参加"双 11"互动，超 100 万家商家线上线下打通，涉及近 10 万家智慧门店、60 万家零售小店、3 万个"天猫优选"村淘点。

2016 年 10 月 13 日，马云在一封致股东的公开信中首次提出：电子商务本身也正在迅速成为一个旧的概念。未来 30 年，我们将会面临线上、线下、物流数据供应链相结合的新零售行业。2017 年 2 月，在阿里巴巴与上海百联集团的签约仪式上，马云说："2017年是阿里巴巴新零售元年。"

第三节 巨头加入共享经济战场

多种因素导致了"新零售"的出现。然而，一个更大的社会经济趋势是"新零售"的真正大背景，这就是共享经济，也称为分享经济。2017年7月，国家发改委等八部委印发《关于促进分享经济发展的指导性意见》，指出分享经济作为全球新一轮科技革命和产业变革下涌现的新业态新模式，正在加快驱动资产权属、组织形态、就业模式和消费方式的革新。

● 互联网巨头加入共享经济"战场"

什么是共享经济呢？艾瑞咨询的《2017中国共享经济行业及用户研究报告》指出，共享经济是指基于互联网等现代技术，将海量分散化的闲置资源进行整合并共享，主要体现为使用权的暂时性转移，也包括剩余所有权的让渡，以及时间、空间、技能等无形资产的共享，是一种新型经济形态和资源配置方式。

《关于促进分享经济发展的指导性意见》指出分享经济在现阶段主要表现为利用网络信息技术，通过互联网平台将分散资源进行优化配置，提高利用效率的新型经济形态。分享经济强调所有权与使用权的相对分离，倡导共享利用、集约发展、灵活创新的先进理念；强调供给侧与需求侧的弹性匹配，实现动态及时、精准高效的供需对接；强调消费使用与生产服务的深度融合，形成人人参与、人人享有的发展模式。

早在2016年3月的《中国国民经济和社会发展第十三五个规划纲要》中就要求发展分享经济，促进互联网和经济社会融合发展……推进产业组织、商业模式、供应链、物流链创新，支持基于互联网的各类创新。我国在2009—2012年相继出现了一批共享经济的创业公司，涉及交通共享、餐饮共享、住宿共享、物流共享、知识共享、金融共享、生活服务等多个大类。

2014年后，中国的共享经济市场规模增速放缓，经历过爆发式增长与市场选择、政策调控之后，共享经济模式正在以更加合理的速度逐步扩散。在2016年之前，主要是创业企业大规模参与共享经济，互联网巨头则以投资机构身份在旁观察和间接参与。在2016年之后，以阿里巴巴"五新"为代表，互联网巨头开始直接加入共享经济，特别是以新零售为代表。

在阿里巴巴的"新零售"概念里，专门提到了一种S2B的模式，即供应链平台

(Supply Chain Platform)到 B 端企业的模式。阿里巴巴的曾鸣这样解释 S2B：S 是一个大的供应（链）的平台，大幅度提高供应端效率；B 是指一个大平台对应万级、10 万级甚至更高万级的小 B 企业，让它们完成针对客户的服务。

京东自营的 S2B 体系

什么是 S2B 模式呢？下面以京东之家为例。不论是京东之家还是京东专卖店，都采用加盟直营形式。加盟直营指京东对合作加盟商进行单店授权、统一管理。京东帮助加盟商进行智能选品，并通过分析某一区域消费密度和消费能力进行智能选址，但加盟商须保证店内所销售的商品均来自京东自营。京东之家或京东专卖店采用线上线下同价，对于店内商品，顾客可以当场提货或选择京东配送。

截至 2017 年 6 月底，京东之家和京东专卖店销售商品已涵盖 1.48 万个 SKU（库存量单位）。无论是一个 200 平方米的京东之家门店，还是传统的专卖店、超市、便利店等，1 万个 SKU 都是天文数字。京东用大数据为门店提供备货推荐，完成自动补货和退货，实现"零库存"，而门店唯一需要做的是做好对客户的服务，其他仓储、配送、售后等供应链服务都交给了京东，京东甚至还能根据商品销售周期及竞品情况实现智能定价。一些在线上难以抢到的首发爆品或专供线上的商品，京东都将优先供应京东之家和京东专卖店。

京东之家和京东专卖店的背后正是刘强东在第四次零售革命中所提出的社会化与专业化的"零售基础设施"。整个零售系统的进化，就是信息、商品和资金流动效率的升级，而信息、商品和资金的提供者正在社会化与专业化。

2016 年 11 月，京东集团推出了"京东物流"品牌标识，并正式宣布京东物流将以品牌化运营方式全面对社会开放。2017 年 4 月 25 日，京东正式成立了京东物流集团。京东自 2007 年全面开始自建物流以来，已经成为中国规模最大、最专业及用户体验最佳的物流服务提供商之一。京东物流通过开放、智能的战略，促进消费方式转变和社会供应链效率提高，将物流、商流、资金流和信息流有机结合。京东物流通过布局全国的自建仓配物流网络，为商家提供一体化的物流解决方案，实现库存共享及订单集成处理，可提供仓配一体、快递、冷链、大件、物流云等多种服务。

从 2007 年自建物流起，京东物流用 10 年时间完成了大件和中小件物流在中国大陆地区所有区县的全覆盖。从多元化服务和时效来看，其从最初的 5、7 天送达发展到如今的分钟级配送，面向消费者提供包括 211 限时达、次日达、京准达、京尊达、极速达等在内的多元化时效产品。2019 年 9 月，京东物流正式发起"千县万镇 24 小时达"时效提速计划，该计划重点针对低线城市城区、县城及周边乡镇。

京东物流服务升级的背后，还有智慧物流的支撑。京东智慧供应链"Y-SMART SC"是围绕数据挖掘、人工智能、流程再造、技术驱动四个原动力，整合形成京东"商品、价格、计划、库存、协同"五大领域的智慧供应链解决方案，用技术帮助京东商城与合作伙伴解决"卖什么、怎么卖、卖多少、放哪里"的问题。无人仓、仓储机器人、无人机等自动化和机器人技术，陆续在京东智慧物流体系中应用。

从京东之家和京东专卖店及其背后的京东智慧物流体系，可以看出"新零售"就是把商品、资金和信息的流动，全部社会化与专业化，前端的零售店面主要以服务顾客和创新客户价值为主。中国物流与采购联合会发布的《中国智慧物流2025应用展望》指出，传统的分工体系已经被打破，原来专业化的分工协作方式逐步被实时化、社会化、个性化取代。众包、众筹、分享成为新的社会分工协作方式，使得物流信息资源、物流技术与设备资源、仓储设施资源、终端配送资源、物流人力资源等的共享成为现实，从而能在整个社会的层面进行物流资源的优化配置，提高效率、降低成本。

阿里巴巴聚集的社会化 S2B 体系

阿里巴巴与京东采用两种不同的商业模式，阿里巴巴是纯互联网平台起家，京东则是从自营商城开始。阿里巴巴提供的是买方和卖方的互联网交易平台，以广告和服务费作为主要盈利方式；而京东则是自建仓库和采购体系，先采购商品入库再通过互联网平台销售出去。由于两家采用两种不同的商业模式和路径，因此在走向"新零售"、构建全社会共享的零售基础设施方面，阿里巴巴面临的挑战更大。

由于本身没有自建物流，因此阿里巴巴试图通过社会化的物流互联网和技术平台，把全社会的物流资源都连接起来形成一个整体。菜鸟网络科技有限公司（以下简称菜鸟网络）成立于2013年5月，由阿里巴巴集团、银泰集团联合复星集团、富春集团、申通集团、圆通集团、中通集团、韵达集团等共同组建。菜鸟网络计划分三期建设，首期投资1000亿元，希望在5～8年的时间里努力打造遍布全国的开放式、社会化物流基础设施，建立一张能支撑日均300亿元（年度约10万亿元）网络零售额的"中国智能骨干网"，通过自建、共建、合作、改造等多种模式，在全国范围内形成一套开放共享的社会化仓储设施网络。

菜鸟网络的使命，是全国24小时、全球72小时必达；菜鸟网络的愿景是极致的消费者物流体验、高效的智慧供应链服务和技术创新驱动的社会化协同平台。菜鸟网络主要业务有仓配网络、跨境网络、快递平台和 E.T.物流实验室等，以覆盖全国的仓配网络和大数据决策平台为基础，构建专业高效的供应链服务。为了提高网络效率，菜鸟网络一方面以投资参股的形式构建菜鸟联盟，另一方面加大科技研发的投入，积极布局智慧物流。

阿里巴巴强调，菜鸟网络的核心目标是为电子商务企业、物流公司、仓储企业、第三方物流服务商等各类企业提供技术平台服务，而不是自建物流或者成为物流公司。比如，阿里巴巴认为，今天的物流不是资源问题，而是没有聚合的订单。菜鸟网络要做的就是把订单聚合起来，让社会化的服务来支撑这些订单。

在菜鸟网络成立之前，所有卖家都是自己从仓库发货，效率低且浪费资源，而菜鸟网络建立以后，卖家将使用菜鸟网络分布在全国各地的仓库，统一发货。2016年1月，菜鸟网络宣布联合6大快递公司的20万名快递员，在全国快递排名前5的城市开展收件众包服务。为此，菜鸟网络实现了统一批量快递包裹单号和统一零散包裹单号，通过统一各家快递公司包裹的单号体系，把传统上由一家公司完成的揽收、集包、干线、分拣、派送流程，分别包给不同的公司来完成。这样，菜鸟网络就成为一个虚拟的快递公司联合总部。2017年9月，菜鸟网络宣布布局"前置仓"，帮助商品提前下沉、包裹越库集货，高效服务全国的数百万家小店。

截至2020年3月，菜鸟供应链在全球拥有仓储数超230个，在国内拥有7大仓配网络枢纽，覆盖全国2700+区县的物流骨干网络。为了更好地服务全球的消费者和商家，菜鸟还将物流网络延伸至全球224个国家和地区，搭建起一张具有全球配送能力的跨境物流骨干网。菜鸟供应链仓配物流矩阵覆盖全链路、多层次，包含数智B2B仓、数智B2C仓、数智协同仓、数智集货仓、数智干运等。其在2020年4月的升级，除了进一步提升菜鸟供应链的数智仓配服务，还推出了多层次、多样化的服务，比如在数智B2C仓中分高端仓、品质仓、经济仓，供不同业态、不同发展阶段和不同需求的商家选用。

除物流外，阿里巴巴的"零售通"和"农村淘宝"重塑了二至四线城市甚至到六线城市小零售商和农村地区零售商的商品流通体系。以零售通为例，基于阿里巴巴的云平台运营能力，零售通将品牌商、经销商和小零售商在互联网平台上组织起来进行交易，帮助经销商和小零售商掌握互联网工具，省去了传统商品流通渠道中层层交易的中间环节，降低了品牌商布局垂直网络渠道的高额成本，同时为小型零售商提供了更好的品牌供应渠道（见图9-2）。

阿里巴巴零售通主要为四大对象（品牌商、经销商、天猫小店和拍档）服务。针对品牌商，零售通为品牌商提供数字化升级方案，从数据、营销、助销、运营等四个维度为品牌商赋能，零售通的平台功能点有品牌营销、品牌任务、生意参谋和品牌站。针对经销商，零售通为经销商提供新的分销解决方案，实现集约化管理及升级转型，联合经销商的资源及能力，达成资源共享、数据赋能，零售通的平台功能点有生意总揽、供应链管理、营销管理、商品管理、交易管理和结算管理等。针对天猫小店，零售通助力小店进入 DT 时代，让小店和智能流通网络、主流商业、社区邻里生活链接起来，零售通的平台功能点有收银记账、会员管理、商品管理、营销优惠、智能分析、一键开店等。城市拍档是零售通的合作伙伴，负责开拓和维护当地线下零售店，让小店通过零售通进货和选货，促进销售，同时帮助零售店接入支付宝等增值功能。城市拍档有个人拍档和企业拍档两类，零售通针对企业拍档提供商店管理、拓店营销、智能数据分析、成长晋级等功能。

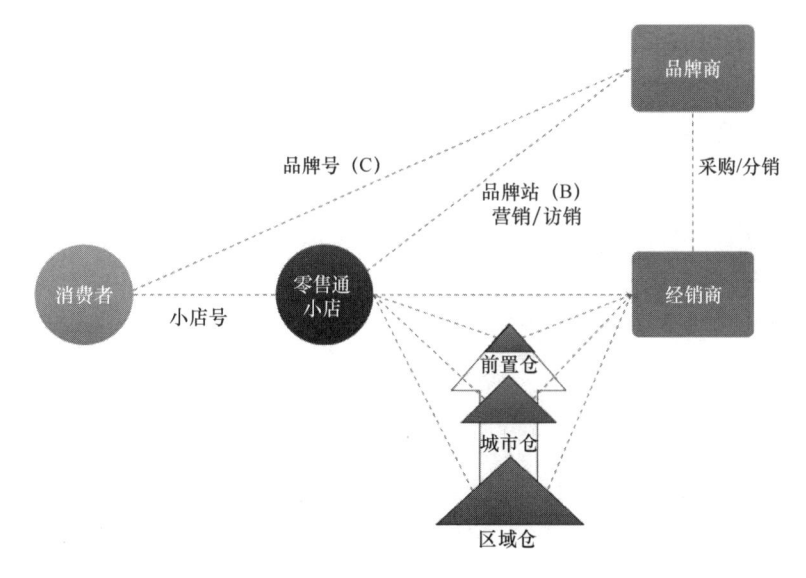

图 9-2　阿里巴巴零售通运作图

（资料来源：2017 杭州·云栖大会）

2017 年 8 月 18 日，阿里巴巴宣布零售通首个前置仓在浙江义乌开仓，同时零售通在全国布局了 20 多个仓储中心，未来将在全国 2000 多个城市布局前置仓，并与区域仓形成互补。此外，天猫将授予零售通天猫小店品牌，天猫将发挥自身品牌力量，为小店主提供品牌服务，简单来说，天猫将为全国范围内的小店提供改造、挂牌服务，让小店以"天猫"品牌对外。传统便利店、"夫妻店"通过阿里巴巴零售通等平台改造升级后，经营品类更丰富、场所更整洁、商品更安全、成本更低、人气更火爆。2017 年 8 月，阿里巴巴集团副总裁、零售通事业部总经理林小海说：一家小店一天有 200 个顾客，一个月有 1000 个顾客，而 600 万家小店，这个流量相当于 6 亿人。

截至 2019 年 8 月，零售通已经成为快消行业的数字化分销基础设施，覆盖全国 25 个省的 130 万家小店，入驻品牌商、经销商超过 700 家，成为国内快消 B2B 第一平台。在2019年8月的阿里巴巴零售通战略发布会上，阿里巴巴宣布零售通已经完成物流、支付、数字化运营三大基础设施建设，未来将继续推动渠道数字化变革，升级对小店的服务体系，将零售通打造成百万家小店的核心服务平台。在整个阿里巴巴商业操作系统中，零售通所担任的角色正是智能化的渠道解决方案。阿里巴巴希望帮助百万家小店变成智能小店，百万家小店带来的市场洞察最具市场活力，可以帮助阿里巴巴更好地服务品牌商。

农村淘宝是另一个阿里巴巴新零售的社会化平台。阿里巴巴通过与各地政府深度合作，以电子商务平台为基础，搭建县村两级服务网络，充分发挥电子商务优势，实现"网货下乡"和"农产品进城"的双向流通功能。2014年10月，阿里巴巴启动了"千县万村"计划，计划在三至五年内投资100亿元，建立1000个县级服务中心和10万个村级服务站，至少覆盖全国1/3的县及1/6的农村地区。从2017年6月开始，阿里巴巴升级村淘战略，农村淘宝与淘宝、天猫等电商平台实现系统通、商品通、服务通，农村淘宝APP在系统通正式实行后，与手机淘宝合二为一。农村淘宝还将联合菜鸟网络承接商家下农村的物流需求，通过省级、县级物流仓的能力，快速打通县到镇到村的两段物流体系。

截至2019年6月，全国共有4310个淘宝村、1118个淘宝镇，淘宝村已经广泛分布于25个省（自治区、直辖市）；全国淘宝镇数量从2018年的363个上升到1118个，其中中西部和东北地区的淘宝镇超过200个。

第四节　新思维、新技术、新体验

新零售是一场全社会的新型大协同，而在这个规模庞大的转型"大战场"上，也有小而美的新生力量。这些小而美的新思维、新技术和新体验，不仅是对新零售共享商业的补充，而且也许在若干年后将成为新一代零售的主要业态形式。

● "四不像"的盒马鲜生

盒马鲜生是整个阿里巴巴新零售的前沿阵地。盒马鲜生的创始人侯毅曾是京东物流的首席规划师、O2O事业部总经理。2015年2月，侯毅离开京东，开始创立"支付宝会员店"盒马鲜生。2016年1月，首个盒马鲜生店开张，不久后获得阿里巴巴领投的1.5亿美元A轮融资。2017年7月14日，马云和张勇等人在盒马鲜生品尝刚刚出炉的海鲜，引发广泛社会关注。

2017年的盒马鲜生是"四不像"状态，它既是超市，也是餐饮店，还是菜市场，消费者还可以在盒马鲜生APP下单，盒马鲜生的快速配送可在门店附近3千米范围内实现30分钟送货上门。盒马鲜生既不是超市、便利店，也不是餐饮店和菜市场，却具备包括上述业态在内的所有功能，是"超市+餐饮+便利店+菜市场+电商+物流"的复合功能体。

盒马鲜生利用线上线下与现代物流技术的结合，给消费者带来生鲜商品3千米范围、最快30分钟免费快递到家的极致服务体验，由此创造出了"盒区房"的概念。盒马鲜生数据驱动线上线下一体化模式，极大提高门店坪效，坪效是传统零售门店的3~5倍。粉丝渠道是盒马鲜生除线上和线下外的第三种销售渠道。基于粉丝之间的互动营销，把3千米内的粉丝运营好，消费者对于门店的忠诚度会大幅提高。因此，盒马鲜生设有餐饮副店长、物流副店长、线上运营副店长三种管理角色。

盒马鲜生的定位是基于场景，具体来说就是围绕吃生鲜这个场景进行定位。盒马鲜生提出新的消费价值观：新鲜每一刻。盒马鲜生把所有的商品都做成小包装，做成当天买当天吃、正好够一顿饭的量。盒马鲜生放弃了客单价的理论，认为消费者追求的是新鲜的生活方式，也不再需要冰箱，因为所有的生鲜食品都能在半小时内送达。另外，在盒马鲜生的商品结构中做了大量的半成品和成品，加热即可食用，以满足消费者的即时享用需求。

盒马鲜生提供的线上商品和线下商品完全是同一商品、同一品质、同一价格。当消费者没有时间到店面买菜或食品的时候，就可以在盒马鲜生APP下单。特别是在雨天的时候，盒马鲜生的线上销售非常火爆。盒马鲜生的门店面积有限，因此通过线上扩大商品的种类，消费者可以在盒马鲜生买到5000元一条的野生黄鱼，这些高档食材在超市是无法买到的。

盒马鲜生认为自己是一家互联网公司，大部分的销售都来自线上。门店的价值在于建立消费者对于品牌和品质的认知，与消费者互动，以及通过离消费者最近的物流快速与消费者建立关系。更为重要的是，盒马鲜生采用会员制，一切消费行为全部在盒马鲜生APP上实现并通过支付宝支付，从而可精确掌控消费者的数据和信息，完成消费闭环。为了激活消费者，盒马鲜生的主打爆款为99元一只的波士顿活龙虾和88元一只的面包蟹，线上线下同价，作为引流、获客、提高客单价的利器。截至2020年6月，盒马鲜生在全国已经有近300家门店。

与盒马鲜生不同的是，另一家主打生鲜的每日优鲜比较纯粹地走O2O和物流路线，更偏向于利用现有技术最大化零售效率。每日优鲜将冷库修到能覆盖社区3千米的区域，通过前置供应链和应用AI算法，做到全品类生鲜商品在2小时内配送上门，已经覆盖全国主要的城市。每日优鲜通过提高整个货物流转效率，让线上替代线下,成为主要的购买渠道。截至 2020 年,每日优鲜在全国 20 多个主要城市建立起"城市分选中心+社区前置仓"的极速达冷链物流体系,为用户提供自营精选生鲜最快 30 分钟送达服务。每日优鲜坚持全品类精选战略,在满足用户一站式生鲜购买需求的同时,维持精简 SKU 的状态。截至 2020 年,共有 2000 款精选 SKU 涵盖 12 大品类,即水果、蔬菜、肉蛋、水产、乳品、零食、酒饮、熟食、轻食、速食、粮油、日用百货等,全品类生鲜一站式购齐。2018 年 9 月,每日优鲜完成了高盛和腾讯领投的 4.5 亿美元的新一轮融资,成为腾讯投资成员企业。

京东旗下的生鲜商超 O2O 平台"京东到家",采用更轻的商业模式,接入了超市便利、新鲜果蔬、零食小吃、鲜花烘焙、医药健康等线下门店。为了提高效率,缩短拣货时间,京东到家开发了供店员快速拣货的 APP,并配合门店建立拣货区或店内仓。此外,京东到家可提供超市产品、生鲜、外卖等上千种商品及服务。2016 年,达达集团与京东到家合并(京东集团占股约 47.4%,成为单一最大股东),合并后更名为达达—京东到家集团,2019 年年底再次更名为达达集团。达达集团深入完善京东到家和达达快递两大子品牌,以"零售+配送"双核驱动战略,强化市场优势。截至 2019 年 12 月 31 日,达达快送业务覆盖全国 2400 多个县区市,日单量峰值约 1000 万单;京东到家业务覆盖全国超过 700 个县区市。

● 银泰的"旧城改造"

如果说盒马鲜生、每日优鲜、京东到家等是新零售的新物种,那么阿里巴巴对于银泰的改造,就属于传统零售业转型新零售的尝试。以数字化为基础,以消费者需求为核心,推动商业要素的重构,基于阿里巴巴的云服务,银泰实现了商品数字化、卖场数字化、会员数字化、供应链数字化、组织管理数字化的全面数字化转型。线上渠道与线下渠道被打通,银泰实现了对消费者的创新型全渠道接触和全渠道的整合营销(见图 9-3)。

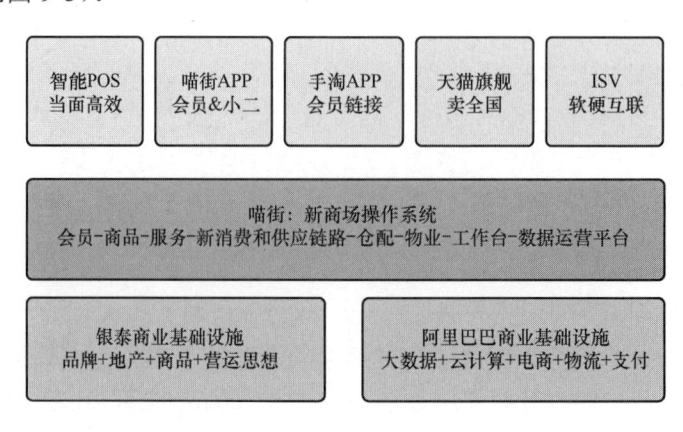

图 9-3 银泰的数字化改造

银泰在向新零售转型的过程中有如下创新。

第一，银泰百货建立众多线上品牌集合的精品买手店"生活选集"，通过打通实体店、天猫银泰百货旗舰店及品牌旗舰店的价格和库存，实现线上线下同款同价。"生活选集"帮助线上品牌开拓线下渠道，实现了全域销售；同时，消费者对线上品牌具有更强的体验感，从而增加了线上品牌粉丝的购买转化率。

第二，天猫与银泰合作推出了逛街神器"喵街"，这款产品对所有商业实体开放，能够基于位置信息向顾客提供吃喝玩乐一站式服务，如导购、促销、停车等，帮助实体商家更好地服务顾客。"喵街"也被认为是新商场的"操作系统"。

第三，银泰会员已经完成和天猫、淘宝系的会员账号互通，下一步继续和支付宝打通会员体系。在数据打通后，银泰可以给消费者提供更精准的营销。银泰柜台上的商品都能在银泰天猫旗舰店购买，几乎可以做到线上线下同款同价，银泰也会从天猫上遴选一些第三方的优质品牌商品（目前覆盖家居、零食品类）放到银泰柜台销售，供消费者直观体验。

第四，银泰在服务方面也做了诸多创新，比如在线下购物时也可以选择线上快递到家服务，享受和线上一样的包邮服务，在实体店逛街可以"一键退货"等。

当然，银泰的数字化进程没有那么快，毕竟百货公司的 SKU 可达到 9 位数，而且每年两次换季，若将每个商品都数字化，则成本巨大。对于银泰来说，只有做好数字化，然后才是网络化和智慧化，最后达到所谓"新零售"的阶段。截至 2019 年 9 月，银泰已经变成服务数字化会员的互联网商场、具有基于数据驱动的货找人的规模化部署新零售能力的商场。在 2019 年的"618"中，丽丽的鞋柜以"坪效翻倍"的战绩成为银泰新零售品牌中的标杆，线上带来的销售在丽丽的鞋柜总销量中占比接近 50%，其中天猫店和喵街店的占比为 1∶2。

在 2019 年 9 月的云栖大会新零售生态峰会上，银泰商业 CEO 陈晓东宣布：银泰将打造 1000 个坪效翻番的新零售品牌，打造 100 个年销千万元的新零售商品，未来 5 年在线上再造一个银泰百货。阿里巴巴集团 CEO 张勇曾把银泰与盒马鲜生相比较，他指出盒马鲜生的成功靠的是顶层设计，构建了全新的人货场，好比"平地起高楼"，而银泰的数字化重构则类似旧城改造。

● 力挽狂澜的小米之家

说到新零售，还有一个案例需要提及，这就是小米之家。2016 年，面对华为、OPPO 等本土厂商的激烈竞争，小米手机出货量暴跌。市场研究公司 IDC 称，2016 年第一季度，小米在中国智能手机市场仅排在第五，而 OPPO 和 vivo 通过在中国小城镇及农村地区与零售商建立紧密的关系，重挫小米。

雷军通过增加产品线、地理覆盖范围及销售渠道进行反击。小米积极发展传统的零售店市场。雷军表示，小米之家是新零售的代表作之一，代表了用电商的技术来做线下零售店的一个典范。2017年11月5日，小米之家深圳旗舰店在试运营一个月后正式开业，这是全球第一家小米之家旗舰店。小米之家坪效达到了26万元，行业内仅次于苹果公司的40万元左右，甚至高于奢侈品牌蒂凡尼的20万元。截至2019年12月31日，小米之家在国内的门店数达到630个。

2017年，雷军对外阐述了"小米新零售"八大战略：对标快时尚选址、低频变高频、爆品战略、大数据选品、提高连带率、增加体验性、强化品牌认知、打通全渠道。

- 对标快时尚选址，即小米的用户与优衣库、星巴克、无印良品高度重合，因此小米确定了与优衣库、星巴克、无印良品对标开店的选址策略。
- 低频变高频，即小米之家在2017年有20~30个品类、200~300件商品，所有的品类每年更换一次，就相当于用户每隔半月就会进店一次。
- 爆品战略，即小米之家的产品品类虽然多，但每个品类只有几款产品，即所谓爆品。通过爆品带来的巨大销量，使供应链成本降低、价格尽可能便宜，从而提高转化率。
- 大数据选品，即线下店可以优先选择线上被验证过的畅销产品，通过大数据实现精准选品、卖畅销品、卖当地最好卖的货，从而提高转化率。
- 提高连带率，即强调技术、设计等的协同效应。比如，小米产品都是统一色调、统一设计和风格，很容易引发连带购买行为。小米监控摄像头、小米路由器之间就是数据与网络的连带效应。
- 增加体验性，即通过线下的长时间体验，带动高端产品销售。同一款小米手机，在线上卖得更多的是中低配版，而线下卖得更多的却是高配版。这是因为线上只能比较参数，线下却可以体验外观、手感、性能等。
- 强化品牌认知。线下销售为小米带来了新的客户群，包括很少触网的老年人群体。
- 打通全渠道。小米的零售全渠道分为米家有品、小米商城和小米之家，米家有品和小米商城为线上电商。2017年，米家有品有2万多种商品，小米商城有2000多种商品，线下的小米之家有约200种商品。通过线下向线上引流，线上向线下提供大数据爆品和在线服务等，形成全渠道的零售体验。

第九章 新零售：全社会共享商业网络

● 用技术创新的新零售

盒马鲜生、银泰百货、小米之家等，更多是商业形态的重组、线下线上的一体化、效率的极致追求等新零售模式，而人工智能、虚拟现实、物联网等科技也在影响着新零售的形态，甚至可能开创未来零售之路。

2016年年底，亚马逊的试验性无人便利店Amazon Go一经推出，就受到业界的追捧。所谓无人便利店，即店内没有一个员工，而是在货架上布置了多种传感器（摄像头、重力传感器、红外传感器、蓝牙发射模块等），直接通过手机在线上确认支付就能够完成交易。消费者在进入Amazon Go的时候，通过人脸识别确认身份；在逛Amazon Go的整个过程中，图像识别功能会自动识别消费者的手势，是拿走商品还是放回货架；货架上的各种传感器确认是否取走商品；在整个过程中，消费者手机里的亚马逊APP会自动更新购物状态。

自Amazon Go的概念提出以后，各类无人零售解决方案就层出不穷。国内的缤果盒子在2017年7月获得了A轮融资，缤果盒子是国内市场上第一家规模化运营的商用无人便利店，于2016年8月开始在广东中山地区启动测试，2017年6月初落地上海。缤果盒子对零售商开放加盟，采用统一的缤果盒子外壳，商业模式更像是7-11或者全家的便利店品牌。进入2019年，缤果盒子被爆出裁员风波，在商业模式和盈利模式上遇到挑战。

深兰科技是国内一家无人零售领域的创业公司，但走的是ToB的路线，也就是为品牌商提供Take Go形式的定制化的无人零售店/亭/屋。比如，为伊利牛奶设计的无人零售店，外形就可以设计为牛奶盒子的形式，店内只销售伊利的产品。与深兰科技签约的品牌商有娃哈哈、伊利、光明、周黑鸭、来伊份、良品铺子等，零售商有永辉、苏宁、良友、好德、罗森等，线上电商品牌转线下的有三只松鼠、扫货特卖等。深兰科技后来转为人工智能技术公司，产品从智慧零售扩展到智能驾驶、智能机器人、生物智能。

在新零售技术方面，阿里巴巴进行了以下大量的尝试。

- 无人贩卖机：消费者可先通过贩卖机选择喜欢的商品，然后打开手机淘宝或手机天猫扫码支付，就可以直接取走想要的商品。
- AR商品展示台：使用阿里巴巴新零售技术产品"AR商品展示台"，即在一个空的展示台上通过手机淘宝或天猫APP客户端AR扫码，就可个性化、360°展示产品及其核心卖点信息，增强消费者的购物体验。

- **试妆魔镜**：利用 3D 建模技术打造的"试妆镜"通过对人脸的高精度识别，能够实现美瞳、腮红、眼影和唇彩的实时绘制，达到逼真、自然的虚拟试妆效果。
- **RFID 电子标签**：门店的商品上都有 RFID 电子标签，可以采集顾客消费行为数据，提高门店销售连带率，减小导购盘点、查货、收银等环节的工作量。
- **智能刷脸支付**：在杭州和深圳的肯德基主题店，可以体验智能刷脸支付。只要开通支付宝刷脸支付功能，不用手机、不输密码，刷脸就能点餐付钱吃汉堡。

拼多多：三年杀进国内电商前三

拼多多是在 2016 年新零售兴起之年出现的新电商平台。拼多多成立于 2015 年 9 月，是专注于 C2M 拼团购物的第三方社交电商平台。简单来说，拼多多的商业模式就是团购，用户可以发起与朋友、家人、邻居等的拼团，从而以更低的价格拼团购买优质商品。

2018 年，拼多多在美国纳斯达克上市；2020 年 8 月，拼多多正式进入纳指 100，成为最年轻的纳指 100 企业。在拼多多上市的 2 年里，拼多多服务的用户群体由 3.44 亿人增长至 6.83 亿人，平台年成交额由 2621 亿元增长 384%至 12687 亿元，而拼多多股价从发行价 19 美元累积上涨到接近 92 美元，总市值超过 1000 亿美元。2020 年，拼多多位居中国第三大购物电商平台，仅次于阿里巴巴和京东。

拼多多的成功超出了业界的预期，根据电子商务研究中心的 2019 中国网络零售市场数据监测报告，拼多多市场份额从 2016 年到 2019 年分别为 0.2%、2.5%、7.8%、12.8%，呈现跳跃式增长态势；而同期天猫、京东和苏宁易购的市场份额都保持稳定。同时，拼多多的 GMV 达到万亿级，与天猫和京东同为第一梯队，而苏宁易购、唯品会的 GMV 为千亿级。若以年活跃用户数量计，拼多多已超过京东，直逼阿里巴巴。

拼多多的用户以价格敏感型用户为主，特别是智能手机向三四线以下城市的普及，带来了大量移动互联网下沉用户，这类群体的可支配收入较低，对价格敏感且追求性价比。不过，随着拼多多品牌的迅速崛起，一二线城市的用户群也加入了拼多多的拼团购物大军，同时也有更多高品质口碑在拼多多上推出了低价爆品，以在更广泛用户群中争夺品牌心智份额。总的来说，拼多多通过团购的方式汇聚了消费者需求，向上游中小厂商推出了确实性的生产信息，实现了一定程度的批量定制。

2020 年 8 月，在拼多多新一季财报说明会上，拼多多表示要加强对新电商生态体系的战略投资，特别是对农产品价值链的投资。截至 2020 年上半年，拼多多已经成为中国农产品线上流通、外贸品牌转内销，以及国内外品牌获得增量市场的主要平台之一。2020 年，软银、淡马锡等多家风险投资公司和国际主权基金等首次买入拼多多股份。

第十章
新制造：全社会共享制造网络

制造业为国之重器。根据国家统计局数据，2017 年我国国内生产总值达 82 万亿元，比上年增长 6.9%，首次突破 80 万亿元大关，也是我国经济年度增速自 2011 年下行以来的首次回升；我国国内生产总值于 2018 年进一步突破了 90 万亿元，2019 年接近 100 万亿元。我国制造业核算产值 2017 年为 24 万亿元，2018 年进一步突破 26.48 万亿元，2019 年达到 26.92 万亿元。在未来很长一段时间内，制造业都是国民经济的第一大产业和支柱型产业。

2018 年（改革开放 40 年），中国制造完成了第一次"脱胎换骨"的转型升级。1980 年，中国制造业增加值占全球比重仅为 1.5%，2017 年这一比重上升至 25%。到 2018 年，中国制造业已连续 9 年保持规模世界第一，形成了全球最完整的制造业体系。而这样成绩的取得，是从一个很低的水平艰难发展起来的。《经济日报》报道，一位日本记者在 1978 年到重庆炼钢厂采访，发现这家工厂使用的都是 20 世纪 50 年代前的机械设备，还有一台 140 多年前英国制造的蒸汽式轧钢机。

2019 年，工业互联网首次进入政府工作报告，2019 政府工作报告专门提及"打造工业互联网平台，拓展'智能+'，为制造业转型升级赋能"。在中国智能制造和工业互联网两大新制造任务中，两手都要抓、两手都要强。而制造业的转型升级又与消费转型升级相关，高端消费、个性化消费、精品消费等带动了制造产品的升级换代，在这个过程中对制造业的基础设施进行改造，是一个可以兼顾智能制造与工业互联网的路径。对于未来的中国来说，新制造是可以改变整个经济格局的新经济模式。

第一节　中国制造业的两大任务

● 中国制造转型

我国实施制造强国战略，要想形成经济增长新动力，塑造国际竞争新优势，重点在制造业，难点在制造业，出路也在制造业。

特别是我国制造业面临发达国家和其他发展中国家"双向挤压"的严峻挑战。国际金融危机发生后，发达国家纷纷实施"再工业化"战略，重塑制造业竞争新优势；一些发展中国家也在加快谋划和布局，积极参与全球产业再分工，承接产业及资本转移，拓展国际市场空间。而与此同时，我国仍处于工业化进程中，与先进国家相比还有较大差距，制造业大而不强，自主创新能力弱，关键核心技术与高端装备对外依赖度高。

实际上，我国对制造业的现状有非常清楚的认识：需要先完成工业化，再提高劳动生产率。其中，完成工业化可以理解为智能制造，提高劳动生产率可以理解为"互联网+"。所谓完成工业化，其实是实现整个生产制造的智能化和自动化，主要体现在大量使用数字机床、传感器、智能制造 MES 系统等来实现工厂与生产自动化；在此基础上，再通过互联网手段来大幅提高生产效率和劳动生产率，这就是"互联网+制造"。

围绕实现基本工业化和提高全员劳动生产率，我国出台了两个行动指南：2016年5月的《国务院关于深化制造业与互联网融合发展的指导意见》、2016年12月工信部和财政部联合下发的《智能制造发展规划（2016—2020年）》。

● 智能制造

在智能制造方面，必须提到信息物理系统（Cyber-Physical Systems，CPS）和工业4.0。

2006年，美国国家科学基金会（NSF）组织召开了国际上第一个关于 CPS 的研讨会，对 CPS 这一概念做出详细描述。此后，美国政府、学术界、产业界高度重视 CPS 的研究和应用推广，并将 CPS 作为美国抢占全球新一轮产业竞争制高点的优先议题。2011年的德国汉诺威工业博览会首次提出了"工业4.0"。2013年，德国《工业4.0实施建议》将 CPS 作为工业4.0的核心技术，并在标准制定、技术研发、验证测试平台建设等方面做出了一系列战略部署。工业4.0在德国也被认为是第四次工业革命，是德国政府《高技术战略2020》中的一项战略。2014年7月，德国总理默克尔到访中国并大力推广"工业4.0"，使得"工业4.0"受到了中国产业界的空前重视。

CPS 主要指包括智能设备、数据存储系统和生产制造业流程管理，从生产原材料采购到产品出厂的整个生产制造和物流管理过程，都基于信息技术实现数字化、可视化。CPS 的定位：基于 CPS 的智能装备、智能工厂等智能制造正在引领制造方式变革。换句话说，CPS 是智能制造的基础，也是推进智能制造的主要技术。

中国信息物理系统发展论坛于 2017 年 3 月发布的《信息物理系统白皮书（2017）》中进一步指出：CPS 通过集成先进的感知、计算、通信、控制等信息技术和自动控制技术，构建了物理空间与信息空间中人、机、物、环境、信息等要素相互映射、适时交互、高效协同的复杂系统，实现系统内资源配置和运行的按需响应、快速迭代、动态优化。其中，信息空间对物理空间要素的映射又称为数字孪生，CPS 是支撑信息化和工业化深度融合的综合技术体系（见图 10-1）。

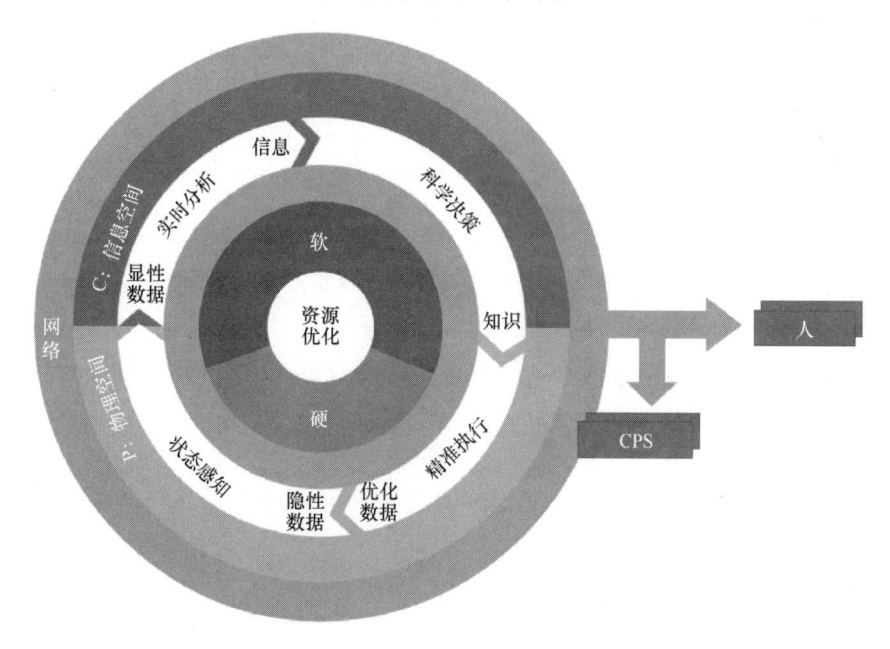

图 10-1 CPS 的本质

通常认为 CPS 包括四个部分：状态感知，即通过各种各样的传感器感知物质世界的运行状态；实时分析，即通过工业软件实现数据、信息、知识的转化；科学决策，即通过大数据平台实现异构系统数据的流动与知识的分享；精准执行，即通过控制器、执行器等机械硬件实现对决策的反馈响应。而这一切都依赖一个实时、可靠、安全的网络。《信息物理系统白皮书（2017）》把这一闭环赋能体系概括为"一硬"（感知和自动控制）、"一软"（工业软件）、"一网"（工业网络）、"一平台"（工业云和智能服务平台），即"新四基"。

《智能制造发展规划（2016—2020 年）》中明确提出：聚焦感知、控制、决策、执行等核心关键环节，推进产学研用联合创新，攻克关键技术装备，提高质量和可靠性；面向十大重点领域，推进智能制造关键技术装备、核心支撑软件、工业互联网等系统集成应用。显然，"智能制造"与 CPS 是一脉相承的，主要是实现生产制造过程的自动化、智能化，以基本完成我国的工业化。

工业 4.0 与"互联网+制造"

工业 4.0 更多与"互联网+制造"衔接。《国务院关于深化制造业与互联网融合发展的指导意见》指出：制造业是国民经济的主体，是实施"互联网+"行动的主战场。我国是制造业大国，也是互联网大国，推动制造业与互联网融合，有利于形成叠加效应、聚合效应、倍增效应，加快新旧发展动能和生产体系转换。而制造业与互联网融合的目标是：到 2018 年年底，制造业重点行业骨干企业互联网"双创"平台普及率达到 80%；相比 2015 年年底，工业云企业用户翻一番，新产品研发周期缩短 12%，库存周转率提高 25%，能源利用率提高 5%；到 2025 年，制造业与互联网融合发展迈上新台阶，融合"双创"体系基本完备，融合发展新模式广泛普及，新型制造体系基本形成，制造业综合竞争实力大幅提升。

什么是工业 4.0？工业 4.0 是一个比较模糊的概念，总体来说是指通过深度应用信息技术，掌控从消费需求到生产制造的全部过程，在实现高效生产管理的基础上，创造个性化的产品与服务。由于工业 4.0 是由德国等后工业时代的国家提出的策略，因此工业 4.0 更多意味着工业服务化，以及由消费者直接到制造工厂的个性化生产。在工业服务化方面，工业 4.0 通过数字服务延伸了现有产品的生命周期，为制造企业创造了新的基于服务的商业模式及新的利润空间，最著名的例子就是从卖飞机引擎到销售可用飞行时间。

英国劳斯莱斯公司是设计制造飞机、船舰引擎与发电机的全球第二大动力系统制造商。20 世纪 90 年代末，劳斯莱斯公司率先将销售飞机引擎的商业模式转变成销售"引擎的飞行时间和维护服务"，也就是将引擎出租给航空公司，由劳斯莱斯公司提供引擎整个生命周期的管理维护服务，航空公司只是支付"使用"引擎和服务的费用。在劳斯莱斯公司的引擎健康管理部门（Engine Health Management），随时有二十几名工程师，一天 24 小时、一年 365 天监控着安装在全球近 100 家航空公司客机上的劳斯莱斯引擎。每个飞机引擎上都安装了数十个物联网传感器，随时收集转速、温度、振动、油压等各种运转数据，通过卫星回传到监控中心，工程师进行实时分析，检查引擎是否正常运转，这就是工业 4.0 里典型的预测维护服务。劳斯莱斯公司也成为工业 4.0 的最早实践者之一。

对于如何实践"互联网+"有一个具体的落地抓手，即制造企业互联网"双创"平台。支持制造企业建设基于互联网的"双创"平台，深化工业云、大数据等技术的集成应用。同时，推动互联网企业构建制造业"双创"服务体系，支持制造企业与互联网企业跨界融合，培育制造业与互联网融合新模式。"双创"平台的提出，创造了有中国特色的工业 4.0。除效仿西门子 MindSphere 和 GE Predix 等工业互联网平台外，我国还有制造巨头三一重工的树根工业互联网平台、徐工集团的徐工工业云等及 BAT 的工业云，以及从互联网公司角度催生新的制造模式，如阿里巴巴的工业淘宝、富士康的淘工厂等。

第二节　制造巨头与互联网巨头"跑马圈地"

● GE 与 Predix

GE 一向被视为工业 4.0 的先驱，Predix 是 GE 历史上最重要的软件和数字化创新，也是整个工业 4.0 的标志性创新。

2012 年 11 月 28 日，GE 董事长兼 CEO 杰夫·伊梅尔特发表了题为《互联网的未来是智能机器》的文章，文中称工业互联网革命即将到来。当时，杰夫·伊梅尔特认为，全球都在期待下一个生产力提升的重大机会，而工业互联网将是其中的一个——如果与互联网大潮类似，到 2030 年工业互联网将为全球 GDP 带来 15 万亿美元，而这相当于往世界经济中再加入一个美国。

如此巨大的 GDP 提升，却只需要生产力的极小程度的提升。杰夫·伊梅尔特强调只要现有的生产力提升 1%，就足以创造巨大的效益。杰夫·伊梅尔举例称：飞机引擎维护效率提高 1%，就能降低相应 2.5 亿美元的成本；而电能生产中节约 1%的燃料，就能让全球经济每年增加 40 亿美元的收益。文章中提及，当时 GE 已经有 5000 名软件工程师和 9000 名 IT 工程师，这些人在当时已经聚焦于挖掘 1%的生产力提升。

杰夫·伊梅尔特的想法其实非常简单：既然互联网能够大幅提高人与人之间的沟通和管理效率，那么用互联网来提高机器与机器、机器与人之间的沟通和管理效率，效果应该不差。特别是用工业互联网首先改进 GE 内部的机器与机器、机器与人之间的沟通和管理效率，就应该能直接产生巨大的经济效益。

2013 年，GE 投资了著名的开源 PaaS 平台 Cloud Foundry 的主导公司 Pivotal，并基于 Cloud Foundry 推出了 Predix。2014 年 3 月，GE 和 AT&T、思科、IBM 和 Intel 共同发起成立工业互联网联盟。2015 年，GE 整合了公司所有的数字化职能部门，成立了一个统一的业务部门——GE 数字集团（GE Digital），2015 年 8 月，其推出了 Predix Cloud。同年，杰夫·伊梅尔特宣布到 2020 年 GE 将成为全球十大软件公司之一，GE 数字集团到 2020 年实现 150 亿美元的营收。

然而，GE 数字集团到 2017 年仅实现了 40 亿美元的营收，在 GE 集团内部可谓微乎其微。2017 年，主导了 Predix 的杰夫·伊梅尔特因业绩不佳及长期股票不振而下台。2018 年 6 月，GE 被移出道琼斯指数。2018 年 7 月，《华尔街日报》报道，GE 在新任董事长兼 CEO 约翰·弗兰纳里主导下将出售大部分 GE 数字化业务，其中也包括 Predix（见图 10-2）。截至 2020 年 6 月，GE 数字集团并未找到买家，继续留在 GE 集团。

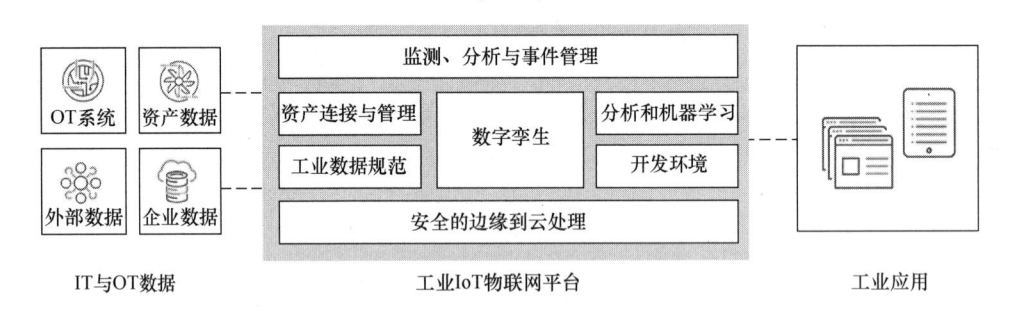

图 10-2　Predix 架构逻辑图

虽然 Predix 及 Predix Cloud 的初衷是正确的方向，但在具体技术选型中由于选择由 GE 自己重新开发，那么无论是开发效率、人员和运营成本还是后续推广，都面临重重挑战。此外，从 GE 数字集团近几年的年营收可以看出，工业互联网是一个慢热的市场，并非一朝一夕就可以爆发。杰夫·伊梅尔特的最初想法很好，让互联网向工业领域渗透以提高工业企业 1%的生产力，但这个过程因 GE 自身其他业务的大幅下降而受到极大影响。

阿里云

在 2016 年 10 月的云栖大会上，马云提出了"五新"，其中包括"新制造"。马云当时的提法是："未来的制造业用的不是电，而是数据。个性化、定制化将成为主流，IoT 的变革将变为按需定制，人工智能是大趋势。"

在 2017 年 3 月 29 日的云栖大会·深圳峰会上，阿里云发布了 ET 工业大脑，希望通过数据、算法对传统的工业生产线进行智能化改造。2017 年 10 月，在工信部组织召开的全国云计算工作交流会上，国家工业智能公共服务云平台（简称"国家工智云平台"）正式签约启动。"国家工智云平台"由阿里云、中国电子信息产业发展研究院（赛迪研究院）、工信部电子第五研究所（中国赛宝）共同发起并主导建设，将完成对 10 万家大、中、小型制造企业的覆盖。

在 2017 年 11 月的云栖大会·广东分会上，阿里云宣布将在广东建设阿里云工业互联网云平台,将全国工业云总部定于广州。2018年7月,阿里云与西门子签署备忘录,将于2019年推出部署于阿里云的MindSphere平台。2018年8月1日,阿里云ET工业大脑开放平台宣布将开放3个行业知识图谱、19个业务模型、7个行业数据模型、20多个行业算法模型。

2020年6月,市场调查公司IDC发布了《中国工业云市场跟踪(2019下半年)》报告。2019年,阿里云位居中国工业云整体市场(含基础设施和解决方案)第一:在工业公有云基础设施市场,阿里云所占份额高达37.3%;在平台和解决方案市场,阿里云同样位列第一,占份额达24.7%。IDC指出,阿里云的技术产品优势是以飞天云操作系统、飞天大数据平台、阿里巴巴双中台和智联网AIoT为基础,为客户提供基础设施上云、数据上云、云上中台、云上智能"四步上云"的全套解决方案。

徐工集团

徐工集团是较早与阿里云一起合作的制造企业。2016年,徐工集团宣布和阿里云签约共同搭建徐工工业云,双方在中间件平台上协同建设共享服务中心;在软件平台上实现协同设计云、全球物联网、智能供应链、智能工厂等。

徐工工业云平台是徐工集团立足工程机械行业两化融合实践经验,基于徐工集团"互联网+"融合行动方案(2016—2020年)和"徐工制造2025"战略,融合研发设计过程、生产制造过程、营销服务过程、供应链体系及产品运行过程等全生命周期形成的。截至2017年7月,徐工工业云平台已经接入设备超过40万台,采集5000余种工况,每天汇集超过5亿条数据。2017年5月,徐工工业云入选工信部《2017年制造业与互联网融合发展试点示范项目名单》。

2018年12月,徐工集团宣布对Xrea工业互联网平台的品牌进行升级,正式将其命名为徐工信息汉云工业互联网平台;汉云和Xrea都是徐工信息品牌资产,区别是:汉云品牌将主要面向国内市场,Xrea品牌将主要面向"一带一路"等海外市场。当时,徐工信息汉云工业互联网平台接入的设备超过67万台,设备种类为2066种,管理的设备资产超过4000亿元,通过提供设备级、企业级、行业级多场景解决方案,先后为63个行业、400多家客户提供服务。2019年12月,徐工信息汉云工业互联网平台宣布完成A轮3亿元融资。

腾讯云

腾讯云也积极布局工业互联网,腾讯云的主要合作制造企业为三一重工。早在

2008年，三一重工开始筹划进军工业互联网；2016年，树根互联技术有限公司正式成立；2017年2月，树根互联的核心产品——根云平台发布。

依托于三一重工9年的工业专业知识积累和国内最早的工业物联应用开发经验，根云平台能从各种各样的高价值设备机器上采集数据，并将数据以最低成本、最安全、最高效方式传递到云端。根云平台的大数据处理主要基于腾讯云的计算能力，腾讯云为根云平台提供了基础的计算资源、相关云安全的保障及数据隐私等保护，根云平台在腾讯云的计算能力上构建了相应的工业数据的清洗、转化和建模等能力，以及相应的大数据分析能力。2019年5月，根云平台成为中国首家入选Gartner IIoT魔力象限的工业互联网平台，当年9月又入选工信部"2019跨行业跨领域工业互联网平台"；2020年3月，根云平台发布工程机构指数疫情版，为全国复工计算的推进及疫情期间的宏观经济分析提供有效参考。截至2020年6月，根云平台已经接入各类工业设备超66.8万台，赋能81个细分行业，连接超过4700亿元资产，为客户开拓年均百亿元的新业务。

此外，在2017年12月的世界互联网大会期间，腾讯云、宁波市经信委、镇海区政府、浙江中之杰智能系统有限公司四方签约，联手共建腾讯工业云平台，腾讯工业云产业基地落户宁波镇海区。在2018年5月的中国国际大数据产业博览会上，腾讯联合国家工业信息安全发展研究中心、华龙讯达共同发布腾讯木星云工业互联网平台，借助华龙讯达实现了边缘计算和工业物联网PaaS平台的连接，实时将设备运行数据上传到云端，并与国家工业信息安全发展研究中心合作，开展平台的标准研制、安全防护和应用推广工作。

2018年6月，在腾讯"云+未来"峰会上，腾讯云推出"工业超级大脑"，把腾讯的云计算、AI、大数据等各项技术，针对性地输出到工业领域。腾讯云的工业超级大脑还支持行业或生态合作伙伴的二次开发。例如，在接入工业超级大脑后，富士康快速构建起企业级工业物联网平台，成本节约30%，仅一期项目支出节约百万元以上，同时物联网数据接入和可视化项目周期缩短45%以上。

● 富士康

提起富士康，很多人想到的是"低端代工厂"，但富士康也积极筹划进入工业物联网和互联网领域。富士康制定了"云、移、物、大、智、网+机器人"未来发展战略规划，富士康科技集团成立了富士康工业互联网股份有限公司，推动富士康工业互联网平台BEACON的发展。

2018年2月，富士康工业互联网股份有限公司（简称：工业富联）提交IPO申请仅用 36 天，创下了 A 股市场 IPO 审核的最快纪录，5 月 11 日拿到 IPO 批文，正好用时 100 天。据公开信息，BEACON 八大平台项目包括工业互联网平台构建、云计算及高效能运算平台、高效运算数据中心、通信网络及云服务设备、5G 及物联网互联互通解决方案、智能制造新技术研发应用、智能制造产业升级、智能制造产能扩建，共计 20 个子项目，募投资额高达 272.53 亿元。

对标 GE Predix，富士康 BEACON 也将从面向内部的智能工厂、面向外部的智能产品与服务，以及共享生态平台工业互联网三个层面发展。2018 年 6 月，在上交所上市时，工业富联还披露了 IPO 战略配售的 20 家战略投资者，参与配售的投资者以央企投资平台与 BAT 为主。2018 年，除上市外，工业富联还获得工业互联网联盟颁发的首批平台可信服务证书，在全国部署超过 6 万台工业机器人，以及实现了全国 6 座熄灯智能工厂。

2019 年 1 月，工业富联入选达沃斯世界经济论坛"灯塔工厂"网络，成为全球 16 家灯塔企业之一；当时，富士康工业云平台（FiiCloud）成为全国三家工业互联网产业联盟五星认证平台之一。2020 年 3 月，工业富联发布 2019 年度业绩报告，该报告显示，2019 年工业富联录得营收 4086.98 亿元，同比基本持平；归属于上市公司股东的净利润为 186.06 亿元，同比增长 10.08%。

百度

在 BAT 中，百度对于工业互联网的进入和投入相对较弱。2016 年年底，百度云推出了自己的物联网产品——天工。百度云天工智能物联平台主要面向能源、工业、物流、车联网、O2O 等领域，提供物接入、物解析、物管理、规则引擎、时序数据库、机器学习、MapReduce 等一系列物联网产品和服务，帮助企业实现从设备端到服务端的连接，构建各种物联网应用。百度云天工智能物联平台的核心为人工智能分析。例如，百度云与宝钢共同探索智能钢包的创新技术，借助百度云天工智能物联平台，对传统钢包进行智能化改造，动态采集运转温度、压力，同时辅以热成像视觉监测技术，实现对钢包实时运行状态的智能感知。2017 年 9 月，百度云与浪潮合作推出了 AI 一体机产品，将百度的 AI 能力固化到硬件产品中。首钢应用该一体机对钢材缺陷图像进行分析，准确率接近人工检测水平。

华为

在 2018 工业互联网峰会上，华为 Marketing 与解决方案部总裁张顺茂全面阐述了华为工业互联网战略：聚焦"联接+云"，做工业智能化的"黑土地"。而这块"黑土地"的核心，就是华为云工业 PaaS。华为已完成物联网操作系统、终端芯片、工业联接、边缘计算、可信 IaaS 和工业 PaaS 等关键解决方案布局。华为本身就是一家大型 ICT 设备制造企业，还在 eLTE、NB-IoT、5G 等工业网络与互联领域有深厚技术积累，华为 OceanConnect 物联网平台支持多种云化部署场景，包括企业私有云、华为运营商合营云、华为云。基于自研的 PaaS 平台，华为 OceanConnect 物联网平台可提供全分布式架构，提供亿级联接能力。

2016 年 11 月，华为作为发起单位，中国科学院沈阳自动化研究所、中国信息通信研究院、Intel、ARM 和软通动力信息技术（集团）有限公司作为创始成员，联合倡议发起边缘计算产业联盟，联盟定位是搭建边缘计算产业合作平台，推动 OT 和 ICT 产业开放协作。2017 年 1 月，华为与三一重工股份有限公司、树根互联技术有限公司签订了云计算战略合作协议，三方将在工业、智慧城市等物联网领域展开全方位深入合作。截至 2017 年 7 月，华为在全球有 8 个研发中心从事 IoT 领域的研究和开发，其中德国慕尼黑中心专注于工业 4.0，美国圣克拉拉市中心专注于工业互联网及 IoT 标准，中国北京中心专注于工业 4.0。华为还在欧洲建立了物联网创新中心和专职团队，参与工业 4.0 和 AIOTI 欧洲物联网创新联盟。依托工业互联网联盟，华为与海尔、中国电信、中国信息通信研究院共同发起中国的首个测试床项目，华为还是中国工业互联网产业联盟副理事单位。

2018 年 6 月，华为云推出了 EI 智能体，其中也包括 EI 工业智能体。例如，对于华为手机，经过工业智能体计算分析，将结果反馈到工业制造的全流程，大幅提高了成品率和生产效率；用机器识别图像来判断 PCB 板的虚焊和多焊等缺陷，华为将 PCB 板成品率从 99.2%提高至 99.55%，制造阶段产出提高 30%；华为云为空压机厂设计电机异常预测模型和管道损耗模型，两者加起来节省了近 10%的能耗。

除 EI 工业智能体外，华为云在工业互联网领域还推出了工业互联网平台 FusionPlant。FusionPlant 包含联接管理平台、工业智能体、工业应用平台三大部分（见图 10-3），还包括边缘硬件层、网络连接层、现场设备层等，向上实现对工业企业智能化生产、网络化协同、个性化定制、服务化转型等新模式和新业态的支撑。FusionPlant 融合了华为成立 30 年来的多项 ICT 技术，包括基于统一、可扩展架构的系列化 AI IP 和芯片，端边云全栈 AI 能力，涵盖计算、存储、网络、AI、工业 PaaS 的云服务，以 5G 技术为代表的连接，边云智能协同的计算，以及全球安全合规平台等。

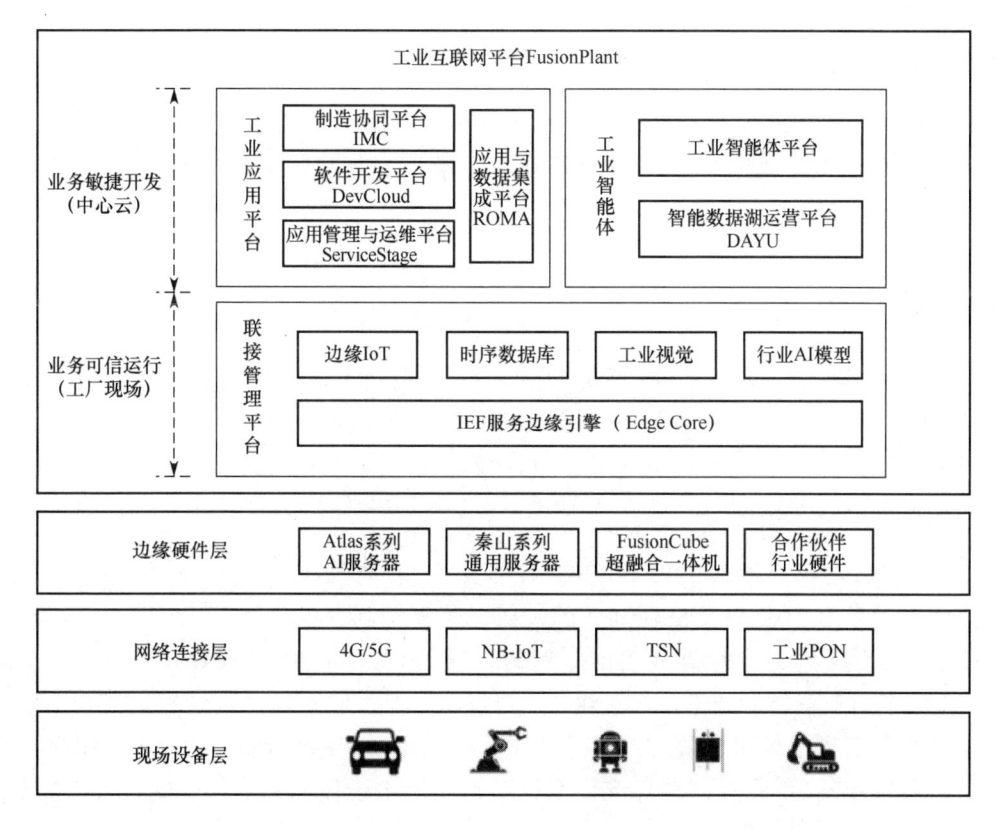

图 10-3 华为工业互联网平台 FusionPlant 技术架构

● **紫光**

紫光工业云或紫光工业互联网的承载公司是紫光云引擎科技（苏州）有限公司（以下简称"紫光云引擎"）。2017 年 6 月，紫光云数与由苏州高铁新城管理委员会控股的苏州高铁新城大数据产业发展有限公司共同出资成立了紫光云引擎。

紫光云引擎专注于工业云、产业互联网和智能制造领域，打造紫光工业互联网公共服务平台 UNIPower。UNIPower 不仅具备完整的 IaaS 服务，还有物联网、工业大数据分析、工业应用使能等 PaaS 服务，提供多种类型的工业设备数据接入能力和数据分析能力，同时建设应用开发平台，聚合生态超过 200 种的场景化 SaaS 应用服务，包括 CAD/CAE/CAM/CAPP/PDM/PLM、ERP/SCM/CRM/EAM、MES/SCADA/DCS等，还进一步提供电子信息、注塑、钣金、纺织、钢铁、化工等 9 大行业端到端系统解决方案能力。2017 年 11 月，在 UNIPower 的基础上，紫光工业云服务面向全球开通。在苏州华亚智能工厂项目中，紫光云引擎为华亚打造了以 MES、高级计划排产、生产设备物联网、智能制造企业云图为核心的智能工厂方案，帮助华亚的生产计划编制周期缩短了 50%、计划下达及时性提高了 80%、现场数据收集率提高了

99%、工时统计准确率提高了 80%、库存周转率提高了 25%。

2019 年 12 月，紫光工业云发布了 UNIPower 2.0，完成了从"特定区域平台"升级为"基础共性平台"，从"聚焦行业、场景、生态"升级为"技术平台 + 知识平台"的重大转变。

海尔

海尔智能制造平台 COSMOPlat 是海尔将自身在互联工厂上已形成的模式和最佳实践数字化、产品化的结果，其把海尔自身的智能制造经验与模式复制给中国和全球的制造企业，为企业智能制造转型升级提供软硬一体、虚实融合的整体解决方案和增值服务。

截至 2017 年，COSMOPlat 上聚集了 3 亿个用户资源、380 万+的生态资源、服务全球 3 万多家企业，COSMOPlat 的模式已经复制到家电外的 12 个行业、全球 20 个国家，实现了全球、全行业的推广复制。截至 2020 年 6 月，COSMOPlat 上聚集了 3.3 亿个用户资源和 4.3 万家企业。作为中国工业互联网的示范样板，COSMOPlat 进入了中国信息通信研究院发布的《工业互联网体系架构（版本 1.0）》、工业互联网产业联盟发布的《工业互联网标准体系框架》、中国电子技术标准化研究院发布的《信息物理系统白皮书》等文件。

2017 年 12 月 6 日，作为国际四大标准组织之一的电气与电子工程师学会（IEEE）通过一项建议书，由海尔 COSMOPlat 牵头制定大规模定制模式的国际标准，这是首个由中国企业主导制定的制造模式类国际标准。2018 年 9 月，COSMOPlat 入选世界经济论坛全球首批进入"灯塔工厂"名单。在 2019 Q4 中国工业物联网软件平台的 Forrester Wave 中，COSMOPlat 高居领导者象限第一位。

截至 2019 年年底，COSMOPlat 孕育出建陶、房车、农业等 15 个行业生态，在全国建立了 7 大中心，包括山东半岛经济带中心，长三角一体化中心等，覆盖全国 12 大区域，并在 20 个国家复制推广，为全球用户提供衣、食、住、行、康、养、医、教等全方位的美好生活体验。COSMOPlat 主导制定的标准体系已覆盖大规模定制、智能制造等 6 大领域，其主导和参与的国家标准达到 29 项，并累计主导参与制定 IEEE、ISO 和 IEC 等多项国际标准，成为全球公认的大规模定制领域标准的制定者与主导者。

美的

2018 年 3 月，在美的集团 2018 年战略说明会上，美的表达了希望转型成为一个以数字化和 AI 为驱动的科技型企业的强烈愿望，希望能够从家电的"红海"中转身进入更为宽广的工业互联网领域。美的集团在战略说明会上强调，工业互联网必须打通研发端、生产设备端、供应链端、业务端、物流端和用户端，做到"零"库存生产、100%物流追踪管理和"单"个起订的 C2M 定制。

2016 年，美的开始收购德国机器人巨头库卡并于 2017 年完成收购，由此一举跻身中国前 10 大机器人公司行列。在 2018 年 3 月的 AWE 中国家电及电子博览会期间，美的机器人公司介绍美的拥有 2000 台制造机器人，在未来 5 年内将引入 5000 台新制造机器人，并且将会加大人机协作机器人的比重。

美的构建工业互联网平台 Midea M.IoT，其产品系列包括四层：工业 APP 及 SaaS、工业云平台、SCADA 联机平台及边缘计算，以及机器人及自动化。在软件方面，Midea M.IoT 拥有成熟的全价值链支撑套件，以及业界领先的 Visual Components 仿真软件；在硬件上，其拥有库卡等领先的机器人与自动化服务提供商。截至 2020 年 5 月，Midea M.IoT 已构建了 20 多款应用服务层工业 SaaS 产品、管理服务平台层 PaaS 产品和边缘计算层 SCADA 平台，联机的智能设备达 1000 万台，累计工业生产相关的数据达 10PB。

此外，作为美的内部孵化的云服务商和集团对外的输出窗口，美云智数聚焦制造业及泛制造业领域，在服务美的集团内部的同时，把管理实践软件产品化，通过智能制造、物联网、大数据、云计算、移动互联网等技术，为工业互联网及智能制造提供公有云产品及私有云产品；2017 年 2 月，美云智数开始对外运营，截至 2020 年 5 月已服务 40 多个细分领域、200 多家企业，既可以为企业提供数字化转型从规划到落地的全方位解决方案，又可以单独提供生产制造、供应链、营销等模块化服务。

除国内的制造企业和互联网公司外，国外的 IBM、Microsoft、SAP 等 ICT 公司也纷纷推出自己的工业互联网解决方案。例如，IBM 在德国慕尼黑专门设立了物联网总部，专门与欧洲的工业企业合作创新工业物联网解决方案。

第三节　共享制造网络

共享制造

前面提到的工业云、工业互联网等形式的新制造，在更大程度上是优化制造生产和管理过程与流程，同 Predix 的初衷一样是为了提升 1%的生产力。然而，马云所提出的"新制造",是在打破局部生产制造企业边界的前提下,在连接和打通更多生产制造企业、供应链企业、销售企业,甚至直接面向消费者前端的更大范围新生态中,重构制造业形态,或可称之为共享制造。

国家信息中心分享经济研究中心于 2018 年 2 月发布了《中国制造业产能共享发展报告 2018》。该报告提出,制造业产能共享主要是指以互联网平台为基础,以使用权共享为特征,围绕制造过程各个环节,整合、配置分散的制造资源和制造能力,最大化提高制造业生产效率的新型经济形态。从共享的范围来看,制造业产能共享涉及设计、研发、生产、管理、服务等制造活动链条。该报告提出四大制造业产能共享形式:(1)设备共享,主要指生产设备与工具的分时租赁模式,如鲁班世界;(2)技术服务共享,主要指制造过程中技术与服务能力的共享,包括人力、知识、管理、运维等要素,通常依托云平台和智能化设备,如沈阳机床厂的 i5 智能机床等;(3)生产能力共享,主要指企业制造能力的共享,如淘工厂、生意帮等;(4)综合性服务共享,主要指研发、供应链、销售网络、物流、仓储、服务等资源的共享,如海尔的海创汇、美的的美创平台等。

总体来说,共享制造分为两大群体:一是中小微制造企业,二是大型制造企业。在中小微制造企业方面,根据国家统计局数据,截至 2017 年年底,我国共有工业企业法人单位 364.9 万家,比 2012 年增加 109.2 万家,年均增加 7.4%;其中私营企业为 285.9 万家,比 2012 年增加 92.3 万家;国有控股企业为 5.5 万家,比 2012 年略有增加。以我国中小微企业占企业总数 99%的比例来计算,工业中小微企业就有近 360 万家;以小微企业占企业总数 97%来计算,那么工业小微企业就有近 350 万家。

这么庞大的中小微工业企业群体,在整个中国经济转型过程中也遇到了极大的挑战。当前,我国正处在转变发展方式、优化经济结构、转换增长动力的攻关期,很多中低端行业竞争日趋激烈,不少中小企业面临成本上升较快、市场需求变化、融资难和融资贵等问题。

● 阿里巴巴淘工厂与 C2M

今天的中国制造业已经不是简单地追求提升质量、优化流程和成本、降低污染,而是到了必须重新构建一个全新制造业形态的时候。马云在 2017 网商大会演讲时曾表示:"未来制造业将是 C2B,根据消费者需求个性化定制。今天定制很贵,但未来如果不能做定制,企业就很难做起来。以前,我们说中国制造、法国制造,今后将是'made in internet',可能设计是美国的、制造是德国的、组装是中国的,并在全世界销售。"

阿里巴巴平台上的淘工厂于 2013 年 10 月开始试运营,并于同年 12 月正式上线。淘工厂主要为淘宝上的卖家提供产品生产服务,进行生产供需方的对接,整合工厂的空闲档期实现协作生产。这样,一方面解决了商家找服装加工厂难的问题,另一方面通过共享闲置产能,提高了工厂的生产效率。2018 年 3 月,阿里巴巴中国内贸事业部淘工厂业务总经理袁炜对外介绍,一开始淘工厂业务定位于 C2B 柔性供应链,至 2018 年经过 5 年的探索,在整个消费者倒逼上游变革的大环境下,淘工厂明确了自己的核心用户,即新的零售群体,包括淘宝、天猫上的商家等小 B 端,让服装产业链上下游实现商机再分配。截至 2018 年 3 月,淘工厂已经有将近 2.7 万家的工厂,并且保持在每月 1000~2000 家新增工厂的速度。2017 年,淘工厂的交期准确率平均达到了 80% 以上,覆盖 15~18 个消费品行业类目,以服装服饰行业为基础进行品类扩充,涉及女装、童装、配饰、鞋、内衣、母婴、箱包、日用百货、皮具、家纺、家饰等行业的多个品类。

淘工厂对于工厂的入门和筛选有明确的分级制度:首先要通过 1688 诚信通,通过互联网平台实现工厂信誉的透明化、线上化,同时对交期准确率、品质合格率等相关履约能力进行严格监督和核查;然后,对淘宝、天猫卖家的需求利用大数据进行海量的精准匹配,让优质工厂获得精准的客户资源,减少因供需不匹配造成的时间和资源浪费。2017 年 9 月,淘工厂上线了鹰眼大数据诊断模型,利用数据价值,赋能服装产业链,充分实现产能的再分配。

淘工厂是一个柔性供应链的协同平台,把整个供应链体系的各端更高效地协同起来。例如,对于网红经济驱动的服装爆品,因为爆品的需求量呈现急速上升、短时间内又急速下降的态势,商家需要找到一家合适的工厂,能在量不大的情况下快速生产。

在 C2B 这样一个模式中,物流是一个非常重要的环节,在面对网红服装这样需求波动性极强的定制化产品时,除生产环节的快速柔性生产外,供应链能否及时跟上也非常重要。马云在 2018 年 6 月的 2018 全球智慧物流峰会上表示,接下来菜鸟网络的主要任务就是要把占中国 GDP 15% 的物流成本降到 5% 以下,为制造业创造利润空间。马云还在大会上宣布:菜鸟网络将全力以赴建设国家智能物流骨干网,为此,阿里巴巴将再投入上千亿元。

2020 年 3 月 26 日,淘宝发布了 C2M 战略,正式推出淘宝特价版,并公布"超级工厂计划"和"双百目标"。C2M 战略可以视为之前 C2B 的进展,如果说"淘宝"是逛街逛商场的话,那么"淘宝特价版"则带着消费者逛遍全国厂房,使其以工厂直供价获得便宜好货。从 2020 年开始的未来 3 年,淘宝将以核心数字化能力和淘宝特价版为依托,帮助 1000 个产业带工厂升级为产值过亿的"超级工厂",为产业带企业创造 100 亿个新订单,在全国范围内重点打造 10 个产值过百亿的数字化产业带集群。也就是说,淘宝特价版为消费者展示极致性价比的便宜好货,"超级工厂"和"百亿产区"则从供应链上游支撑淘宝特价版的供给。

2020 年 4 月,联动淘宝"超级工厂"计划,菜鸟供应链宣布将对淘宝 C2M 产业带上的淘工厂进行供应链升级:入驻菜鸟 C2M 产地仓的淘工厂,除基础的供应链服务,还能享受全托管服务,有机会优先获得"入仓即回款"等仓储融资福利。长期以来,工厂习惯于对 B 端经销商发货,菜鸟 C2M 产地仓为工厂解决了对 C 端消费者发货的难题,也让消费者的网购体验更有确定性。而淘工厂通过入驻菜鸟产地仓获得稳定的隔日达签收率后,能够提升自身在淘宝 C2M 平台的商家等级,一旦成为金牌、银牌、铜牌厂家,即可获得入仓即回款、备货贷、利息优惠等仓储融资服务,缓解现金流压力。

◉ 生意帮

淘工厂是阿里巴巴推出的把中小微制造企业联合起来的新制造生态,"生意帮"则是第三方公司组建的面向小微制造企业的专业代工服务平台。实际上,对于洗衣机这样的家用电器产品,过去一个订单起步上百万台,现在最多一二十万台,产品迭代速度大幅加快,大企业生产小批量产品的成本优势消失殆尽,生意帮的出现则能解决小批量产品的生产问题。

生意帮协同智造众包平台,通过互联网智能匹配、众包分包,为有新产品定制开发需求的客户提供柔性供应链服务,搭建了云工厂,通过产品的标准化实现网络化协同生产。生意帮突破现有众包平台的单一化产品生产需求对接模式,加入需求拆解、设计优化、工程验证、软件衔接、过程管理、市场验证等多维度元素,提供一站式产品生产增值服务。生意帮主要针对甬台温(宁波—台州—温州)地区的小微制造企业,2017 年甬台温地区 2400 多家模具厂、6500 多家机械加工和注塑厂、2700 家表面处理工厂等 1.2 万家工厂相继入驻生意帮。

中国制造业在 2018 年和 2019 年经历了严重的挑战:2018 年经历了 28 年来汽车行业首次负增长、汽配行业的跳崖式下滑;2019 年中美贸易战及 2020 年全球疫情都给中小制造企业带来了巨大的压力。2019 年,生意帮开始专注于"云制造",充分发挥生意帮"云制造"模式的成本优势和质量管控优势,先后成功完成了电视支架、水壶不锈钢壶嘴、动物 ID 芯片注射器等大型云制造生产线的建设,这些生产线年产量都在百万数量级以上。

与生意帮类似,2018 年 8 月 23 日,在 2018 云栖大会·重庆峰会上,阿里云宣布联合重庆南岸区政府、工信部下属赛迪研究院，三方共建飞象工业互联网平台。飞象工业互联网平台在发布初期主要针对重庆地区的制造企业，该平台在3年内将接入100万台工业设备，在5年内将助力重庆4000家制造企业实现"智造"，打造工业互联网的"重庆标准"。飞象工业互联网平台为企业提供安全、高效、低成本、易部署的工业各领域解决方案，并将解决方案云化沉淀到平台上，助推重庆工业制造向"智造服务业"转型升级。

硬蛋科技

除淘工厂、智汇云、生意帮、飞象工业互联网平台外，在众包制造方面还有以硬蛋科技为代表的众包平台，在大型企业制造能力共享方面还有沈阳机床厂的云制造服务平台 iSESOL 等。与生意帮类似，硬蛋科技致力于连接世界智造与深圳制造。依托科通芯城电子制造业"企业采购"O2O 服务平台，硬蛋科技已成为智能硬件创新创业平台，服务物联网领域的创新创业型小微企业乃至个人创客。科通芯城是国内 IC 采购行业最大的 B2B 电商交易平台，硬蛋科技以深圳为总部，把企业服务推广到北京、上海、重庆等城市，成为国内多个城市智能硬件创新创业的平台。同时，硬蛋科技也把服务推向硅谷、以色列、欧洲、韩国、中国香港等国家和地区。

2019年，科通芯城对硬蛋科技的业务进行了调整，将芯片营销及智能物联网（AIoT）两大业务合并为"硬蛋创新"，并将公司的自有技术产品、金融及企业服务并入"引力企服"，形成了"硬蛋创新+引力企服"双引擎的发展模式。科通芯城期望通过"硬蛋创新"渗透整个 5G 产业链，吸纳未来 5G 建设及终端设备生产所带来的强劲需求。截至 2019 年年底，"硬蛋创新"与全球 50% 的百大芯片供应商及国内顶尖芯片企业合作；而科通芯城则通过"引力企服"重点投资及发展车联网业务，同时增加"引力企服"的研发投放，积极寻找战略投资者合作，拓展不同行业的合作及智能软/硬件的开发，以扩大硬蛋互联网技术平台所涉及的应用场景，丰富科通芯城的 AIoT 领域生态及争取盈利的新驱动力。

2019 年 1 月，科通芯城与丰田汽车达成战略协议，在中国成立"丰田硬蛋创新平台"，携手打造智能汽车生态。双方计划通过该创新平台，将丰田的核心技术嫁接给中国的创新企业，赋能中国智能汽车产业开发下一代汽车产品和应用。2020 年 3 月，科通芯城宣布"硬蛋创新"芯片及人工智能产业基地项目被深圳市发展和改革委员会纳入《深圳市 2020 重大项目计划》，该产业基地重点发展芯片及智能物联网（AIoT）两大业务领域，通过"硬蛋创新"为企业提供芯片应用解决方案技术，以及利用大数据资源推动"芯—端—云"产业生态的构建。

第四节　3D 打印：新思维、新技术、新体验

● 3D 打印颠覆制造业

通常认为，全球制造业市场高达 12 万亿美元。在这样一个传统的市场中，一直缺乏根本性的颠覆技术，一直到出现成熟的工业级塑料和金属 3D 打印机。从 Gartner 的新兴技术炒作曲线看，2015 年是 3D 打印技术出现在该曲线上的最后一年。在 2015 年的 Gartner 新兴技术炒作曲线上，处于最右端（意味着马上要被迁移出曲线）的企业级 3D 打印技术即将在 2~5 年内进入主流应用阶段，而消费级 3D 打印技术则需要 5~10 年进入主流应用。到了 2016 年，这两个技术已经从曲线上消失，意味着 3D 打印技术从整体上已经开始融入生产与生活。

普华永道在《全球制造业新格局：按需生产模式方兴未艾》中提道：在下一轮制造业革命中，3D 打印、机器人等科技将改变工厂生产的方式，而企业也将重新考虑其产品及生产基地；小批量、高度个性化的产品将在流水线完成组装，产品之精良就好比高科技版的传统手工艺品。P&S 市场研究公司于 2018 年 6 月发布的 3D 打印市场研究报告提及与 3D 打印相关的主要优势包括成本效益、单步制造工艺、易于开发定制产品。

相比传统制造业"多就是好"的生产策略，以及大规模集约化的生产流程，未来制造业需要通过更丰富的手段收集信息，与客户保持密切沟通以及时了解客户需求，同时也要适应小规模、个性化的生产场景，大数据、物联网及 3D 打印技术的出现无不在提醒当下的制造业企业，需要通过这些新技术进行数字化转型。

当小规模、多类别的生产场景出现在世界各地时，对制造业的要求就不仅仅是要能在技术上应对，还需要通过更快的速度实现产品的交付。因此，本地化的生产模式或许会在未来成为更多制造业企业的"标配"——直接从本地经销商合作获取必要材料，听取本地客户意见，实现快速的产品交付，用新的技术打造本地化的独一无二的产品。

另外，利用 3D 打印技术，制造业企业还可以通过新的增材制造平台为汽车、飞机、重型机械等全球化生产流程提供零件生产支持，或者为一些细分行业提供大规模的设备和器械制造方案，以实现更低成本及更可靠的零部件供应。不论是小规模的个性化定制，还是大规模生产，制造商、数字工业提供商和客户之间距离将会被不断拉近，并进行有效、及时的沟通，以应对未来更加多元的制造业生产场景。

事实上这也意味着一场即将到来的工业革命，其意义不仅仅局限于提高生产效率、节省人力和减少资源浪费，而是在此基础之上满足更多用户需求，甚至一些具有实验性质的产品也能在生产线上实现低成本制造。除塑料和金属 3D 打印外，各国甚至还在尝试 3D 打印建筑，荷兰埃因霍温市于 2019 年建造了第一座 3D 打印混凝土房屋。

在 2020 年全球疫情期间，盈创建筑科技（上海）有限公司在 6 月宣布 15 套"3D 打印隔离屋"将经过一个月的远洋运输，抵达巴基斯坦首都伊斯兰堡，用于当地新冠肺炎救治工作。该公司的 3D 打印建筑具有个性化定制、一体打印、快速成型优势，日均可打印 100 套隔离屋。捐助巴基斯坦的隔离屋，内部装饰一体打印，水电、门窗均安装完毕，抵达伊斯兰堡后仅需吊装、连接水电，便可投入使用。

● 惠普公司推动 3D 打印工业

早在 2014 年 10 月，惠普就宣布进入 3D 打印市场，同时宣布将推出比当时现有 3D 打印机快 10 倍、成本却为当时现有 3D 打印机一半的工业级 3D 打印机，并在 2016 年正式推出产品。与此配合，惠普还推出了 Sprout 沉浸式计算平台，主要用于 3D 扫描实物后，对 3D 虚拟物体做处理，然后可实时用惠普 3D 打印机打印出最终成果。

2016 年 5 月，惠普宣布将推出基于多射流熔融（Multi Jet Fusion）技术的工业级 3D 打印机 3200 并于 2017 年上市，主要用于原型打印。惠普称，多射流熔融技术打印物理零部件的速度比当时的 3D 打印系统快 10 倍，而成本只有后者的一半。这一新技术和产品为惠普带来了耐克、强生、宝马等客户，产品涉及鞋类、医疗器械、汽车零部件等多个领域。2017 年，一台 3200 型打印机的起步价为 13 万美元，而包括了处理工作站在内的完整解决方案则 15.5 万美元起步。另一功能更为强大的 4200 型打印机于 2016 年 11 月推出，除能用于原型打印外，还可胜任短周期的生产制造，特别是需要当天可取的零部件生产制造。

2018 年 2 月，惠普推出了工业级的全彩 3D 打印机 HP Jet Fusion 300/500 系列，这也是世界上第一批可以在短时间内提供工程级、全功能的全彩色、黑色或白色零件的 3D 打印机。HP Jet Fusion 300/500 系列主要面向中小型设计开发团队、高校、创业者和研究机构等，该系列解决方案 5 万美元起步。2018 年 9 月，惠普在 2018 年国际制造技术展（IMTS）上发布了专为大批量生产工业级金属零件而研发的世界领先的 3D 打印技术 HP Metal Jet，这也是惠普首次涉足金属 3D 打印领域。2019 年 5 月，惠普推出工业级 3D 打印机——HP Jet Fusion 5200 系列，这是第一批符合大规模制造客户标准的量产系列 3D 打印设备。

在 3200 型打印机刚发布的时候，其支持的材料仅为聚酰胺 PA12，俗称尼龙 12，这是一种非常坚硬耐磨的热塑材料，用于生产抗高磨损、重复性压力、材质疲劳，以及曝光于具有化学物质的外部环境的产品。随后，HP Multi Jet 支持多种材料，包括人造橡胶、商品塑料、高性能材料等。与强生合作，惠普探索把骨材料用于髋关节、膝关节或肘关节。在 5200 型打印机发布的时候，惠普与世界领先的化学公司 BASF 合作开发了一种新的经认证的 TPU（热塑性聚氨酯），该种新 TPU 非常适合灵活和有弹性的部件，与 HP 高可用的 PA-12、PA-12 玻璃珠、PA-11 材料等形成互补。

除惠普品牌的物理材料外，惠普也通过开放的平台来支持更多的第三方合作及可 3D 打印材料扩展。著名的 Senvol 是提供增材制造（Additive Manufacturing）即 3D 打印的供应商数据库和大数据分析公司，提供全行业的 3D 打印材料供应商、工业级 3D 打印机供应商及各类规格型号，其中就包括超过 800 种可 3D 打印的材料。

在金属打印方面，HP Metal Jet 是一项突破性的三维黏合剂喷射成型技术，其打印床规格为 430mm×320mm×200mm，提供 4 倍冗余喷嘴和双倍打印杆，并大幅减轻黏合剂重量。相较于具有竞争力的黏合剂喷射成型和选择性激光熔融（SLM）金属 3D 打印解决方案，HP Metal Jet 可提高 50 倍的工作效率，并显著降低成本。HP Metal Jet 首先应用于生产不锈钢零部件，交付各项性能均满足或高于 ASTM（美国材料实验协会）和 MPIF 标准（美国粉末冶金结构零件材料标准）的成品。金属 3D 打印技术带来的不仅仅是提高效率、节省人力，由于 3D 打印技术采用粉末或者液体作为初始素材进行产品制作，因此与传统金属零件制造方式（如切割、锻造）相比能够大量节省材料。

为传统制造业企业提供数字化生产解决方案，这是惠普选择 3D 打印技术作为公司战略的重要目标。对制造业企业而言，这相当于将订单和生产流程"外包"出去，通过惠普的服务及 3D 打印设备来指导并完成生产制造工作。GKN 和 Parmatech 与惠普展开合作，在生产环境中引入 HP Metal Jet 系统。GKN 是全球领先的粉末冶金技术生产材料和产品制造商，同时具备粉末冶金技术生产材料和产品制造的能力，其旗下品牌包括 GKN 烧结金属（GKN Sinter Metals）、GKN 海格纳士（GKN Hoeganaes）和 GKN 增材制造。该公司每年制造超过 30 亿个零件，并提供给多个大型客户，如大众汽车和威乐。

工业级塑料和金属 3D 打印将给汽车行业带来深刻的变革。大众集团也在积极推行多元化战略，其旗下所有品牌到 2025 年将推出总计 80 种全新电动车型，仅一辆汽车就包含 6000～8000 个不同的零件。HP Metal Jet 等增材技术的一大优势是，不需要先构建制造模具便可生产符合客户要求的大量零件。通过缩短零件的生产周期，大众汽车可以快速实现更大规模的批量生产。

GKN 还利用 HP Metal Jet 技术为威乐（水泵与水泵系统解决方案供应商）生产更经济、液压效率更高的工业零件。威乐需要生产形状各异、尺寸不一的初始液压部件，如叶轮、导叶体和泵壳，HP Metal Jet 系统生产的零件不仅可以满足高度定制化的需求，还具有能够承受强烈的吸力、压力和温度波动的高性能。

ATW 旗下的 Parmatech 在金属注塑成型领域颇有经验，专注于为医疗、工业行业大批量生产金属零件和产品，至今已有 40 余年的发展历史。Parmatech 在工厂中引入 HP Metal Jet 系统，用于生产手术剪刀和内镜手术钳等复杂零件，并交付给医疗行业客户。惠普也深入医疗行业进行服务，提供更完善的数字化器械生产方案。

在 5200 型打印机发布的同时，惠普推出了惠普数字制造网络，这是一个由惠普全球生产合作伙伴组成的社区，基于惠普 3D 打印解决方案为客户提供大规模的塑料和金属部件的设计、生产、交付服务。惠普数字制造网络的成员具备高水准的高级增材制造能力、高水平的质量管理、端到端的生产流程和经验证的大规模部件生产的能力。

以惠普为代表的厂商，在 3D 打印技术上的一系列布局和技术进步，将会对 12 万亿美元的传统制造业大市场产生巨大的影响。仅在 2018 年，使用 HP Multi Jet Fusion 技术生产的零件超过 1000 万个。中国的 3D 打印市场经历了 20 多年的发展，也处于快速增长阶段。基于中国 3D 打印市场的需求，不论是上游的材料还是下游的应用，都有着巨大的发展空间。

第十一章
新金融：全社会共享金融资源

数字金融是普惠金融的商业模式，是互联网金融的高级阶段。简单理解，所谓数字金融就是金融形态像水和电那样可以被随时接入，随时成为所有传统企业、产业进行转型升级及向数字经济发展的基础设施。这个愿景，在今天由以支付宝和微信为代表的第三方支付实现了一小部分——遍布大街小巷的几乎所有商铺都可以使用手机支付。

扫码支付仅仅是数字金融的一个开始。2018 年 6 月 25 日，全球首个基于区块链的电子钱包跨境汇款服务在中国香港上线，港版支付宝 AlipayHK 的用户可以通过区块链技术向菲律宾钱包 Gcash 汇款，第一笔汇款仅耗时 3 秒，而传统的跨境汇款因过程复杂，到账通常要 10 分钟到几天不等。2020 年 8 月，我国商务部发布了《关于印发全面深化服务贸易创新发展试点总体方案的通知》，其中公布了在京津冀、长三角、粤港澳大湾区及中西部具备条件的试点地区开展数字人民币试点；2020 年 10 月，深圳市人民政府联合人民银行开展了数字人民币红包试点，向在深个人发放 1000 万元数字人民币红包，每个红包金额为 200 元，红包数量共计 5 万个。

2015 年的政府工作报告提出，要大力发展普惠金融，让所有市场主体都能分享金融服务的雨露甘霖。从普惠金融和互联网金融，到数字金融和数字人民币，新金融引发了全社会共享金融资源的数字经济新风暴。

第一节　互联网金融与数字金融的区别

● 蚂蚁金服：新金融的代表

蚂蚁金服是新金融的代表，其前身阿里巴巴支付宝业务于 2013 年推出了余额宝，余额宝背后的天弘基金走过了科技推动业务高速发展的历程。之前，基金公司通过网银销售基金，而天弘基金利用互联网入口和大数据的精准营销与触达技术，用 3 年时间一跃成为世界第一大货币基金，之前中国最大的基金公司也要用 20 年才能成为第一大基金公司，这就是金融科技为数字经济带来的巨大变革。

蚂蚁金服起步于 2004 年的支付宝，于 2014 年 10 月正式成立，旗下有支付宝、余额宝、招财宝、蚂蚁聚宝、网商银行、蚂蚁花呗、芝麻信用等子业务板块。其中，支付宝已经形成了一个完整的由金融科技支撑的金融服务业务体系，即互联网金融业务。截至 2020 年 3 月，支付宝是以每个人为中心，在全球拥有 13 亿个年度活跃用户的生活服务平台，已发展成为融合了支付、生活服务、政务服务、社交、理财、保险、公益等多个场景与行业的开放性平台。除提供便捷的支付、转账、收款等基础功能外，支付宝还能快速完成信用卡还款、充话费、交水电煤费等上百种城市和生活服务，还可让用户享受消费打折、好友建群互动、轻松理财及信用积累等服务。

蚂蚁金服的愿景是普惠金融：给所有具有真实金融服务需求的个人或企业，提供平等的无差异的金融服务。过去，一个比特承载的是数字信息，未来，一个比特将同时承载数字和金融信息，这就是未来的数字金融，而且是数字金融、数字经济、数字社会三位一体的未来商业世界。

余额宝与互联网金融

2013 年被普遍认为是互联网金融元年，余额宝在这一年横空出世。余额宝上线后短短 5 个月，天弘基金官方微博即宣布其货币基金产品余额宝规模突破 1000 亿元，用户数达到近 3000 万人。也就是在 2013 年 6 月 13 日上线后，余额宝在 5 个月内即突破了千亿元大关，成为当时国内规模最大的货币基金。

余额宝的成功超出了所有人的想象，余额宝设计之初只是想让支付宝用户闲置的购物资金也能有所收益，于是支付宝与基金公司合作让用户可以选择购买货币基金。在余额宝之后，通过互联网"碎片化理财"开始成为一种消费金融现象，互联网金融的说法由此成为市场中的热点。各大银行，基金公司，百度、腾讯等互联网公司，以及苏宁等零售公司，都纷纷涉足互联网金融，研发或推出类似的"宝"字类互联网理财产品。

根据中国互联网络信息中心（CNNIC）发布的第 46 次调查报告，截至 2020 年 6 月，我国网络支付用户规模达 8.05 亿人，占网民整体的 85.7%（见图 11-1）；手机网络支付用户规模达 8.02 亿人，占手机网民的 86%。根据此前 CNNIC 的第 45 次调查报告，2019 年非银行支付机构处理网络支付业务达 7199.98 亿笔，处理业务金额达 249.88 万亿元，同比分别增长 35.7% 和 20.1%，实现较快增长。在互联网理财方面，截至 2020 年 3 月，我国互联网理财用户规模达 1.6 亿人，较 2018 年年底增长 1218 万人，占网民整体的 18.1%。

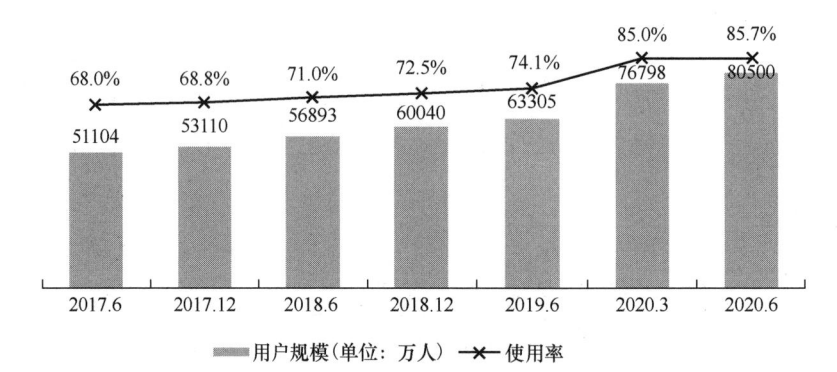

时间	用户规模（万人）	使用率
2017.6	51104	68.0%
2017.12	53110	68.8%
2018.6	56893	71.0%
2018.12	60040	72.5%
2019.6	63305	74.1%
2020.3	76798	85.0%
2020.6	80500	85.7%

图 11-1　2017 年 6 月至 2020 年 6 月我国网络支付用户规模及使用率

（资料来源：中国互联网络信息中心，2020 年 6 月）

微信由于其庞大的用户基础，以及与腾讯及京东形成的合作关系，也在互联网支付中占有较大份额。根据 CNNIC 数据，早在 2018 年上半年线下消费使用手机支付的用户中，使用微信支付与支付宝的比例分别达到 95.6% 和 78.1%，几乎共享移动支付用户群体。

从互联网金融到数字金融

由余额宝、理财通、支付宝红包、微信红包等可以看出，所谓互联网金融本质上是互联网应用，只是应用所承载的是金融服务。数字金融也是类似的概念，数字金融是对互联网金融的扩展，除支付、红包、理财等经典的互联网金融应用外，互联网金融还涉及保险、生活缴费、股市、信用等多种金融服务，数字金融则把这些互联网金融应用扩展到更广的地理范围、服务更多的人群，从而成为一种社会基础设施。

2018 年 7 月，蚂蚁金服副总裁、副 CTO 胡喜曾对数字金融有一个形象的解释："比如说喜马拉雅山的珠峰大本营，通了电以后，大家把二维码贴上去，为什么呢？因为之前没有通电、没有二维码，大本营的小商户都是现金交易，导致这些小商户必须每过一段时间就要去最近的银行兑钱或各种缴费，一趟就要半天的时间。有了电和支付宝以后，所有事情都可以数字化解决了。无论是在上海、杭州，还是在高海拔的珠峰大本营，都可以获得一样的金融服务。"

截至 2020 年 3 月，蚂蚁金服旗下的支付宝和其旗下合作方的全球活跃用户数已达到 13 亿人；随着支付宝收钱码的普及，遍布中国大街小巷的商户逐步实现了收银环节的数字化；与此同时，越来越多的人在支付宝的城市服务中办理过包括社保、交通、民政等百余种服务，多个城市的公交、地铁先后支持支付宝……

第二节 颠覆传统 IT 的数字金融科技

● 银行向互联网金融进军

除了支付宝，互联网支付、移动支付及基于各种互联网金融技术的金融业务已经遍地开花，传统银行等金融机构都在积极推进互联网金融业务和数字金融体系。

对于银行来说，传统意义上的金融电子化也就是信息化，主要指银行内部的 IT 系统建设，以及网络银行、手机银行的终端渠道建设。在支付宝和微信支付等互联网金融的冲击下，银行业也纷纷开展互联网业务，走向互联网化。银行开发的 APP 已经成为"生活场景+个性化定制服务"的综合性金融服务平台，不少银行正从卡片经营向 APP 经营转变。

2018 年是银行业向手机端 APP 切换进行弯道超车的集中爆发之年。据 2018 年移动金融机构 APP 测评数据显示，我国 21 家银行针对境内个人客户开发的 APP 数量高达 80 个，平均每家银行有 3.8 个 APP。中国金融认证中心发布的《2018 年电子银行用户使用行为及态度研究》的调查结果显示，2018 年手机银行的用户比例首次超过网上银行和线下网点，手机银行成为银行触达客户的最主要渠道。

● 招商银行：重新认知银行服务边界

2018 年，招商银行宣布成为国内首家实现网点"全面无卡化"的银行，且已构建起"核心金融场景+生活场景"的 APP 泛金融生态圈。招商银行负责人表示，近几年，招商银行成立了专门的金融科技创新项目基金。2018 年，招商银行执行董事会决定将增设的"金融科技创新项目基金"额度由"上年税前利润的 1%"提升至"上年营业收入的 1%"，按照 2018 年营业收入的规模来说，整个专项基金规模超过了 22 亿元。力度之大，凸显了招商银行的转型决心。

2018 年 9 月 17 日，招商银行宣布升级、迭代上线了两款产品——招商银行 APP 7.0、掌上生活 APP 7.0（见图 11-2）。其中，前者侧重银行的自有业务场景，包括账户收支管理、支付结算、投资理财等综合金融服务；后者则面向信用卡客户，以金融为内核、生活为外延，侧重打通生活、消费、金融，内嵌商城、旅游等诸多生活场景。与之前的银行 APP 不同的是，除侧重打通生活场景外，招商银行的两大 APP

均已支持用户手机号注册、支持多家银行卡绑定，打破了封闭账户体系，转向开放用户体系。这是从银行客户思维到 APP 用户思维的关键性转变。招商银行相关负责人表示，从客户到用户，一字之变，折射的是招商银行面对互联网跨界竞争，拥抱变化、打破壁垒的决心，也是招商银行对于服务边界的重新认知。

图 11-2　招商银行掌上生活 APP

在从卡片经营向 APP 经营转变方面，之前的银行卡和信用卡是静态产品，而 APP 是动态业务，围绕用户的动态需求展开服务。一旦转向 APP 经营，招商银行认识到从交易思维到用户思维的转变：单次交易不是与用户交互的结束，而是交互的开始。围绕替客户管账，招商银行 APP 推出了收支分析、专项账本、预算管理、月度账单等功能，提供实时的现金流管理能力。

2019 年 11 月 18 日，招商银行发布了招商银行 APP 8.0，并宣布与各领域的头部合作伙伴共建共生，为 1 亿个用户缔造更美好的财富生活。这是招商银行 APP 跻身"亿级 APP 俱乐部"后的首秀，也是其开放生态时代的新起点。此时，招商银行零售总客户数突破 1.3 亿人，招商银行 APP 用户突破 1 亿人，APP 登录用户数已经占到全行日均流量的 90%以上。2019 年，招商银行信用卡推出掌上生活 APP 8.0 版本，以"连接亿万人的生活、消费和金融"为愿景。截至 2019 年末，掌上生活 APP

累计用户数达9126.43万人,其中非信用卡用户占比31.51%。截至2019年末,招商银行和掌上生活两大APP的月活跃用户(MAU)达1.02亿人,较上年末增长25.58%,两大APP已成为客户经营的主要平台;招商银行APP和掌上生活APP中16个场景的MAU超过千万;招商银行APP金融场景使用率和非金融场景使用率分别为83.79%和69.80%,掌上生活APP金融场景使用率和非金融场景使用率分别为76.21%和73.90%。

中国建设银行:用新金融打开增长的第二曲线

在四大国有银行中,中国建设银行(以下简称建行)的数字化力度相当大。早在新加坡《亚洲银行家》杂志组织的2017年度国际奖项及中国奖项评选中,建行就分别获得"最佳网点数字化奖"及"中国最佳数字银行奖"。近年来,建行以营业网点转型创新、智慧柜员机渠道建设为抓手,打造"统一、规范、安全、高效、融合、智慧"的物理渠道。建行以网点柜面、智慧柜员机、"龙行易"移动智能终端和员工手机APP四大服务体系,实现渠道间互联互通、银行服务全覆盖功能;依托"新一代系统"提升网点业务流程再造与整合、关键信息共享与应用、柜面渠道与自助渠道的互动协同能力。

2017年7月,哈佛大学正式将建行转型发展成果纳入哈佛商学院全球商界精英培训教学案例库,这也是国内首家入选哈佛商学院案例库的银行。从2012年起,建行就积极探索发展转型路径,寻找发展新优势。未来的金融服务可能不再特指金融机构的行为,而会逐步转变为一种基础功能。人们可能感受不到银行的"物理存在",但银行提供的多功能金融服务如同空气和水一样无处不在,融入人们日常的生产生活中。与其他中小银行的数字化转型不同,建行作为中国四大国有银行之一,在英国《银行家》杂志"2020全球银行1000强"中排名第二位,这已经是建行连续7年位列1000强银行第二位。截至2019年末,建行有约1.5万个分支机构、34.7万名员工,服务于亿万个个人与公司客户,在基金、租赁、信托、保险、期货、养老金、投行等多个行业拥有子公司,境外机构覆盖30个国家和地区,拥有各级境外机构200余家。

建行的数字化转型是一个庞大的系统工程,涉及很多方面。仅以涉及用户体验的移动金融和云客服为例,根据建行2017年年报,建行手机银行全新改版,突出"智慧"内核,为客户提供千人千面的服务推送、个性化的投融资建议及高效便捷的用户体验,多项指标居同业第一;打造"惠生活"优惠活动平台,为客户提供全面多样的优惠活动和精彩丰富的生活圈。微信银行功能持续优化,推出"微金融""悦生活""信用卡"三大服务板块,与手机银行功能无缝对接。2019年末,建行个人手机银行用户达 3.51 亿人，交易量达 173.17 亿笔，交易额达 58.93 万亿元；企业手机银行用户数达 159 万人，交易量达 973 万笔，交易额达 1.06 万亿元；建行微信银行关注用户达 1.02 亿人，交易量达 1165 万笔，交易额达 288.14 亿元；短信金融服务用户达 4.64 亿人，交易量达 13 万笔，交易额达 6.47 亿元。

在 2019 年年报中，建行提出了对"新金融"的理解：新金融能推动实现高效透明的政府运行、精准智能的城市管理和泛在便利的民生服务；为企业提供融智赋能的解决方案、科技基础设施和集成金融服务，帮助企业提高资源配置效率、降低交易成本、有效管理风险；广泛融入住房、交通、教育、医疗、养老等各种生活场景，用金融这把"温柔的手术刀"化解社会痛点，为大众提供触手可及、无处不在、精准直达的温暖服务。建行特别在 2019 年年报中提到了管理思想大师查尔斯·汉迪提出的"第二曲线"理论，并认为金融业第二发展曲线的本质是新金融的商业模式创新。建行则力求在传统发展模式的第一曲线到达巅峰之前，找到新模式下发展的第二曲线，也就是聚焦"三个能力"建设——推动金融供给侧结构性改革，发力住房租赁、普惠金融、金融科技"三大战略"，在新金融探索中开启"第二发展曲线"。

近年来，建行在新金融战略下采取了大胆的措施，特别是借助建行用户生态圈发展住房租赁业务。截至 2019 年末，建行住房租赁综合服务平台已在 324 个地级及以上行政区运行，累计上线房源超过 2000 万套，注册用户达 2100 万人。建行组建了住房租赁产业联盟，以批量化配置和专业化服务，为百姓提供更好的租住体验，建立开放共享高效的住房租赁新生态。通过创新存房业务，激活社会闲置房源，为高校、机构、企业提供优质租赁房源及租住服务，为中心城市新就业大学生和普通劳动者提供质优价廉的房源，与专业机构合作提供养老房源、精品民宿房源等。截至 2019 年末，建行住房租赁综合服务平台累计签约房源超过 80 万套。

建行的新金融创新举措可以说举不胜举，其中，"民工惠"业务运用区块链、大数据、物联网等新技术，切实解决农民工工资发放难题——运用工商、税务、征信、交易记录等全产业链数据分析及模型测算，向劳务公司提供用于农民工工资发放的专项融资款；通过物联网加装电子围栏、人脸识别等手段，获取农民工用工信息、考勤管理等数据，确保工资发放对象、金额的真实准确；应用新一代核心系统，对工资发放实现全流程封闭运行，将专项融资款直接精准支付至农民工银行卡中，实现资金来源有保障，工资管理有依据，发放路径全监管。"民工惠"业务自 2018 年末推广以来，截至 2019 年末，已在全部 37 家分行落地，被全国总工会和中央网信办评为"互联网+普惠服务"最具影响力平台，获中国《银行家》杂志"最佳金融创新奖"。2019 年，建行累计投放"民工惠"专项融资款 455 亿元，服务农民工 429 万人，服务项目超过 6000 个，业务领域从建筑业延伸至制造业、采矿业等。

除建行外，中国工商银行、中国银行、中国农业银行、中国光大银行、平安银行等超大型和大型银行都纷纷开展了互联网金融业务，通过互联网渠道和互联网运营模式，反向改造传统银行的产品开发、服务运营、业务流程等。

第三节　数字货币：未来已来

● 从虚拟货币到数字货币

说到新金融，数字货币是不得不提的话题。数字货币或许是人类历史上第一个即将完成数字化转型的人类创造物，数字货币的发展进程、运行和运营规律、行为表现等，将极大地促进和帮助人们理解数字化转型的本义。

从虚拟货币到货币电子化再到比特币作为数字货币的雏形，人类历史上最古老的产品——货币——正在经历数字化转型。到底什么是数字货币？数字货币与电子货币、虚拟货币的区别是什么？这要从电子货币说起。虚拟货币最开始主要是在电子游戏等场景中创造出来的不具有真实货币价值的游戏工具，虚拟货币本身也不能在现实世界中流通。

电子货币就不同了。由于微信和支付宝的广泛流行，现在人们出门已经不用带现金了，通过手机二维码扫描就可以完成支付。而随着微信和支付宝的流行，各大银行也更新和推出了自己的APP，同样提供了二维码扫描支付功能。有的银行APP可以直接在APP内开户，完成资金各种操作，甚至能够买卖股票和黄金等资产，整个过程都不需要使用现金。这些都是货币的电子化，在操作过程使用的都是电子货币。电子货币具有与纸质货币同等的法律地位，属于纸质货币的"数字孪生"，可代替纸币在现实世界中流通。

什么是数字货币呢？数字货币是由各国央行发行的法币，数字货币的发行不需要印钞厂，直接由计算机系统产生，并由数字货币发行国监管，截至2020年还没有出现真正的数字货币。与其他基于区块链技术的区块链币相比，数字货币具有法币地位，可与纸币共同在市场上流通。

● 电子货币与数字货币的区别

数字货币与电子货币的最大区别是，电子货币的使用必须要先发行纸币，消费者在银行开通的储蓄账户存储的也是可提取的纸币，支付机构需要查询消费者的银行账户并确认消费者有足够的可支付纸币才能完成支付，整个市场的货币总量并没有变化。而数字货币本身就是法币，数字货币由央行直接发行，央行发行的数字货币总量将直接影响市场中的流通货币总量。与电子货币不同的是，数字货币是可编程货币，除具有加密的分布式数字账本外，理论上的数字货币还可以提供各种形式的 API 应用程序接口，以方便应用程序直接调用和使用数字货币。

当然，数字货币的影响远不止于银行发行的法币。数字货币将推动全球金融体系的深远变革，数字货币作为一种可以 7 天×24 小时在线、全年无休运行的货币，将反过来倒推银行体系的变革。数字银行将不再是 8 小时工作制，而是全天、全年、全地区的不间断、不打烊运行。这样，银行的清算系统就必须进行彻底的变革，与银行对接的各类企业、政府和组织等也必须改变结算方式。银行与银行之间的结汇、跨境汇款、全球金融交易等，都将不再受到地域和国家的限制；数字货币理论上也不存在不同国家和地区的区别，全球或将进入统一、同一货币时代。数字货币还能促进全球的金融包容，全球大约还有 20 亿个没有银行账户的人，他们可以使用手机的数字钱包作为银行账户，即可共享各种金融工具。

在比特币出现之后，CBDC（Central Bank Digital Currency，央行数字货币）就一直是各国央行关注的热点。CBDC 又分为：（1）"零售 CBDC"，面向个人提供数字版本的中央银行法定货币；（2）"批发 CBDC"，仅限于金融机构进行银行间结算。到 2018 年，由于各国政策等的影响，尚无主要的央行计划在短期内实施零售 CBDC，而关于批发 CBDC 的争论已经从可行性问题转向实际考虑。

● 数字人民币的进程

我国央行早已着手研究数字货币。2019 年 12 月，中国人民银行行长易纲表示，中国央行从 2014 年就开始研究数字货币，已取得了积极进展。2017 年 1 月，央行在深圳正式成立数字货币研究所。中国人民银行数字货币研究所所长穆长春表示，央行数字货币就是人民币的一种数字形式，本身不是新的货币。2019 年 8 月，中共中央、国务院发布关于支持深圳建设中国特色社会主义先行示范区的意见，提到支持在深圳开展数字货币研究等创新应用。

根据央行官网，2019 年 8 月 2 日，央行召开 2019 年下半年工作电视会议。该会议指出下半年要加快推进我国法定数字货币（DCEP）研发步伐，跟踪研究国内外虚拟货币发展趋势，继续加强互联网金融风险整治。

2020 年 5 月，中国人民银行行长易纲表示，数字人民币研发工作遵循稳步、安全、可控、创新、实用原则，先行在深圳、苏州、雄安新区、成都及未来的冬奥会场景进行内部封闭试点测试，以检验理论可靠性、系统稳定性、功能可用性、流程便捷性、场景适用性和风险可控性。这是中国人民银行行长对央行数字货币试点动态的首次确认。

2020年8月3日，央行召开2020年下半年工作电视会议。该会议明确提出法定数字货币封闭试点顺利启动，同时要积极稳妥推进法定数字货币研发。至此，央行数字货币呼之欲出。

2020年8月14日，商务部官网发布了《关于印发全面深化服务贸易创新发展试点总体方案的通知》，其中公布了在京津冀、长三角、粤港澳大湾区及中西部具备条件的试点地区开展数字人民币试点。具体的责任分工方面：由中国人民银行制定政策保障措施；先由深圳、成都、苏州、雄安新区等地及未来冬奥场景相关部门协助推进，后续视情况扩大到其他地区。

2020年10月，深圳市人民政府联合中国人民银行开展"礼享罗湖数字人民币红包"活动，据统计，在10月12日18时至10月18日24时期间，共47573名中签个人成功领取"礼享罗湖数字人民币红包"，使用红包交易62788笔，交易金额达876.4万元。数据显示，部分中签个人还对本人数字钱包进行充值，充值消费金额达90.1万元。根据深圳新闻网，参加数字人民币研发的中国工商银行、中国农业银行、中国银行和中国建设银行已在深圳辖区内改造了一批可受理数字人民币的商户，参加本次"礼享罗湖数字人民币红包"活动的3000余家商户在活动结束后仍可以正常接受数字人民币付款，同时中签个人的数字钱包也可正常使用。

● 数字人民币的功能与特点

2020年1月10日，央行微信公众号发布"盘点央行的2019金融科技"一文，文中称，央行在坚持双层运营、M0替代、可匿名的前提下，基本完成法定数字货币顶层设计、标准制定、功能研发、联调测试等工作；扎实开展数字货币研究，跟踪研究数字货币国际前沿信息。

根据相关报道，在发行和兑换方面，数字人民币采取了双层运营体系，即中国人民银行不直接对公众发行和兑换央行数字货币，而是先把数字人民币兑换给指定的运营机构，比如商业银行或者其他商业机构，再由这些机构兑换给公众。这种双层运营体系和纸钞发行基本一样，因此不会对现有金融体系产生大的影响，也不会对实体经济或者金融稳定产生大的影响。

数字人民币以广义账户体系为基础。银行账户体系是非常严格的体系，一般需要提交很多文件和个人信息才能开立银行账户，而在央行数字货币体系下，任何能够形成个人身份唯一标识的东西都可以成为账户。只要能够证明身份的标识，就能当成账户使用，如车牌号就可以成为数字人民币的一个子钱包，在通过高速公路或者停车的时候进行支付。

数字人民币支持银行账户松耦合，这是指不需要银行账户就可以开立数字人民币钱包。对于一些农村地区或者边远山区群众来说，即使没有银行账户，也可以通过数字钱包享受相应的金融服务，实现普惠金融。此外，对于没有国内银行账户的境外旅游者等人群，也可以通过开立数字人民币钱包，更方便地进行小额支付。

在应用场景方面，央行数字货币能够像纸钞一样实现"双离线支付"，即在收支双方都离线的情况下仍能进行支付。未来只要手机安装了数字人民币的钱包，既不需要网络也不需要信号，只要手机有电，两个手机相互碰一碰就能实现转账或支付。

央行数字货币还可以满足人们一些正常的匿名支付需求。目前的支付工具如互联网支付、银行卡支付都是与传统银行账户体系绑定的，无法满足匿名需求。数字人民币则不依赖于银行账户，拥有可控匿名的功能，对于一些合理合法的小额支付行为，可以实现匿名状态支付，从而保护个人隐私和信息安全。

对于央行数字货币的普适性，在设计数字人民币时已经充分考虑到不愿意用或者没有能力用智能终端人群的需求，以后无论是用 IC 卡、功能机还是用其他硬件，都可以实现央行数字货币的支付。

第四节　新思维、新技术、新体验

● 中小银行的新实践

移动化和互联网、注重客户体验、数据驱动、开放生态、科技创新等已经是银行业普遍认同的发展方向。

华夏银行于 2018 年 11 月通过媒体发布了数字化银行转型的实践与方向，其中包括积极推进生态圈建设，向客户提供金融+生活的服务模式，提升客户黏性，促进普惠金融发展。在搭建智慧社区生态圈方面，华夏银行整合"衣食住行游"等增值服务与理财、贵金属、网贷、移动支付等优势金融产品，运用场景式金融服务、线上营销及社交型客户管理方式，实现批量"获客、活客"，促进普惠金融发展。华夏银行还针对有车一族专门搭建了生态圈，提供 ETC 服务及线上金融产品销售服务，加强产品服务对 ETC 客群的渗透，与汽车供应链金融商、汽车第三方服务机构、汽车保险等公司深度合作及接入生态圈，为 ETC 客户提供丰富的非金融生活交易场景，提升生态圈服务品质。华夏银行还加强与蚂蚁金服、京东金融、腾讯、中国联通等外部平台的合作，在余额理财、联合营销、账户互认等方面取得进展。随着金融科技的快速发展，华夏银行也持续加大投入力度。华夏银行 2019 年信息科技投入达到 26.56 亿元，同比增长 36.91%。

2018 年 1 月，南京银行对外披露将推进全行数字化转型战略，该转型以数据为核心驱动力，包括推进以"鑫火计划""淘金计划""鑫伙伴计划"为抓手的大、中、小型实体客户服务体系建设，不断增强服务实体经济的能力和水平；以大零售业务作为转型重点方向，以移动互联网、大数据、智能终端等数字技术作为突破口，加大金融支持民生的力度，助力居民消费升级与社会经济转型发展；利用与阿里巴巴、蚂蚁金服共同建立的"鑫云+"互联网金融平台，探索和打造与实体经济、金融科技企业不断融合的共享生态圈。南京银行先后与阿里云、蚂蚁金服达成战略合作，并于 2018 年 2 月正式宣布入驻京东金融，成为江浙沪地区首家（全国第六家）开立京东金融"银行+"旗舰店的城市商业银行。2019 年，南京银行获得中国电子银行网"中国电子银行金榜奖"、2019 年"最佳直销银行奖"和"最具特色手机银行功能奖"，网联平台交易量排名跃居城商业银行第二。

2019 年，兴业银行在全球银行 1000 强、世界企业 500 强榜单上的排名分别跃升至第 23 位、第 213 位。兴业数字金融服务（上海）股份有限公司（简称"兴业数金"），是兴业银行集团旗下的金融科技子公司。面向集团，作为集团高科技内核和创新孵化器，兴业数金全面负责兴业银行集团科技研发和数字化创新工作。对外，兴业数金致力于运用云计算、人工智能、开放 API、流程机器人等前沿科技，为其他商业银行数字化转型提供解决方案，输出科技产品与服务。自 2007 年上线中小银行科技输出服务，截至 2019 年末，已经累计签约 366 家银行客户，累计实施上线 211 多家，云服务从城市商业银行、民营银行、村镇银行，延伸到省联社、外资行、财务公司及金融租赁公司。兴业数金的产品包括银行云、基础云、财司云、开放银行+智慧银行四大类，提供银行级、金融级不同规格金融云的计算、存储资源集群，三中心机房托管与灾备服务，享有与兴业银行一致的银行级安全监管与合规要求。

蚂蚁金服的科技输出

蚂蚁金服的发展过程，简单讲就是一个不断求解金融场景超大规模交易量下分布式架构设计的问题及其工程实现，以优异的性能保障业务数据的一致性，支撑数亿级用户的资金操作的过程。传统上的 IT 技术在金融行业属于支撑地位，而随着支付宝等互联网金融形态的出现，IT 技术与金融业务已经合二为一，甚至 IT 技术还在引领金融业务形态的发展,这就是金融科技的精髓和核心思想。

从2004年到2015年,是蚂蚁金服的1.0时代,主要是技术的积累期。2015年,蚂蚁金服推出了蚂蚁金融云,为金融机构提供行业云计算服务平台,开放蚂蚁金服的金融科技,正式进入2.0时代。2016年,蚂蚁金服推出"互联网加速器"计划,希望在5年内帮助1000家金融机构向新金融升级。在2017年6月14日蚂蚁财富开放平台大会上,蚂蚁金服CEO井贤栋宣布,"蚂蚁金服所积累的技术能力和产品,将全面向金融机构开放,成熟一个开放一个"。南京银行、中国光大银行、浦发银行、中国人保健康等相继与蚂蚁金服合作,支付、理财、保险、小微企业金融、农村金融、消费信贷等所有蚂蚁金服金融产品都已经与金融机构开放合作,数据库、中间件、大数据等蚂蚁金服核心技术陆续开放。

蚂蚁金服还致力于成为新一代世界级金融科技供应商,用自研的金融科技赋能及连接全社会金融资源。2018年9月,在一年一度的蚂蚁金服ATEC金融科技开放峰会上,蚂蚁金服副CTO、副总裁、首席架构师胡喜宣布蚂蚁金融云升级为蚂蚁金融科技,其金融科技正式全面开放,为行业提供完整的数字金融解决方案,包括容灾系统在内的多项核心技术和解决方案,蚂蚁金服的技术开放自此进入3.0时代。

蚂蚁金服对外开放的技术包括自主研发的金融分布式架构SOFAStack、金融分布式数据库OceanBase、技术风险防控体系TRaaS、智能风控引擎AlphaRisk、一站式金融AI平台、数据洞察分析平台、实时智能决策平台、区块链BaaS平台等。以往传统金融企业向数字化转型,打造一套分布式金融交易系统往往需要1~3年的时间,而利用蚂蚁金服的分布式金融核心套件则可以将这个时间缩短为3~6个月。除技术开放外,蚂蚁金服还提供了能力开放,包括小程序、生活号、实名核身功能、信用能力、风控能力、会员运营能力等;业务开放则包括余额宝、借呗、花呗、小微企业贷款、蚂蚁财富平台、蚂蚁保险平台、蚂蚁森林等。

其中,蚂蚁金服自研的金融分布式数据库OceanBase与分布式中间件SOFA是蚂蚁金服的重大金融科技成就。特别是OceanBase在取代Oracle数据库方面,推动了阿里巴巴的去IOE进程。OceanBase和SOFA走的是一条与传统金融行业不同的分布式架构之路,也就是基于不可靠的硬件系统实现金融级的性能和可靠性,从而应对支付宝这样的超大规模互联网金融应用。在OceanBase和SOFA的基础上,蚂蚁金服构建了一整套处理金融级交易的分布式架构与平台,在金融级的一致性要求和海量并发处理能力上达到了很好的平衡,并在快速容灾恢复、弹性伸缩能力、异地多活的高可用保证能力、按需供给的精细化资源调度能力方面沉淀了丰富的实践经验。

2020年6月，蚂蚁集团宣布将OceanBase独立进行公司化运作，成立由蚂蚁集团100%控股的数据库公司北京奥星贝斯科技，并由蚂蚁集团CEO胡晓明亲自担任董事长。OceanBase在2020年内发布重大版本升级，在原有功能基础上增加分析型业务处理能力，将升级为一款支持HTAP混合负载的企业级分布式数据库，OceanBase还宣布将在未来3年内服务全球超过万家企业客户。

京东布局金融科技

2017年6月，京东金融完成股权重组交割，不再纳入京东集团的合并财务报表。京东金融于2013年10月开始独立运营，截至2018年7月有供应链金融、消费金融、支付、财富管理、众筹、保险、证券、金融科技等业务板块。依托京东电商场景与生态，京东金融在供应链金融、消费金融和支持方面有所进展。2018年7月，京东金融宣布融资约130亿元，投后估值约为1330亿元。京东金融在2016年1月完成了66.5亿元的A轮融资，由红杉资本中国基金、嘉实投资和中国太平领投，投后估值为466.5亿元。

2018年11月，在JDD-2018京东数科全球探索者大会上，京东金融宣布"京东数科"成为整个公司的母品牌，并启用了新的Logo。京东数科的目标是助力产业数字化，与金融机构、科技公司、企业服务公司、传统产业公司共创数字科技的未来。"京东金融"品牌升级为"京东数科"后，业务布局也"一变六"：除京东数科作为母品牌外，京东金融、京东城市、京东农牧、京东钼媒、京东少东家也成为独立子品牌，彼此之间相互平行。京东金融的目标是，来自消费端的收入占比不断降低，面向企业的服务型收入占比不断提高，金融科技业务被视为京东金融未来的业务主要增长点。

2020年4月，京东数科完成了新一轮组织架构调整，面向企业级客户重新组织了自己的产品、服务与架构，形成了AI科技、智慧城市、数字营销、金融科技"四驾马车"，打通了原先相对独立的板块，从以产品为中心的架构转向了以客户为中心。其中，AI科技板块又可以辐射交通、农业、社区、医疗、环保、文旅等多个领域，而智慧城市则可以成为其他三个板块的重要连接器。截至2020年4月，京东数科完成了在AI技术、AI机器人、智慧城市、数字营销、金融科技等领域的布局，服务客户纵贯个人端、企业端、政府端，累计服务数亿个个人用户、700多家各类金融机构、30余座城市的政府及其他公共服务机构。

例如，京东服务已经越来越多地接入银行场景：京东金融APP里的"银行精选"点击后为"银行+ | 银行服务精选"，入驻的中小银行有振兴银行、富民银行、亿联银行、众邦银行、南京银行、廊坊银行、齐鲁银行、浦发银行、蓝海银行、天津滨

海农商银行、大连银行、长江商业银行、民生银行、稠州银行等40余家银行。用户可以在京东金融APP的"银行精选"里，直接购买各入驻中小银行的理财产品、办特色信用卡等。

对于京东集团而言，京东数科相当于推动了京东周边数字生态的共同成长。2020年8月，京东集团发布了2020年第二季度及上半年财报，受益于京东平台上品牌、商家、产业带等合作伙伴的强劲增长，京东实现净收入2011亿元，同比增长33.8%，这一增速也创下公司近10个季度以来的新高，并首次实现单季净收入破2000亿元，创造了中国零售及互联网单季收入的新纪录。在京东高速增长的背后，是其商业合作伙伴、中小商家的共同增长。京东数科以数字科技为抓手，深入各个产业链条，对行业进行深度运营，切实推动了京东合作伙伴、中小商家等的周边数字化转型，从而可以更好地共享京东集团资源，进而拉动了京东的进一步增长。

2021年1月，京东集团决定整合原京东数科子集团、原京东云与AI事业部，成立京东科技子集团。整合后，原京东数科、京东智联云品牌不再适用，统一品牌为京东科技，京东科技成为京东集团对外提供技术服务的核心输出平台。

● 金融科技创业公司250强

市场调查公司CB Insights调查显示，2013—2017年，全球金融科技投融资额增长近5倍。2018年全球金融科技投融资额达1118亿美元，投资事件达2196例，创当时的最高纪录，并产生了当时投融资额最大的两笔并购事件——蚂蚁金服C轮140亿美元的融资和WorldPay 128.6亿美元的并购。

2018年10月，CB Insights公布了第二届年度金融科技250强——全球最有前途的250家金融服务科技公司（2018 Fintech 250）。2018 Fintech 250包括来自31个国家和19个类别（涵盖支付、数字银行、保险等）的公司。截至2020年2月，这些公司中有22家已成为独角兽，有17家已经退出，没有一家关门。总体而言，它们在2019年筹集了150多亿美元，还建立了新的高知名度合作伙伴关系，拆分出新的合资企业，并改进了产品和战略。

在独角兽方面，截至2020年2月，在2018 Fintech 250中，有22家已经达到10亿美元以上的估值。其中两个独角兽企业已经退出：Plaid在2020年1月被Visa收购，Bill.com在2019年12月进行了IPO（Initial Public Offering，首次公开募股）。在这些独角兽公司中，最有价值的是区块链创业公司Ripple（估值100亿美元）和处于挑战者地位的银行服务公司Chime（估值58亿美元）及N26（估值35亿美元）。

在IPO方面，截至2020年2月，2018 Fintech 250中的8家公司已经上市，包括 Freee、Bill.com、Tyro Payments、Prospa、Lakala Payment、Tiger Brokers、Futu Securities 和 PINTEC。最大的 IPO 是 Lakala Payment（拉卡拉），该公司于 2019 年 4 月在深圳证券交易所上市，截至 2020 年 2 月，Lakala Payment 的市值约为 45 亿美元，远高于其上市前 16 亿美元的估值。B2B 付款平台 Bill.com 于 2019 年 12 月在纽约证券交易所上市，以 16 亿美元的估值筹集了 2.16 亿美元，这家总部位于 Palo Alto 的公司，在 IPO 前共筹集了 3.11 亿美元的公开融资，其也是 2018 Fintech 250 中 22 个独角兽中的一个。

2018 Fintech 250 及常见的金融科技创业公司的合作伙伴，都是现有的金融机构。根据 CB Insights 数据，到 2022 年，全球银行、金融服务和保险（BFSI）行业的 IT 市场规模预计将达到近 1500 亿美元。自入选以来，2018 Fintech 250 已经宣布了与顶级金融机构的多项合作。

总体来看，无论是银行金融机构，还是支付宝/蚂蚁金服、微信支付、京东等数字平台，或者是金融科技创业公司，都在共同支撑一张全社会共享金融资源的大网，通过技术平台和技术手段让金融资源在社会中加速流动、低成本流动、普及性流动，从而让全社会所有人、企业、机构等都能受益于同等条件下的金融资源。

第十二章
新城市：全社会共享智慧城市

城市一词包含"城"与"市"，其中的"市"指商品买卖和交换的集市，城市的前身为集市。"城"的发展进一步促进了"市"，而城市内外的"工"则为"城"和"市"的发展提供了百业，城市逐渐扩大规模而成为区域的政治、经济和文化中心。随着人类进入工业经济时代和现代文明时代，开放的城市成为非农业人口和非农业产业聚集的居民区。

现代城市是现代国家制度的重要组成部分，是更大规模市场交换的组织和实现方式，也出现了集中的现代工业和第三产业。随着城市人口的密度、工业和经济的集中度、教育与科学研究的强度等的提高，现代城市在人类经济和文明发展中的重要性越来越高。随着人类进入以互联网、云计算、大数据、人工智能和区块链等为代表的数字经济时代，城市又在寻找新的定位。城市在人类历史上的市场交换和商品交换中的地位，正在被虚拟的互联网平台所取代。有形的城市正在失去其"市"的功能，"市"正被无形的互联网取代。

在数字经济和共享经济时代，如何定位城市功能？城市是否会成为新的数据生产、交换和消费的中心，如何在共享经济中扮演新的角色？现代工业带来的城市病，正在驱动人们离开大型一线城市，转向环境更好的二三线城市甚至乡村。在打破了地理界线的虚拟的数字文明中，城市将何去何从？这值得每个人深思。更重要的是，正如诺贝尔经济学奖获得者、世界银行前副行长斯蒂格利茨所说："中国的城市化与美国的高科技发展将是影响 21 世纪人类社会发展进程的两件大事。"智慧城市的建设无疑是中国城市化的高级阶段。

第一节　智慧城市：城市的信息化

2008 年，IBM 提出了"智慧地球"愿景，这推动了全球各国的"智慧"发展浪潮。2010 年，IBM 首次提出了"智慧城市"愿景，认为城市由关系到城市主要功能的不同类型的网络、基础设施和环境方面的 6 个核心系统组成,包括组织(人)、业务/政务、交通、通信、水和能源,这些系统相互协作连接,组成了宏观的城市系统。之后,各类"智慧城市"概念、模型架构、建设实践等纷纷涌现,世界各国开始进入了"智慧城市"时代。

我国城镇化率不断上升

在中国,智慧城市的发展与城镇化和新型城镇化进程息息相关。所谓城镇化,一个说法是指人口向城镇集中的过程,表现为两个方面:城镇数目增多,以及城市人口规模不断扩大。根据联合国的预测,从 1950 年到 2050 年,全球城市化率将翻番,2050 年将有 68.4%的世界人口生活在城市。2018 年是中国改革开放 40 周年,国家统计局发布的相关数据显示,1978 年,我国常住人口城镇化率为 17.9%;2017 年末,我国城镇常住人口达 81347 万人,常住人口城镇化率达到 58.52%;2018 年末,全国常住人口城镇化率为 59.58%,户籍人口城镇化率为 43.37%。按照 1.2%的年均增速,2020 年我国城镇化率将达 60%以上,2030 年将达 70%。

一般认为,城镇化率由 30%上升到 70%的过程,正是经济快速发展的黄金时期。按照《国家新型城镇化规划(2014—2020 年)》,2020 年,中国常住人口城镇化率将达到 60%左右,户籍人口城镇化率将达到 45%左右。美国、法国、德国、日本等国的城镇化率达到 80%,服务业占比超过工业比重的 2~4 倍。当城镇化率达到 50%以后,服务业将进入高速增长期。所谓新型城镇化,即坚持以人为本,以新型工业化为动力,以统筹兼顾为原则,推动城市现代化、城市集群化、城市生态化、农村城镇化,重在全面提升城镇化质量和水平,走一条科学发展、集约高效、功能完善、环境友好、社会和谐、个性鲜明、城乡一体、大中小城市和小城镇协调发展的城镇化建设路子。

按照世界城市的发展规律,当城镇化率达到 40%~60%的时候,标志着城市进入成长关键期,"城市病"进入多发期和爆发期。此时,继续推进城镇化将面临更为严峻的挑战。因此,需要对城市交通、环境、社会等方面统筹安排,还得考量城市群内部的协调发展问题。从数据来看,中国的城镇化率从 2003 年开始进入 40%区位,2011—2012 年进入 50%区位,特别是 2011 年中国城镇化率首次超过 50%而达到 51.27%,这是中国社会结构的历史性转变,标志着中国开始进入以城市型社会为主体的新时代。

新型城镇化与智慧城市第一波

2010 年开始出现全球"智慧城市"热潮,2011—2012 年出现中国社会的结构性变化，交织着 2008—2013 年的全球性金融危机，于是在 2013 年开始了中国的智慧城市建设热潮，当年启动了一批智慧城市试点。

在很大程度上，中国对智慧城市的集中建设，是伴随着中国经济转型和发展新型城镇而出现的现象。2012 年 11 月，十八大召开，"城镇化"被视为扩内需的最大潜力所在。专家认为，城镇化是中国最大的结构调整，也是最大的改革红利，有望成为中国经济的新增长点。2012 年末的中央经济工作会议提出要积极稳妥推进城镇化，着力提高城镇化质量，把生态文明理念和原则全面融入城镇化全过程，走集约、智能、绿色、低碳的新型城镇化道路。

在国家政策推进方面，2012 年先后出台《国家智慧城市试点暂行管理办法》《国家智慧城市（区、镇）试点指标体系》；2014 年出台《国家新型城镇化规模（2014—2020 年）》《关于促进智慧城市健康发展的指导意见》《促进智慧城市健康发展部际协调工作制度及 2014—2015 年工作方案》；2015 年出台《关于推进数字城市向智慧城市转型升级有关工作的通知》《关于智慧城市标准体系和评价指标体系建设及应用指导意见》；2016 年出台《新型智慧城市评价指标体系》《新型智慧城市建设部协调工作组 2016—2018 年任务分工》；2017 年出台国家标准《智慧城市技术参考模型》《智慧城市评价模型及基础评价指标》等，当年十九大报告提出"智慧社会"；2018 年出台《智慧城市顶层设计指南》《智慧城市 信息技术运营指南》等 6 项国家标准等。

2013 年 1 月，科技部启动了 20 个智慧城市试点示范，住建部启动了 90 个首批国家智慧城市试点；8 月，住建部再次启动了第二批 103 个国家智慧城市试点；11 月，工信部启动了 68 个首批国家信息消费试点市（区、县）。2014 年 6 月，发改委等启动了 80 个信息惠民国家试点城市；工信部在 2014 年 1 月和 2015 年 1 月各自启动了 39 个"宽带中国"示范城市。2015 年 4 月，住建部启动了第三批 97 个国家智慧城市试点。发改委的数据显示：截至 2018 年 8 月，全国 100%的副省级以上城市，以及 76%以上的地级城市和 32%的县级市，总计大约 500 座城市已经明确提出正在建设新型智慧城市。

2017 年 10 月的十九大报告进一步提出的智慧社会，是在网络强国、数字中国发展基础上的跃升，是对我国信息社会发展前景的前瞻性概括。建设智慧社会要充分运用物联网、互联网、云计算、大数据、人工智能等新一代信息技术，以网络化、平台化、远程化等信息化方式提高全社会基本公共服务的覆盖面和均等化水平，构建立体化、全方位、广覆盖的社会信息服务体系，推动经济社会高质量发展，建设美好社会。2019 年的政府工作报告进一步提出，新型城镇化要处处体现以人为核心，提高柔性化治理、精细化服务水平。作为推动信息化与城镇化同步发展的载体，新型智慧城市的建设备受各方关注。

什么是智慧城市

《关于推进数字城市向智慧城市转型升级有关工作的通知》中有一个比较清晰的定义：以时空信息为基础的智慧城市建设，通过采用新一代信息技术和智能化的手段，对城市各部门的业务流程进行信息化提升，有效整合和充分利用城市各类信息资源，有效培育城市功能、调整城市结构和运行方式，解决管理体制上的条块分割和资源配置上的分散封闭，使城市管理和服务更加精细化、实时化、可视化、智能化；同时，催生智慧社区、智慧家庭、智慧交通等一大批对城市发展具有直接带动作用的新兴产业，促进城市的可持续协调发展。

国际电信联盟与联合国欧洲经济委员会在 2015 年 10 月提出了一个比较宽泛的定义：一个可持续智慧城市是一个创新的城市，该城市利用信息与通信技术及其他方式，提升民众生活质量、城市运营效率和服务及城市竞争力，同时确保满足当前及未来的经济、社会、环境和文化等方面的需求。国际电信联盟是主导智慧城市国际标准的主要国际组织，从 2013 年到 2015 年，国际电信联盟电信标准化部门（ITU-T）"可持续发展的智慧城市焦点组"一直在帮助各利益方确定整合可持续发展智慧城市各种信息通信技术服务所需的标准化框架。2015 年 6 月，国际电信联盟成员设立了一个新的 ITU-T 研究组，把之前分散在 ITU-T 的物联网和智慧城市的标准化研究组合并，成立了物联网标准化研究组 SG20，以推进物联网与智慧城市相关标准化工作。SG20 研究组的成立在 ITU-T 内部解决了物联网和智慧城市相关标准制定分散、协调工作量大、制定周期较长等问题。2017 年 3 月，SG20 研究组更名为"物联网和智慧城市"研究组，后又进一步更名为"物联网、智慧城市及社区"研究组。

2016 年 5 月，为响应联合国 11 个可持续发展目标（SDG11），国际电信联盟和联合国欧洲经济委员会共同发起了"智慧可持续城市联盟"（U4SSC）："让城市和人类居住区包容、安全、有韧性、可持续"。U4SSC 是一个全球智能可持续城市倡议，为信息交流、知识共享和伙伴关系建设提供国际平台，旨在制定战略指导以实现可持续发展目标，并实施新城市议程和其他国际协议。U4SSC 的目标是：根据可持续发展目标、国际标准和城市关键绩效指标（KPI），制定将 ICT 纳入城市运营的指导方针、政策和框架；帮助简化智能可持续城市行动计划，并建立可行目标的最佳实践，鼓励城市发展利益相关者达到这些目标。U4SSC 一直在探索动态智能可持续城市生态系统的各个学科领域，并制定可用于地方政府的智能可持续城市倡议和实施《2030 年可持续发展议程》《新城市议程》的综合框架、指南、战略。U4SSC 已经开展了循环城市战略、城市区块链、城市人工智能、智慧可持续城市项目融资机制、中小城市方法等方面的工作。值得一提的是，U4SSC 制定了智能可持续城市的 KPI，截至 2019 年 2 月，已经在全球 50 多个城市实施，以便为城市领导者提供相应的监测工具，以评估其城市智能和可持续性的程度，并追踪其成功的智慧城市旅程。

中国积极参与 ITU-T 的国际标准建设工作，同时我国的智慧城市标准也参考和整合了相关国际标准。不过，智慧城市建设是一项长期、艰巨、极为复杂的工程。如果一座新的城市，一开始就按照智慧城市架构建设，那么就可以对 ICT 基础设施做出整体规划，用一套具有可适应、可持续升级的综合技术要求和规范。例如，用一个共享交通设施，对各类交通工具、道路设施、司机和乘客等进行实时数据共享，这样就能实时规划和优化城市交通状况。当然，这种情况在现实中并不存在，鲜有一个城市是完全从头开始建设的，除大量乡村的城镇化改造外。更多的情况是对现有城市基础设施的翻新和改造，而这涉及异常复杂的转型过程，也导致了智慧城市建设长期徘徊不前，难以在短期取得巨大成效。

智慧城市的挑战

2015 年 7 月，首届中国智慧城市国际博览会在北京召开。与会 IT 企业表示，我国智慧城市建设过程中遇到了巨大的挑战，体现在技术创新、人才创新、投融资创新和运营模式创新等方面。

首先，在智慧城市的技术创新方面，难点集中于产品创新和集成创新两个层面。智慧城市的产品创新主要是通过引用第三方技术进行集成创新。在这个过程中如何理解第三方技术，在集成的基础上创造新的产品与服务，对于系统集成商来说是一个较大的挑战。

其次，作为传统的 IT 企业，如果想真正地进入智慧城市领域，则必须对城市本身的业务有深入的理解。实践证明，传统 IT 企业的人才结构远远满足不了智慧城市建设的需求，必须进行整体调整，引入经济管理、政府管理、法律、农业和城市规划设计等方面的人才。

最后，智慧城市建设不是简单的项目交付，更多地需要 IT 企业把城市运营接盘过来，在这个过程中结合融资行为，这是一个非常复杂的过程。此外，尽管有互联网的"羊毛出在牛身上"模式，但由于付出对象和所得对象不是同一个载体，这就需要 IT 企业在运营智慧城市的过程中对运维模式进行创新。因此，智慧城市之所以难发展，主要体现在对 IT 企业的综合能力要求非常高，要求其在技术、集成、服务、咨询、投融资等方面都精通且具有相应的能力。

智慧城市建设首先要通过信息化手段解决城镇化进程中带来的现实问题，通过对城市的"规划—建设—管理—运营"全生命周期进行模式、流程等优化，打通现代城市运营和管理体系中的各环节，从根本上消除提高城市运行效率的阻碍因素。传统的系统集成商、IT 企业和电信运营商都在积极尝试，探索智慧城市长期发展运营的模式。

智慧城市是一个持续发展的概念，需要依靠商业模式保驾护航，不讲商业模式的智慧城市很难接地气。PPP（Public-Private Partnership，政府和社会资本合作）模式是由政府采购服务、社会投资投入和专业公司运营智慧城市的模式。专业公司的介入和专业化运营是智慧城市可持续发展的基础保障，在 PPP 智慧城市建设中，政府不需要每年直接采购设备，而更多的是向专业化的城市运营公司采购服务，从而让智慧城市项目更有序地经营、管理与创新。

城市是一个大平台。中国 100 万人口以上的城市有 300 多个，这是一个很大的软件服务市场。每个城市里面都有类似的产业需求、民生需求、政务需求，还有可持续发展、环境、节能，交通、基础设施方面的需求，这些都是具有代表性的需求。以人工智能、区块链、云计算和大数据等新一代信息技术驱动的"智能+"时代的到来，也将加速推动新型智慧城市建设。前瞻产业研究院认为，2019 年中国智慧城市市场规模将突破 10 万亿元，2018—2022 年的年均复合增长率约为 33.38%，并在 2022 年实现市场规模达 25 万亿元。

第二节　从智慧城市到数字中国

● 城镇化：中国独一无二的智慧场景

发展经济、实现新旧经济动能转型，需要消费；而发展数字经济、实现新旧经济模型转型，则需要学习知识，以及具备消费数字服务的能力。在中国，城镇化为新型城市和乡镇提供了最大的机会。诺贝尔经济学奖获得者、纽约大学经济学教授保罗·罗默在 2019 数博会上表示，城镇化是经济发展的最主要的动能，没有之一。据此推理，城镇化也是数字经济发展的最主要的动能，没有之一。

保罗·罗默强调，在都市里，人们可以连接当代社会所能带来的所有机会。城市让人们学习新的有价值的技能，让每个人都有尊严，每个人都可以为城市发展做出贡献，在贡献产品和服务的同时，消费当代经济。因此，城市赋予当代人们最大的学习与消费的机会，由此拉动传统经济及数字经济的发展。

全球人民、各国社会都可以从新技术中获益，而中国可以成为一个典范，让所有发展中国家向中国学习如何成功推进城镇化建设。保罗·罗默强调，中国发展那么快是因为城镇化速度非常快，而且是成功的城镇化。早在 2018 年 3 月，德勤就发布了《超级智慧城市》报告，指出当时全球已启动或在建的智慧城市已达 1000 多个，中国在建的有 500 个，远超排名第二的欧洲（90 个）！如果说中国在全球范围内有一种与众不同的场景，那就是中国的城镇化建设（见图 12-1）。

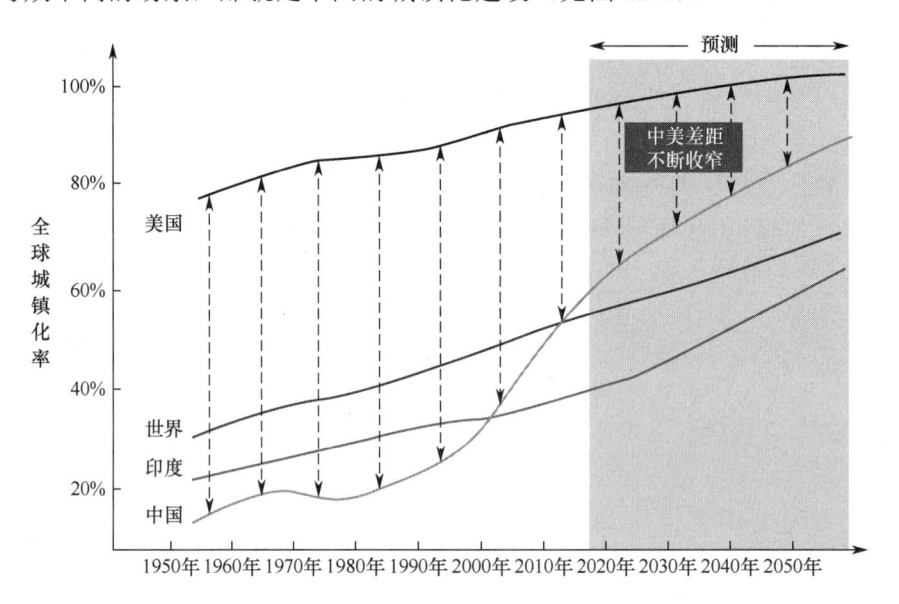

图 12-1　2018 年德勤对全球城镇化趋势的预测

保罗·罗默认为，中国不仅有成功的城镇化模式，而且有清晰的政府规划来规划城市的发展。中国还可以贡献一种新的模式，就是利用不同城市之间的竞争作为一种动力，充分抓取科技的好处；利用看不见的手的力量，引导所有人都朝着对社会更好的方向发展，中国可以向全世界展示如何把城市作为公司来管理，城市之间有竞争能够带来什么好处。保罗·罗默认为，中国可能是世界各国城市之间竞争最充分的国家。在中国，每个城市都想吸引更多的居民和企业，而且是不同背景、不同技能水平、不同经验的居民和企业。各城市"拉"居民和企业的这种竞争，能保障所有人和企业都有机会参与新世界。此外，这个模式要行得通，城市及其居民和企业可从中获得更多好处，城市变好了，就会产生更多经济活动，土地变得更有价值，政府、居民、企业等都共享收益，从而鼓励让城市变得更大、更强、更好的努力。

数字中国

2019 年 1 月 29 日，阿里巴巴发布了《2018 年中国数字经济发展报告》。2018 年，全国数字城市建设明显提速，已有 442 个城市（含县级市和省直辖县）将社保、公积金、生活缴费等公共城市服务搬上了支付宝平台。2018 年，在支付宝上搭载政务服务数量增幅排名前 20 的城市有 9 个来自西部省份，3 个来自中部省份。该报告显示，2018 年，分线城市的消费增速打破了"次元壁"，三四线城市的数字化消费迅速增长，更高品质的产品、更优的服务在数字化赋能下实现了无差别触达。更值得关注的是,农村的数字消费增速全面超越了一线、新一线和二线城市。这是数字技术带来普惠性增长的有力证明。

2019年5月,腾讯发布的《数字中国指数报告(2019)》同样指出:2018年中国数字经济规模已经达到29.91万亿元,数字经济占比继续提升,2018年中国GDP总量的1/3借助数字技术实现,数字中国初具规模。数字中国发展呈现明显的集群效应,全国七大城市群中的城市的数字中国指数数值、指数平均增速都快于其他城市。2018年数字中国指数增长呈现"东快西慢"的态势,东部地区增速领跑,南部地区、北京地区指数增速无显著差异。在2018年城市排名中,北京、深圳、上海和广州4个一线城市位居前4,西部双子星成都、重庆列第5位、第6位,东莞、长沙、郑州和杭州这几个位列第7~10位的城市共同构成了数字城市第二梯队。

2020年9月,腾讯发布《数字中国指数报告(2020)》。该报告显示,2019年数字中国指数继续保持高速增长,数字中国总指数增幅继续保持在73.2%的高位,代表中国数字化水平在持续增长,其中11大城市群虽数量占全国城市的约一半,但数字化指数占比超70%。特别是得益于先进城市数字化的辐射和示范效应,四五线城市数字化进程按下"快进键",2019年跑出了"加速度"(见图12-2)。

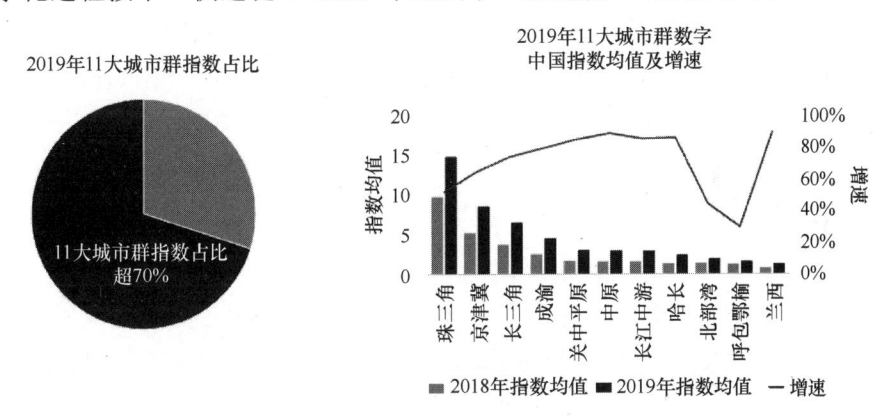

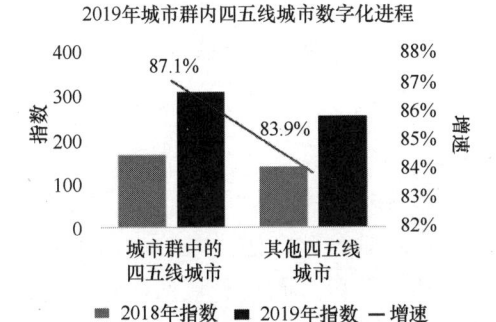

图12-2 城市群是推动我国数字化进程的中坚力量

(资料来源:腾讯的《数字中国指数报告(2020)》)

数据显示，不同层次的城市，其数字化发展的主动力有所差异。数字化程度高的城市主要是产业驱动，而后线城市更多是产业+政务双轮驱动，甚至主要是政务驱动。当前，中国数字化进程正从消费互联网主导转向产业互联网主导，消费及政务的数字化发展率先落地并已经深入后线城市，而产业互联网则仍在发展的前中期，现阶段主要聚集在头部城市。后线城市的数字化发展在很大程度上是由政务驱动的，随着数字政务发展进入攻坚期，其指数增速不及产业板块，导致五线城市整体增速与头部城市拉开差距。

随着智慧城市的发展，城市里的智慧产业正在慢慢积聚能量，推进智慧民生产业由量变到质变。随着"互联网+"和产业互联网的推进，医疗、餐饮住宿、金融、教育、生活服务、旅游、商业服务、交通物流、零售、文化娱乐等智慧民生产业在积累量变动能。

智慧政务推动数字中国

我国政务信息化起步于20世纪80年代末，经历了从探索12金工程为标志的单项应用阶段，到21世纪以来的综合发展阶段。从"十五"期间的启动，"十一五"期间的全面建设，到"十二五"期间的转型发展，基本上实现了政府部门的办公自动化、重点业务的信息化、政府网站的普及化。"十三五"期间，国家又进一步提出以信息化推进国家治理体系和治理能力的现代化，这是在充分肯定我国政务信息化取得重大成就的基础上提出的新要求。

联合国政务信息化发展报告显示，近年来，中国政务信息化国际排名一直在快速稳步上升，已经处于世界相对领先的地位。近年来，我国的政务信息化进入了数字化深入融合的阶段。从数字福建到数字广东、数字浙江，再到数字贵州、数字海南，各地信息化建设成果斐然。随着"互联网+"、大数据、人工智能、云计算等新技术的发展，政务信息化在工作路径、方法上创新突破，以创新思维、开放思维、服务思维、系统思维打破传统工程项目建设管理的思维惯性和路径依赖。

从政务信息化到政府数字化转型，已经成为一个必然的发展方向。政府数字化转型涉及决策模式、组织架构、运行模式、服务模式、数据治理、人力资本和文化氛围等多个方面的变化。政府数字化转型的目标是政府决策的科学化、社会治理的精准化、公共服务的高效化。电子政务的演进过程分为四个阶段：第一阶段以单个政府的内部办公自动化为主，第二阶段以行业领域的信息化建设为主，第三阶段以社会公众为中心构建信息系统，第四阶段是政府信息化与社会信息化高度融合的阶段。当前，我国的政府数字化转型处于初级阶段，也就是业务突破阶段，其中有两个非常典型的业务突破：政务服务和数据管理。政务服务在政府数字化转型过程中发挥着核心作用，主要体现在理念引导方面，即以人为本。

《数字中国指数报告（2019）》指出：数字政务服务向"多服务汇聚、全流程在线"方向不断深化，呈现"入口上移、服务下沉"的发展态势，对营商环境、区域经济的带动作用持续显现。数字政务与营商环境及GDP呈现强相关性，对后线城市更有意义。后线城市GDP较低，传统产业活力较差，通过数字政务等方式打造更好的营商环境，更有可能吸引外部资源的投入，最终带动地方经济走出创新的发展路径。

智慧民生大发展

数字政府、智慧政务、"互联网+政务"等正在深刻影响智慧城市的建设和发展，政府和政务的智慧化、数字化建设成为智慧城市的主导型建设项目，同时与智慧产业特别是智慧民生对接，带来智慧民生产业的大发展。

在智慧民生领域，很多项目是"互联网+政务"项目向民生领域的延伸。在2019数博会的展览中，以航天信息股份有限公司（简称：航天信息）为代表的央企信息化服务商，已经发展出规模化的智慧民生产业，形成了"互联网+政务+民生"的业态，预示了以数据为城市资源的未来城市机会正在被释放。例如，税务服务是航天信息的重点业务，提供包括综合办税、发票代开、发票申领、发票认证、涉税证明打印、电子发票查询打印、智能导税、智能服务、社保查询及缴纳等多种业务的7天×24小时自助办理解决方案。除服务税务局和税务大厅外，航天信息也将智慧政务的能力伸延到智慧民生，其智慧零售解决方案围绕涉税业务领域，构建税务机关、零售企业与消费者之间的桥梁，将服务内涵从服务税务机关、纳税人拓宽到服务消费者，应用于百货购物中心、便利店、商场等场景，实现自助购物、自助支付、快速开票、发票打印等一站式服务。航天信息的新零售解决方案进入麦当劳、星巴克、苏宁易购、五星电器等连锁零售企业，获得客户的高度认可。

智慧民生的另一种路径的典型代表就是腾讯与云南省合作的"一部手机游云南"。2016年，云南省遇到旅游方面的风波，云南省委、省政府非常重视，下决心要把旅游作为突破口解决好，因此找腾讯商量对策，并提了非常高的要求。腾讯聚集了深圳、广州、北京、昆明4个地方的28个部门、46个团队，组织了大批技术专家参与建设。"一部手机游云南"是由云南省与腾讯公司联合打造的"中国第一、世界一流"的全域旅游智慧平台，由云南省省长牵头力推，利用物联网、云计算、大数据、人工智能等技术，为云南省打造一个智慧、健康、便利的省级全域旅游生态项目，旨在整治旅游行业乱象、推动旅游产业升级，让云南旅游"自由自在、无处不在"。为推动该项目，由云南省政府和腾讯主导发起，腾讯、云南省投资控股集团、云南省交通投资建设集团三方共同成立了云南腾云信息产业有限公司，负责"一部手机游云南"项目的建设开发、平台运营等业务。

随着"一部手机游云南"的成功，"一机游"模式也在全国各地推广开来，截至2020年1月，"一部手机游烟台""一部手机游河南""一部手机游山西"等20余个"一机游"项目陆续上线。2020年年初，腾讯发布了《2020"一机游"模式发展白皮书》，对"一机游"模式进行了总结。

第三节　数字孪生城市与城市大脑

人类正全面进入信息社会，站在发展的大格局上看，处于工业社会到信息社会的加速转型过程中，新技术、新业态、新模式层出不穷，为人类的发展、城市的建设带来了前所未有、千载难逢的大好机遇。

● 数字孪生城市

城市是人类经济发展到一定阶段的产物，既是人口聚集中心，也是经济活动中心。城市的发展与经济形态和产业结构的演进紧密关联、相互作用，推动人类社会步入现代文明。当前，数字经济蓬勃兴起，未来一段时间将是城市发展和产业创新的重要变革期、关键机遇期。数字孪生将推动城市生态、基础设施、经济结构、商业模式等的重塑重构，与中国快速提升的城市化进程相结合，为全球经济增长注入强大动力。

2017年，中国信息通信研究院（以下简称中国信通院）首次提出"以数字孪生城市推进新型智慧城市建设"的创新理念。2018年末，中国信通院推出了首个《数字孪生城市研究报告（2018）》。中国信通院指出：当前，物理世界和与之对应的数字世界正形成两大体系平行发展、相互作用，数字世界为了服务物理世界而存在，物理世界因数字世界变得高效有序，数字孪生技术应运而生，从制造业逐步延伸拓展至城市空间，深刻影响着城市规划、建设与发展。

所谓数字孪生城市，是未来实体城市的虚拟映射对象和智能操控体，形成虚实对应、相互映射、协同交互的复杂巨系统。"数字孪生"并不是一个新概念。最早出现在智慧工业和智慧建筑领域，其最典型的应用包括物理设备的数字孪生、智能建筑的数字孪生，也就是通过丰富的传感器建立实体物体的数字映像或镜像，在数字世界重构一个虚拟的物体，而这个虚拟的物体具备实体物体的所有特征，同时人们还能通过操作虚拟物体，把指令传回到实体物体上的控制器，完成对实体物体的操控。

数字孪生城市是城市信息化发展的高级阶段。城市信息化发展的第一阶段通过信息化、电子化和数字化，希望建成初步的城市信息化治理与管理系统，这就是智慧城市阶段，城市信息化至今虽然已经发展了十余年但仍处于第一阶段。第二阶段是"互联网+政务"，即随着互联网技术的发展，将城市政府的各个委办局、企业应用等连接起来，形成网络化的应用。第三阶段是城市通过基础设施云、平台云、应用云等及物联网、5G等，把更多的数据汇集到云上，形成全域城市大数据。第四阶段是数字孪生阶段，综合运用物联网、人工智能、虚拟现实、大数据等技术，形成与物理城市相对应的数字孪生城市，充分利用前期形成的城市全域大数据，为城市综合决策、智能管理、全局优化等提供平台、工具与手段。2018年之后的10年，将看到数字孪生城市的启动与推进。

数字孪生城市更强调一条新兴的技术路径，其本身与智慧城市并不冲突，而是从原有的局部优化提升到全局优化，是一种新理念、新途径、新思路。数字孪生城市是智慧城市建设的一种手段和支撑。

数字孪生城市例子

数字孪生城市是智慧城市的高级阶段，因此其必要前提是，城市的信息化、网络化和数字化建设必须达到一定的程度。对于全新的城市建设来说，可以一步到位，规模化建设数字孪生城市。

雄安新区在规划纲要中指出，坚持数字城市与现实城市同步规划、同步建设，推动全域智能化应用服务实时可控，打造具有深度学习能力、全球领先的数字城市。借助大数据深度挖掘技术、人工智能、物联网技术和互联网平台等新一代信息技术，从数字呈现、网络互联到智能体验进行全方位谋划，实现数字城市与物理城市同步规划同步建设，对物理世界的人、物、事件等所有要素数字化，生成全数字化城市。2019年10月，《雄安新区智能城市标准指南》正式发布，这标志着雄安新区智能城市、数字城市已从规划阶段正式转向大规模实际建设阶段。

数字孪生城市的另一个例子是新加坡虚拟城市。2015年，新加坡政府与法国达索系统等多家公司、研究机构签订协议，启动"虚拟新加坡"项目。该项目计划完全依照真实物理世界的新加坡，创建数字孪生城市信息模型。新加坡在之前已经在信息化建设方面非常成功，已经有很多政府部门上信息系统，但面临的问题是每个系统都相互孤立，没有连接起来。达索系统要搭建的是整个城市信息模型，给政府、市民提供信息的发布和共享服务。"虚拟新加坡"平台建于2018年，面向政府、市民、企业和研究机构开放,可广泛应用于城市环境模拟仿真、城市服务分析、规划与管理决策、科学研究等领域。新加坡政府同时打造了"智慧国家传感平台",实现境内的传感网络设备管理、数据交换、数据融合与理解等。例如,新加坡将11万个路灯互联,以集群的方式部署无线网络设备、各类传感器设备。

城市大脑

数字孪生城市是实现城市数据价值的关键一步。将城市的海量数据汇聚后,先进行数据的结构化工作,包括数据清洗、数据灾备和恢复及数据安全等,再进一步构建与物理世界相对应的模型并训练,通过数据学习和分析、预测与推理,让城市管理者建立对物理世界的洞察力。洞察力之一就是城市大脑。在某种程度下,城市大脑是数字孪生城市的中枢数据处理"大脑",与数字孪生城市相辅相成。

自2016年10月首次提出城市大脑以来,阿里云就大力推广城市大脑并积极在合作城市中落地。杭州作为首个尝鲜的城市,自2016年10月开始与阿里云合作,首先将城市大脑应用于城市交通管理。自2016年10月正式启动杭州城市大脑项目到2017年10月,城市大脑接管了杭州128个信号灯路口,试点区域通行时间缩短15.3%,高架道路出行时间节省4.6分钟;在主城区,城市大脑日均事件报警500次以上,准确率达92%;在萧山,120救护车到达现场时间缩短一半。随着在杭州的成功,城市大脑又先后在苏州、衢州、澳门等城市和地区落地,也签约了雄安新区。2018年1月29日,马来西亚数字经济发展机构(MDEC)和吉隆坡市政厅(DBKL)联合宣布引入阿里云城市大脑。

在2018年10月的华为全联接大会上,华为云正式发布EI城市智能体,帮助解决更多城市难题。EI城市智能体基于华为的昇腾AI芯片,全栈全场景服务升级,这也标志着华为云将全面进入AI新时代。"EI智能体"是华为云用于解决各个行业问题、面向各行业的细分场景推出的智能解决方案。2018年6月,华为云针对交通和工业分别推出了EI交通智能体和EI工业智能体。此前,深圳交警与华为深度合作,在深圳龙岗坂田43个路口部署EI交通智能体TrafficGo解决方案,试点在线信号配时,其中关键路口等待时间平均缩短17.7%,通行"速""率"齐升。2018年4月,华为又与北京市交管局合作,在北京的海淀区上地三街,率先开展利用AI算法实现实时在线决策、信号配时优化和时段自动划分的试点应用。第三方公司评估报告显示,上地三街车流主方向(东西方向)平均延误下降15.2%,平均车速提升15%,支路的平均延误时间缩短了10%~20%。

2020年6月,"海口城市大脑"项目获得IDC亚太区智慧城市大奖——行政管理类大奖。作为海南省省会及中国内地最大的自由贸易港，2018 年海口市试点通过建设以云计算、人工智能为支撑的海口城市大脑，提高城市综合治理能力和公共服务水平。经过 1 年多的项目建设，海口城市大脑构建了全市统一的云平台，通过数据融合实现了交通、政务、医疗、文旅、城市治理与服务等 5 大领域、多个智慧应用场景创新，建立了较为完善的智慧城市治理机制。例如，在医疗服务方面，通过城市大脑的支持，海口整合了省市两级共 12 家医院的诊疗、号源、床位等信息，实现了医院间数据的互联互通。

IDC 认为城市级脑类项目驱动城市数字化建设模式从分散走向集中，同时加强了城市级运营的业务紧密性，使数据和应用的价值进一步放大，并提升城市管理的科学化、精细化和智能化。随着政府行业信息化基础设施建设的逐步完善，以及政务数据、城市治理和运行数据的不断丰富，城市级脑类项目的建设基础不断夯实，将首先在省会城市及一、二线城市落地，并逐渐渗透到其他城市政务信息化建设内容中。

第四节　新思维、新技术、新体验

● 新基建

2020 年一季度，各省市陆续出台的年度基建预算囊括了 5G、数据中心、人工智能等内容。2020 年 4 月，国家发改委在 4 月例行新闻发布会上指出：新型基础设施是以新发展理念为引领、以技术创新为驱动、以信息网络为基础，面向高质量发展需要，提供数字转型、智能升级、融合创新等服务的基础设施体系。至此，国家对新基建有了较为明确的提法。

根据国家发改委明确的范围，新型基础设施主要包括 3 个方面的内容：信息基础设施、融合基础设施和创新基础设施。其中，信息基础设施主要指基于新一代信息技术演化生成的基础设施，比如 5G、物联网、工业互联网等；融合基础设施主要指深度应用互联网、大数据、人工智能等技术，支撑传统基础设施转型升级，进而形成的基础设施；创新基础设施，主要指支撑科学研究、技术开发、产品研制的具有公益属性的基础设施，比如重大科技基础设施、科教基础设施等。5G、大数据中心、人工智能、工业互联网、卫星互联网、特高压、新能源汽车充电桩、城际高速铁路和城际轨道交通等是新基建的主要方向（见图 12-3）。

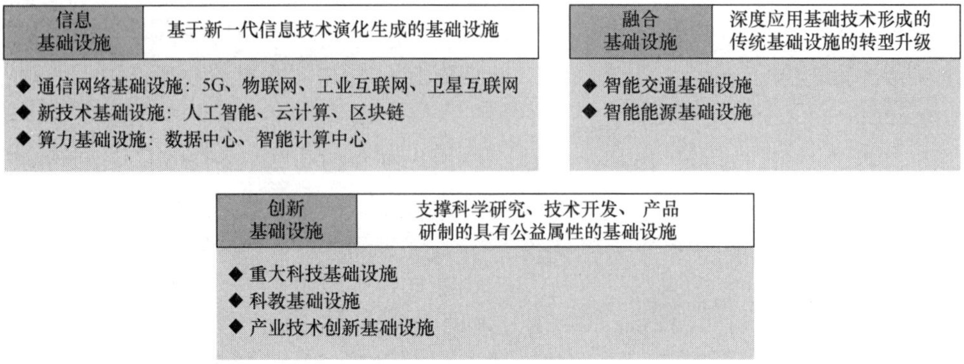

| 读懂新基建：数字技术带来全民机遇

```
┌─────────────────────────────────────────┐   ┌─────────────────────────────────────────┐
│ 信息     │ 基于新一代信息技术演化生成的基础设施 │   │ 融合     │ 深度应用基础技术形成的          │
│ 基础设施 │                                  │   │ 基础设施 │ 传统基础设施的转型升级          │
├─────────────────────────────────────────┤   ├─────────────────────────────────────────┤
│ ◆ 通信网络基础设施：5G、物联网、工业互联网、卫星互联网 │   │ ◆ 智能交通基础设施                │
│ ◆ 新技术基础设施：人工智能、云计算、区块链   │   │ ◆ 智能能源基础设施                │
│ ◆ 算力基础设施：数据中心、智能计算中心       │   │                                     │
└─────────────────────────────────────────┘   └─────────────────────────────────────────┘

              ┌─────────────────────────────────────────┐
              │ 创新     │ 支撑科学研究、技术开发、产品    │
              │ 基础设施 │ 研制的具有公益属性的基础设施    │
              ├─────────────────────────────────────────┤
              │ ◆ 重大科技基础设施                        │
              │ ◆ 科教基础设施                            │
              │ ◆ 产业技术创新基础设施                    │
              └─────────────────────────────────────────┘
```

图 12-3 新基建内涵

新基建最早出现在 2018 年 12 月的中央经济工作会议上，该会议首次提出"新型基础设施建设"（简称：新基建）概念，强调加快 5G 商用步伐，加强人工智能、工业互联网、物联网等新型基础设施建设，加大城际交通、物流、市政基础设施等投资力度。2019 年 3 月的政府工作报告强调，加大城际交通、物流、市政、灾害防治、民用和通用航空等基础设施投资力度，加强新一代信息基础设施建设。2019 年 5 月的国务院常务会议指出，把工业互联网等新型基础设施建设与制造业技术进步有机结合。2019 年 7 月的中共中央政治局会议提出，稳定制造业投资，实施城镇老旧小区改造，城市停车场、城乡冷链物流设施建设等补短板工程，加快推进信息网络等新型基础设施建设。2019 年 12 月，国家发改委七部门印发《关于促进"互联网+社会服务"发展的意见》，提出"加快布局新型数字基础设施""加速构建支持大数据应用和云端海量信息处理的云计算基础设施，支持政府和企业建设人工智能基础服务平台"等。2020 年 1 月，国务院常务会议指出，要大力发展先进制造业，出台信息网络等新型基础设施投资支持政策，推进智能、绿色制造。2020 年 2 月，中央全面深化改革委员会第十二次会议再次强调，统筹存量和增量、传统和新型基础设施发展，打造集约高效、经济适用、智能绿色、安全可靠的现代化基础设施体系；同样在 2 月，中共中央政治局会议指出，要加大试剂、药品、疫苗研发支持力度，推动生物医药、医疗设备、5G 网络、工业互联网等加快发展。2020 年 3 月，中共中央政治局常委会会议指出，加快 5G 网络、数据中心等新型基础设施建设进度。新基建发展历程见图 12-4。

根据有关统计，尽管 2020 各省市编写的基建预算高达 50 万亿～60 万亿元，但真正落实到新基建中的并不多，而且各省市每年编写的基建预算实际上是未来 3～5 年的预算总额，也并不是 2020 年特意为疫后经济重起或新基建专门编制的当年预算。因此，应该清醒地认识到新基建提法的更大价值在于引领社会投资向数字经济与智能经济靠拢，在基建的同时注意结合嵌入物联网、云计算、大数据分析等智能技术，将传统基建转变为数字和智能基础设施，为下一步的智慧城市、数字经济和智能经济打下基础。

第十二章 新城市：全社会共享智慧城市

新基建概念进入人们视线 → 中央多次强调加快新基建，其内涵不断丰富 → 央视专题报导新基建"七大领域"

2018年12月	2019年3月	2020年1月	2020年2月	2020年3月
提出加强新型基础设施建设	要求加强新型基础设施建设和融合应用	要求推进"智能制造"	打造现代化基础设施体系	初步提出新基建范围
中央经济工作会议：发挥投资关键作用，加大制造业技术改造和设备更新，加快5G商用步伐，加强人工智能、工业互联网、物联网等新型基础设施建设。	**政府工作报告：**加快5G商用步伐和IPv6（互联网协议第6版）规模部署，加强人工智能、工业互联网、物联网等新型基础设施建设和融合应用。	**国务院常务会议：**要大力发展先进制造业，出台信息网络等新型基础设施投资支持政策，推进智能、绿色制造。	**中央全面深化改革委员会：**基础设施是经济社会发展的重要支撑，要以整体优化、协同融合为导向，统筹存量和增量、传统和新型基础设施发展，打造集约高效、经济适用、智能绿色、安全可靠的现代化基础设施体系。	**央视：**央视初步定义新型基础设施建设是发力于科技端的基础设施建设，涉及七大领域，包括特高压、新能源汽车充电桩、5G基站建设、大数据中心、人工智能、工业互联网、城际高速铁路和城际轨道交通。

图 12-4 新基建发展历程

● 智慧农业"黑科技"

2020 年，车联网农机的无人驾驶技术已在农业方面有了规模化的应用。对于农业机械来说，应用无人驾驶技术既能提高农业耕作效率，又能降低农耕作业的难度及对于专业技能的要求。随着物联网发展，智慧农业逐渐形成了专业化、规模化、自动化的趋势。

面向智慧施工、农业、矿山、环卫、物流等领域，丰疆智能科技股份有限公司（简称：丰疆智能）提供"耕种管收"全套无人作业解决方案，通过智能化、无人化改造，推动产业升级。截至 2020 年上半年，丰疆智能已经在农业领域落地了智慧农业机器人产品和数字农业物联网解决方案。智能插秧机、智能收割机、智能拖拉机、智能植保机等无人驾驶农机，涵盖农业生产中的"耕、种、管、收"四大环节。其利用北斗高精度自动导航，实现农机自动作业路径规划；农民只需遥控农机作业，既减轻劳动强度，又提高作业效率。丰疆智能数字农业物联网解决方案以智能农机为核心，辅以智能物联网终端及物联网联网解决方案，农民通过农机的大数据可视化平台可全面监控农场作业情况。

广西慧云信息技术有限公司（简称：慧云信息）将"人工智能、物联网、大数据"技术与农业生产经营相结合，为生产者提供创新的"智慧农业"解决方案，促进农产品安全与品质提升，帮助农民实现最大化土地产值与利润。

慧云信息的产品"耘眼"人工智能农技服务平台（简称耘眼平台）是慧云信息自主研发的国内领先的农业人工智能应用，耘眼平台已成为数万农户的种植帮手和随身专家。农户只要打开手机对着作物拍照，耘眼平台就能自动、快速、精准地识别病虫害种类，并且告诉农户应该打什么药，告诉农户在作物生长的每个物候期需要做什么工作。对于农户来说,既不需要具备相关的农技知识,也不用四处找专家、寻医问药,只要农户会使用手机,耘眼平台就能帮农户自动、智能做决策,轻松解决生产过程中的难题。截至2020年上半年,耘眼平台已经服务超过10万名种植户,覆盖面积超过200万亩。AI系统每天平均处理农户提问超过10000个,与传统靠技术人员下乡的农技服务模式相比,问题处理效率提高近百倍。

慧云信息的另一个解决方案"慧云农业大脑",可以帮助农民从传统的以人为中心的耕种模式转向以数据为中心的模式,从而解决决策和执行两个层面的问题。慧云农业大脑解决方案打造了一个闭环信息系统,通过物联网传感器收集数百万个数据点(包括土壤状况、气温、湿度在内的田间数据),并以摄像头拍摄的农作物照片和移动设备的数据作为补充,与涵盖整个作物生命周期的科学数据(包括病虫害的相关信息和作物生长状况等)相结合,通过复杂的机器学习进行整合,进而为农民创建更高效的生产计划和更精确的预测,让农民获得即时的定制化农作物管理建议。从慧云信息数据科学家建立的模型中得到的灌溉和施肥建议等,作为操作说明返回到农田,与生产设备进行交互,从而减少农药和化肥的使用并降低环境污染。比如,通过AI计算机视觉技术,慧云农业大脑自动判断农作物生物特征、病虫害,评估农作物生长状态;结合机器学习技术,慧云农业大脑可以自动从数万条农药数据中迅速为农场匹配安全、有效的植保与营养方案,用更少的农药组合达到最佳的防治效果,指导农户科学生产。

● 智慧环卫机器人

随着我国城市化水平不断提高,道路清扫面积持续增加,叠加老龄化程度加深,劳动力成本提升,环卫机械化替代势在必行。

盈峰环境科技集团股份有限公司(简称:盈峰环境)在2015年进行战略转型,围绕"智慧环卫"的发展战略(智能装备、智慧服务、智云平台),业务涵盖环卫装备、环卫机器人、环卫一体化服务、固废处理、环境监测、智慧环境管理等各领域。自2018年以来,盈峰环境全面进军环卫装备及环卫服务领域,在环卫装备领域大力发展智能化、无人化环卫装备,推出智能小型环卫机器人装备产品族群,融入5G、人工智能技术、机器视觉技术、全场景图像识别、绿色新能源动力等技术,实现环卫服务机械化、智慧化、新能源化。

在智能环卫机器人领域,盈峰环境成功研发出全球首款环卫智慧作业机器人、全球首个智能环卫机器人作业集群、全球首个5G无人驾驶环卫机器人作业编队、全球首款智能AI全线控环卫清扫机器人、行业首台无人驾驶防疫消毒机器人、全球首个5G远程集群操控环卫机器人作业编队等,并在深圳福田、长沙橘子洲等地实现落地运营。截至 2020 年上半年，盈峰环境的产品型号超过 400 余款，产品覆盖 5G 环卫机器人、无人驾驶环卫车、智能小型环卫机器人、垃圾收转运设备、分体站装备、环卫清洁装备及新能源环卫装备等，其智慧装备研发能力行业领先，销售额连续 19 年稳占国内行业第一的位置，且总体市场占有率超过 20%。

智慧医疗新思路

健康医疗服务是一个城市服务的重要组成部分。特别是我国医疗资源总体稀缺、分布不均衡，这是城市公共服务所面临的一大挑战。通过人工智能、云计算、大数据等技术，提升医疗服务水平、提高医疗资源使用率、把医疗服务扩散给更多的群众等，是智慧医疗的大方向。

成都深泉科技有限公司的若水医疗品牌，以 AI 智能技术为核心，深耕医疗行业，以技术手段为社会提供更多优质医疗服务，提高基层医疗机构服务管控能力，助力分级诊疗落地与实现。若水医疗通过对 AI 技术核心与运营系统的不断升级，形成了对从大、中型医院到社区诊所的全面医疗管控能力，并且能够通过对超级三甲医院诊疗服务能力的技术产品化，快速赋能下沉优质医疗资源，同时通过平台技术加速诊疗信息共享，实现医联体的优质、高效运营。

若水医疗的 Hammurabi 智能辅助引擎，可帮助核心医院打造以自有医学标准为核心的医疗服务体系。若水医疗提供的多种产品形式，可赋能体系医院、诊所；通过人工智能技术和医联体体系，可实现超级三甲医疗辐射能力的指数级提升，切实扩大社会优质医疗的供给能力。同时，Hammurabi 智能诊断引擎可嵌入式地部署到下级医院、诊所的生产系统中，实时监控整个医疗服务过程，对过程中的病历合规性、诊断标准性、治疗标准性等做出评估，协助中心医院与医保机构把控整个医联体体系内机构的医疗服务。

某省人民医院通过 Hammurabi 智能诊断系统嵌入式模块与用户连接平台，用 4 个月的时间就建立了以系统辅助赋能下级医院为目标的医联体平台。该平台通过系统与多家下级医院连接，通过诊疗服务标准化，将省人民医院的服务半径和服务能力从本部延伸到各个医联体触点，将患者"慢病治疗+健康管理"结合起来，形成闭环的优质服务；实现从"以治病为中心"向"以健康为中心"的理念转变，打造省人民医院、社区医院、社区居民的三级服务体系；同时，利用系统优秀的诊疗过程监控管理能力，高效地帮助省人民医院管理把控整个医联体体系内机构的医疗服务质量，实现对患者的连续跟踪管理，保证患者治疗的科学性与医保费用的合理使用。

医渡科技有限公司（简称：医渡云）是一家医疗人工智能技术公司，提供以数据智能驱动的医疗创新解决方案。医渡云利用医疗人工智能，推动技术融合、业务融合，打通信息壁垒，帮助政府、医院、整个产业界充分挖掘医疗智能化政用和民用价值，实践健康中国战略。自2014年成立以来，医渡云以自主开发的"医学数据智能平台"为基础，通过深度处理和分析，建立真实世界疾病领域模型，协助医学研究、医疗管理、政府公共决策、创新新药研发，帮助患者实现智能化疾病管理，实现数据智能绿色医疗的新生态。

2020年，新冠肺炎疫情是摆在全人类面前的一个重要挑战，如何认识疾病、如何改变人类和疾病的关系是一个重大课题。医渡云深挖数据价值，利用人工智能技术推动城市免疫平台的建设，进行提升城市免疫力的探索。医渡云协助宁波卫健委建立了新冠肺炎疫情监控大数据智能平台，协助宁波实现了对确诊患者的就诊路径分析，并基于分析结果，针对发热后多次就诊人群，建议相关部门采取相应的防控措施。医渡云与中国疾病预防控制中心就境外疫情输入风险评估开展合作，协助全球疫情态势研判、防控追踪，为中国疾病预防控制中心相关决策制定与实施提供科学直观的参考依据。医渡云协助北京市疾病预防控制中心通过挖掘疾病传播关系，构建流行病学关系图谱，帮助及时发现疾病的传播模式、传播链条、传播地点等，大幅减少工作量，并缩短分析调查的时间周期。医渡云协助建设"武汉市新冠肺炎疫情数据管理系统"，通过数据挖掘分析和展示，形成多维度的疫情动态分析和闭环管理，构建密接图谱，提高及时性、准确性和可及性，为政府决策和科研应用提供支撑。

除此之外，医渡云还协助多城市搭建了新冠肺炎疫情大数据监控平台，为十几个省市的疫情预判和决策贡献了力量，并探寻了疫情的发展规律，协助当地政府部门对疫情进行动态监测与及时的科学研判。不仅如此，医渡云还充分利用人工智能技术，在疫情未完全消失情况下进行动态闭环管理，实现"事前风险、事中管理，事后跟踪"；通过建立知识模型推理的城市社会图谱和搜索引擎，进行风险评估及分析、风险追踪及监控、预测仿真及资源调度、动态决策支持、动态政策调整，确保经济有序运行，并更大限度地降低死亡率和感染人数。

智慧交通新思维

智慧城市（或智能城市）最大的特点是数据共享，特别是全城的数据共享。实现全城数据共享，需要一个可以广泛获得共享数据的方式，除物联网和AI等智能机器手段外，也可以广泛发动市民参与贡献数据、共享数据分析成果。

近年来，交管部门不断加大路面执法及科技设备抓拍违法行为的力度，但难以实现对违法行为的全覆盖，广大市民高度关注交通安全和秩序，愿意从多种渠道向交管部门举报交通违法。为更好地发挥市民监督作用，拓展执法覆盖，督促交通参与者自觉遵章守法，形成警民共建交通文明合力，北京交管部门依据公安部新修订的《道路交通安全违法行为处理程序规定》《北京市文明行为促进条例》，搭建了北京交警"随手拍"平台。

市民可在北京交警微信公众号使用"随手拍"小程序，或到各大应用市场下载最新版北京交警 APP 并进入首页的"随手拍"功能，然后登录"北京市统一身份认证平台"。"随手拍"提供视频举报、拍照举报两种方式。市民仅需要进行实名认证、登录平台、点击拍摄即可完成举报操作。对上传平台的举报信息，交管部门将组织专门力量逐一审核把关、调查核实，对属实的将依法处罚。此外，市民还可通过"随手拍"平台向交管部门通报交通信号灯损坏、不亮、遮挡、倾斜等故障，交管部门接到相关信息后将进行核实，并尽快安排维修。

北京交警"随手拍"平台自 2020 年 8 月 5 日正式上线以来，已从市民举报的线索中筛查审核了 5.3 万条交通违法线索，均已录入非现场执法系统。截至 2020 年 9 月 6 日，"随手拍"平台注册用户已达 36.6 万人。针对市民举报的区域及违法行为，交管部门加强了分析研判，对群众反映集中的违法行为的高发时间、高发区域、高发类型，做到了警力跟着警情走，组织了针对性专项整治。

第十三章
微软：全社会共享数字生产力

截至 2020 年 6 月，微软（Microsoft）股价已经超过 200 美元，总市值已经冲上 1.5 万亿美元。在 2019 年 6 月之后，微软都维持在万亿美元市值以上。微软股价在 1999 年最高峰时为 58.38 美元，当时微软在其历史上首次创造了 6000 亿美元市值。相比于此，到 2020 年，微软股价翻了 4 倍。这一切都始于 2014 年第三任 CEO 萨提亚·纳德拉开始执掌微软，并带领微软开启了历史上最大的一次转型：全面向云计算发展的数字化转型。

继 AWS 之后，微软是第二个在全球大规模部署了公有云基础设施的企业。与 AWS 出身于互联网公司不同，微软是向公有云和云计算业务成功转型的传统软件企业。微软在公有云、混合云和数字化转型方面的成功，对于中国的互联网公司和传统企业来说，都很有学习和研究价值。在 2016 年的微软全球合作伙伴大会上，微软向全球业界展示了产品向云时代 XaaS 服务转型的成功范例；在 2017 年的微软全球合作伙伴大会上，微软开始向全球业界展示如何进行商业模式的转型，并以自己的实践为样本，总结了转型指南。

作为全球最懂软件生产力的公司，微软赖以成名的 DOS、Windows、Windows Sever 操作系统及公有云时代的 Microsoft Azure，加上办公软件 Office 和公有云版本的 Office 365、业务流程软件 Dynamics 及其公有云版本 Dynamics 365，为全球企业、组织和个人带来了源源不断的数字生产力。进入公有云时代，微软更大力发展人工智能技术，把人工智能作为新型的生产力，广泛嵌入微软的软件和数字平台中，让每个人、每个组织、每家企业都能获得同等水平的数字生产力，都能在公有云平台上创造新的价值。

第十三章 微软：全社会共享数字生产力

第一节 数字化转型领导力

● 新领导者

自 2014 年 2 月纳德拉被宣布成为微软第三任 CEO 之后的短短 3 年里，微软股票在纳德拉的手上达到了历史新高，超过了 1999 年最高峰时的 58.38 美元（微软 2003 年拆分股票时为 23 美元）而达到 76.54 美元，市值达到 5876 亿美元，成为全球高科技公司第三强。2018 年 1 月，微软市值进一步超过了 7000 亿美元。进入 2019 年，微软市值在几次冲击万亿美元后，即稳定在万亿美元以上（见图 13-1）。

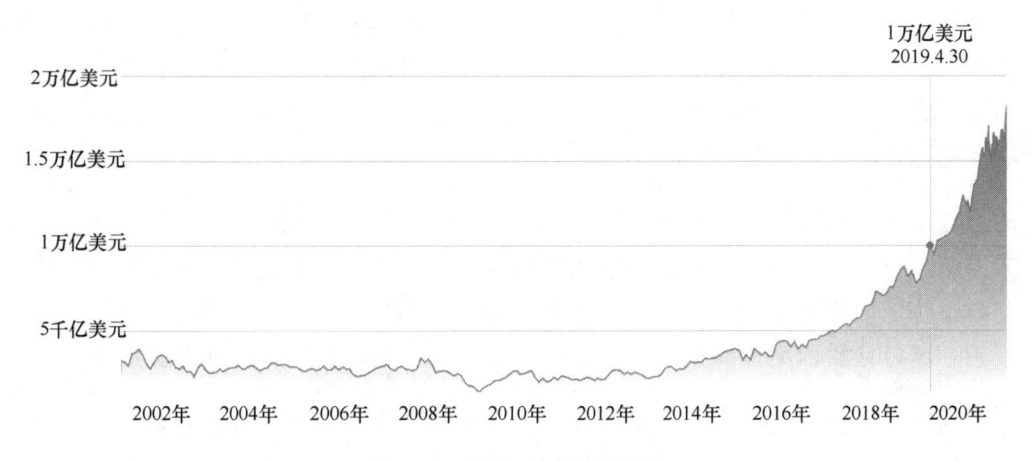

图 13-1 微软公司市值走势

纳德拉是微软第三任 CEO，也是继比尔·盖茨和史蒂夫·鲍尔默两个创始人之后的第一个非创始团队 CEO。纳德拉创造了微软的新奇迹。在接手微软 CEO 的时候，他已经在微软工作了近 22 年，是一个不折不扣的老微软人。当时，微软在遴选下一任 CEO 时，几乎所有舆论都不倾向于启用一个老微软人。特别是当时鲍尔默刚刚完成了饱受争议的 Nokia 收购，业界评论认为应该由一个外来 CEO 重振微软。

2013 年，在鲍尔默宣布要退休的时候，业界认为微软已经在移动互联网和智能手机时代落后，对于微软的前景并不乐观。然而，就在纳德拉上任新 CEO 后，微软出现了巨大变化，在云计算时代迎头赶上，并在短短 4 年里创造了新的辉煌。纳德拉成为鲍尔默为微软留下的最宝贵的"遗产"。这位来自印度的移民，与谷歌（Google）的桑达尔·皮查伊一起，成为硅谷最有权势的新一代 CEO。然而，纳德拉身上却没有 CEO 的那种盛气凌人的特征，相反，他为人谦虚、愿意倾听且平易近人。

在很大程度上，纳德拉把微软的成功转型归结于文化转型，甚至亲自出了一本

类自传体书 *Hit Refresh*，记录了这次微软大转型中很多不为人所知的幕后故事，特别是领导力与文化的转型，引起了业界的极大震动。纳德拉提出的"同理心"文化及"成长型"思维，加上一系列从领导层开始扭转企业文化的努力，被业界视为微软成功转型的"法宝"，也有不少企业试图学习微软这种自上而下的文化变革。所谓"同理心"，就是站在对方立场设身处地思考的一种方式，也称为换位思考、共情。所谓"成长型"思维，即在未知环境中创新要敢于冒风险，通过快速犯错误和快速失败来修正，要承认在前进的道路上失败是常态。

纳德拉对微软的文化变革的一个重要贡献还在于解决历史遗留问题，特别是纳德拉刚上任时继承的一个刚并购来的 Nokia。当时，Windows Phone 的市场份额不到 4%，无论是苹果公司（Apple）还是谷歌都在市值上达到了新高。当鲍尔默让高管团队们对 Nokia 收购案投票以测试团队对这一决定的意见时，纳德拉投的是反对票。纳德拉认为，这个世界不需要第三种手机生态系统，除非能真正改变游戏规则。在纳德拉成为 CEO 后，微软在移动手机市场中更加落后了，纳德拉不得不勾销这宗收购，消减 1.8 万个工作岗位。

直面公司的历史包袱和找到解决之道，是公司转型及扭转公司文化氛围的最直接方法，也是不可避免要做的事情，越早解决历史包袱，越能早日走上新的旅程。在纳德拉上任的活动上，他发表了著名的演讲："我们所在行业不尊重传统，只尊重创新。这将是我们集体的挑战——让微软在移动为先、云为先的世界里繁荣起来。"

当然，微软的文化变革之所以成功，并不完全是因为纳德拉所发起的自上而下的公司文化变革。因为纳德拉清楚地知道，必须同时借助技术平台发起自下而上的变革，把变革的工具和能力交到每位员工的手里，让员工自发地完成组织行为变革，才是真正的成功之道。

● 微软自身的数字化转型

微软认为，在任何数字化转型中，技术和文化的变化都是相辅相成的。微软 CSEO（Core Services Engineering and Operations，核心服务工程与运营）的前身为微软内部 IT 部门，而微软 IT 部门与其他公司的 IT 部门一样都有以流程为中心的思维模式、僵化的人工操作模型和不连贯的客户体验。随着微软整体上云，CSEO 转向基于 Microsoft Azure 的运营模型，该模型使用现代软件工程原理，如可扩展性、敏捷性和自助服务，这些都专注于提升客户体验。

对于微软来说，自身转型的第一步就是把整个微软都搬到云平台上，通过云平台打通所有部门的数据，不仅让公司能够更加敏捷地响应市场变化，而且让统一的数据成为全公司的新沟通"语言"——虽然各国员工讲着不同的语言、有着各自的文化，但显然大家对于数据的理解是高度一致的。

微软与 MIT Sloan 管理学院的 CISR（Center for Information Systems Research，信息系统研究中心）合作，调研了微软在自身的数字化转型过程中，是如何成为一家基于云的数据驱动型公司的。实际上，在云业务成为主导业务之前，微软作为一家产品型公司，有着 Windows、Office、Xbox 等相互独立的产品线，这些产品线有着各自的 P&L 损益表，每条产品线都像一家独立公司那样运营，导致微软内部相当分裂。而在产品为王的时代，很多公司都像微软一样，有着彼此相互独立的明星产品线，明星产品线都是数据孤岛和组织孤岛，彼此之前既缺乏协同也没有数据的打通。在数字化转型的过程中，越来越多的企业像微软这样试图成为一家平台型公司，这就要求打通企业内部的资源，以一个平台的方式统一对外服务客户。

MIT Sloan 管理学院的 CISR 认为，微软能否成功转型为一家云服务公司，取决于它的业务流程、企业文化和员工心态能否转向数据驱动型。通过获得更多数据和更好地使用数据，提高微软对客户需求的理解和响应能力，是有效交付云服务的关键。纳德拉也经常在公司内部和外部广泛地谈论对数据的日益依赖性，他认为向云的转型是颠覆性的，但更重要的是云所驱动的数据及数据所带来的新价值。

从 2014 年开始，微软开展了三项面向数据的工作，以促进业务模式和组织文化的转型。第一，高层管理人员利用新指标丰富绩效管理流程，以更好地监控云服务及确定市场需求。第二，业务领导层整合并重新设计业务流程，以便员工可以以更有效、基于事实证据的方式工作。第三，微软对内引入自助服务分析工具套件 Power BI，该工具可促进整个微软的数据和分析最佳实践，并启发基于事实证据的决策方式。

在为高管建立新的绩效管理方面，为了更好地识别那些具有丰富数据的系统及鼓励跨部门之间的数据共享，纳德拉主持了一个构建"高管仪表盘"（Senior Management Dashboard）的黑客马拉松（一群志愿的技术高手在几十个小时里接力开发一个软件），微软各业务部门合作建立了一个高管仪表盘：该工作找到并确认了那些包含关键数据的系统及相关负责人，还减少了微软内部的数据孤岛和跨部门共享的阻力。

微软 Power BI 团队很快就开发了一个基于 Power BI 的在线"高管仪表盘"，为每个业务部门的数据开辟了一列，同时写上"N/A"（无效）或"TBD"（待定），这样很快所有业务部门都纷纷找上门来，因为它们希望出现在纳德拉的仪表盘上。为了鼓励这种跨部门的数据发布和数据共享，纳德拉开始定期使用这个仪表盘。很快，微软的其他高管也效仿纳德拉那样为自己负责的业务单元开发了管理仪表盘。某些具有跨公司意义的指标，尤其是反映客户参与度的指标，得以在整个微软公司范围内共享，各业务单元以各自的方式使用这些共享指标。例如，市场营销部门通过这些指标来学习如何更有效地与客户交互，包括通过产品向客户传递品牌信息，从而实现更广泛和更深入的客户参与；产品工程开发团队则通过这些指标来提升服务质量，从而提高云服务的采用率和消费水平。

随着微软向云服务的转型，微软原先产品导向的企业文化成为服务导向战略的阻碍，纳德拉于 2015 年开始着手整合公司的核心流程（销售、市场营销等），一方面鼓励开放的平台型企业文化而不是孤立的产品型文化，另一方面让微软以"统一界面"面对客户。微软 IT 部门也分为了两部分：一部分以共享 IT 服务方式提供核心企业服务功能，另一部分则与业务部门合作以满足业务部门的需求。为了鼓励跨部门的协作，微软调整了员工激励机制，员工在整个组织中的协作情况成为员工绩效评估的三大核心支柱之一。

"全民"数据驱动的文化，让微软扩展云平台和服务取得了显著的成功。2016 年最后一个季度，Microsoft Azure 的使用量增加了 1 倍以上，成为全球第二个最受欢迎的云平台，并使微软获得了显著的云市场份额。

● 微软数字化转型方法论

微软早在 2017 全球合作伙伴大会上给出了一个简明扼要的数字商业模式转型指南：一个目标市场、四大客户痛点、四大技术解决方案组合、六大拓展行业。

纳德拉指出转型所指向的目标：一个 4.5 万亿美元的企业数字化转型市场。接着，微软为这 4.5 万亿美元转型市场开出了四大场景，即赋能员工、客户交互、优化业务流程、产品与服务；对应提出了四大技术解决方案组合，即现代化工作场所、商业应用、应用与基础设施、数据与人工智能。

在数字化转型的四大技术解决方案组合中，每个都是巨大的市场空间，微软对应提出了自己的产品与服务组合：Microsoft 365 对应"现代化工作场所"、Microsoft 365+LinkedIn+Dynamics 365 对应"商业应用"、Azure+Azure Stack 对应"应用与基础设施"、Azure 及 Azure Stack 之上的 Data 与 AI 服务对应"数据与人工智能"。

有了四大技术解决方案组合仍然不够，微软又进一步提出了更为具体的六大行业，作为四大技术解决方案组合的拓展目标市场。这六大行业分别是零售、金融、制造、政府、教育、医疗健康。对于微软来说，仅向合作伙伴指出六大行业还不够。由于 Azure 或 Microsoft 365 等都是云服务，而之前是软件产品，最终企业用户需要在微软云之上开发和运维自己的数字化 APP 或数字化服务，微软就需要把自己的技术知识与合作伙伴的行业知识相结合，才能形成符合行业用户需求的解决方案。

在微软所设计的企业数字化转型商业模式中,一个重要的组成部分就是行业与行业销售。以微软为例,大多数科技公司之前都是走产品的简单销售模式,无论是软件还是硬件都可以通过分销与渠道完成销售,科技公司与最终用户之间的距离很远。但在数字化转型的过程中,无论是原厂还是渠道甚至是竞争对手,都要联合起来共同直接面对最终用户,形成一个完整的解决方案组合。因此,微软从过去 License 简单销售模式的销售组织,向具有行业知识的顾问型销售模式转型。

微软为勇于尝试颠覆性技术的客户提供一个"特种部队"。这个称为"CAT"的"特种部队"由微软智能云的技术专家组织,专门帮助客户解决在云端遇到的各式问题,并与企业客户一起探讨云服务应用上的可能性。负责微软全球云与人工智能实施的企业技术服务"特种部队"成员来自微软咨询服务团队(MCS)、全球技术支持中心(CSS)、解决方案专家团队(STU)、全球黑带专家(GBB)、微软技术中心(MTC)、创新技术顾问(CSE)等部门。这些分布于全球的"特种部队",通过专业技术售前、解决方案架构设计、高新技术项目实施与咨询、7 天×24 小时不间断技术支持服务等一整条价值链,确保企业云计算项目的成功落地及后续长期使用云服务。微软认为,向云转型最重要的不是销售了多少云的业务订单,而是确保用户真正每天都在用云服务。

第二节　DevOps:新软件工程,提升开发生产力

纳德拉曾就建立现代软件工程实践表示:"为了向我们的客户提供移动优先、云优先的体验,我们将实现工程流程现代化——痴迷于客户、数据驱动、速度导向、注重质量。"也就是为了提升微软自身数字平台及采用微软数字平台开发者的生产力,微软必须推动向 DevOps 的软件开发工程现代化。

微软向以 DevOps 为代表的新软件工程转型分为两大部分:一是著名的微软开发工具 Visual Studio,以及传统"瀑布流"开发方式的转型;二是微软内部 IT 团队开发实践的转型。这两大转型,推动了整个软件产业向 DevOps 及云软件开发的转型,最终极大提升了软件及软件工程师的生产力。

● 微软开发工具发展历程

自 1975 年成立以来,微软就以 Windows 和 Office 闻名于世,但微软真正的灵魂是它的开发工具,微软成立后的第一个产品是为 Altair 8800 微机开发的编程语言 BASIC,1997 年发布了著名的开发工具 Visual Studio。在 PC 时代,微软最为成功的

是开发语言、开发工具和开发者生态，而微软的软件开发方法论也成为商用软件开发的主流。

1997年1月，微软推出了Visual Studio 97，这是微软首次尝试以多种语言使用同一种开发环境。Visual Studio 97包含了当时大部分由微软推出的设计工具，如Visual Basic 5.0、Visual C++ 5.0、Visual J++ 1.1、Visual FoxPro及Visual InterDev。随着Borland公司在2009年被收购，Oracle在2017年退出J2EE开发并将之移交到开源社区Eclipse，微软几乎是唯一还在坚持的大型商用软件开发工具公司，而且已经坚持了20多年。

在新的时代，微软开发工具Visual Studio也发生了巨变。20多年，微软Visual Studio开发工具以易学易用、功能齐全而闻名。Visual Studio一直是整个Windows开发的基础，2015年，微软宣布免费推出轻量级的跨平台Visual Studio Code编辑器，并在2017年推出2.0版本，其可在Windows、Mac及Linux等操作系统中运行，支持30多种开源语言。微软还开源了.NET Core框架，极大提升了开发者的生产力。

2017年推出的Visual Studio 2017版本，整合了.NET Core、Azure应用程序、微服务（Microservices）、Docker容器等所有内容。Visual Studio 2017 with Xamarin能够让开发者更快地为Android、iOS和Windows创建移动应用。Visual Studio 2017 for Mac正式版能够让开发者为macOS开发移动平台、网络和云端应用。更为重要的是，Visual Studio支持企业云计算的两大主流开发语言：C++和Java。

Visual Studio凝聚了微软在云时代的软件开发思想与实践精华总结。华为有10万名研发人员，其中超过2万名是软件研发人员，他们大量使用C和C++等语言，而最终的运行环境是VxWorks、Linux等嵌入式环境。在应用Visual Studio 2017以后，其可以实现一键代码部署到Linux上，并在Windows上远程调试Linux上运行的代码程序，极大地提高了开发效率。

在2019年11月的2019 Ignite大会上，微软推出了Visual Studio Online，开发者打开浏览器就可以使用Visual Studio的主要功能。完整的Visual Studio、软量级开源Visual Studio Code及Visual Studio Online，分别从不同角度为开发者提供了不同的解决方案，以满足不同的开发需求。

2017年，微软推出了微软研发云。微软研发云包括微软全球6万名软件工程师每天使用的Visual Studio Team Service（VSTS）（后更名为Azure DevOps），以及一系列虚拟实验室、监控、部署、移动应用测试等云服务。VSTS是托身于微软企业级研发管理平台 TFS（Team Foundation Server）的全流程研发管理平台，TFS 的第 1 版发布于 2005 年。微软主要产品线，包括 Windows、Office、Visual Studio、Xbox 及 Azure 云计算平台等都在使用 TFS 作为研发管理平台，到 2017 年历经了 12 年超过 6 个大版本的迭代，VSTS/TFS 已经具备了管理上万人研发团队进行大规模复杂项目开发的经过验证的能力。

微软研发云 VSTS/Azure DevOps 是完整的研发云服务，包括开发者或者软件研发团队所需要的所有工具，是一套完整的 DevOps 工具链。无论开发团队使用传统的瀑布、CMMI 还是新兴的敏捷、Scrum 或者 Kanban 来组织自己的开发流程，VSTS/TFS 都能提供完善的工具和高度可定制性来满足要求。仅在 Visual Studio 产品线，VSTS/TFS 就管理着超过 3.6 亿个源代码文件、1900 万个工作项和近 5000 名开发人员，每天要进行超过 22 万次版本编译，总数据量超过 15TB。

Azure DevOps 支持所有的编程语言（Java、C#、Python、Node.js 等），同时也支持云计算、桌面、网页、移动装置、物联网与人工智能的应用项目开发。Azure DevOps 在全球已有上百万名用户。基于 Azure DevOps 的功能，微软同时提供本地化部署的 Azure DevOps Server（原 TFS），让私有云和混合云的企业客户也能获益于 DevOps 工具。

软件工程方法与工具的转型

进入云计算和移动计算时代，微软的开发体系和开发方式都发生了巨变。Visual Studio 一直是整个 Windows 开发的基础，随着 Windows、Office 等从商用套装软件走向按订阅方式计费的云服务，Visual Studio 也经历了重大转型——对于 Visual Studio 这样的盒装或套装软件，微软找到了类似 DevOps 的互联网方式进行敏捷开发运维与管理。

早期的 Visual Studio 遵循微软传统的"瀑布型"开发模式，从产品开发、发布到维护需要 3 年的时间。当时，微软的软件发布工作是完全手工方式，几位工程师花差不多 5 周的时间，才能将所有不同的配置、包括多种语言的版本，全部都放到微软和其他相关的网站上供下载。但从 2012 年开始，微软意识到随着互联网的不断发展，用户的需求不断改变，为了适应这种快速变化，微软决定从 Visual Studio 2012 开始，改为每个季度推出一次更新。

如何把 3 年的开发和发布过程缩短到 3 个月？这对微软 Visual Studio 产品团队的每个开发组、每个工程师，都是非常大的挑战。Visual Studio 团队内部从 2012

年开始全面推行敏捷开发模式,这种开发模式要求团队在每个新功能嵌入主程序之前,就要做到高质量并得到用户的认可,从而提升整个 Visual Studio 软件的开发速度,而不是在开发了一个新功能之后,再花很多时间找 Bug,然后在发布前消除 Bug。

Visual Studio 产品团队有几千名工程师。在开发 Visual Studio 2013 的过程中,Visual Studio 团队引入了 3 周冲刺快速迭代模式。这种模式规定每个小组每 3 周完成一个冲刺计划,并将结果进行一次内部发布,以保证整个团队高效、统一的开发步调。对于每个小组的每次内部发布,其他小组就会直接使用这些未测试的功能,新功能中许多严重的 Bug 能够直接在内部快速消除,这种在微软内部称为"吃狗食"的机制也保证了新功能在最终发布时的稳定性。Visual Studio 2013 的开发过程还集成了用户反馈机制,以帮助团队了解用户需求。

开发 Visual Studio 2013 过程的另一大转变是对测试环节的改进。以往对 Visual Studio 版本都会进行黑盒测试,这种测试不仅非常耗时,而且不透明。所谓黑盒测试,就是模拟用户点击微软产品的测试,要在所有场景中完成所有功能的黑盒测试可以说是耗时耗力。Visual Studio 团队内部开始鼓励工程师采用单元测试和功能测试,也称为白盒测试。所谓白盒测试,就是测试工程师直接了解开发工程师的想法,即想用什么的功能以实现什么样的愿景或用户场景,可能还会要求开发工程师另外开发内部 API 以供测试工程师做测试。白盒测试大幅提升了测试工程师与开发工程师的沟通效率。

通过引入统一的生产工具、开发流程和用户反馈机制,加上对测试流程的优化,Visual Studio 2013 的产品构建时间从 96 小时优化到 24 小时,这样就能在一天之内跑完一个构建。

● "三驾马车"的转型

微软开发团队之前有一个非常著名的开发模式:"三驾马车",即由开发人员、测试人员和产品经理组成一个团队。这是 PC 软件时代最为成功的商用软件开发模式,被很多软件企业效仿。

微软"三驾马车"的背后还有一个文化,就是每个工程师都有自己独立办公室的"办公室文化",这已经是微软多年的习惯。但独立办公室却不便于敏捷开发时代的快速沟通,为此,Visual Studio 改变了团队文化,首先把与产品功能相关的产品经理、测试工程师、开发工程师都安置到一个办公室,达到的效果就是团队的紧密沟通，而不是像以前都关着门，提一个问题就要去别的办公室找人。如果把相关的人员都安置在一个办公室，则敏捷开发的站立会就能直接在一个房间里开了。

Visual Studio 的另一个改变是，把测试工程师团队和开发工程师团队合并，变成一个工程师团队。这个改变在当时也是非常大的举动，因为微软的开发工程师和测试工程师的职称已经有几十年的历史，在一开始做改变的过程中自然也会遇到非常大的阻力。之后，随着开发的需要，团队中又加入了"数据科学家"这一新的职称，其通过收集有效数据帮助整个团队进行更高效的开发。

在开发文化转型方面，Visual Studio 在 2015 年还做了一个非常重大的改变。当时从产品战略角度，微软决定拥抱开源，要把最核心的.NET 技术拿出来开源且转变成跨平台的框架技术。而在推进开源和跨平台的过程中，其发现这个过程无法生存在微软内部，而必须放到外部的开源社区 Github 上去实现。迁移到 Github 上最大的工作，就是把微软原先的工程化系统，包括软件构建、测试、交付等，都重写一遍。原先，微软的开发都基于内部的系统，特别是 Windows 系统，而开源后的微软技术则需要使开源社区的工程师能用 Linux、MacOS 等做贡献，进行构建、编程、测试等，整个工具链的更新在当时是非常重要的工作。

Visual Studio 2015 还有一个改变是进行了组件化改造。之前，Visual Studio 软件版本更新类似于百科全书的更新——只能整套更新而不能单章节更新，但敏捷开发时代要求更加灵活地更新某个功能而保留其余的功能，于是组件化就提上了日程。在针对 Visual Studio 2015 的开发中，Visual Studio 团队正式引入产品组件化和 OOB（Out-Of-Band）机制。程序的组件化意味着开发团队能够以组件为单位，实现快速迭代；OOB 机制则允许在对 Visual Studio 进行更新时只更新单一组件，而不需要更新全部内容。这些机制的引入不仅加速了团队的开发进度，同时也提升了用户体验。

Visual Studio 的发布系统也做了重大改造，把之前 24 小时的构建缩短到 8 小时就可以完成。这是因为对 Visual Studio 进行组件化和模块化后，在重新构建整个 Visual Studio 时，先单独构建每个模块，最后再"组装"在一起。这样就实现了 8 小时、1 天内多次构建 Visual Studio。

● 以用户为核心

通过 2013—2015 年的重大变化，Visual Studio 团队深刻认识到所有的产品改进都始于用户需求的改进。

Visual Studio 向"用户至上"的文化转型相当不容易，一开始也遭遇了团队的抵触。微软以前是工程师文化，在打造新的企业文化的过程，就要关注价值观、行为准则及优先级设定。如果以"用户至上"为价值观，那么几千人的团队在设定各自工作优先级的时候，就要把用户需求放在第一位。过去微软工程师的行为方式或定义自己成功的方式，是以在产品演示中增加了一个很酷的新功能为代表；但在"用户至上"的前提下，则要把新功能的开发放在一边，要优先解决客户发现的问题并进行修复。

当然，工程师不会自然而然地这么做，而要重新设立新的鼓励机制，才能帮助工程师重新设定工作的优先级，真正落实"用户至上"的理念。Visual Studio 团队把所有用户反馈的问题都放到了开发者社区网站上，再通过机器学习的方式对类似的问题进行归类，而且对新提交的问题会判断是否其他用户已经提交过。对于已经提交的问题，将通过机器学习的方式进行打分，以设置不同问题的优先级，即哪个比较急、哪个可以缓。如果很多用户都提交或反馈过同一个问题，那么 Visual Studio 团队可以优化这个问题的优先级。因此，Visual Studio 团队有一套单独的工具专门用于分析和处理用户的反馈，到了 Visual Studio 2017 则直接将该工具集成到工作流程里。

Visual Studio 2017 的构建时间已经缩短为 4 小时，这样一天可能做多次构建、测试和部署，而当每天的快速部署成为常态时，自动化就成了团队内部的诉求，因为不可能用人工的方式去发布每个模块的更新。为此，Visual Studio 团队开发了 VSTS，将组件的发布和管理集成在同一系统中，使其自动完成每次软件发布的质量监控、生产部署、批准记录等，大幅缩短了 Visual Studio 的发布时间。

Visual Studio 向 DevOps 的转型，是企业文化、工具与流程及产品架构同时进行的转型，三者需要齐头并进、缺一不可，这样才能真正推动向 DevOps 的转型。Visual Studio 团队的转型，是微软实现数字化转型成功的关键。利用 DevOps 方法论、以用户为主导，实现产品的快速迭代、持续为用户提供高质量的交付，是 Visual Studio 成功转型的关键所在。正因为 Visual Studio 开发工具成功完成了向 DevOps 和敏捷开发的转型，才推动了其他微软产品和服务的成功转型。

"用户至上""以用户为核心"是 2012—2017 年微软开发工具转型成功的"真经"。DevOps 并非神话，而是围绕用户需求不断修改和修正，再通过用户反馈"快速试错、小步快跑"，然后大幅提高企业运营的自动化比率。特别是对于微软 Visual Studio 这样数千人的开发团队，必须以标准化和自动化的工具来统一团队的流程，再加上企业文化和产品架构的同时转型，才有了今天的新微软。

微软内部 DevOps 实践

微软 CSEO（后更名为 Microsoft Digital）团队可以快速有效地响应，以满足内部客户和合作伙伴的业务需求。微软的开发平台 VSTS 提供并内置了支持软件工程基础（Engineering Fundamentals）和应用程序生命周期管理的工具，为 CSEO 团队带来了采用敏捷方法的机会。通过使用 VSTS，CSEO 团队得以实现持续集成和持续交付的增量更新，并维护以客户为中心的开发流程。

微软 IT 部门曾经使用的是传统的瀑布式开发流程，通常需要业务部门等待 3 个月才能发布新的解决方案或修复 Bug。此外，微软 IT 部门也无法改变关注的焦点，快速响应优先级高的请求。随着服务、软件、PC 和设备业务的变革步伐加快，传统的软件解决方案发布速度并没有跟上业务需求，而花费的时间越长，失去的市场机会就越多。

微软 IT 部门改进了为微软内部客户开发应用程序和服务的方式，通过敏捷开放和现代化的软件工程，帮助微软内部业务团队更快地创造商业价值。为了支持微软的内部客户和合作伙伴，CSEO 团队更快地响应不断变化的业务需求，不再花费 6 个月的时间交付应用程序或更新，而是更快、更高效地传递价值。为了提高反应能力，CSEO 团队开始了构建现代软件工程的旅程，CSEO 团队的目标是每天都以持续集成、持续交付的流程发布新功能。

作为迈向现代软件工程的第一步，CSEO 团队根据业务流程重新调整了开发团队的组织结构，让二者匹配起来，从而消除了组织障碍，以便可以将适当的资源分配给每个项目。然后，CSEO 团队开始将软件工程（开发和测试）和服务工程（运营和维护）角色合并到一个敏捷的 DevOps 团队中，目标是让每个团队成员都知道其他角色所面临的问题，以便能够协作解决问题，这增加了团队的效率和有效性。最终，任何冲刺（Sprint）团队成员都可以在任何工程角色中执行任务。

为了通过快速交付周期保持高质量的软件及解决方案，CSEO 团队采用现代软件工程成熟度模型的第二个必要方面：服务成熟度。在遵循适当的实践以确保业务客户和最终用户都具有良好的体验并获得想要的结果时，就会产生服务成熟度。CSEO 团队专注于支持服务成熟的八大支柱和相关原则：服务基石；分析、监控与诊断；可用性；安全、隐私和标准；性能与可伸缩性；部署实践；可操作性；核心工程等。它们为一系列方法提供了概念框架，这些方法在开发过程中将这些原则付诸实践。

为了缩短发布周期，微软 CESO 团队采用了敏捷开发流程，创建了一系列支持的基础环境和工具。敏捷开发意味着迭代设计,在现代软件工程的流程中,有一个重要组成部分就是迭代设计。迭代设计过程使用快速原型来验证和细化设计选择,而不是像传统方法那样在项目开始前要创建详细的计划。微软 CESO 团队同时设计了一系列的敏捷开发方法,称为工程基础。在持续交付方面,微软 CESO 团队专注于最小可行性(Minimal Viable Product,MVP)的产品:微软 CESO 团队的工程师采用了 MVP 思维,专注于开发最小可行的代码,以便最大限度地收集用户反馈。

将现代软件工程模式与 VSTS 结合起来,给 CSEO 团队带来了极大的好处。这些好处包括:以更快的发布周期满足业务部门的需求——可在 2 周内提供新功能;问题很快被纠正,而不会让用户等待下一个大的软件版本;不断地交付应用程序组合的更新和增强功能,从而比以前更快地实现软件开发工作的商业价值;将发行版分解为较小的"块"以降低风险,因为"块"仅表示如 2 周的开发努力,而不是几个月。

除更快的发布周期外,微软工程师审查和与用户互动的方式也带来了文化上的转变,从而提高了客户满意度。微软工程师现在更好奇软件是如何运行的,以及用户是否对这些功能感到满意。为了改进软件并使用户的生活更轻松,微软工程师学习如何将用户问题转化为工作任务并将其列入优先级。

在较小的项目上,敏捷开发为 CSEO 团队提供了很好的效果,但当微软开始在大型企业级的项目上使用敏捷模式时,遇到了瓶颈——减慢了工作速度、降低了质量,而问题出在团队规模上。敏捷模式最适合 9 名成员的小团队,当微软试图为大型项目增加人员时,增加的人员越多,团队的效率就越低。有些开发团队非常庞大,达到 150 人甚至更多,于是陷入了困境。此外,也无法预测完成一个超过 2 周冲刺的大型项目所需的时间和资源,这就产生了预算和资源问题,因此必须找到在企业规模上使用敏捷开发的更好方法。为了解决这些问题,微软研究了将敏捷应用于企业级项目的第三方框架,如针对精益软件和系统工程的可扩展敏捷框架(Scaled Agile Framework for Lean Software and System Engineering,SAFe),并将它用于开发微软自己的方法论基础。这让微软既可以保持小型敏捷团队的效率和有效性,又让小型团队能够在大型项目上进行合作。

内部 IT 组织的现代化对任何企业来说都不容易,这就像在开发应用程序时执行迭代循环一样。当然,来自高管的支持也很重要。通过微软的实践,有理由相信大多数企业可以很好地将内部 IT 转变为创新引擎,成为企业的共享数字生产力。

● 低代码开发

纳德拉自于 2014 年接任微软首席执行官以来,着手的一项重要工作就是低代码开发平台 Power APP。在 2014 年之后,微软软件开发平台共有三大方向:No-code

（无代码编程）和 Low-code（低代码编程），由 Power Platform 实现；Custom-code（复杂编程），由 Visual Studio 平台承载。Power Platform 对接微软三大云服务，即 Azure、Office 365 和 Dynamics 365，其将这三朵云中的复杂功能进行抽象并对接给 Power Platform，使普通业务人员在 Power Platform 上以图形界面拖曳方式即可以实现三朵云的中高级功能。

在 2019 年 11 月的 2019 Ignite 大会上，微软推出的 AI Builder 是 Power Platform 上的无代码 AI 功能，它使组织能够根据自己的特定业务需求和独特的数据量身定制 AI，而不需要雇用数据科学家或专业开发人员（见图 13-2）。AI Builder 采用常见的 AI 方案，并为应用软件开发者提供了点击解决方案以解决日常任务，如表单处理、对象检测及文本和二进制分类。微软还为 Power 预置了一套 AI 模型，包括关键短语提取、语言检测、文本识别、情绪分析等。此外，另一项产品 Power Virtual Agents，让企业和组织中的客户服务、销售、市场、财务或 HR 等，可以使用无代码图形化引导界面轻松创建功能强大的虚拟助理机器人，而不需要数据科学家或开发人员的参与。Power Virtual Agents 既不需要任何入门代码，也不需要 AI 专业知识，可以在几分钟内启动并运行。由于已经与微软 Power Platform 集成在一起，开发者可以使用数百个预构建的连接器，使虚拟助理只需单击几下即可与后端系统对话，或者轻松添加使用 Microsoft Flow 调用 API 功能。此外，Power Platform 还与 Team 进一步集成，Power APP 可以直接将应用 APP 发布到 Team 的 APP 库里。2020 年 6 月，微软 Power Platform 正式进入中国市场。

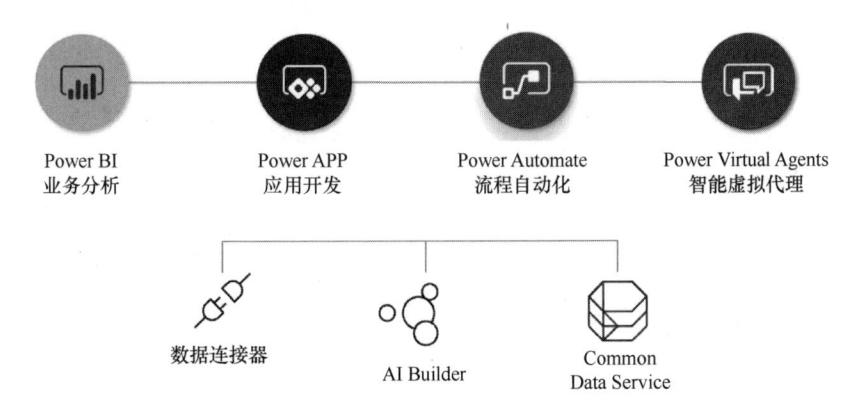

图 13-2 微软 Power Platform 构成

Gartner 于 2019 年 4 月发布的《企业级低代码开发平台魔力象限》指出，2024 年，65% 的应用开发工作都将通过低代码的方式完成。在这份报告中，微软被 Gartner 列入领导者象限，也是传统软件厂商中唯一进入领导者象限的企业。

第三节 微软数字平台一览

纳德拉自从在 2014 年接任微软第三任 CEO 后，就提出了微软新的使命：Empower every person and every organization on the planet to achieve more（要通过技术帮助全球的每个人和组织都能够实现更多的成就）。微软的策略就是面向"智能云""智能边缘"构建全球一流、充满人工智能的技术平台和生产力服务。

三大平台级产品方向

自 1975 年成立以来，微软在全球超过 190 多个国家运营。微软通过开发、收取 License 许可证和技术支持服务的方式，提供一系列的软件、服务和设备产品。微软的平台与工具服务于个人、中小企业、大型公司及政府公用部门等，也包括支持创业公司、改进教育和健康医疗等公益事业。

纳德拉在接任微软第三任 CEO 的时候，曾提出"移动为先、云为先"的愿景，后来又更新为"智能云和智能边缘"，进一步反映了微软对于大趋势的判断：人们和组织使用技术及与技术进行互动的方式在持续进化。微软相信一个新的技术体系世界正在出现，并通过智能云和智能边缘的方式显现出来：计算变得更加分布式，人工智能驱动数据洞察并自动化地代替人类行动，用户体验随着用户可用的数据和信息在多个设备上蔓延扩展。微软为此不断变革自己的商业模式，以引领这个新的数字化转型时代，同时用技术赋能用户与合作伙伴在新时代中繁荣。

基于对未来大趋势的判断，微软的产品研发和开发集中于三大互相关联的方向：重新发明生产力和业务流程、构建智能云平台、创造更多的个性化计算体验。

总体来说，微软是一家主要提供平台级软件产品（包括操作系统、跨设备的生产力应用、服务器应用、商业解决方案应用、桌面与服务器管理工具、软件开发工具、视频游戏、对合作伙伴的培训和认证等）的公司。微软也提供设计、制造和销售硬件产品，包括 PC、平板电脑、游戏和娱乐设备、其他智能设备及相应的配件，从而与微软的云服务配合提供一致的体验。在云服务方面，微软提供基于公有云、私有云和混合云的软件、服务、平台及内容服务，也提供解决方案支持与咨询服务。此外，微软还提供相关的在线广告等业务。

重新发明生产力和业务流程

微软是一家生产力公司，通过软件帮助个人和组织不断提高生产力，生产力是微软首要也是最终的目标。

微软生产力、沟通、协作和业务流程工具的代表有 Microsoft Office、Microsoft Dynamics 和 LinkedIn 等。现在，微软也通过公有云的方式提供这些工具，包括 Office 365 和 Dynamics 365 等，微软甚至还在竞争对手的平台上提供这些生产力工具，这样用户就可以在任何地方、任何设备上无缝使用微软的生产力软件。2016 年 12 月，微软以 262 亿美元的天价收购了 LinkedIn，作为全球最大的职业人群互联网络，LinkedIn 提高了 Office 和 Dynamics 的使用量。微软也设计了新的使用场景，提供了 Microsoft Team 这样的团队协同工具。

说到微软生产力工具，必须提及 Dynamics 365。Dynamics 365 是微软 SaaS 云中面向企业应用的套件组合，包括企业资源管理（ERP）、客户关系管理（CRM）、供应链管理（SCM）、数据分析等，属于中小企业、大型组织及全球企业的部门级 SaaS 软件。Dynamics 也提供 ERP 和 CRM 的本地化版本。在纳德拉时代，Dynamics 365 的设计原则和商业模式都发生了重大变化。纳德拉把之前的 ERP 和 CRM 等企业应用软件套件称为"老一代"的设计模式，而 Dynamics 365 则采用的是模块化式的设计。也就是说，Dynamics 365 把 ERP、CRM 等大而全的企业应用软件拆成一个一个的功能模块，或称为操作型模块。

这一切都是因为一个更大的趋势：新工作方式（New Ways of Work）。传统的工作方式、工作流程是围绕着固定和层级化的企业组织模式展开的，在每个孤立的工作流程中都有对应的 IT 模块，再通过固定的 PC 和电子邮件进行沟通。而现代公司的变化越来越快、工作环境中的信息越来越具有流动性和广泛的可获得性，社交网络、数字文档、视频与音频信息及点对点沟通等，都让新型数字化空间成为新的企业战略。新型数字化空间要求统一通信、统一协调工具，在此基础上再在各个流程点和接入点提供操作型的功能模块，这样就能让整个数字工作流程更具灵活性、可调节性和可配置性，不同的功能模块可以随时重组成为新的工作流程。

微软围绕新的数字化空间，重新设计了 SaaS 产品，包括 Office 365、Dynamics 365 等。微软 Office 365 新增了 F1 一线员工版，就是为了迎合新的工作方式。Office 365 Team、Power BI、Flow、Graph 等协同工具、分析工具、流程工具、内容工具等，也是为迎合新的工作方式而推出的产品。当企业开始数字化转型时，就需要操作型功能模块，从销售到营销、从客户服务到人才管理、从企业运营到分析，当企业流程被一个一个数字化的时候,微软提供了众多的操作型功能模块进行匹配,同时还极具性价比。

构建智能云平台

2019 年,微软公有云服务 Azure 在全球有 54 个数据中心区域,在 140 多个国家和地区可用。微软公有云的数据中心区域是庞大的软/硬件工程,几乎全部由微软自建,只在部分国家和地区是与当地政府合建的,其中的硬件工程占了相当大的比重。比如,微软公有云数据中心在 2014 年就实现了碳平衡,并实现了所有新数据中心的能源使用效率(PUE)平均为 1.125 的目标,超出行业平均水平 30%。

微软的服务器产品和云服务业务包括 Microsoft SQL Server、Windows Server、Visual Studio、System Center 和 Microsoft Azure 等,这些产品组合使得微软成为主流的公有云、私有云和混合云平台。其中,Azure 的差异化能力在于混合云的一致性、开发者的高效生产力及与 SaaS 软件的高度集成。微软的混合云服务提供了身份、数据、计算、管理、安全等企业级功能,满足了不断发展的各种监管、合规和兼容性要求。

微软混合云把企业的现有数据中心与微软公有云连接起来,形成一个统一的基础设施,企业既可以在其自有数据中心部署应用,也可以在合作伙伴的数据中心或微软云的数据中心部署应用,但在所有环境中都是一致的安全、管理和监控等,这样就同时满足用户在灵活性和规模化两方面的需求。

Azure Stack 一体机集成系统让企业把微软 Azure 公有云"搬回"自己的数据中心,从而让企业在自己的数据中心就可以获得微软公有云的体验,进而还可以无缝打通微软公有云和企业自己的私有云,形成一致性用户体验、一致性开发接口、无缝资源迁移的混合云,最后的结果就是一处开发、处处运行的企业 APP(见图 13-3)。Azure Stack 一体机集成系统是与 Azure 一致的 IaaS 与 PaaS 软件,这也就意味着在两个环境中一致的容器技术。Azure Stack 与 Windows Server、System Center、SQL Server 等传统企业数据中心的技术是一致的,这就给企业建立起了真正的混合云。

Azure Stack Hub	Azure Stack HCI	Azure Stack Edge
运行你自己的私有云、自治云,与云原生应用连接或断开	在超大规模基础设施上,整合虚拟化应用,同时轻松向 Azure 扩展	Azure托管的边缘计算一体机,采用硬件加速的机器学习,快速获得洞察

图 13-3 微软 Azure Stack 混合云的不同形式

人工智能是微软云的核心差异化点。微软云把人工智能扩散到所有的设备、应用和基础设施中，用人工智能抓取洞察，同时根据用户的利益进行及时响应（见图13-4）。Azure 的独特之处也在于对 IoT 新兴设备和应用的支持，IoT 设备可在捕捉本地数据和响应本地事件的同时，利用云服务和机器学习来实现全球的规模化协调。

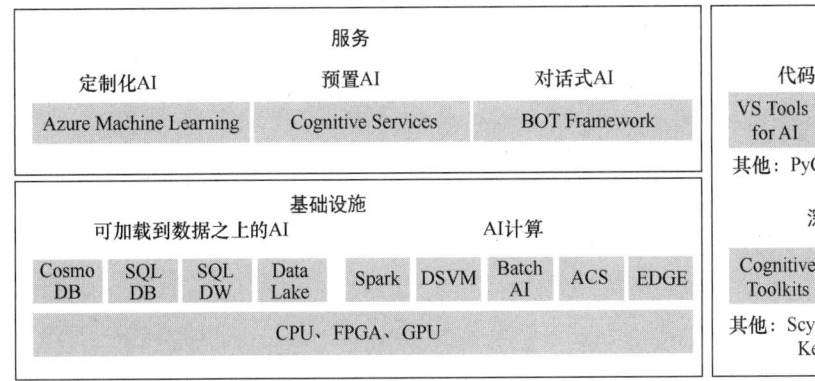

服务			工具		
定制化AI	预置AI	对话式AI	代码开发与管理工具		
Azure Machine Learning	Cognitive Services	BOT Framework	VS Tools for AI	Azure ML Studio	Azure ML Toolkit
			其他：PyCharm, Jupyter Notebooks		
基础设施			深度学习框架		
可加载到数据之上的AI		AI计算	Cognitive Toolkits	TensorFlow	Caffe
Cosmo DB / SQL DB / SQL DW / Data Lake	Spark / DSVM	Batch AI / ACS / EDGE	其他：Scykit-learn, PyTorch, MXNet, Keras Chainer, Gluon		
CPU、FPGA、GPU					

图 13-4 微软的人工智能平台构成

微软让企业安全地采用微软以及合作伙伴的 SaaS 应用，并与企业已有的安全和管理等基础设施很好地集成。微软持续在身份、目录服务等高级服务方面创新，可在日益丰富的设备、数据存储与分析服务、机器学习服务、媒体服务、网络和移动服务、开发者工具服务等设备与服务中，安全地管理员工身份及企业信息。

此外，微软还在不断创新开发者工具与开发平台、扩展开发者生态。微软云是高度可扩展的平台，让企业用户、合作伙伴、开发者能进一步定制化、提升和丰富解决方案，实现更高的解决方案价值。

创造更多的个性化计算体验

微软智能云的成功，离不开良好的用户体验，而这就需要实现个性化计算。微软试图把用户放在计算体验的核心，从而让计算更加个性化，让用户可以通过更直观、更交互、更动态的方式与技术互动。

Windows 10 是微软创造更个性化计算体验的基石，Windows 10 试图把用户体验从 PC 扩展到更多的智能设备上。结合 Cortana、Windows Hello、Windows Ink、Microsoft Edge 及更多通用应用，Windows 10 是现代化安全工作空间的基础。同时，Windows 10 也被设计用于培育更多的创新，通过微软技术、合作伙伴、开发者提供更加丰富和一致的跨设备的用户体验。

微软通过三个抓手来扩展 Windows 10 所能带来的机会：原始设备制造商（OEM）生态系统基于现有设备创造 Windows 10 新硬件；微软自己原厂设计的高级硬件设

备；服务、订阅、游戏和搜索广告等方面的变现机会。其中，OEM 正在投资一系列广泛的 Windows 10 硬件和配件。从 Surface、HoloLens、Xbox 系列微软原厂设计硬件，到广泛的第三方 OEM 的 Windows 硬件，微软身体力行地向业界展示了软硬一体化集成的 Windows 新硬件体验。

微软持续不断地推进 Windows 生态系统的繁荣，包括持续向安全、管理、多种功能的 Windows 操作系统投资，还把 Windows 体验不断扩散到其他所有设备上，以便进一步激发对 Windows 生态产品的需求。为了达到这一战略目标，微软承诺持续不断地为自己原厂设计的 Windows 硬件系统投资，从而不断创造新的硬件品类，不断激活对 Windows 生态产品的需求。微软为 Windows 10 开发了多种交互方式，包括语音、笔、手势、混合现实等，以实现更多的个性化计算体验。2021 年，微软发布了 Windows 11，该版本的重大改进是支持安卓应用，这创造了更加个性化的计算体验，也是微软历史上的重大里程碑。

在创造更多的个性化计算体验方面，必须提到 Surface 和 HoloLens。Surface 对于微软来说是一个旅程，微软不仅创造了二合一平板电脑这一全新品类，而且在这个过程中不断学习硬件、软件集成等知识与经验，特别是通过 Surface 来学习和理解人类与机器的交互方式。Surface 的设计思路是，要让硬件对人们的各种输入很敏感、很灵活，硬件包括墨水、数字笔、触控板、触控屏、键盘、Dial 等，而"软件+智能云"则通过机器学习的方法了解人们输入的意图，帮助人们修正自己的思想，从而创造神奇的用户体验。

HoloLens 是微软公司开发的一种 MR 头显（混合现实头戴式显示器），于 2015 年 1 月发布。2019 年 11 月，第二代 AR 头显 HoloLens 2 上市。2020 年 9 月，微软在 Ignite 2020 年大会上宣布了 HoloLens 2 已经在更多市场上市，特别是新冠肺炎疫情带来了对远程虚拟协作的广泛需求，促进了以 HoloLens 2 为代表的虚拟现实、混合现实设备深入工作场所和商业应用中。例如，为了提高服务速度和员工的安全，梅赛德斯-奔驰为其经销商维护和服务技术人员配备了一套虚拟远程支持系统，采用了微软 HoloLens 2 和 Dynamics 365 远程辅助技术，让技术专家可以远程帮助经销商处技术人员解决维修难题。

第四节 微软创新机构

● **微软研究院**

微软研究院是微软的基础科研机构，也是全球为数不多的隶属于企业的基础科研机构。微软研究院成立于 1991 年，目的是推动整个计算机科学领域的前沿技术发展，将最新研究成果快速转化到微软的关键产品中，以及着眼于下一代革命性技术的研究和孵化。微软研究院有着上千名学者，涉及计算机科学、物理、生物、工程及数学等诸多学科，其中有大量的图灵奖获得者、美国 MacArthur 院士、菲尔兹奖得主等。截至 2016 年（微软研究院成立 25 周年），微软研究院发表了超过 23 000 篇学术论文，涉及人工智能、计算机视觉、人机交互、数据平台与分析、量子计算、系统与网络、基础数学算法、生态与环境、医疗健康与基因学、经济学等 20 余个研究领域。

微软研究院在全球有七大研究院，包括微软雷德蒙研究院、微软亚洲研究院、微软剑桥研究院、微软印度研究院、微软蒙特利尔研究院、微软纽约研究院和微软新英格兰研究院。其中，微软亚洲研究院是微软公司在亚太地区设立的研究机构，也是微软在美国本土以外规模最大的一个。

从 1998 年建院至今，微软亚洲研究院已经发展成为世界一流的计算机基础及应用研究机构。截至 2020 年，微软亚洲研究院在全球顶级学术会议上发表的论文超过 5000 余篇，研究成果也广泛应用于微软的全线产品，几乎每款微软核心产品都有着微软亚洲研究院的技术创新烙印。微软亚洲研究院还为整个产业培育了一大批具备科研精神和实力的顶尖人才。目前，微软亚洲研究院有 7000 多名院友遍布全球各地，活跃在科学创新最前沿，其中不少人已经成为当今学术界及产业界创新发展的中坚力量。

微软亚洲研究院在计算机视觉、语音识别、图形学、自然语言处理等多个研究领域都取得了突破性成果，对全球的计算机科研都产生了重大的影响，推进了整个计算机领域的发展。例如，微软亚洲研究院在计算机视觉领域做出了多项重大科研贡献，包括用于深度神经网络的 ResNet（残差网络）、用于实时物体检测的 Faster R-CNN、用于立体视觉的置信度传播算法、用于图像分割的 Lazy Snapping 算法等。特别是在 2015 年的 ImageNet 计算机视觉识别挑战赛中，微软亚洲研究院的技术水平率先超越了人类的图像识别水平，取得了里程碑式的突破。现在，ResNet 已经成为计算机视觉乃至人工智能领域的一大经典技术，为业界广泛使用。不仅如此，微软亚洲研究院的计算机视觉技术对微软核心产品也有颇多贡献，如 Windows 中的人脸识别、OneNote 中的文字识别，以及微软必应搜索和微软认知服务中的图像识别技术等。

● **微软创新汇**

2017 年 11 月，微软亚洲研究院提出了"数字化转型即服务"（Digital

Transformation as a Service，DTaaS）的概念，并正式成立了微软亚洲研究院"创新汇"。结合微软亚洲研究院前沿的人工智能科研成果及"创新汇"成员企业的行业经验，微软亚洲研究院"创新汇"希望以人工智能落地为企业数字化转型的突破口，让科研与商业相互碰撞、相互启发，寻找企业的数字化转型之道。现阶段，"创新汇"主要针对各行业的领军企业，旨在充分发挥微软亚洲研究院在计算机领域的技术和人才优势，结合成员企业深厚的行业理解与洞察，共同推动各行业的产业升级与科技创新，走出一条帮助大型企业转型"智能+"之路。

如何基于人工智能找到一条有效且能够普遍推广的数字化转型之道，是所有大型企业的困惑。找到既不"小打小闹"又不"伤筋动骨"还能带来显著实效的数字化转型之道，是让大型企业向智能经济升级的关键。很多人认为人工智能是一组现成的工具，可以直接打包提供解决方案，而从事人工智能研究多年的微软研究员则认为，更应该把人工智能视为一种方法论，需要根据具体问题进行定制化设计，其才能真正成为可用的技术工具。每个行业所面临的痛点不同，每个应用场景的特点不同，因此人工智能要想真正落地，应结合行业的领域知识，进行深入的定制。

自2017年成立"创新汇"以来，微软亚洲研究院就与成员企业合作，探索行业定制的方法和路径。更重要的是，在定制行业AI方法和路径的基础上，微软提炼出一条具有普适意义的路径或方法论，进而普遍性提高社会生产力。截至2020年末，共有27家企业"入驻"成为第三期"创新汇"成员企业，其中既有大型国有企业、全球知名外资机构，又有龙头民营企业和初创公司，涉及领域涵盖金融、电信、制造、物流、零售、教育与医疗健康等多个行业。

● 微软"双创"

微软在中国的"双创"战略方面坚持走"科创+产业"赋能的道路，与本地行业特色结合，聚焦行业，集聚各类创新资源，促进创新链与产业链深度融合。微软加速器和"云暨移动技术孵化计划"旨在打造资源聚合、生态共享的创新创业平台，面向不同阶段的创业企业提供早期孵化和成长加速的创业服务与支持。

微软加速器是微软的全球项目，旨在扶持与加速高科技初创企业成功。2012年，微软加速器在中国设立，立足于本土生态系统，为创业生态圈提供贯穿企业全生命周期的创业服务，大力扶持种子轮至C轮的B2B高科技初创企业。截至2021年1月，微软加速器已累计为逾600家聚焦于人工智能、大数据、云计算、物联网、区块链、机器人、虚拟现实等高科技的创业企业成功加速，覆盖零售/快消、医疗、制造业、金融科技等热门行业，校友企业总估值超过3500亿元，企业估值增长率平均超过280%，其中超过93%的企业获得下一轮融资。微软加速器是唯一一家多年连续获得投中信息评选的年度"中国最佳孵化器Top10"或"中国最佳众创空间Top10"殊荣的项目。

微软"云暨移动技术孵化计划"为更早期的创新者提供孵化服务。微软是全国最早开展科创平台孵化器的企业之一,自2015年以来,紧跟中国国家发展战略,在一带一路、长三角经济带、环渤海经济圈、大湾区积极落实以"精准企业赋能、行业聚焦"为指引的创新项目,至今在中国15座城市落地了微软创新赋能中心,每年吸引超过600家初创企业入孵,累计孵化企业超过2000家。微软覆盖以"云物大智和混合现实"为主的前沿科技领域,通过以科技引领、科技赋能、数字化人才培养为思路,务实推进与中国当地政府的行业创新生态赋能建设。在与中国地方政府的创新合作中,微软从始至终贯彻"因地制宜"方针,让创新生态留在本地,长在本地。目前,中国已经形成各具特色的区域科技创新格局,微软在与中国各地政府和合作伙伴展开深入合作时,一直坚持根据各地实际情况和需求,制定有针对性的发展方向和重点孵化领域。

第十四章
亚马逊：全社会共享计算基础设施

云计算时代的开山鼻祖，公认是于 2006 年推出的 AWS（注：2021 年，AWS 在中国区的品牌标识更换为"亚马逊云科技"，对外业务中不再使用"AWS"品牌标识）。AWS 原义为 Amazon Web Services（亚马逊网络服务），是自 2002 年就由亚马逊推出面向开发者的计算资源和开发者服务。2002 年的 AWS 还只是简单而分散的工具与服务，开发者基于当时 AWS 所创建的也只是为亚马逊商户提供的 Podcast 脚本服务、网站广告、网上销售解决方案等。

亚马逊在 2006 年重新发布了 AWS。业界普遍把 2006 年视为云计算时代的起始点。2019 年末，AWS 年化收入 350 亿美元，同比增长 37%。2020 年第一季度，AWS 单季营收破百亿美元，这也是 AWS 单季营收首次突破百亿美元大关。2020 年 9 月，市场调查公司 Gartner 发布了 *Gartner Magic Quadrant for Cloud Infrastructure and Platform Services* 报告，AWS 在所有评估维度上领先，连续 10 年被评为云计算领导者，在 IaaS 和数据库 PaaS 产品中，AWS 在全球市场上占有最大份额（见图 14-1）。

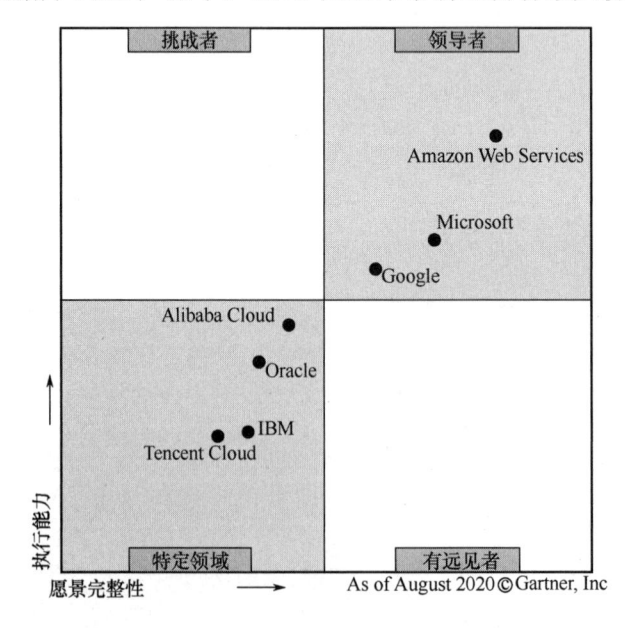

图 14-1　Gartner 2020 年 8 月云基础设施与平台服务魔力象限

AWS 坚定不移地推进云计算特别是公有云这种全社会共享计算基础设施的新型 ICT 形式，推动了全球云计算市场的最终形成。

第一节 "痴迷客户"的技术发明

如何避免成为 Day 2 公司

亚马逊一直把 1997 年致投资者信附在历年的每份年报致投资者信之后，以这样每年一度的方式提醒自己要保持 Day 1 公司心态。所谓 Day 1 公司心态，就是要像一家初创公司那样，一直保持初心，不忘最开始出发的原因。而 Day 2 公司，则指走向了成熟运营的流程化公司，特别是成立 10 年、20 年后的公司，这种阶段的公司往往流程大于人，人人为了自己的利益而不愿意创新或尝试新的改变。

Day 2 公司是很多公司走向衰败的重要原因，因为 Day 2 公司往往业务停滞不前、人浮于事，这样的结果就是痛苦的衰亡过程。亚马逊公司 CEO 杰夫·贝佐斯认为，Days 2 公司的衰败往往发生在很长一段时间内，这就像温水煮青蛙一样，公司可能要数十年才会真正"死亡"，但最终的"死亡"结果总是会到来。因此，如何持久保持 Day 1 公司的活力，哪怕在亚马逊这样的超大型公司内部也依然保持活力，是贝佐斯一直在思考的问题。他给出四个应对方向：痴迷客户、对"代理"的批判性思考、积极拥抱外部趋势、高速决策。

（1）痴迷客户。企业经常有多种制定战略的方式，如以竞争对手为中心、以产品为中心、以技术为中心、以商业模式为中心等，但在贝佐斯的眼里，以客户为中心是最有效的保护 Day 1 公司活力的方式。为什么呢？客户总是"美丽而令人惊讶的"不满意、不满足，即便在客户自己说自己很开心且公司的业务也很好时还是这样的不满意、不满足。客户经常在不自知的情况下，想要更多、更好的事物和服务，而企业期望愉悦客户的愿望则驱动公司代替客户去发明这些更好的事物和创造更好的服务。一个例子是：没有客户曾经要求亚马逊创建 Prime 会员计划，但 Prime 的出现确实证明了客户想要这样的服务。因此，要保持 Day 1 公司的状态，就需要企业有耐心地试验和实验，接受失败、播散"种子"、保护"幼苗"，而当看到客户的喜悦时就加倍投入。一个痴迷客户的企业文化，最好地创造了让所有这一切都发生的条件。

（2）对"代理"的批判性思考。什么是"代理"呢？一个典型的例子是流程。在典型的 Day 2 公司中，流程化、流程阻碍人的创造力和创造性，流程成为人浮于事的借口等,已经成常态。贝佐斯认为,好的流程可以帮助员工更好地服务客户,但一旦失察就会成为阻碍公司活力的庞然大物——员工开始不再关注客户,而是关注流程是否正确,经常可以听到以流程正确而为失败找借口的例子。当问题发生的时候,初级管理者经常会说"我遵守流程了",而经验丰富的管理者则以此为机会重新检视和改进流程。

"代理"的另一个例子是,市场研究和客户调查可以成为客户的"代理",尤其是在进行发明和产品设计时相当危险。例如,对于"55%的 Beta 测试者表示对此功能表示满意,比第一次调查中的 47%有所提高"这样的调查结果,其实很难解释,并且可能会无意中误导决策。贝佐斯认为,好的发明者和设计师深刻理解客户,花费巨大的精力发展"直觉",他们研究和理解许多来自客户端的小而有趣的现象而不仅仅是调查中的平均值,可以说他们与客户和设计生活在一起。贝佐斯并不反对 Beta 测试,但应首先理解客户并具有愿景,在此基础上才能运用测试找到无人区或盲点。客户体验开始于内心、直觉、好奇、玩乐、勇气、品位等,而任何客户调查都不能提供这些。

企业文化是在贝佐斯的历年年报中经常提到的话题。在 2015 年年报中,贝佐斯强调企业文化的持久与稳定特点。当企业开始写下自己的企业文化时,往往是发现已有的企业文化,而并不是真的发明企业文化。企业文化是公司的人和事经过长期积累的结果,包括成功与失败。企业文化之所以长期不变,是人们自我选择的结果。亚马逊企业文化的一大独特之处在于对待失败的态度。贝佐斯不断强调,亚马逊公司是全球范围内尝试失败最好的地方,失败与创造是不可分的两面,创造需要试验,而如果事先知道可行的话就不能算是试验。很多大企业都有拥抱创新创造的想法,但不愿意承受失败的试验,虽然失败是成功的必经之路。在商业上,可以失败 10 次,但只要有一次百倍回报的尝试,就可以了。创新创造回报的长尾效应,要求企业家们必须大胆"下注"。成功回报于那些多次尝试的企业家。

在亚马逊成功发布面对第三方商家的 Marketplace 之前的 15 年,亚马逊曾经发布了 Auctions 和 zShop 两项失败的试验。但亚马逊并没有放弃,仍顽固地坚持这个愿景。今天,Marketplace 无疑十分成功。AWS 是另一个大胆尝试的例子,2015 年,AWS 已经是一个 100 亿美元的业务。从 2015 年开始,亚马逊财报中单独列出 AWS 一项,从此对外披露 AWS 的财务数据。

(3)积极拥抱外部趋势。以前,科技行业要快速拥抱外部趋势,而现在随着越来越多的传统企业数字化,传统企业也需要快速拥抱外部趋势。

(4)高速决策。贝佐斯认为,Day 2 公司能够做出高质量的决策,但这个过程往往过于缓慢。为了保持 Day 1 公司的能量和活力,必须以某种方式进行高质量、高速度的决策。这对于初创企业来说相对容易，但对大型企业来说则极具挑战性。速度对业务至关重要，高速决策的环境也让工作更加有趣。

"我们可以拥有大公司的规模和能力，以及同时保持小公司的精神和核心。"这是贝佐斯的建议。

"痴迷客户"的企业文化

说到贝佐斯和亚马逊的文化，"痴迷客户"绝对可以排到第一位。贝佐斯本人多次强调，亚马逊不是以客户为中心，而是痴迷客户。什么叫"痴迷客户"？贝佐斯专门用亚马逊 2012 年财报的致投资者信全文阐述了"痴迷客户"的做法。

亚马逊 2012 年财报的致投资者信采用相当奇特的行文方式。这封致投资者信主要来自客户角度的一个个小事件和反馈。"谢谢你。每次当我看到 Amazon 首页的白皮书时，我就知道我花的钱能买比预想还要多的商品。我一开始是为了物流方便而加入了 Prime 会员，现在我还能买到电影、电视和书籍。你们不断为 Prime 增加新的商品，却不会增加更多费用。所以要感谢你们。"这是贝佐斯引用的一段用户反馈。2012 年，Prime 服务中有 1500 万种商品，是亚马逊 2005 年发布该服务时的 15 倍多。

又比如，亚马逊不断构建自动化系统，一旦亚马逊的客户体验不能或无法达到标准时，系统就会自动为客户提供返还补助。一位业界观察家就收到了来自亚马逊的一封由系统自动发出邮件："我们注意到您在观看从 Amazon Video on Demand 点播的影片《卡萨布兰卡》时，体验了不佳的视频回放效果。对给您带来的不便，我们深表歉意，我们已经退回您的租金——2.99 美元。期待下次再见到您。"这位观察家深感惊讶，并就此写了反馈："说到把客户放在第一位，看亚马逊是怎么做的……"

贝佐斯不厌其烦地又举了一个例子：当消费者从亚马逊网站上预订了某个商品时，亚马逊确保从下订单之时到发货当日结束，能够为消费者提供最低价格。贝佐斯引用一个消费者的反馈："我刚收到通知，因为预订价格保护，我的信用卡中收到了 5 美元的返还……这是多么伟大的做生意方式！感谢亚马逊公平和诚实的交易。"实际上，很多消费者都太忙，根本不会注意到预订之后商品价格的变化，而主动为消费者返还差价，对于亚马逊来说其实是一个非常贵的做生意方式，但它同时会让客户感到惊讶、高兴，以及获得客户的信任。

当然，还有一个更明显的例子，这就是 AWS 服务。从 2006 年到 2012 年，AWS 已经宣布了 159 项新功能和服务，自推出 Amazon Simple Storage Service（S3）服务 7 年以来已经降价 27 次，增加了企业服务支持，并提供了创新工具让客户工作更高效。AWS Trusted Advisor 监控客户的配置，将之与业界最佳实践相比较，当出现可以改进的机会时就自动通知客户，包括改进性能、提高安全性或节约成本。AWS 积极主动地告诉客户，其向亚马逊支付了超过需要的成本。2012 年财报发布前的 90 天，AWS 客户已经通过 AWS Trusted Advisor 节省了超过百万美元的成本，而这项服务才刚刚开始。

贝佐斯对"痴迷客户"的解释是，要让客户说"Wow"（表示极大的惊奇或钦佩），而不仅仅是满意。"Wow"，不断驱动着亚马逊的内部创新。尽管外界有评价认为亚马逊作为一家公司来说，对消费者和客户过于慷慨大方，但贝佐斯认为以点滴改进方式对外交付亚马逊的产品与服务，这在一个快速变化的世界里是远远不够的。贝佐斯用更长远的眼光来看对痴迷客户的投资：这样能够获得消费者和客户的信任，从而能够从客户处源源不断获得业务，甚至在新业务领域也能得到客户的支持。

贝佐斯把 2012 年财报的致投资者信全部都献给了"痴迷客户"这个主题，本身就是对"痴迷客户"的最好体现。

● 保持 Day 1 初心

在其他年份的致投资者信中，贝佐斯不断重复和反复念叨"痴迷客户""大胆押注""勇于创新"等话题。在每年的年报中，贝佐斯还不厌其烦地把第一封致投资者信即 1997 年致投资者信作为附件印刷在每年的年报中，以此提醒所有人亚马逊的初心是什么。

在 1997 年致投资者信中，贝佐斯强调亚马逊成功的根本是建立长期的股东价值，而股东价值是扩展和巩固现有市场领先地位的直接结果。亚马逊的市场领导地位越强，亚马逊的经济模型就越强。市场领导地位可以直接转化为更高的收入、更高的利润、更快的资金速度，以及更高的投资回报。衡量亚马逊市场领导地位的指标：客户和收入的增长、客户定期重复购买的程度及品牌。为了基业长青，亚马逊已经投资并将继续积极投资来扩大客户群、品牌和基础设施。

在 1997 年致投资者信中，贝佐斯立了以下 9 条"军规"（或称价值观），以期待资本市场、市场与亚马逊的价值观能最终趋同。

（1）我们将"无情地"专注于客户。

（2）我们的投资决策将基于长期市场领导地位的考虑，而不是短期的盈利考虑或短期华尔街的反应。

（3）我们将通过投资分析与项目评估来检验项目和投资的有效性，抛弃那些不能带来可接受回报水平的项目，并加强那些最有效的投资，我们将继续从成功和失败中学习。

（4）一旦我们看到可获得市场领导地位优势的充分可能性，我们将采取大胆而非缺乏勇气的投资决策。其中一些投资会得到回报，其他则不会，不管怎样，我们将学到宝贵的经验。

（5）当被迫在优化我们的 GAAP 准则下财务表现和最大化未来现金流的现值之间做选择时，我们将选择后者。

（6）在竞争压力允许的情况下，当我们做出大胆的选择时，将与您分享我们的战略思维过程，这样就可以评估我们是否在做理性的长期领导力投资。

（7）我们将努力把钱"花在刀刃上"并维护我们的精益文化。我们理解不断强化成本意识的重要性，特别是当企业还在净亏损的时候。

（8）我们的增长将在长期盈利能力和资本管理之间平衡。在现阶段，我们选择增长，因为我们认为规模对实现我们商业模式的潜力至关重要。

（9）我们将继续专注于招聘和留住优秀人才，通过股票期权而非现金补偿他们。我们知道，我们的成功将在很大程度上取决于吸引和留住可被激励且目标一致的员工，每个人都将是公司的主人。

在 1997 年致投资者信中，贝佐斯不断强调"痴迷客户"这一点，并且使用了"顽固不化"这样的词汇以强调对客户的"痴迷"程度。

第二节　构建可持续演进的系统

● AWS 的起源

2002 年，亚马逊网站的 IT 负责人 Chris Pinkham 招聘了一个名为 Benjamin Black 的网络工程师，他很快被提升为 IT 主管。2003 年，IT 主管 Benjamin Black 和亚马逊 IT 基础设施副总裁 Chris Pinkham 撰写了一份简短的报告，在该报告中设想了为整个亚马逊网站构建一个完全标准化、完全自动化的基础设施，并大量依靠网络服务来提供存储等 IT 服务，在该报告的末尾提及了把虚拟服务器作为一种服务对外销售的可能性。这份报告被提交给贝佐斯后，受到了贝佐斯的欢迎。

2004 年早期，贝佐斯要求提交一份把虚拟服务器作为服务对外销售的可能性报告，Benjamin Black 按要求提交了这份报告，这就是著名的 AWS 服务 EC2（Elastic

Compute Cloud，简单计算云）的起源。自 Benjamin Black 提供了最初的 EC2 设想的报告后，贝佐斯就要求落实这一设想。从那时开始，AWS 就采用了亚马逊网站已有惯例：先撰写新闻稿和 FAQ（常用问题及回答），详细描述 EC2 虚拟服务器服务可能的样子，以及为什么亚马逊要提供此类服务，这就是亚马逊"从客户开始反向工作"的一贯风格。这些准备工作完成后，亚马逊开始开发 EC2。

2006 年 3 月 14 日，亚马逊在其官网发布了历史性的新闻稿：*Amazon Web Services Launches*，发布了 S3（Simple Storage Service，简单存储服务），这份新闻稿被公认为 AWS 公有云服务的开端，同年亚马逊又发布了 EC2 服务，S3 与 EC2 一起构成了 AWS 服务的基石。

2002 年 11 月，自 1997 年加入亚马逊的安德鲁·贾西带领着 57 个人创建了最初的 AWS。亚马逊 2006 年年报中详细披露了贾西的经历：2002 年 11 月之前，在亚马逊网站担任过多个职位；2002 年 11 月到 2003 年 8 月，为公司副总裁及技术助理；2003 年 8 月到 2005 年 1 月，为负责亚马逊网站合伙人业务（Associates）和 Web Services 的公司副总裁；2005 年 1 月到 2006 年 4 月，为负责 Web Services 的公司副总裁；自 2006 年 4 月起，为负责 AWS 业务的公司高级副总裁；2016 年 4 月，晋升为 AWS CEO。

2004 年 9 月，沃纳·威格尔加入亚马逊成为系统研发主管，随后于 2005 年 1 月被任命为亚马逊的首席技术官（CTO），同年 3 月成为公司副总裁。他身为亚马逊公司全球副总裁兼 CTO，掌舵着 AWS 业务的技术总架构，不断推进亚马逊在云计算领域的技术愿景。威格尔于 1958 年出生在荷兰阿姆斯特丹，在欧洲求学及工作至 36 岁，他于 1994 年到美国康奈尔大学并从事了 10 年的研究工作，后在多个公司任 CTO。作为康奈尔大学的科学家，威格尔专注于企业关键任务计算系统的可扩展性及可用性研究，他曾师从 UNIX 领域的顶级专家，深信分布式计算技术。

在贾西和威格尔的带领下，AWS 最终成为公有云的开山鼻祖。

● **可持续演进的系统**

威格尔在 2016 年撰文回顾了 AWS 的以下 10 条经验总结，从中可以更多了解 AWS 的技术思想。

（1）构建可持续演进的系统。从做 AWS 的第一天开始，亚马逊就认识到 AWS 软件不是一劳永逸的。现在可以用的软件，一年之后很可能将不再适用。随着用户数量级的增加，要解决扩展性的问题。但 AWS 无法采取过去常用的通过检修停机进行系统升级的方法，因为世界各地很多企业和组织都依赖着 AWS 的 7 天×24 小时可用性。因此，AWS 构建一个在引入新软件构件时不会引起服务瘫痪的架构。

（2）预料到不可预料的情况。故障是注定的，特别是在服务规模大之后，就更加凸显。举例来说，当 Amazon S3 处理万亿级存储交易时，即使概率极小的事件也会发生。而且，还有很多故障是未知数。AWS 要构建的是将故障视为必然性的系统，即使并不知道故障是什么。这个系统要在"后院起火"的情况下依然可以继续运行，特别是在不需要引起整个系统死机的前提下就能管理局部组件。对此，AWS 发展出一套控制故障发生影响范围的基本技能，以期系统的总体健康状态得以维持。

（3）提供基础组件而非框架。用户大都喜欢在 AWS 提供的服务上持续构建和演进自己的业务系统。因此，AWS 的架构需要保持高度的灵活性，AWS 提供给用户的是一系列基础组件和工具，用户可以选择其喜欢的方式来使用 AWS 云服务，而不是由 AWS 提供一个大而全的统一框架。这个机制给 AWS 的用户带来了巨大的成功，甚至 AWS 后续的服务也用上了这套机制。同样，AWS 很难在用户还没开始使用一个服务之前就准确预知用户优先需求，因此所有的 AWS 新服务都会先以最小功能集发布，然后根据用户反馈进行后续扩展。

（4）自动化是关键。开发一个需要持续维护的软件服务和开发一个最终交付给客户的软件有着巨大的差异，管理大规模系统需要完全不同的观念，才能确保满足用户对可用性、性能及可扩展性的要求。一个主要的机制，就是避免手工操作，尽可能地将管理工作自动化。AWS 构建了管理 API 用于控制主要功能，同时帮助客户解构自己的应用并对每个构件都有管理 API，这样就可以实现大规模自动化管理。

（5）API 永生。一旦用户开始用 AWS 的 API 开发其应用和系统，就不可能再对这些 API 进行变更了。因为 API 的任何改动都会影响到用户已有的项目。因此 AWS 充分意识到，只有一次机会将 API 做对。

（6）监控资源使用情况。作为服务提供商，需要对服务成本保持足够的敏感，以便能清楚地认识到是否承担得起某项服务，同时能够提高运营效率，进一步降低成本，再通过降价方式反馈给用户。早期，AWS 对于 Amazon S3 所用到的资源成本并不是很清晰，在开始的时候认为存储和带宽可以收费，后来运行了一段时间之后才意识到，请求数量与存储和带宽同等重要。

（7）从头开始建立安全机制。为了实现安全的服务，AWS 在服务设计的最初阶段就有安全意识。安全团队的任务不是在一项服务实现完了之后才开始安全检查，相反，安全团队的工作应该和开发团队一道贯穿于整个项目的生命周期。

（8）数据加密是头等大事。AWS 所有的新服务，在原型设计阶段就会考虑对数据加密的支持。数据加密在 AWS 的业务中的优先级一直非常高。AWS 也会持续改进，让数据加密机制用起来更简单，最终让用户能更好地保护自己的数据安全。

（9）网络的重要性。不同的负载场景，对网络的要求也各不相同。关于数据中心的设计和运营，AWS 开发了一套独特的机制，这套机制提供了灵活的网络基础设施，以便满足任何用户的不同负载场景的需求。AWS 也开发了自己的网络解决方案，以满足定制化的需求。

（10）不做"守门员"。AWS 不会限制合作伙伴，规定其可以做什么不可以做什么。"不设限"的原则释放了创新流程，打开了很多意想不到的创新之门。

● AWS 成功之道

AWS 业务能获得如此巨大的成功，取决于其背后的逻辑。

首先，AWS 有一个非常稳定的领导团队。贾西自 1997 年加入亚马逊之后就一直没有离开，后来主要负责 AWS 业务，2016 年 4 月被提升为 AWS CEO，成为亚马逊三大 CEO 之一。其毕业于美国哈佛大学的 MBA，为 AWS 带来了稳定领导力，让 AWS 业务团队维持了有条不紊的节奏。正是有了一个稳定的领导团队，才有了整个 AWS 繁荣的基础。

其次，AWS CTO 威格尔在荷兰读书时就师从并行计算大师 Henri Bal 教授和 Andy Tanenbaum 教授。威格尔还在美国康奈尔大学做了 10 年研究，主要研究大规模分布式系统。在 2004 年加入亚马逊后，威格尔快就成为 AWS 的主架构师，他为 AWS 带来了稳定的技术领导力。业界评估 AWS 的架构：感觉仿佛整个 AWS 是一个人做的一样，模块定义、复用、互通真是"赏心悦目"。

以用户为中心，可以说是 AWS 的核心理念。当被问及为什么选择 AWS 而不是其他云服务商的时候，Matson Navigation 公司副总裁兼首席信息官 Peter Weis 表示，AWS 是唯一派出 VP 级代表与他见面的云服务商，其他派来的都是分销商或代理商。另据媒体报道，当宣布贾西成为 AWS CEO 的时候，他正奔波于美国城市之间见客户。

2014 年财报中也有 AWS 自己的评价：AWS 是刚推出的一个激进创意，现在规模庞大，发展迅速。初创公司是早期采用者，按需付费的云存储和计算资源大幅提高了开展新业务的速度，像 Pinterest、Dropbox 和 Airbnb 这样的公司都使用 AWS 服务并且仍然是客户。从那时起，大型企业也开始加入，其选择使用 AWS 的原因与初创公司的原因相同：速度和敏捷性。具有较低的 IT 成本是有吸引力的，但单靠成本节约永远无法克服性能或功能方面的缺陷。企业依赖 IT，这是关键任务。因此，企业客户真正想要的是"更好、更快"，如果"更好、更快"可以带来节约成本的配合，当然更好。

亚马逊的传记《一网打尽：贝佐斯与亚马逊时代》里记载，凡亚马逊高管必读《黑天鹅：如何应对不可知的未来》一书。威格尔曾表示，从事后看历史时，历史总是可以被解释的，但当黑天鹅事件发生的时候，一切都是未知的。AWS 自己也是一只"黑天鹅"，究竟是什么保障了这样一只"黑天鹅"的成功？领导团队、理念、文化、流程、技术架构等这些加在一起，或许就是 AWS 的成功之道。

第三节　AWS 技术发展史

截至 2020 年 6 月，AWS 提供了超过 175 项全功能的（大类）服务，涵盖计算、存储、数据库、联网、分析、机器人、机器学习与人工智能、物联网、移动、安全、混合云、虚拟现实与增强现实、媒体，以及应用开发、部署与管理等。全球数百万名活跃客户，包括发展迅速的初创公司、大型企业和政府机构都通过 AWS 的服务强化其基础设施，提高敏捷性，降低成本。同时，AWS 具有遍及全球 24 个地理区域的 77 个可用区的基础设施。AWS 在中国有由光环新网运营的 AWS 中国（北京）区域，以及由西云数据运营的 AWS 中国（宁夏）区域。

● 完善架构

《AWS 架构完善框架》（*AWS Well-Architected Framework*）是 AWS 于 2015 年推出的一份白皮书。该白皮书主要向外界介绍了在 AWS 之上构建系统时，应该如何进行相应决策。换言之，为了帮助客户更好地采用 AWS 构建云上系统，《AWS 架构完善框架》提供了一个最佳实践组合（见表 14-1）。

表 14-1　AWS 架构完善框架的五大支柱

支柱	描述
优秀的运营	运行和监控系统的能力，交付业务价值，持续改进支撑业务流程
安全	保护信息、系统和资产的能力，同时通过风险评估和降低风险策略，交付业务价值
可靠性	从基础设施或服务死机中恢复的能力，动态获取计算资源，以满足需求，降低由误配置或临时性网络问题而导致的死机
高效性能	高效利用计算资源以满足系统需求，当需求变化和技术发展时，仍保持效率
成本优化	避免或消除不必要的成本或次优资源的能力

采用《AWS 架构完善框架》，客户可以更好地了解系统架构方面的最佳实践，从而在公有云中设计和运营一个可靠、安全、高效及经济实惠的高效应用程序架构。《AWS 架构完善框架》提供了一系列可以持续测量和衡量的最佳实践，从而让客户可以对构建在 AWS 之上的系统进行持续的改善和改进。AWS 认为，衡量一个云上系统好坏的过程，是一个关于架构决策方面的建设性对话，而不是类似于 IT 审计那样的过程。AWS 相信，一个完善架构的云上系统可以极大提升业务的成功性。

《AWS 架构完善框架》是由 AWS 解决方案架构师历经多年为各类垂直行业和企业客户提供各种云上架构的实践总结。AWS 解决方案架构师已经成功帮助客户更好地在 AWS 上设计和评估了数万个系统架构，从这些实践中找到了在公有云上成功构建系统架构的最佳实践和核心策略。《AWS 架构完善框架》为客户和合作伙伴提供一种评估架构的一致方法，并提供指导来帮助实施能够随应用需求在不同时期的变化而扩展的设计。《AWS 架构完善框架》通过一整套的基础问题清单的形式，帮助客户将自己的云上系统架构与公有云最佳实践相对照。

随着 AWS 云服务的不断发展，《AWS 架构完善框架》也在不断演进，从而持续优化"架构完善"的定义；自 2015 年推出最初版本以来，到 2020 年 7 月已经推出了 7 个修改版本，特别是 2018 年 11 月版本和 2020 年 7 月版本都审核并重写了大多数的问题与答案。2018 年 11 月，AWS 还推出了 AWS 架构完善工具。使用该免费工具（在 AWS 管理控制台中提供），客户只需定义工作负载并回答一系列有关卓越运营、安全性、可靠性、性能效率和成本优化的问题即可，AWS 工具将提供有关如何使用既有最佳实践针对云进行构建的计划。

《AWS 架构完善框架》还提供技术团队管理方面的最佳实践。《AWS 架构完善框架》2017 年 11 月版中提到，在传统的集中式 IT 环境下，IT 团队也是集中式管理：包括技术架构师、解决方案架构师、数据架构师、网络架构师、安全架构师等多个角色，团队使用 TOGAF（开放组体系结构框架）或 Zachman Framework 企业信息架构治理框架作为整个企业架构的能力。但在亚马逊则采用的是分布式团队的分布式决策管理，也就是说把决策分布到每个小团队中，还要确保小团队的决策能够满足内部标准。当然，这就意味着风险，亚马逊技术团队采用以下两种方式来避免这个风险。

（1）提供一个实践指南，让每个小团队都能具备所需要的能力，亚马逊也提供技术专家随时帮助小团队提升自己的技术水准。

（2）用机制保证对决策的自动化检查，以确保满足内部标准。

这种分布式决策，也是亚马逊整个领导原则的体现。

新的技术小团队需要尽快赶上整个亚马逊技术团队的总体水平；老的技术小团队也需要不断提升自己的水平。亚马逊技术团队提供了一个虚拟的首席工程师社区，这个社区可以帮助各技术小团队审查技术设计、帮助小团队理解 AWS 最佳实践。这个虚拟的首席工程师社区，确保了 AWS 的最佳实践在整个技术团队中的可见、可获得。其中一个方式，就是利用午餐时间，探讨如何把最佳实践用于真实的场景。

AWS 最佳实践的提炼既是数据客观分析的结果，也是首席工程师们主观设定的主题。当首席工程师看到一个新的最佳实践主题浮现时，就会让内部社区跟进，同时还会把新的最佳实践固化到内部的审查流程及遵从机制中。AWS 架构完善框架也是客户驱动的内部审查流程，首席工程师们的思考也会被代码固化到前线解决方案架构师和客户内部工程师团队的角色中。通过首席工程师虚拟社区这样一个形式，以及把架构能力分布到团队中，AWS 相信基于架构完善框架的企业架构，可以是客户主导或以客户为中心的方式。

AWS 技术简史

2006 年，AWS 提供的服务包括 S3、EC2 服务、SQS（消息队列服务）、Mechanical Turk 服务（把人力与计算机网络结合起来的流程服务）、ECS（电子商务服务）、Alexa 网络服务（不是后来的 Alexa 人工智能助理，alexa.com 创立于 1996 年并于 1999 年成为亚马逊公司的一个部门，主要提供网站排名、性能分析及优化等网站服务）等；2007 年增加了 FPS（灵活支付服务）；2009 年推出了许多新服务和功能，包括亚马逊关系数据库服务、虚拟私有云、弹性 MapReduce、高内存 EC2 实例、预留和竞价实例、Amazon CloudFront 流媒体服务等。

其中，Spot Instance 竞价实例很有意思，即用户可以自己定价，定下愿意接受的最高价格，用来租用 EC2 服务的闲散资源；AWS 根据供需情况周期性地发布即时价格，当用户最高限价高于即时价格时，AWS 供应服务且实际支付价格为系统即时价格；当用户最高限价低于即时价格时，系统自动终止服务。这对于用户的预算是一个更灵活的保证方式，适合于需要大量计算能力但对计算响应要求不高的用户，如科学计算等。AWS 在 2009 年增加了比以往更多的客户，包括许多大型企业客户。

2011 年，AWS 已经拥有 30 种不同的服务，以及成千上万个大小企业和个人开发者客户。作为首批 AWS 产品之一，2011 年的 S3 拥有超过 9000 亿个数据对象，每天都有超过 10 亿个新对象被添加，S3 常规性每秒处理超过 50 万个事务，并且每秒处理峰值接近 100 万个事务。所有 AWS 服务都是按需付费，这从根本上把用户的资本支出转换为可变成本。

2012年，AWS推出了159项新的功能和服务，自7年前推出AWS以来已经降价27次，还增加了企业服务。2010年，AWS推出了61项重要服务和功能；2011年是82项；2012年是159项；2013年是280项；2014年为516项；2015年为722项；2016年达到1017项；2017年为1400项。截至2020年，AWS共有超过175大类服务、数千种功能特性，前面提到的每年更新功能与服务主要是指这数千种功能特性。

2013年，AWS已经在全球有10个AWS区域，其中包括中国。10个AWS区域共提供26个可用区，以及51个CDN边缘节点，自8年前推出AWS以来已经降价40次。

2014年第四季度，AWS用量同比增长了90%，活跃客户超过100万人，含各类型客户。GE、美国职业棒球大联盟、塔塔汽车和Qantas等公司正在AWS上构建新的应用程序，NTT DOCOMO、金融时报和证券交易委员会使用AWS分析大数据，Conde Nast、Kellogg's和News Corp正在迁移旧的关键应用程序，在某些情况下还要将整个数据中心迁移到AWS。

2014年，AWS推出的新服务包括一个非常重要的关系型数据库服务Aurora。关系型数据库是传统应用的核心，Aurora是一个与MySQL兼容的数据库引擎，它能够提供高端商业数据库的速度和可用性，同时具有开源数据库的简单性和成本效益。AWS称Aurora的性能比典型的MySQL数据库高5倍，成本仅为商业数据库软件包的十分之一。

早在2004年，Amazon就是Oracle数据库的主要用户。当时，Amazon的技术团队与Oracle的技术人员一起，试图解决如何在大规模互联网应用中突破当时Oracle数据库极限的问题，特别是当时的数据库以关系型数据库为主。2007年，AWS团队把这方面的积累汇聚为一份白皮书，并向2007国际计算机学会（ACM）的操作系统原理学术大会提交，催生了后来的非关系型数据库（NoSQL）。

AWS陆续推出了多种数据库。2014—2018年，AWS在全球已经帮助超过7.8万套不同类型的数据库通过数据库迁移工具AWS DMS迁移至云上，Amazon Aurora是AWS历史上增长最快的服务。作为经典的关系型数据库管理服务，Airbnb就采用Aurora构建高性能、高可扩展的应用，Aurora也帮助Airbnb全面管理和运行其MySQL工作负载。

AWS通过长期运营，发现没有一种数据库可以适用于所有应用。开发者们正在使用多种面向特定应用场景的数据库来构建高度分布式应用。这其实也是开发者的通常做法，即先把一个复杂应用切分成若干小部分，然后用最好的工具解决每个小部分的问题，而最好的工具往往是根据每个场景量身定制的。这就是 AWS 提供六大数据库服务的原因，这六大数据库服务包括关系型 Amazon Aurora 和 Amazon RDS、Key-Value 型 Amazon DynamoDB、Document 型 Amazon DynamoDB、Graph 型 Amazon Neptune、内存型 Amazon ElastiCache for Redis & Memcached、搜索型 Amazon Elasticsearch Service。

以 DynamoDB 为例，当初之所以开发这个数据库服务，是因为在支撑 Amazon.com 快速扩展的时候，已经突破了传统商业数据库的极限，而经过仔细分析后发现原来 70%的运营需求是 Key-Value 型数据的查询，且只需要返回含有主 Key 值的一行数据即可。于是，AWS 工程师们意识到，这样大规模的特定需求需要一种不同类型的数据库，这就是 AWS 非关系型数据库 DynamoDB 的源起。2012 年 6 月，AWS 发布了 DynamoDB 数据库云服务，以支撑类似亚马逊购物车这样的关键型互联网应用。今天，Lyft、Redfin、Comcast、Under Armour、BMW、Toyota 等广泛的互联网和企业都是 DynamoDB 用户。AWS DynamoDB 和 Google MapReduce 并列为两大 NoSQL 流派，是大数据的基础。在 2017 年的 re:Invent 大会上，AWS 再次发布了可跨全球多个地理区域的全托管多主、多区的全局表 DynamoDB Global Tables，只需要用户简单点击鼠标，其就可以为大规模的全球化应用程序提供快速的本地读取和写入性能，而不用管具体的跨区域复制数据表的过程。

在 2017 年 11 月的 Gartner 操作型数据库魔力象限（适用于企业级交易型应用）中，微软、Oracle、AWS 和 SAP 为前四名；在 2017 年 4 月的 Forrester Wave 数据库即服务报告中，AWS 名列第一。在 AWS re:Invent 2017 大会上，AWS 推出 Amazon Neptune 全托管、适用于高度关联数据的图形数据库，其核心是高性能图形数据库引擎，能以毫秒级响应来实现图形查询，非常适用于推荐引擎、欺诈检测、知识图谱、药物发现和网络安全。

2014 年，AWS 发布了著名的无服务器技术架构 Lambda。之后，无服务器技术的概念就开始在云计算技术领域流行。在 AWS re:Invent 2017 大会上，AWS CEO 贾西说，AWS 的客户非常喜欢 Lambda，而且 AWS Lambda 已是无处不在。所谓无服务器技术，指开发者在开发云软件时，只需要关注软件的业务逻辑，而不需要关注最底层的服务器配置、部署、扩展等烦琐的 IT 管理工作。同样的理念用于容器技术，就是 AWS Fargate，AWS Fargate 是一种不需要直接管理服务器或集群的容器部署管理服务。

2015 财年（也就是 2015 自然年），亚马逊成为有史以来最快的年销售额达到 1000 亿美元的公司；当年，AWS 的年销售额也达到了 100 亿美元。也就是从 2015 年起，亚马逊开始在年报中独立披露 AWS 的财务数据。

AWS 在 AWS re:Invent 2016 大会上集中发布了 AWS 的 AI 产品线，包括从文本到语音转换服务 Amazon Polly、基于深度学习的图像和人脸识别服务 Amazon Rekognition，以及可编写自然人机交互的 Amazon Lex；在 AWS re:Invent 2017 大会上进一步发布了实时及批量视频分析服务 Amazon Rekognition Video、自动语音识别文字记录服务 Amazon Transcribe、自动多语种文字翻译服务 Amazon Translate、全托管自然语言处理理解服务 Amazon Comprehend、人工智能和机器学习服务 Alexa for Business 等。

特别是在 AWS re:Invent 2017 大会上，AWS 推出了首个深度学习摄像头 DeepLens，这是 AWS 继智能音箱 Echo 后推出的又一个新的智能硬件品类。除预置优化的 MXNet 框架、支持 AWS Greengrass 物联网边缘计算核心功能外，其还可与多种 AWS 云服务结合起来，极大降低了人工智能和机器学习应用的开发门槛。

2018 年 4 月，AWS 宣布数以万计的客户正在使用 AWS 机器学习服务，活跃用户数量比去年增长 250%以上，这主要得益于自 AWS re:Invent 2017 大会以来 Amazon SageMaker 被广泛采用。SageMaker 是在 AWS re:Invent 2017 大会上推出的全托管机器学习服务，开发者只需要关心数据、机器学习框架和算法即可，其他参数调优等工作都由 SageMaker 自动完成。

2017 年末，AWS 已经成为一项年营收 200 亿美元的业务。AWS 还加快了创新步伐，尤其是在机器学习、人工智能、物联网和无服务器计算等新领域。特别是 Amazon SageMaker 彻底改变了日常开发人员构建复杂的机器学习模型的可访问性和易用性。2017 年 11 月，AWS 举办了第六届 re:Invent 会议，有超过 4 万名与会者和超过 6 万名网络参与者。

经过 10 多年演变及多次迭代，AWS 已经迅速扩展成世界上最全面、最受广泛采用的云服务。在 AWS 以往超过 10 年创新积累的基础上，AWS 更加注重整体优化所有的技术、产品和服务，为开发者和企业用户实现一键式或一站式交付的用户体验。2017 年，AWS 推出全托管的云集成开发环境 AWS Cloud9，其具有快速部署、深度整合、实时协作开发、多种 Debug 纠错功能等特点，提供自动化、自助化、智能化辅助编程的开发者体验。

在企业服务领域，AWS 先后与 VMware、SAP、IBM 等合作，为用户提供公有云环境中的企业软件和服务，以满足企业用户对于传统企业软件的需求。2018 年 11 月，在 AWS re:invent 2018 大会上，AWS 宣布于 2019 年推出 AWS Outposts 服务，即把 AWS 公有云带到私有云环境中（见图 14-2）；该服务首先基于 AWS 自己的硬件，提供两种软件——VMware Cloud on AWS 及原生的 AWS 云软件。2019 年，AWS 进一步推出了 Local Zone，把公有云数据中心推进到大城市或城市群附近，以满足低时延要求。

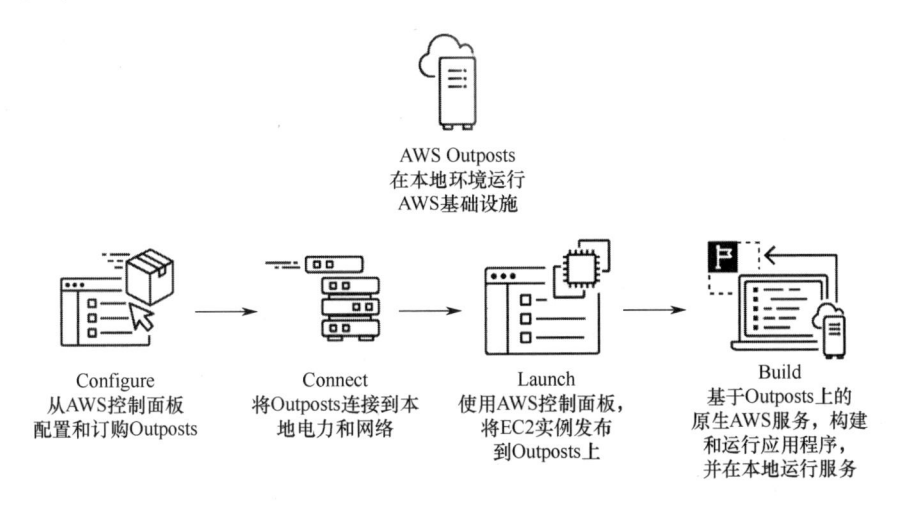

图 14-2 AWS Outposts 原理图

持续进化

在 2014 年财报中，贝佐斯写道：我相信 AWS 是一种梦幻般的商业产品，可以为客户提供服务，并在未来多年获得经济回报。

贝佐斯认为，AWS 的机会很大，将最终包括服务器、网络、数据中心、基础设施软件、数据库、数据仓库等的全球支出。与对亚马逊零售的看法类似，贝佐斯认为 AWS 的市场规模不受限制。AWS 已经建立的领导地位具有强大的持续性优势，AWS 团队还在非常努力地使 AWS 尽可能易于使用。假如用户一旦学会并熟练使用 AWS 构建复杂系统，就不会再想学习新的工具和 API。另外，随着使用 AWS 的程序员越来越多，具有 AWS 的技术人员也成为 AWS 的推广大使，他们在换工作的时候也会向新的单位推荐 AWS，熟练掌握 AWS 及其服务也成为很多软件开发人员简历中的重要内容。

贝佐斯在 2014 年财报中，乐观地认为 AWS 将拥有强大的投资回报。由于 AWS 是资本密集型业务，所以这也是对亚马逊团队的检验。好消息是，当亚马逊在分析相关财务数据时，看到了比较好的结果。从结构上讲，AWS 的资本密集程度远远低于它所取代的模式，也就是 DIY 数据中心，这些 DIY 数据中心的利用率很低且几乎总是低于 20%。而跨客户汇集工作负载为 AWS 提供了更高的利用率，并相应提高了资本效率。此外，AWS 的市场领导地位还有助于以规模经济效应为亚马逊提供资本效率的相对优势。

与亚马逊零售业务一样，AWS 由许多拥有单线程的小型团队组成，可实现快速创新。截至 2020 年，该团队几乎每天都在 175 大类服务中推出新功能，而这些新功能不需要用户端升级，会直接在云端更新。AWS 又被设计为一个可以持续演进和进化的体系，早期的 EC2 是由一个在南非的 AWS 团队开发的，S3 是在西雅图开发的。AWS 在早期设计 S3 时并未想到它会变成多大，但 AWS 添加了足够措施以确保安全。幸运的是，AWS 绘制了蓝图并且采用了很好的软件开发方法，因为 AWS 知道软件必须随着时间而发展，基本上每上一个新规模的时候，可能就不得不重新架构。威格尔曾就此表示：我们非常幸运能够提前做出非常好的决定，以确保能够构建我们的系统并能够随着时间的推移不断发展这个系统，而不让客户受到影响。

谈到 AWS 的技术思想，还必须提到 AWS 的总体思路：让云与用户的界面越简单越好。这也是为什么 AWS 经常以"Simple"（简单）这个词命名产品与服务，如亚马逊简单存储服务（Simple Storage Service）、亚马逊简单数据库（Amazon SimpleDB）、亚马逊简单队列服务（Amazon Simple Queue Service）等。通过简单的界面和模块化组件，用户可以像搭积木那样在 AWS 上构建自己需要的服务。

第四节　零售与电商的互补

● 从电商业务中生长出来

与亚马逊的其他技术一样，AWS 也是从亚马逊电商业务中生长出来的。在 2010 年财报致股东信的开篇，贝佐斯写道："查看当前关于软件架构的教科书，会发现我们在亚马逊几乎应用了所有的模式。我们使用高性能交易系统、复杂的渲染和对象缓存、工作流和队列系统、商业智能和数据分析、机器学习和模式识别、神经网络和概率决策，以及各种其他技术。虽然我们的许多系统都基于最新的计算机科学研究，但这往往还不够，我们的架构师和工程师必须在还没有被学术研究涉及的方向上推进。我们面临的许多问题在教科书上是没有解决方案的，因此我们'愉快地'发明了新的方法。"

2010 年，整个亚马逊网站的技术基石是 SOA（面向服务的架构）。SOA 是亚马逊技术的基础抽象架构。贝佐斯在 2010 年财报中介绍，由于有一个深思熟虑且有远见的工程师和架构师团队，早在 SOA 成为业界流行语之前就已经被应用于亚马逊。亚马逊的电子商务平台由数百个软件服务联合组成，这些服务协同工作可以提供从推荐到订单履行到库存跟踪的各种功能。例如，要为访问 Amazon.com 的客户构建产品详细信息页面，亚马逊的软件会调用 200～300 个服务，以便为该客户提供高度个性化的体验。

实际上，对于零售业务，亚马逊早在 20 世纪 90 年代就编写了当时的网站应用程序，而那时的亚马逊软件架构无法进一步扩展。当时的亚马逊网站就是一个巨大无比的应用，数据库运行在后台，而这样架构无法再扩展，必须找到一种新的可扩展的方式，这就是现在称为"服务"的方法。亚马逊在 2000 年左右发明了这样一种软件编写方式：将逻辑、数据和 API 接口赋给一小段代码，必须通过 API 获取数据、与代码交互，这样就可以将整个电子商务应用切割成更小的构建模块，每个构建模块都可以成为"服务"。

亚马逊在"服务"方面获得了很多经验。随着时间的推移，亚马逊开始添加基础设施服务，包括如何管理计算、如何管理数据库、如何管理存储，这其中的大部分也能成为"服务"。这是希望让业务逻辑来负责和管理计算的扩展，而不是由人工来管理。亚马逊这样的技术和技术思想也应用到了 AWS，从头开始构建 AWS，这样可以满足最高的安全要求。这就是 AWS 的开始，亚马逊以"服务"的方式，从头开始构建了 AWS 的所有软件，因为这样可以达到最高的竞争力水平。任何人都可以通过使用这些服务来访问 AWS 的软件或功能。无论在亚马逊内部或 AWS，这种软件服务的方式都取得了巨大的成功。

在 2013 年版的 AWS 官方介绍中，这样介绍 AWS 的技术渊源：在过去 10 年里，典型的商业应用架构从以桌面为主的安装到客户端/服务器架构，再到现在松散组合的网络服务（Web Services）及 SOA，每个进化的阶段都在之前阶段的基础上，并增加了新的挑战、维度，以及为 IT 部门和合作伙伴提供新机会。近几年，广泛流行的虚拟化技术可以减少运营成本、增加企业 IT 的可靠性。此外，网格计算（Grid Computing）使得全新的分析、数据处理、业务智能成为可能，而此前这些由于高成本和消耗过长时间而难以发展。在这些技术变革的同时，业务创新速度和前所未有的新产品上市的加速度，让市场发生了根本性变化。在已经被广泛接受的 SaaS 的基础上，这些变革最终为最新的 IT 基础设施挑战铺平了道路，这就是云计算。

在实践的基础上革新技术

AWS 在实践的基础上，对之前的已有技术进行了改革。AWS 在最开始构建了软件服务后，就进入了另一个阶段。因为 AWS 后来发现这些服务变化得非常快，也越来越庞大，需要将它们进一步分解成更小的构建模块（现在称为微服务）。如果在那时有类似 ECS 或 Kubernetes 这样的容器技术，AWS 肯定会用，但这些技术在那时还不存在。在亚马逊会持续出现这样的现象，即其所遇到的挑战可能要比其他公司早 5~10 年，这是由整个亚马逊的规模导致的。因此，一旦亚马逊构建了 AWS，就可以为客户提供别人以前从未构建过的技术。

贝佐斯在 2010 年财报中提到，亚马逊业务的要求在多年前就达到了亚马逊的许多系统无法再使用任何商业解决方案的程度：当时，亚马逊的关键数据服务就存储了数 PB 的数据，每秒要处理数百万个请求。为了满足这些苛刻和不寻常的要求，亚马逊开发了几种替代的、专用的持久性解决方案，包括亚马逊自己的键值存储和单表存储。为此，亚马逊严重依赖分布式系统和数据库研究社区的核心原则，并从这些社区再出发、再发明。

亚马逊开创的存储系统表现出极高的可扩展性，同时保持对性能、可用性和成本的严格控制。为了实现其超大规模属性，这些系统采用了一种新颖的数据更新管理方法：通过放宽需要传送到大量副本的数据更新同步要求，这些系统能够在最恶劣的性能和可用性条件下生存，而这基于最终一致性的概念。亚马逊工程师开发的先进的数据管理技术，成为 AWS 提供的云存储和数据管理服务架构的起点。例如，AWS 的 S3、弹性块存储和 SimpleDB 都从独特的亚马逊技术中获取其基本架构。

亚马逊还采用了机器学习技术，以实现可自愈和自我进化的系统。例如，亚马逊的产品数据的提取和分类、需求预测、库存分配和欺诈检测等业务领域都面临着复杂数据处理和决策问题。对于这些系统的维护，当然可以使用基于规则的系统，但基于规则的系统难以维护，并且随着时间的推移会变得脆弱。在许多情况下，先进的机器学习技术提供更准确的分类，并且可以自我修复以适应不断变化的条件。例如，亚马逊的搜索引擎先采用在后台运行的数据挖掘和机器学习算法构建主题模型，然后采用信息抽取算法从非结构化信息描述中识别属性和提取实体，这样就允许用户缩小搜索范围并快速找到所需的产品。亚马逊在用户的搜索相关性方面有诸多考虑，从而预测客户兴趣并优化结果排名。在采用的具体算法方面，贝佐斯在 2010 年财报中提到了不少专业词。例如，因亚马逊产品的多样性而采用的现代回归技术，以及经过训练的决策树随机森林，从而在搜索结果排名时灵活地整合数千种产品的属性，最终得到的就是快速、准确的搜索结果，可帮助用户快速找到所需内容。

● 研发与业务的紧密结合

贝佐斯强调，亚马逊并不认为技术研究是 R&D 部门的事情，而是已经扩散到了所有亚马逊的团队、业务流程、决策及业务创新，"技术已经深深融入我们所从事的一切"。

一个例子是 Whispersync，这个 Kindle 服务旨在确保无论用户走到哪里、使用何种设备，都可以访问自己的阅读库及所有画线句子、笔记和书签，都可以在 Kindle

设备及移动 APP 上同步使用。这是技术上的挑战，是让全球 100 多个国家/地区的数百万个 Kindle 用户、数亿本书和数百种设备，都能 7 天×24 小时可靠地实现。Whispersync 的核心是最终一致的复制数据存储，同时应用程序定义的冲突解决方案必须能够处理长时间隔离或断网的设备。而用户对这一技术其实毫无感知，每当用户打开 Kindle 时，数据就会同步并显示于正确的页面上。

威格尔曾强调：请记住亚马逊是一家技术公司而不是零售商，因此亚马逊没有 IT 部门。IT 部门所做的工作涉及电子邮件和其他一些服务，但电子商务运营已深深融入亚马逊业务中。比如，推荐鞋子的技术团队与鞋子业务部门一起工作，技术要与业务团队深深融合。为什么？因为鞋子的推荐引擎与书籍的推荐引擎相比，非常不同。在鞋子推荐中，希望最大限度地减少退货次数，并且希望确保人们的选择与实际需求的尺寸或颜色完全匹配。推荐鞋子采用一种非常不同的方法，特别是因为鞋子的尺寸很难选择，如果选择 9.5 号，也可以试试 9 号，因为这两个尺寸的鞋子可能都适合。无论如何，亚马逊没有 IT 部门、没有开发部门，技术团队与实际的鞋子销售员关系密切，因为他们需要非常具体的关于鞋子的业务知识。

对于亚马逊网站来说，并没有 IT 团队与业务团队之分，IT 人员与业务人员组成一个个小型而自治的团队，自行根据用户的需求做出技术和业务决策。之所以这样，是因为亚马逊认为技术人员必须深入业务中，才能真正获得业务知识并与业务团队一起快速响应客户需求。这样一个新型的企业组织模式，正是当前的数字化转型过程中，传统企业所期望的敏捷模式。

值得一提的是，AWS 还在广泛而深入地帮助各类组织和机构进行数字化转型。例如，通过丰富的云计算、大数据、机器学习、人工智能及物联网等服务，帮助各类科研机构加快科研速度；利用 AWS 各类培训课程和项目，助力高校课程改革，培养技术型人才；为各类公益和社会保护组织提供技术支持，促进模式创新、提高运营效率。尤其是在新冠肺炎疫情期间，AWS 更是为各类致力于药物研发、疫情传播控制等工作的企业和机构提供了云计算技术与资源支持，帮助人们更好地理解和解决疫情危机。通过这些努力，AWS 帮助全人类在全球全社会共享计算基础设施之上，更好地前进。

2021 年年初，贝佐斯宣布将于年内退休，由 AWS CEO 贾西接任亚马逊公司 CEO 一职。

第十五章
IBM：全社会共享技术创新力

2001年是传奇CEO路易斯·郭士纳任IBM首席执行官的最后一年，也是IBM成立第91年。这一年的IBM年报对于IBM及整个信息产业和商业界来说，都很有意义。在这一年的年报董事长致股东信中，郭士纳总结了IBM的过去、现在和未来，特别是为未来的IBM建立了数条持续运营的原则和理念。

郭士纳认为，对企业客户来说，更为重要的不是技术创新驱动业务增长，而是把IT技术融入企业业务的生命线中。郭士纳开始为接近百年的IBM设计新的商业模式指导原则：以客户为中心。"IBM全球服务可以推荐竞争对手的硬件或软件吗？IBM软件业务是否应该为Sun或HP服务器开发解决方案？让我们的硬件支持Oracle或Microsoft产品如何？在每种情况下，答案都是：我们会做客户想要的。"

简而言之，作为世界上第一家进入百年历史的IT企业，IBM领悟了技术创新的真谛：不是为了技术而技术创新，而是要把技术创新与企业业务相结合，真正创造商业价值。为此，IBM把自己的技术创新力共享给全社会，特别是大力投资和推动各种开源技术的发展。

第一节　打破企业级技术迷思

根据有关预计，美国在20世纪90年代初期对IT硬件和软件的投资超过了对工业、农业和矿业设备投资的总和，某些车辆中微电子设备的成本甚至超过了钢铁的成本。这是郭士纳在1994年财报中提及的。

● 业务决定技术

在2001年财报中，郭士纳观察到，在IT产业的头30年，基本上是IT公司自身主导技术变革，以及主要为IT公司与企业IT技术人员之间的技术对话；自1990

年开始，企业的业务人员开始了解信息技术对业务的重要性，对于几乎任何企业来说，已经不可能把业务战略和 IT 战略相区分；企业对 IT 的投资，已经有一半由业务线经理来推动而不是首席信息官，这是在 2001 年之前的短短五六年内出现的显著变化。

郭士纳在 2001 年强调，毫无疑问的是：现在是由业务战略决定技术发展路径，而不是反过来。10 多年后，在 2010 年之后的技术界，当云计算开始成为新的 IT 范式时，几乎所有的讨论都是围绕"业务决定技术"这个话题展开的。

郭士纳表示，他之前在很多产业公司工作过，直到加入 IBM 才惊讶地发现 IT 产业的商业模式是围绕一套专有的技术架构展开的——在这种前提下，基本上 IT 企业开发出来什么就给客户什么，客户只能接受。郭士纳说，"你或者给客户所想要的，或者客户离开"，而"现在客户正重新拿回主动权"。企业客户需要的是集成的解决方案，而不是 IT 技术供应商把技术一块一块地交付给客户，再由客户自行组装；企业客户需要的是 IT 技术供应商要懂得企业的业务，包括供应链优化、客户关系创新、为企业内外部成员提供更好的工具与行业知识等。

郭士纳强调，即使 IBM 公司业绩在 1993 年跌落深处，也没有其他公司能够像 IBM 这样，既有技术专长来赢得产品竞争，又有能把自身变成客户可信赖的合作伙伴的业务知识。那么，如何创建一个新的 IBM？这就需要解锁 IT 与业务这两种能力，让它们互相补充——"创建一个把技术和业务创新相结合、独一无二的业务模式，一家同时拥有实验室和董事会会议室的公司——支持我们建立的新 IBM。"

"我们能成为这个新时代所需要的吗？换句话说，我们是否能够再次领先？我无法想象许多公司在任何行业都能领先两个时代。但现在我可以告诉你，即使在黑暗的日子里，我们开始相信我们可以改变历史。"郭士纳写道。

● 四大战略方向

在 2001 年财报中，郭士纳指出了企业 IT 的真相："业务和技术之间的关系不是单向的。技术本身并不是简单直接通过某种自然力量去指派或使用的，它也是人类意向和选择的产物。因此，我们采用技术来解决客户问题。此外，我们还运用市场知识来帮助调整技术研究任务——无论是经济发展方向、增长机会，还是新兴的政府治理和教育方式、人口和社会趋势，抑或是生命科学等其他领域的发现。"

基于以上判断，郭士纳在 2001 年给出以下未来的四大战略方向，而这四大战略方向迄今仍极具价值和时代意义。

(1)新的 IT 产业模型：创新或者集成。郭士纳认为，"为了生存，你必须在其中一个方面做到很好。为了引领行业，你必须在两个方面都能做好。"科技行业在 20 世纪 60 年代和 70 年代的垂直整合，在 90 年代初就被一批单一专业公司（PC、数据库、应用软件等领域的专业公司）所取代。这一方面体现了整个 IT 产业生生不息的创业创新精神，另一方面也让企业客户感到混乱，因此涌现了一批技术集成商。今天，对企业客户来说，更为重要的不是技术创新驱动业务增长，而是把 IT 技术融入企业业务的生命线中。因此，"那些帮助客户采用技术进行业务转型的人，将会对从架构到软/硬件标准的选择，再到伙伴关系等所有事务方面，都有巨大影响力。"

(2)新的商业模式：服务主导。郭士纳认为，虽然当时已经有很多人都明白了 IT 服务所扮演的领导性角色，但建立 IT 服务所需要的技能和管理系统或雇用最聪明的人都不是最重要的，更为重要的是需要一定规模和广度的服务类型；此外，也不是简单在一项技能之上叠加另一项技能，而是需要经年累月的积累，从而正确地把客户和技术组织在一起。郭士纳还强调，IT 服务正在以一些令人惊讶的方式迅速扩大和发展，不仅包括劳动密集型咨询，还包括以类似公共基础设施方式（如电力）交付计算——从应用程序到计算到存储。从当时刚出现的网络托管趋势到 IBM 自己的"电子商务随需应变"，企业客户不再购买计算系统，而是通过网络购买计算服务并且可以按使用付费。

(3)新的技术模型：基础设施加上无处不在的计算。在 20 世纪 90 年代中期，IT 产业中的一些人开始清楚地认识到，基于 PC 的客户端/服务器计算模型已经常规化，并正在被基于网络的分布式计算取代。这意味着，在企业的一端，工作负载正转向基础设施——工业级的服务器、存储、数据库和事务管理系统；而在客户的一端，各种各样的网络连接设备激增，这包括 PDA、手机、电子游戏系统、机顶盒等，以及嵌入式组件组成的无处不在的计算，从家用电器到医疗设备、汽车等。郭士纳认为，要把两端连接起来，需要一种在五年前都没有听说过的软件：中间件。

当时，IBM 开始关注三大领域：企业系统、集成中间件，以及将各种设备转变为计算机的专用高价值组件（如定制芯片）。对于 IBM 来说，这就意味着"产品组合"的方式：需要选择战略进军哪些产品领域、需要选择战略退出哪些产品领域，"IBM 不会试图成为迎合所有需求的大而全产品公司"。在企业系统中，IBM 重新调整了存储产品系列，彻底改造和整合了服务器产品线，而且 IBM 并没有放弃主机（"就像 IBM 自己一样，主机已经回归且更强大"）；在软件方面，通过收购和内部开发，IBM 建立了世界上最大的中间件业务，中间件作为开发平台变得比操作系统更重要，反过来又帮助 IBM 软件更好地融合到日益广泛的软件产业，从而更好地分享软件产业的未来发展；在组件技术方面，IBM 的 OEM 业务正在成为新的营收增长引擎，IBM 对这个业务的长期前景充满信心，IBM 相信在后 PC 时代将对专用组件产生大量需求。

郭士纳对新的技术模式表达了充分的信心。郭士纳认为，"归根结底，这就是你是否相信互操作性和通用标准的做法。我们肯定是在这个方向上下赌注。"

（4）新的市场模式：开放的市场。郭士纳在 2001 年前后就对互操作性和通用标准下了赌注，但当时并不是所有公司都相信或完全理解通用标准在网络化世界中的重要性，而且将不再有 IT 厂商可以通过专有技术来控制客户。郭士纳强调：在一个以客户为导向的世界中，开放架构和通用标准是不可避免的。为此，IBM 把所有技术能力和市场营销能力都从自给自足的系统转向面向开放平台，以重新想象和重构系统。IBM 与开发人员社区分享自己的新兴软件产品、授权技术和专利，在各个层面倡导通用标准，包括 Linux、Java、Web 服务等；最重要的是 IBM 承诺开放自己的技术架构。

郭士纳总结在上述四大趋势影响下，市场竞争将更加激烈，将会出现不同的赢家和输家。作为领头羊，IBM 看到一种新型企业文化的出现，而 IBM 在近十年（2001 年之前）一直在建立这样一家公司：规模大但动作敏捷；具备创业精神但又很有纪律；同时以基础科研和市场驱动为导向；能够在全球范围内创造智力资本，并将其交付给客户。这样的新企业物种将能不断学习、改变和自我更新，它很坚强并高度聚焦，但又对新想法持开放态度，它憎恨官僚主义、拆散公司及公司政治，它奖励成果。最重要的是，它所做的每件事都能吸引人才。

为了成为这样的新物种企业，IBM 在诸多方面都进行了改革：从改变招聘和建立以绩效为基准的薪酬，到创新性的远程教学；为员工的工作与生活平衡提供工具、机会和灵活机制；不仅创造新的技术商业理论，而且进行实践、建立相应的思维方式。郭士纳强调，对于 IBM 这样一个大型而复杂的公司，10 年的时间足以成为行业领导者，关键是要站到几乎每 10 年一变的大趋势和潮流的前头，"你需要新思维和领导令人痛苦的转型的勇气。"郭士纳在公开信中鼓励他的继任者，要勇于抛弃所有郭士纳曾经做过的决定和事情。"根据市场进化而调整，这是 IBM 的成功之道。"

● 92 岁之后的智慧

在 2001 年财报中，IBM "92 岁"之后的商业模式被描述为"IBM 销售服务、硬件和软件，这些产品组合由 IBM 研究与开发能力所支撑。如果客户需要财务金融方面的支持，IBM 也能提供金融服务。IBM 商业模式的根本力量，在于 IBM 能够集成'组装'用户所需定制化解决方案的优化的产品组合,从而持续在市场中保持成功。"这是最后一次在 IBM 财报中看到这样的产品层面的描述。自 2002 年开始,IBM 财报中的商业模式就固定为"IBM 的商业模式支撑两大原则性目标:帮助客户通过业务洞察、IT 解决方案而变得更加高效和有竞争力,从而交付商业价值、获得成功;为股东提供长期价值。"

进入 2002 年,也是后郭士纳时代的开始,IBM 收购了 PWCC(普华永道)和 Rational Software。当时的 IBM 新任首席执行官、董事长、总裁 Samuel Palmisano 在 2002 年财报里表示,活过了 92 年的 IBM 不再执着于某个产品或技术,而是不断创新技术、再用新技术帮助客户解决问题。IBM 认为技术领导力与商业领导力这二者缺一不可,不能只发明新技术模式而不发明新商业模式,这二者是相辅相成的关系,这也是收购普华永道的重要原因。收购普华永道为 IBM 带来了 6 万余名专业的业务咨询专家。

郭士纳在 2001 年报里这样写道:世界是否需要像 IBM 这样的公司?在 20 世纪 90 年代初,我们的计算方式和我们与客户合作的方式已经不再流行,我们正从内部迅速剔除这些老旧的方式……我们认为专有领域的技术供应商不是未来……我们认为客户需要一个这样的合作伙伴:既可以创建技术,又可以集成这些技术——不仅仅是相互之间,同时还能与客户的业务流程集成起来。一切从这里开始。

2012 年,也就是 IBM 公司成立 101 年之际,IBM 第 9 任 CEO 也是首位女性 CEO 上任,当时 IBM 有五大业务部门:全球技术服务部(GTS)、全球业务服务部(GBS)、软件部、系统与技术部,以及全球金融部。GTS 与 GBS 合称为 IBM 全球服务部,其中有 60%左右的外部订单基于年费,主要是外包和维护服务。GTS 的主要业务包括战略外包服务、全球业务流程服务、集成技术服务及技术支持服务。GBS 的主要业务包括咨询及应用管理服务,GBS 在 IBM 内部还扮演一个把 IBM 所有的服务与解决方案整合起来的角色,以驱动增长战略方向的进展。这五大部门至今仍是 IBM 组织架构的基石——即使 IBM 在 2020 年下半年宣布将 GTS 的基础架构管理服务拆分出来成立一家独立的新公司,拆分后的 IBM 将专注于发展开放式混合云平台和人工智能,新公司将专注于提供基础架构管理服务——五大部门仍然是拆分后 IBM 的组织架构基础。

第二节　开源技术:全社会共享技术创新

在 2019 年 2 月的 IBM Think 2019 大会上,IBM 董事长、总裁及首席执行官罗睿兰亲自参与了除主旨演讲外的唯一一个分论坛并担任对话环节主持人,这就是"开源:企业的未来和创新的基石"分论坛。

究竟开源这件事对 IBM 有多重要，以至于罗睿兰要亲自站台并担任对话环节主持人？2018 年，IBM 耗资 340 多亿美元收购了 Red Hat（红帽公司），这是一家专注开源领域长达 25 年之久的软件公司。然而，收购 Red Hat 并不是 IBM 唯一在开源软件方面的投入。实际上，IBM 对开源领域投资可以一直追溯到 Linux 时代，而著名的 WebSphere Application Server 的 70%以上都是开源的，包括 700 多个开源组件。

在更广的范围内，IBM 参与上千个开源项目和社区。除大量采用开源代码外，IBM 还是向 GitHub 组织和代码库提供开源代码贡献最多的公司之一。IBM 对开源项目的重大贡献包括将 Java 运行时 J9 作为 Eclipse OpenJ9 孵化器贡献给了 Eclipse 基金会、将用于 Java EE 和 MicroProfile 应用程序的 OpenLiberty runtime 贡献给了 openliberty.io、向开放区块链项目 Hyperledger Fabric 贡献了源码、向 Apache OpenWhisk 贡献了无服务器平台源码、开放了 IBM 量子计算 API Qiskit、开放了 IBM AI Fairness 360 工具包（AIF360）和 AI Robustness Toolbox（ART）、开放了多个分析项目源代码并成为 Apache Toree 和 Apache SystemML，以及 2016—2019 年超过 100 个其他贡献。

● 大胆"压注"开源

IBM 对于开源开放的承诺及实践，远远超过了很多人的想象。IBM 是很多开源社区的创始成员和最高级别会员，是很多开源项目和社区的开创者及战略支持者，包括 Linux、Apache、Eclipse 等，IBM 一直在推动开源协议、开放治理和开放标准。2000 年，IBM 为支持 Linux 缴纳了 10 亿美元的专利费，并提供技术资源，以及资助了 2000 年 Linux 基金会的成立。

1999 年，IBM 帮助创建了 Apache 软件基金会，提供了上万行代码和资源以支持 Apache Web Server Project。IBM 是 Apache 软件基金会的创始赞助商之一，帮助塑造了开源许可和治理规范，并为众多项目做出了贡献。自推出 Apache 软件基金会以来，IBM 员工一直在组织内部和 Apache 软件基金会董事会担任领导职务。截至 2019 年，Apache 软件基金会有近 200 个项目，包括 Web 技术、XML、Web 服务、文档处理、移动、云、大数据和分析、无服务器和消息传递等，显然 IBM 一直在创建和领导开放环境下的合作与创新。

一个典型但可能不被很多人注意到的例子是 Eclipse 开源项目和基金会。2001 年，IBM 开发了 Eclipse 开源项目并引导了 2004 年 Eclipse 基金会的成立。IBM 向 Eclipse 开源项目贡献了大量的源码、开发者及开源协议的法律咨询援助，今天的 Eclipse 作为一个 Java 开源开发平台，还能以插件方式集成使用多种开发语言，支持包括 C/C++、COBOL、PHP、Android、Python、R 等。著名的 IBM Rational Software

Architect 基于 Eclipse，它是 IBM Java 开发工具系列的基础。

2019 年 2 月是 Eclipse 基金会成立 15 周年，Eclipse 基金会执行总监 Mike Milinkovich 撰文称：在 2004 年 Eclipse 基金会成立时所形成的开源社区运作模式，今天已经非常为人所熟知，而在 2004 年的时候其实还是非常新鲜的事物。Eclipse 基金会成立的时候有 50 个创始成员公司，包括 IBM、SAP、HP、Intel 等，而今天已经发展到 275 个，其中 IBM 和 SAP 一直是战略参与者；Eclipse 基金会成立初期只有 12 个开源项目，今天已经发展到 360 个，开源 Committer（对开源项目核心模块和系统架构有较大代码贡献者）从最初的 150 名（基本上全是 IBM 工程师）到今天的 1600 多名；Eclipse IDE 已经从最初的桌面软件开发工具，发展到今天支持物联网、自动驾驶、地理空间和云原生 Java 运行时等丰富的开发应用场景；从 2017 年末到 2018 年，随着 Java EE 从 Oracle 迁移到 Eclipse 基金会的 Jarkarta EE，Eclipse 的项目数达到历史新高。

2001 年，IBM 给当时刚成立的 Eclipse Consortium 协会贡献了价值 4000 万美元的软件代码（IBM VisualAge），该协会当时已经聚集了 150 家领先的软件开发工具供应商，超过 63 个国家的 1200 多名独立开发者已经参与到 Eclipse Consortium 协会的运作。Eclipse 的初心是为所有开发者提供一个单一、统一体验的软件开发流程和集成测试、性能调优、排除 Bug 等所有软件开发任务的开发工具及环境，当时几乎所有的软件开发工具供应商都参与到 Eclipse 项目中。

2001 年，来自 IT 咨询公司 Illuminata 的分析师 James Governor 就此评价道：这是 IBM 最大胆的开源"赌注"。Eclipse 免费面向开发者，它对软件开发的意义，不亚于 Linux 对于操作系统的意义。IBM 在开源 Eclipse 的基础上，提供商用开发工具和服务，以支持业界广泛开发基于 Web Services、XML 和 J2EE 的 e-business 商业应用。基于 Eclipse 的开发工具可以同时运行在 Windows 和 Linux 系统之上，开发者再也不需要先在 Windows 上开发 e-business 应用后再移植到 Linux 环境中，而可以直接面向 Linux 环境进行开发。Eclipse 显著增强了 Linux 开发者的生产力，并让开发者可以开发面向企业环境的商业应用。

● 建立开放式治理的生态

IBM 开放技术方法论文档的 2020 年 3 月更新版指出：IBM 通过所有的开源努力学到了一件事情：这些开源努力可以实现包容性和开放式治理的社区，往往能吸引最大的生态系统和最广阔的市场。

IBM 认为，开源软件项目和社区固然重要，但开放式治理更加重要。许多开源项目由一个人（或供应商）运营，并且在治理方面非常封闭，严重限制了其他人的贡献；其他项目更热衷于外部贡献，但在制定技术战略和方向时仍然是封闭的。一旦开源项目达到一定程度的成功，通常将达到一个临界点，此时如果没有开放式治理，用户就会意识到被供应商锁定甚至放弃项目的更大风险。用户和贡献者都希望在决策中有发言权，如果他们觉得自己的声音没有被听到，那么项目会失败或分叉。这通常会对生态系统造成不利影响，甚至引起社区崩溃。

现实情况是，在开放式治理下管理的开放式技术项目，如通过 Apache、Eclipse、Mozilla 和 Linux 等组织运作中发现的开放式治理，显然会更加成功、寿命更长，并且风险低于由单一供应商控制的项目，或者在治理方面更严格。IBM 经常参与由单一个人或供应商所控制的开源项目，帮助其看到开放式治理的价值及更大成功的可能性。如果 IBM 能够有效地将项目带入开放式治理，就会大幅增加投资以帮助确保项目的成功，并努力发展社区和生态系统。

IBM 知道水涨船高，仅靠 IBM 自己的成功是不够的，IBM 需要确保许多企业能够成功，从而保障一个充满活力的生态系统。因为这既降低了 IBM 自己的风险，也降低了用户拥抱开源所带来的风险。实际上，由于大多数企业用户都倾向于优先选择开源而不是专有产品，因此第一步是尝试集成自己的开源堆栈。然而，企业一旦通过实践了解到其中的挑战，通常会转向与具有深厚技能和经验，以及对相关社区有透彻了解的开源技术供应商合作。

IBM 还相信，一旦企业用户踏上了开源之旅，就需要一个能够帮助它们不断集成开源技术的合作伙伴，同时合作伙伴要有能持续影响开源社区的能力。企业用户希望其开源合作伙伴能够理解企业级环境及企业的长远利益，再通过影响与引导开源社区的技术方向和进程，与企业的自身利益相匹配。

IBM 对开源的承诺和贡献在业界是长期、持续而超越想象的。IBM 服务于许多开源基金会董事会，包括 Linux、Eclipse、Apache、CNCF、Node.js、Hyperledger 等，成千上万名 IBM 员工在使用和贡献开源软件。IBM 重视并致力于开放式治理，因为 IBM 认为这是确保开源项目长期成功和可行性的最佳方式。IBM 开发人员每天都在重要的开源项目中工作，每个月都为数百个开源项目做出数以千计的贡献。

让所有人都受益

与很多印象相反，所有 IBM 参与的开源项目和社区都有一个显著的特点，就是多方参与、开放式治理。这是因为单一参与者的开源项目的风险极高。例如，Facebook 停止 Parse（一个流行的移动开发平台）项目，导致成千上万个开发商陷入困境；还有在很多情况下，开发人员将一些很酷的功能作为开源发布，然后出于某种原因最终放弃或忽略该开源发布。

IBM 通过密切关注项目的以下五个方面来评估开源项目。

（1）负责任的许可。显然，IBM 希望了解与该技术相关的开源许可。

（2）可参与的提交流程。IBM 力求确保有一个明确定义的流程来欢迎外部贡献者的贡献。

（3）多样化的生态系统。IBM 确认有多家供应商和 ISV 正在提供基于该技术的产品。

（4）参与社区。IBM 要求有一个流程来增加其他贡献者在社区的技术影响力。

（5）开放式治理。IBM 评估治理模型以确定是否真正开放。

当然，IBM 也会研究技术并评估是否存在架构适合性，但技术通常可以随时间的推移而得到修复和改进。关键是，IBM 要确认是否有足够的积极因素来保证投资，以帮助项目实现真正的开放式治理，从而让所有人受益。IBM 已经展示了在开源领域推动创新的持续承诺，提供基于开源的广泛产品组合，并围绕最关心的开源项目帮助建立可持续蓬勃发展的社区和生态系统。

IBM 相信在开源领域的领导地位对客户来说具有差异化的价值，IBM 甚至用了一个词来形容自己："IBM is Open by Design（IBM 为开源而生）。"

● 专注于企业

IBM 对那些具有战略意义的开源项目进行了安全性、可扩展性、稳健性、在线升级、全球化、文档、持续集成等方面的大量投资并交付到项目中。IBM 还投资那些能够将 IBM 创新集成到项目功能的开源开放项目。IBM 在其他重要方面做出了广泛的贡献，包括营销、布道和各种董事会级别的委员会活动。IBM 还经常引领定义互操作性和可移植性的工作，这对于任何开放技术的成功都至关重要。

除收购 Red Hat 外，截至 2020 年 3 月，IBM 在其所参与的开源项目中总共投入了 40 多亿美元，并投入了数百个开源开发、营销和布道资源。IBM 发起了许多开源开放项目，不知疲倦地帮助开源组织及其托管项目来定义并取得成功。IBM 这样做是因为 IBM 从这些项目和组织中获得的价值超出了开源软件本身，其中大部分收益来自充满活力的社区和蓬勃发展的生态系统，这些生态系统围绕开放技术的重心进行开发，而 IBM 产品的成功与所投资开源项目的成功呈正比。

IBM 专注于推动互操作性、可移植性，以及对企业很重要的许多能力。IBM 还专注于为上游贡献 IBM 创新，并且当它与 OpenStack 等战略项目价值相当时，就将其封装起来并对外通过 API 和 SPI 提供交互以方便企业用户使用，IBM 将确保这些技术定义的接口（API 和 SPI）是完全公开的。

IBM 努力不创建"IBM Hyperledger Fabric"或"IBM Kubernetes"这样的分叉代码：IBM 区块链平台中的 Hyperledger Fabric 与 Hyperledger 组织发布的 Hyperledger 结构相同，IBM 集成到 IBM Cloud 中的 Kubernetes 与 CNCF 发布的代码相同，IBM Container Service 中包含的 Docker 与该社区发布的 Docker 相同，IBM Cloud Foundry 与 Cloud Foundry Foundation 发布的代码相同。IBM 的增值之处在于集成了所有这些开源功能，以实现 IBM Cloud。

IBM 对战略技术的社区代码进行投资，并确保在上游添加补丁和增加新特性，而不是增加额外的复杂性或需要依赖 IBM 独立维护不同版本的工作。当 IBM 希望添加能够利用 IBM（或其他公司）不同功能的可扩展性时，会在社区中创建必要的 API 或 SPI。IBM 还投资确保这些扩展点不会被滥用以形成被锁定的可能性。

● 那些著名的 IBM 开源项目

以下是一些非常著名的由 IBM 贡献或参与贡献的开源项目。

（1）Eclipse。2001 年，IBM 与其他公司合作，通过 Eclipse Java IDE 框架的初始授权创建了 Eclipse Foundation 的前身 Eclipse Consortium。IBM 对 Eclipse 基金会的目标与 Apache 的目标类似：在开放式治理下创建一个安全的合作和创新场所。现在，Eclipse 上有超过 360 个项目。同样，开放式治理提供了一个吸引开源开发人员的场所，使其可以进行开放协作和创新。

（2）Java。追溯到最早的时期，IBM 是 Java 的早期采用者和贡献者之一。IBM 在帮助塑造 Java 语言与运行时，以及 J2EE 规范和 Sun Microsystems 方面发挥了重要作用。多年来，IBM 帮助推动 Java 开源，使 OpenJDK 成为首屈一指的开源 Java。IBM 还开发了 J9 运行时［这是一个针对云优化的高性能、低内存占用 Java 虚拟机（JVM）］，以及为 Java EE 和 MicroProfile 应用程序提供了 Liberty 运行时（它为 WebSphere 提供了开放的基础）。IBM 将继续领导并为建立 Eclipse 基础规范流程做出贡献，该流程将取代以前用于 Jakarta EE 的 Java Community Process（JCP）。

（3）Linux。2000 年，IBM 与其他主要行业领袖合作，建立了 Linux 基金会，并成为其创始白金赞助商。当然，IBM 的投资远远超出了赞助范围。多年来，IBM 一直且将继续成为 Linux 社区的领导者，在 Linux 内核和现在超过 80 个 Linux 基金会的协作项目中投入了数百个工程资源，其中 IBM 在一些项目的启动过程中发挥了重要作用。

（4）云原生。2015年7月，紧跟着OCI的发布，IBM、Google、Docker、Weaveworks、Red Hat等推出了CNCF，旨在为Google的Kubernetes项目提供开放式治理模型，这是IBM针对云原生应用程序相关的云和其他技术战略的关键组成部分。从那时起，该组织在CNCF主席、IBM的Todd Moore领导下蓬勃发展，项目包括Kubernetes、Etcd、Rkt、Fluentd、Containerd和gRPC等。因为与IBM云战略相关，IBM正在增加对CNCF技术的投资和贡献，尤其是Kubernetes。

（5）Istio。IBM与Google在Docker、Kubernetes和CNCF上的合作也带来了额外的成果。IBM、Google与Lyft联手合作，合并了IBM的Amalgam 8、Lyft的Envoy和Google的服务控制，其结果是Istio项目，它是云原生微服务的路由和策略管理的顶级抽象。目标是最终将Istio迁移到CNCF，以确保对这一重要且日益受欢迎的项目进行开放式治理。

（6）Libcontainer。在过去几年中，IBM一直是Docker的主要贡献者之一。IBM的三位开发人员在Docker公司赢得了同行的尊重，并被任命为维护人员。Docker公司在2015年6月成立了Open Container Initiative（开放容器计划），IBM成为创始赞助商之一，Docker为该计划贡献了Libcontainer、Docker镜像和传输格式规范。自成立以来，IBM一直是该计划的主要贡献者之一。

（7）Containerd。2016年12月，Docker向CNCF贡献Containerd。Containerd是一个核心容器运行时组件，可以管理托管主机系统上容器的完整容器生命周期，两名IBM员工已获得容器项目的维护者资格，这再次证明了IBM在开源领域的领导地位。

（8）Knative。Google宣布了与IBM及无服务器和平台即服务领域的许多其他主要供应商密切合作开发的Knative项目，Knative提供了构建模块，以便为Kubernetes提供无服务器功能。IBM相信这将是一项关键技术，并且正在社区中密切合作，以便将Cloud Foundry和OpenWhisk等平台发展为基于Knative的平台。

（9）OpenWhisk。亚马逊在2014年推出的AWS Lambda，标志着函数即服务（FaaS）或无服务器计算的潜在变革方向。许多公司开始探索这个领域，包括Google、Microsoft和其他许多公司，IBM也不例外。2015年年初，IBM Research开始致力于为IBM Cloud开发强大的无服务器功能。IBM认识到，为了使IBM无服务器工作被视为专有AWS Lambda产品的可行替代方案，需要在开放式治理下开源，以便可以围绕该开源项目发展一个充满活力的社区和生态系统。2016年2月，IBM开源了无服务器平台，并将其命名为OpenWhisk。随着对OpenWhisk的兴趣不断增长，IBM于2016年11月与Adobe和Red Hat等合作伙伴共同建立了Apache OpenWhisk作为孵化项目。

（10）人工智能和机器学习。IBM 开放了一些 AI 关键技术，包括 AI 公平 360 工具箱（AIF360），是一个开放源代码的软件工具包，可以帮助检测机器学习模型中的偏见；对抗性健壮性（Adversarial Robustness）工具箱，用于快速制作与分析机器学习模型的攻击和防御方法；深度学习框架（FfDL），是一个在 Kubernetes 上提供 TensorFlow、Caffe、PyTorch 等的深度学习即服务平台。

（11）Hyperledger（超级账本）。2015 年，IBM 认识到区块链技术的巨大潜力，因为这是比特币的基础技术。IBM 在这个领域的研究得出结论，当时的区块链技术平台不适合企业。因此，IBM 着手构建一个新的区块链平台，其中考虑了企业需求——一个可以在高度规范的环境中使用的平台。IBM 认为这一重要技术不应由任何单一供应商控制，因此与 Linux 基金会合作建立了 Hyperledger，这是 Linux 基金会中增长最快的项目。IBM 贡献了 4.4 万行代码，并在开放式治理下建立了第一个 Hyperledger 项目 Hyperledger Fabric。之后，Hyperledger 又孵化了另外 9 个项目。Hyperledger Fabric 是第一个孵化、第一个成为"活跃"状态、第一个达到 1.0.0 版本的项目（2017 年 6 月）。来自 40 家公司的近 300 名工程师参与了 4 个 Fabric 版本的发布，这证明了在开放式治理下开发开源的价值。

（12）Node.js。Node.js 社区向 IBM 寻求帮助，以解决社区内部的分歧。这种分歧导致 Node.js 出现了一个分叉和两个项目的分歧路径。Node.js 是最流行的 JavaScript 开发框架，但分歧可能会导致生态系统的碎片化和崩溃。IBM 与两个派系合作，并说服其解决问题的方法是，将 Node.js 开发纳入开放式治理。IBM 帮助其他主要利益相关者在 Linux 基金会下建立了 Node.js 基金会，并努力治愈分裂，分叉最终被合并回 Node.js。由于 IBM 的领导，该项目现在获得了巨大的成功，并且越来越成熟。

开源不仅对 IBM 至关重要，而且 IBM 就是为了开放而存在、为了开放而设计！因为只有开放开源才有最广泛的兼容性，而这正是企业级 IT 成功的秘密——很多被认为是专有技术与产品的成功的本质都是最广泛的兼容，无论是 Oracle 数据库还是 VMware 虚拟化软件、IBM 中间件、微软操作系统。都是一样的成功之道，只不过在过去由一家厂商主导的兼容性努力正在被现在的开源社区所主导的社区开放标准所替代，而今后商业软件公司的成功之道就是参与开源开放社区的多方治理，并基于开源开放技术提供商用解决方案和服务。

从 2012 年到现在，IBM 在区块链、物联网、大数据、认知计算、社交与安全等方面持续投资，特别是加强了与开源社区的合作及对开源软件的贡献。这个过程虽然减弱了自有品牌软件产品的竞争力，但加强了对开源软件的支持力度。比如，IBM 著名的中间件 Websphere 在云时代有可能被开源的 Kubernetes 所替代，但 IBM 也对

Kubernetes 进行了极大的投资以建立在 Kubernetes 方面的竞争力。IBM 建立了强大的开源技术竞争力,这反而符合 IBM 的价值观:不执着于具体产品,但要有相应的技术能力,通过技术帮助用户解决商业问题,这就是 IBM 存在的价值和发展之道。

第三节 人工智能与混合云:下一个共享创新平台

2012 年,罗睿兰成为 IBM 历史上第 9 任 CEO,也是首位女性 CEO。自罗睿兰接手以来,IBM 一直保持健康的现金流,每个季度向股东返还红利:2012 年,IBM 的自由现金流为 182 亿美元;2012 年末保有 111 亿美元的现金和证券等价物,通过股票回购和分红的方式向股东返还了 158 亿美元。2012 年,IBM 产生的自由现金流,比 2002 年整整多了 123 亿美元。这为罗睿兰领导 IBM 开展新一轮转型打下了坚实的基础。这新一轮转型就是云、大数据、人工智能等新技术所推动的新一轮数字化转型,基于云和人工智能的技术平台成为新一代企业技术集成与共享技术创新平台。

2020 年 3 月,罗睿兰的 8 年 IBM CEO 期满,她在最后一封致投资者信中总结了这 8 年来的转型之旅:自 2012 年以来总共投入了 1200 亿美元以转型 IBM 的战略、产品组合与员工队伍;共动用了近 300 亿美元的资本支出,用于构建云及认知产品,同时不断提升安全与服务能力;共收购了 65 家公司,以巩固 IBM 的产品组合,其中包括 Red Hat 这笔 IBM 历史上最大宗收购;出售了涉及超过 100 亿美元营收的业务,包括半导体制造及 X86 服务器等业务,目的在于将资金分配给创新活动;在研发方面共投入 450 亿美元,以打造云计算、AI、区块链及量子计算的未来。

◉ 从智慧地球到智慧计算

2000 年,IBM 认识到智能将扩散到全球的方方面面,当时 IBM 具有企业与消费技术两条线。为了准备智能时代的到来,IBM 放弃了 PC(2005 年卖给了联想)及磁盘业务(2003 年卖给了日立),向软件、行业知识及具体的行业业务流程增加投入,软件与服务业务从 2000 年的 65%占比增加到 2011 年的 84%占比。从 2000 年开始,IBM 向新领域投入了 750 亿美元的 R&D 费用,产生了 4.7 万个相关专利,在软件与服务领域收购了 140 家公司。针对智能将扩散到方方面面的全球性挑战,IBM 在 2008 年提出了"智慧地球"愿景。

为此,IBM 商业模式随大企业客户的需求而调整。2000—2012 年,IBM 在 R&D 方面投入了 750 亿美元,到 2012 年连续 20 年保持美国专利领导者地位;2000—2012

年，IBM 收购了 140 家来自分析、云、安全与智慧商业领域的公司，总投入估计达 550 多亿美元。延续"智慧地球"愿景，IBM 提出了"智慧计算（Smarter Computing）"，其特点包括面向数据的设计、软件定义、开放与合作。

2013 年，罗睿兰启动了新一轮的战略：云、分析、移动、社交与安全。2013 年，IBM 以 19.77 亿美元收购了 SoftLayer（一家公有云 IaaS 服务运营商）。当时，SoftLayer 在美国、亚洲和欧洲有 13 个数据中心。到 2020 年 6 月，IBM 云数据中心数量增加到近 60 个，位于北美、南美、欧洲、亚洲和澳大利亚等。在分析方面，2005—2015 年，IBM 在大数据与分析领域投入 250 亿美元，把 Cognos、SPSS、ILOG、Algo 等 30 多家公司收入自己的平台，涉及预测分析、商业智能、移动分析、金融行业分析、医疗行业分析等多个领域。2014 年，IBM 投资 10 亿美元用于商业化 IBM Watson；投资 12 亿美元用于扩展 SoftLayer 的全球数据中心；投资 10 亿美元用于创建 IBM Bluemix，即 IBM 的 PaaS 服务；与 SAP 和腾讯战略合作以拓展云业务；与 Apple 合作开发基于苹果设备的企业移动应用；与 Twitter 合作大数据等。

● 人工智能：下一个战略高地

2011 年发生了一件对全世界都影响深远的事情：IBM Watson 超级计算机在美国老牌益智节目《危险边缘》（Jeopardy）中战胜了该节目史上胜率最高的两位人类选手。Watson 基于的深度学习和深度问答算法是人工智能的基础算法之一，Watson 也被广泛认为是当代人工智能高度发展的代表之一。Watson 是继 IBM 深蓝超级计算机系统之后的下一代超级计算机。IBM "深蓝"可谓大名鼎鼎——1997 年 5 月 1 日，国际象棋大师卡斯帕罗夫最终以 25∶35 的比分输给了 IBM RS/6000SP"深蓝"计算机。

Watson 基于 IBM 百年的研究历史。作为世界上第一家百年 IT 企业，IBM 在众多技术领域一直处于最前沿，为此每年投入 50 亿～60 亿美元的研发经费。深度问答（Deep Q&A）是人工智能的一项重要分支领域，具有极为广阔的应用空间。自 20 世纪 90 年代人工智能研究陷入低潮以来，大多数商业公司已经停止或削减了在这个领域的研究支持，而 IBM 是少数坚持投入人工智能研究的企业。在 2011 年的《危险边缘》节目中获胜时，Watson 是由 10 台 IBM 商用服务器 Power750 组成的计算系统。到 2014 年年初，由于科技的进步，Watson 的体积已由一个卧室大小缩小到三个比萨盒子那么大，运算速度也是当时的 24 倍，智能水平更是之前的 2400 倍。

Watson 被称为认知计算，这实际上是强调以深度神经网络为代表的人工智能，其主要集中在语音识别、图像和视频识别、自然语言理解等与人类认知相关的功能上。2014 年年初，IBM 宣布为超级计算机 Watson 创建一个新的业务集团，通过云计算模式向商业用户交付认知计算能力。IBM 推动一系列新的软件、服务和应用更快进入市场，这些新的软件、服务和应用能够在海量的大数据环境中发挥作用、创造商业价值。在 IBM 的历史上，之前只有三次类似命名的业务集团，都成立于转型的关键时期，分别是 20 世纪 60 年代的大型机集团、80 年代的 PC 集团、90 年代的全球咨询服务部。

为了推动 Watson 技术的商用化，IBM 在云开发平台上推出了 Watson API，开发者可以以云计算的方式，很容易地调用 Watson 的智能，从而构建自己的应用程序。IBM 在 IBM Bluemix 公有云上交付 Watson API，涉及语调分析器、情绪分析、视觉识别、人脸识别、语音识别、文本转语音、知识图谱、深度问答等智能云服务。

2015 年末，IBM 在美国推出了其 105 年历史上第 3 个代表商业战略的品牌"认知商业"。IBM 在 2015 年财报中写道："今天的 IBM 已经不仅是一家'硬件、软件与服务'公司，而转型成为一家认知解决方案与云平台公司。"在公司 100 多年的历史上，IBM 第一次称自己是一家平台公司。2016 年 10 月，IBM 举办了首届世界 Watson 大会。

罗睿兰在 2015 年财报中说，以 Watson 为代表的认知系统不同于以往任何一种计算体系，因为它不可在事先被程序所定义，而是通过学习现实世界里的数据、信息、知识、经验等而自我发展。因此，Watson 的工程化与产品化就必须与外部生态打通，这就是 Watson 健康、Watson 物联网、Watson 金融、Watson 教育等泛生态业务的来源。

2015 年，Watson 云服务上有 28 个 API 投入行业应用；进入 2016 年，已有 50 个 API 全面覆盖了消费品、流通、银行及证券、保险、汽车、电子、石油化工、工业产品、政府、医疗及生命科学、能源、电信及媒体娱乐等 12 个行业。在 2019 年财报中，IBM 披露已经完成了 3 万个 Watson 案例，IBM 在企业级 AI 市场名列第一，2019 年产生了 1800 余个 AI 专利。

也是由于 Watson 计算的独特性，为了训练出符合各行业需求的模型，IBM 投巨资收购了各种数据源。2015 年 11 月，IBM 以 20 亿美元收购 Weather 公司的 B2B、移动和基于云计算的 Web 资产，当时 Weather 公司每天能够分析来自 30 亿个气象预报基准点、超过 4000 万部智能手机及 5 万次飞机航班的数据，为媒体、航空、能源、保险、政府部门等 5000 多个客户提供广泛的、数据驱动的产品和服务。这项收购，既是 IBM 物联网投资的一部分，也可以视作为 Watson 获得数据源。

IBM 对 Watson 的大举商业化，激发了全球人工智能商业化的新一轮热潮。

混合云：下一个共享技术创新平台

在 2019 年 2 月的 IBM Think 2019 大会上，罗睿兰提出当下正在进入数字化重塑第二篇章（Digital Reinvention，Chapter II）：数字化重塑第二篇章，将以企业驱动为主，具有三大维度特征——扩展数字化和 AI 规模、混合云及关键任务应用，这些之下是可信的基础设施，而 IBM 有责任引导这一进程。

罗睿兰指出，在数字化重塑第二篇章，企业在这一阶段将 80%的关键业务应用通过转型上云来完成数字化重塑，在这个过程中将以 AI 为核心展开企业信息基础设施的再造。对于这一阶段的企业转型来说，挑战包括需要继承已有的投资；满足监管、法规遵从、数据、地理位置等独特需求；从上一阶段遗留下来的 10~15 种多云资源。因此，罗睿兰强调这一阶段的云目标很明确，就是混合云、多云、开放、安全和统一管理。围绕这一目标，IBM 展开了对 Red Hat 的 340 亿美元的收购，这在当时也是美国科技史上第三大收购案。

在 IBM 公司的近代历史上，有过三次"豪赌"：在 20 世纪 60 年代耗 50 亿美元的巨资开发大型主机，相当于今天近 400 亿美元的投资；2002 年，IBM 推出了"电子商务，随需应变"战略，同时宣布耗资 35 亿美元收购普华永道的全球商务咨询和技术服务部门——普华永道咨询公司，IBM Service 横空出世；耗资 10 亿美元收购了数家中间件软件公司，推进了 Websphere 的研发。大型机、服务、中间件，成为 IBM 的三大持久性产品和业务平台。

2020 年，在 IBM 百年历史上第 10 任 CEO Arvind Krishna 上任之际，IBM 正处于新一轮转型的承上启下阶段。Arvind Krishna 在还没有成为新一任 IBM CEO 的时候，就开始了下一个大"赌注"——促成了 340 亿美元收购 Red Hat，打造 IBM 混合云新战略。340 亿美元的收购，堪比 20 世纪 60 年代用 50 亿美元投资大型主机。在成为新 IBM CEO 后，Arvind Krishna 表示：混合云是继大型机、服务、中间件之后，IBM 的下一个永久性平台，而且将比前三大平台"活得更久"。

IBM 强调自己的混合云是"混合多云"的概念，而不是"混合单云"。IBM 指出，"混合单云"是只有一个公有云服务商的混合云，特别是把一个公有云服务的软件和硬件延伸到企业本地数据中心，这样就可以在企业本地和云端两端都运行同样的技术栈，而两端的计算环境相互连接就形成了单一混合云环境，该混合云环境从位于公有云上的控制面板进行管理，两端都是同样的管理工具。"混合多云"是把一套基于开放标准的技术栈部署在任何公有云基础设施中，这样就可以实现跨多个公有云服务商及企业本地的混合计算环境。在"混合多云"中，多个公有云或本地计算环境中的技术栈相互连接，但管理可以在企业本地或在任何其他云服务商处进行，管理工具则由企业自行选择。

IBM 认为，"混合多云"可以让企业的工作负载在不同计算环境和供应商之间迁移，也不需要任何理由就可以更换云服务和供应商。IBM 的客户体量叠加上 Red Hat 在企业级开源领域的领导地位，势必形成"1+1>2"的效果。

市场咨询公司 WIKIBON 认为，IBM 的机会在于把 Red Hat OpenShift 扩散到 IBM 广大的客户群中以提升 Red Hat 的市场占有率，而且 OpenShift 本身就已经占据了一定的市场份额，在开源社区也有接受度。那么，IBM 只要把 OpenShift 扩散到全部公有云、私有云、企业本地数据中心、边缘数据中心等所有的企业计算环境中，就能把这些计算环境连接起来。

WIKIBON 还指出，一旦把 OpenShift 扩散到所有的企业计算环境中，那么搭载在 OpenShift 上的 IT 服务管理工具就可以连接起来，包括控制面板、安全面板、数据传输和管理面板、网络面板、容灾与恢复面板等，Red Hat 可以把同样的 IT 服务管理工具推向所有的计算环境中，而这就是开源的力量。IBM 在这个过程中，可以获得和实现巨大的商业价值。

事实上，IBM 也正是这样做的。2019 年 6 月，IBM 宣布推出 Cloud Paks，从应用、数据、集成、自动化、多云管理和安全等方面提供预集成的软件与解决方案，以容器化的中间件帮助企业关键应用向任何云环境迁移，而 Cloud Paks 就是基于 Red Hat 开放的容器技术和 OpenShift 的。IBM 还推出了预集成的一体机产品 IBM Cloud Pak System，结合了 IBM Cloud Paks、OpenShift、VMware 等软件，并且提供 Intel 和 Power 芯片两种硬件体系。

在 IBM Think Digital 2020 上，Arvind Krishna 发布了另一个混合云产品品牌 IBM Cloud Satellite 技术预览——把 IBM Cloud 公有云服务向任何地点扩展，包括企业本地数据中心、Co-location 托管数据中心、边缘数据中心或设备，其中也包括 IBM Cloud Pak System 一体机或 IBM GTS 运营的本地 Cloud IaaS 地点。IBM 在 Think Digital 2020 上发布的另一款产品 IBM 边缘计算应用管理器（IBM Edge Computing Application Manager），可为边缘计算提供自主管理解决方案。

IBM Cloud Paks、IBM Cloud Satellite、IBM Edge Computing 等结合在一起，就是基于 Red Hat 资产的 IaaS+PaaS 混合多云方案。有了"混合多云"，IBM 就可以把自己的 IT 管理、人工智能、区块链、数据分析等软件推向任何地点。2020 年 10 月，IBM 宣布将加速推进混合云发展战略，以进一步推动客户的数字化转型，IBM 计划将全球信息科技服务部的 IT 基础架构管理服务拆分出来，成立一家新的独立上市公司，新公司预计在 2021 年末成立。

IBM 研究院：共享技术创新研究

IBM 研究院是隶属于 IBM 公司的基础科研机构，也是与微软研究院、贝尔实验室、惠普实验室、英特尔研究院、谷歌研究院等齐名的隶属于企业的世界级基础科研机构。自 1920 年以来，IBM 已获得超过 14 万项美国专利。成立 75 年来，IBM 研究院的学者与发明家一直在推动 IBM 创新，从第一台可编程计算机到今天的量子计算机。

IBM 研究院在非洲、澳大利亚、巴西、中国、欧洲、印度、以色列、日本、美国等国家和地区，设有十余个研究机构或实验室。其中，IBM 中国研究院于 1995 年成立于北京，2008 年，IBM 中国研究院上海分院成立。

2019 年共有 8500 多名 IBM 发明家获得专利，这些发明家来自 54 个国家和地区。其中，IBM 发明家在 2019 年共获得 9262 项美国专利，这不仅是迄今为止同一家美国公司在一年中获得专利数的最高纪录，同时也是 IBM 公司连续第 27 年保持此纪录。2019 年，IBM 在 AI、区块链、云计算、量子计算和安全等关键科技领域获得的美国专利数居行业领先地位。

- 2019 年，IBM 公司获得 1800 多项 AI 专利，其中包括训练 AI 系统通过分析其他相关内容来理解、推断某些文本或语音短语背后的细微差别和含义。
- IBM 在区块链专利数方面也处于领先地位，其中包括多项提高区块链网络安全性的专利。一项获得专利的技术有助于抵抗"重放攻击（Replay Attacks）"，即防止攻击者复制并使用来自区块链上一项交易的签名信息，避免其稍后在未经授权的情况下在区块链上执行其他交易。
- IBM 还获得了 2500 多项云技术专利，其中包括用于共同管理云和非云计算平台方法的专利。通过使用统一门户，该技术可以接收、组织、流程化传入的云和非云任务及请求，从而帮助机构更加轻松地迁移至混合云平台。
- IBM 的量子计算项目在 2019 年继续增长显著。IBM 的量子计算创新包括一种扩展量子计算机以支持更多量子位的方法，以及一个具有突破性的模拟分子的方法。
- 在 IBM 2019 年获得的安全专利中，IBM 在同态加密领域开展了开创性工作。该技术让用户能够对加密数据进行操作，而不必先对其进行解密。

IBM 研究院完成了很多具有划时代意义的开创性研究。2019 年 11 月，IBM 托马斯·沃森研究中心的研究员、被喻为内存之父的罗伯特·登纳德（Robert Dennard）博士被美国半导体行业协会（SIA）授予 2019 年半导体行业最高荣誉奖——Robert N.

Noyce Award。正是登纳德于 1966 年构思了 DRAM（动态随机存储存取器），才有了今天占据全球半导体产业 1/4 江山、千亿美元规模的内存市场，才有了后来的 Intel、AMD、三星、东芝、镁光、LG、英飞凌等一批半导体巨头公司。

登纳德于 1972 年又构思了著名的缩放定律（Dennard Scaling），由此奠定了摩尔定律的数学与物理基础，催生了后来更小、更经济、更可靠的存储器和高性能处理器，也实际上奠定了后来繁荣的半导体产业，推动世界进入了信息文明时代。2017 年 3 月，IBM 研究员在《自然科学》上发表了可商用原子存储的阶段性研究成果，后于 2019 年 10 月再次演示了利用单个原子作为量子信息处理的量子位，推进了量子计算的商用进展。

从信息时代最早的标准也就是 20 世纪初的 IBM 打孔机，到 20 世纪 60 年代诞生的现代信息产业标准 DRAM，再到如今正在定义未来信息科技的新标准——能服务于未来计算的原子存储，IBM 总能为人类输出改变世界的创新技术。

第四节　IBM 大型主机：新计算基石

IBM 曾在 20 世纪 60 年代初投入了 50 亿美元开发大型主机，这相当于今天接近 400 亿美元的投资。1969 年，人类第一位宇航员登陆月球，而在这次登月项目中，IBM 的大型主机 System 360 做出了重要贡献。在美国发展史上，以 IBM System 360 为代表的大型主机曾是当年美国科技创新的主力，由此开创了美国的集成电路产业，还成为现代核心银行系统、跨行交易系统、航空业在线票务系统等现代美国经济支柱的基础设施。

● 大型主机并不大

什么叫大型主机？如果你认为 IBM System 360 那样的庞然大物就是大型主机，那么在 2020 年的时候，这样的观念就错了。IBM System 360（当时是第三代计算机，也是第一代通用计算机的 IBM System 360）代表了用一个计算架构全面处理用户需求的计算模式，之前的计算机都是专用计算机，只能用于单一计算用途，而 IBM System 360 则能处理所有的计算需求。而到了以现代服务器为代表的通用计算架构中，大型主机仅仅代表了最大型的服务器而已。

实际上，随着计算处理芯片和集成电路产业的飞速发展，今天的大型主机已经越来越小，而用 X86 标准服务器所构建的数据中心却越来越大——大型互联网公司或公有云服务公司的数据中心可达几十万台甚至百万台 X86 服务器规模。以 2020 年 5 月发布的 IBM z15 T02 和 LinuxONE III LT2 两款"大型主机"为例，它们是在

2020 年发布的 IBM z15 基础上设计的单机柜风冷产品，19 英寸的机柜尺寸即当前数据中心服务器标准尺寸，可以配置为 4～65 个处理单元（PU）、64GB～16TB 内存，也就是说可以满足企业级的各种计算需求，而不仅仅是"大型"需求。

今天来说，大型主机并不"大"，X86 服务器所构成的数据中心规模也并不"小"。因此，"大""小"并不是今天定义"大型主机"与"互联网与云计算"的差异化点，其差异在于集中式计算与分布式计算的区别。简单理解，大型主机追求的是一个计算架构、一个计算基础设施、一个集中地点就能处理所有的计算需求，其中也包括分布式计算需求；而以互联网和云计算为代表的分布式计算，却需要用彼此相隔数百公里的数据中心联网实现。

那么，新一代 IBM 大型主机是如何实现用集中式方法处理分布式计算的呢？以 IBM z15 T02 和 LinuxONE III LT2 为例，其前身 IBM z14 ZR1 和 IBM LinuxONE Rockhopper II 早在 2018 年 4 月发布时就已经实现了"一台主机即一个数据中心"的能力：z14 ZR1 单个系统每天能够处理超过 8.5 亿次的完全加密的交易；LinuxONE Rockhopper II 测试可配置高达 33 万个 Docker 容器。而 z15 T02 相比 z14 ZR1 的平均性能提升 14%，计算核心数量与内存容量均翻番，并且容器可以以原生方式部署在该系统中，也就意味着微服务可以同时获得 z/OS 的原生服务能力。换言之，z15 T02 与 LinuxONE III LT2 与上代相比不仅性能大幅提升，而且将关键业务负载所需的虚拟机与分布式云原生计算所需的容器放到了同等重要的地位。实际上，z15 T02 单机最高支持 240 万个容器及 8000 个虚拟机，当前企业的容器和虚拟机水平也就在百余个左右，因此即便是 z15 T02 与 LinuxONE III LT2 的能力，也已经远远超过了企业对于分布式计算的需求，并且其提供的是集中式管理。

用集中式方法处理分布式计算的大型主机，是以另一种方式满足企业数字化转型的需求：既可获得互联网与云计算的分布式计算处理能力及敏捷迭代收益，也能集中管理和处理所有的计算任务，包括 ERP、核心银行系统等关键业务工作负载，从而满足稳定安全可靠的要求。

● 大型主机的现代化

IBM 在很多领域都走在创新前沿，在大型主机领域也在一直努力创新。从 1964 年开始的 IBM 大型主机 System 360，曾经开创了人类登月的辉煌；从 2000 年开始的 z 系列在继承的基础上，更以零死机的客户价值为目标；从 2012 年开始的 zEnterprise 更把创新客户价值发扬光大。2012 年以后，IBM 大型主机的创新重点并没有放在提升计算机的运算算力性能上，而是更多关注客户需求，从客户需求出发重新设计硬件架构。

类比于云软件的快速迭代更新，IBM zEnterprise 在近年来保持每二三年就更新一代的速度,而且都是硬件系统结构的大幅度更新,其力度之大超乎了人们的想象。例如,2012 年发布的 z12 采用 32 纳米技术,2015 年的 z13 采用 22 纳米技术,2017 年的 z14 和 2019 年的 z15 采用 14 纳米技术,而即使同为 14 纳米芯片的 z14 与 z15 也采用完全不同的物理架构。例如,2019 年推出的 z15,实际上耗费了 IBM 4 年的研发时间,代表了超过 100 家伙伴公司的协作,产生了超过 3000 项 IBM z 专利。

在关注客户需求方面,例如,现代银行系统实际上一直都是满负载运转,即使一些定期的系统维护、系统应用更新,也很难安排时间窗口进行更新,z15 的即时恢复功能在死机或关机期间可以启动内置在 z15 的备用内核,从而让系统达到关机前的服务水平协议(SLA),还可以在重启后以 2.5 倍的速度恢复死机或关机期间的交易数据。在安全方面,IBM z 主机已经推出普遍加密(Pervasive Encryption)技术和任意加密技术(Encryption Everywhere)技术,z15 则进一步推出数据隐私护照(Data Privacy Passports)技术,不仅能保护本地数据,还能管理跨私有、公共和混合云的数据访问,IBM z15 还把自身的安全能力扩展到与之相连的整个混合云环境中,通过 IBM z15 可将普遍加密功能扩展至整个企业,即便离开 IBM Z 平台也可以确保数据隐私保护。在云原生方面,z15 的一大特色是引入了云原生开发,IBM 还在 IBM z 和 LinuxONE 上支持 Red Hat OpenShift 平台,借助 Linux 支持云原生开发的集成工具和功能丰富的生态系统,这项服务将加快实现更高的可移植性和灵活性。云开发人员可以在 OpenShift 上部署 z/OS 应用程序,而不需要特殊的 z/OS 技能。

值得一提的是 LinuxOne。LinuxONE 是 IBM z 主机的 Linux 版本,最早于 2015 年推向市场,包括当时运行在 IBM z13 主机上的高配版 Emperor,以及较小的"入门级"版 Rockhopper。IBM 在 2017 年末和 2018 年年初推出了基于 z14 的 Emperor II 和 Rockhopper II,在 2019 年推出基于 IBM z15 的 LinuxOne III。LinuxOne 是将 z 系列的高端硬件技术与 Linux 开源生态相结合的产物,也是 IBM 对 z 主机的现代化举措之一。2020 年 9 月,IBM 庆祝了将 Linux 向 z 主机移植 20 周年、LinuxOne 主机 5 周年,以及将 Red Hat OpenShift 与 IBM z 和 LinuxOne 相结合 1 周年。

主机技术的下一个前沿

2019 年末,IBM 公布了主机技术的未来研发方向,包括在算力、人工智能、区块链等前沿不断拓展。

在计算方面,IBM 将继续在两个领域开展工作:核心密度和整体性能。整体性能不仅与处理器速度和反馈速度有关,而且与工作负载特定加速,如压缩和加密加速等有关。IBM 总是以保护现有投资的方式完成这些创新,也就是说这些创新总是向后兼容,因此不需要使用新技术堆栈即可加速,也不需要更改现有应用程序。一个典型的例子是普遍加密技术，它总是能适用于现有的、已投资的主机技术堆栈。

主机搭载嵌入式加速器已经有几十年的历史，如在 z14 中嵌入微处理器的加密引擎。IBM 一直在研究在未来的主机微处理器中嵌入什么加速器或决定在微处理器附近放置什么加速器。IBM 正在研究一系列加速器的层次结构，用于安全、数据挖掘、深度学习、更好的运营管理，以及新的、更快的计算和数据传输方式。如无必要，IBM z 也不会尝试重新发明轮子，包括考虑类似 IBM Power Systems 利用 OpenPower 实现加速器策略及周边软硬件生态。IBM z 系列追求与 Power System 类似的"协同效应"，而不是试图在 z 系统中重建所有内容。这样，任务就变成了确定如何最好地集成现有技术，并使其对客户的工作负载透明。

在更远的未来，IBM 希望将未来的量子计算服务与 IBM z 系列紧密无缝地集成，以便利用和扩展企业的记录系统，用于动态风险建模或客户画像分析等用例，这些问题类型是量子计算尤其擅长的，IBM 也是少数坚决且重资投入量子计算的企业。

在人工智能方面，IBM 在 2017 年年底为大型主机推出了人工智能计划，通过 z14 以"z/OS 机器学习"的形式进一步扩展。存在于 z 平台上的数据在 AI 应用程序中具有重要价值，并且在不需要迁移数据的情况下，在 SOR 记录系统上使用数据构建 AI 模型具有天然优势。IBM 计划扩展大型主机的 AI 功能，可能包括投资用于深度学习的加速器，以及集成适合于人工智能处理的技术。

在区块链方面，IBM 将 IBM z 系列作为区块链的云平台，该服务运行在 LinuxONE 上。借助 IBM z 系列加密技术，可提升区块链云服务安全性，因而 IBM 区块链取得巨大成功。区块链在所有行业的使用，从高等教育到全球贸易物流再到安全结算，将极大地改变这些行业。区块链将带来一个更加数字化的世界，并缩短周期和业务流程，消除或降低中间商的成本。区块链在 IBM 的投资领域列表中名列前茅，IBM 认为当前的区块链服务只是冰山一角。在区块链的发展过程中，可以看到将一些功能转移到硬件中是有意义的。不过，在微处理器内部实现区块链功能还需要几年的成熟时间。与此同时，IBM 预计将在硬件上投入更多，以协助加速区块链发展。

此外，在主机运维方面，IBM 将更多依赖人工智能，因为自动化、自修复和不断提高的自治级别将使主机系统更容易操作与维护，预计 IBM z 系列将变得越来越不需要特殊技能，而主机的人机界面也将大为精简。

IBM 大型主机的研发是 IBM 与众多客户合作完成的，代表了对主流客户需求的把握。在今天数字化转型的关键时期，IBM 大型主机还具有一个吸引力：一台或几台大型主机可以代替成百上千台 PC 服务，相应节约了巨大的电能及其成本。IBM LinuxONE 在大幅度提升性能和容量的同时，可以进一步降低空间和能源消耗，最大化推动数据中心绿色创新的发展。

第十六章
阿里巴巴：全社会共享商业基础设施

2009 年，注定是不平凡的一年。面对内部巨大的 IT 和业务系统挑战，阿里巴巴涌现了一大批时代英雄，最终奠定了阿里云、蚂蚁金服两大超级技术平台在全球云计算和金融科技产业的领导地位。也是在 2009 年，阿里巴巴首次开始谈论去 IOE（IBM、Oracle、EMC），这主要是因为当时的 IOE 技术无法承载阿里巴巴这样世界级的互联网规模。

根据市场调查公司 Gartner 发布的 2019 年全球云计算 IaaS 市场追踪数据，阿里云在亚太区市场排名第一、全球市场排名第三；而在其他调查公司对全球公有云市场的追踪中，阿里云也进入了全球排名前三。亚马逊云 AWS、微软云 Azure、阿里云 Alibaba Cloud 形成了 3A 格局。

2019 年年初，阿里巴巴发布了商业操作系统理念，包括电商、物流、金融、大数据和云计算等阿里生态资源，其中包括阿里云和蚂蚁金服，这些阿里巴巴生态资源共同形成了全社会共享的商业基础设施。

第一节　大中台、小前台

● "烟囱"式 IT 系统

在传统企业信息化建设中，业务部门提出需求、信息中心部门进行系统集成商招投标，再进入需求收集、需求分析、开发、测试、上线等项目周期中，在这个过程中很容易出现"烟囱"式 IT 系统。

开发团队考虑不同业务的需求，往往提出独立建设；新的业务或开发团队认为之前的技术和业务的历史包袱太多，还不如重新构建，最终的结果是大量重复的功能和业务在多个 IT 系统中同时存在。这些"烟囱"式 IT 系统就是隐形的"组织墙",同样的功能却不能互联互通,就出现了"数据墙"。这种项目制的 IT 系统建设方式,在过去 20 多年的中国企业建设历史上一直反复上演。

针对"烟囱"式 IT 系统的弊病,一个基本的解决方案是建设企业的共享服务中心(见图 16-1)。说到共享服务中心,就不得不提到阿里巴巴提出的"大中台、小前台"战略。今天,"大中台、小前台"的思想已经成为主流数字化转型思想。不仅互联网企业几乎全部采用了数字中台战略,华为等企业也走了建设数字中台的道路。

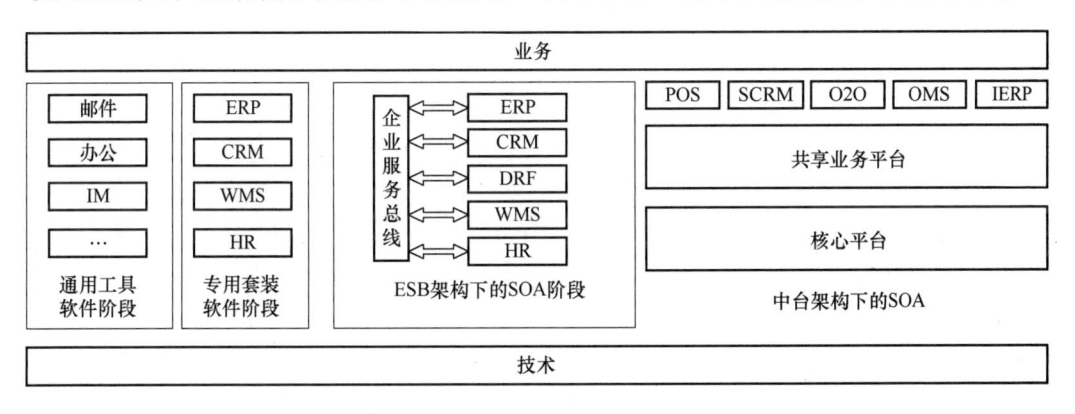

业务				
邮件 办公 IM …	ERP CRM WMS HR	企业服务总线 ⇄ ERP CRM DRF WMS HR	POS　SCRM　O2O　OMS　IERP	
			共享业务平台	
			核心平台	
通用工具 软件阶段	专用套装 软件阶段	ESB架构下的SOA阶段	中台架构下的SOA	
技术				

图 16-1 从传统 IT 架构向中台架构的转型

阿里巴巴其实也经历了类似的过程——从 2009 年开始建设共享服务中心到后来真正建成中台战略,了解这个过程对于真正理解阿里巴巴所提出的中台战略有着重要的影响。

● 阿里巴巴的数字化转型

2003 年,阿里巴巴成立了淘宝事业部;2008 年,阿里巴巴成立了 B2C 模式的天猫(最初叫淘宝商城)。加上在 1999 成立的 1688,阿里巴巴在 2008 年共有三大电商体系、三套"烟囱"式 IT 系统。特别是,天猫虽然出身于淘宝,但与淘宝是两套完全独立的业务体系和 IT 系统,两套电商平台都包含了商品、交易、评价、支付、物流等功能。从 2009 年开始,阿里巴巴成立了共享业务事业部,其与淘宝、天猫是平级部门。但当时的淘宝和天猫在业务贡献上显然比共享业务事业部有更大的话语权,共享业务事业部还处于 IT 支持形态,缺乏业务话语权,只能在夹缝中生存。

2010 年,市场上的团购业务蓬勃发展,阿里巴巴决定建立自己的团购平台。在前期共享服务建设的基础上,依托共享服务体系中的用户中心、商品中心、交易中心、评价中心等,阿里巴巴仅投入产品经理、运营和开发等十几名员工就在一个半月的时间成功上线了阿里巴巴自己的团购平台。该团购平台上线后在短期内展现了超出所有人想象的流量吸力,阿里巴巴投入大量资源到这一新兴业务中,这就是后来的"聚划算"团购平台。

"聚划算"的出现,初步体现了"大中台,小前台"的能力。更为重要的是,在2010年的时候,阿里巴巴提出,无论是淘宝、天猫还是1688,如果想要接入"聚划算"就必须通过共享业务事业部。这样,共享业务事业部就获得了与阿里巴巴三大电商平台一样的业务话语权,最终使共享业务事业部成为今天阿里巴巴的核心业务平台而不仅是IT部门。

今天,阿里巴巴的淘宝、天猫、聚划算等前端业务单元都构建在共享业务事业部的"共享业务"单元之上,在"共享业务"单元的下面才是阿里云技术平台(见图16-2);阿里巴巴前端业务的所有公共、通用的业务都沉淀到了"共享业务"单元,包括用户中心、商品中心、交易中心、评价中心等十几个中心,共享业务事业部也是"大中台"的具体组织实践体现。

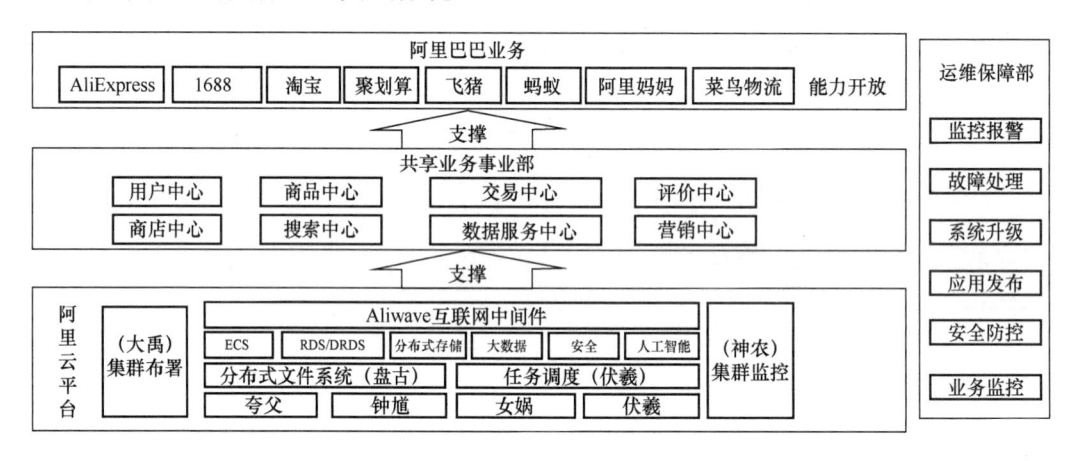

图 16-2 转型后的阿里巴巴 IT 架构

阿里云的双中台战略

2015 年,阿里巴巴开启了企业架构调整,提出了"中台战略",目标是要构建符合互联网大数据时代,具有创新性、灵活性的"大中台、小前台"的机制,即作为前台的一线业务会更敏捷、更快速地适应瞬息万变的市场,而中台将集合整个集团的运营数据能力、产品技术能力,对各前台业务形成强有力的支撑(见图 16-3)。

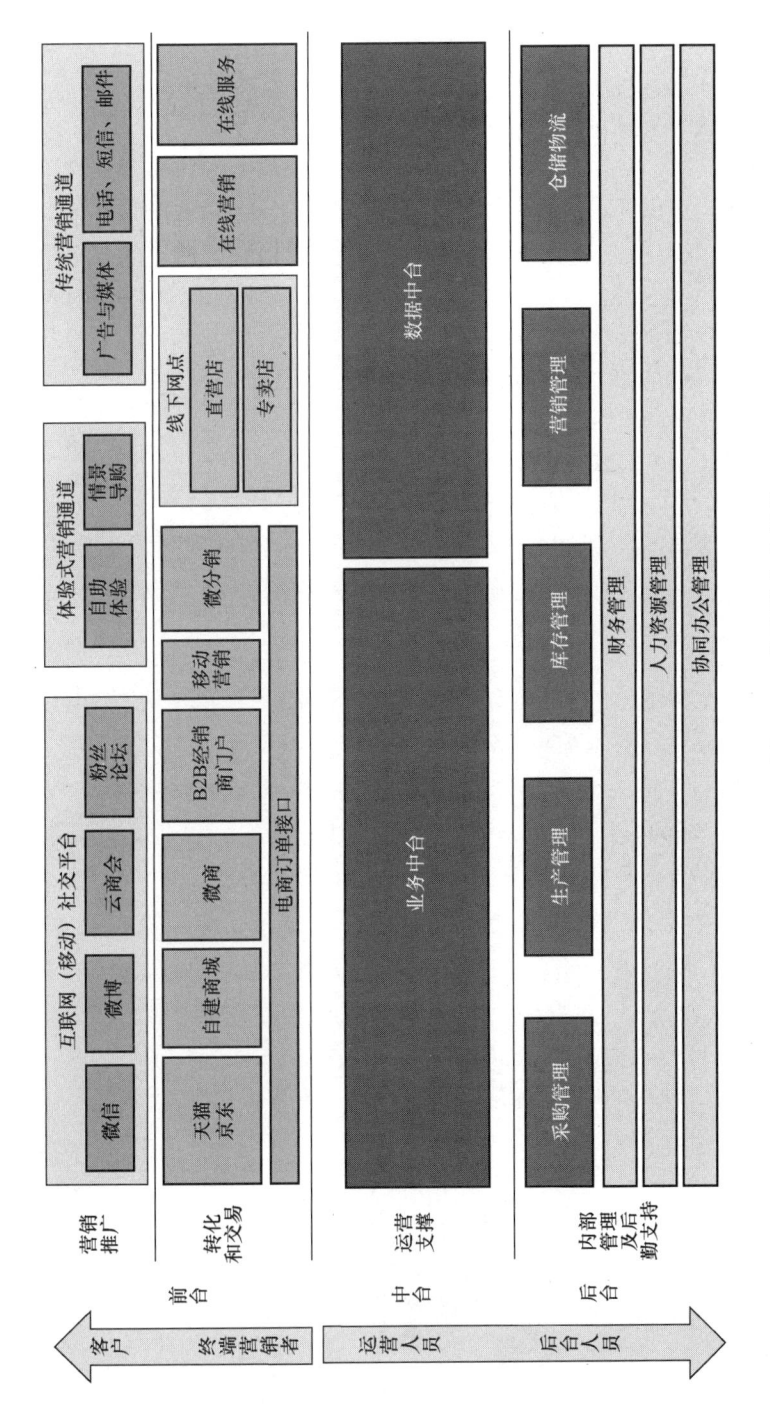

第十六章　阿里巴巴：全社会共享商业基础设施

图 16-3　典型的中台架构

在"业务中台"模式下,前端业务部门可以像搭积木一样调用平台上的产品技术模块,从而快速搭建新业务场景。盒马鲜生、钉钉、飞猪等这些创新业务就是应用技术模块快速搭建起来的。"数据中台"打破了不同业务部门之间的"烟囱"式 IT 架构,从而打通了数据孤岛,实现了"一切业务数据化"的目标,带来了持续的高效创新。

2017 年,阿里云正式发布了面向特定行业的智能化解决方案——ET 大脑。ET 大脑已广泛应用到工业、城市、农业、医疗等多个领域,以人工智能解决研发、生产、管理等一系列核心问题。2018 年 8 月,阿里云首次发布了"双中台+ET"数字化转型方法论,借此推动诸多传统行业的数字化转型。

● 承载中台的技术平台

在共享业务抽象与沉淀的过程中,还需要一个开放的技术平台来承载不断沉淀下来的共享业务单元。最开始的时候,阿里巴巴的内部 IT 团队自建这样的技术平台,后来当阿里云成熟后,就逐渐迁移到了阿里云平台。

承载共享业务单元的就是阿里云中间件 Aliware 平台(见图 16-4),其主要包括企业级分布式应用服务 EADS、分布式关系型数据库服务 DRDS、消息队列 MQ、缓存等支撑"双 11"核心交易业务所需的中间件平台,还包括直面"双 11"洪峰流量和保障阿里巴巴全生态业务稳定性的高可用基础设施,如全链路压测平台、限流降级和流量调度平台、异地多活及单元化、高可用评测体系等,以及"脱胎"于鹰眼的监控诊断和数字化运营平台——提供了针对分布式应用架构所需的服务链路跟踪、服务分析、实时业务指标监控和报警等功能。

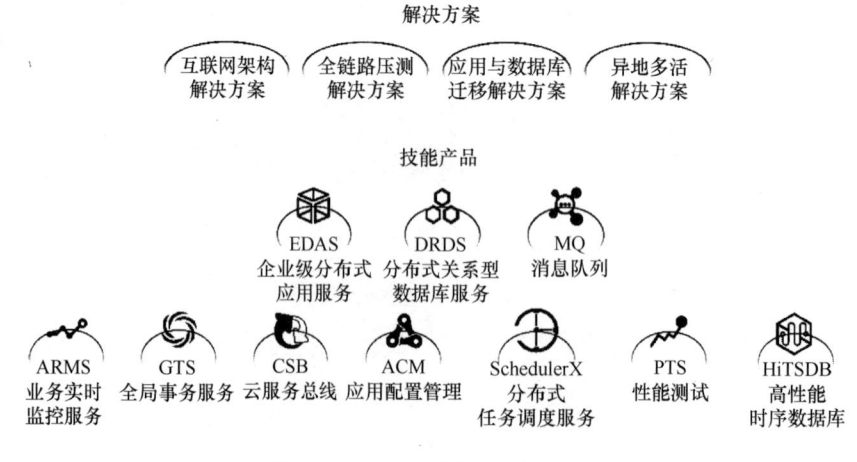

图 16-4 阿里云中间件系列产品

其中，阿里云企业级分布式应用服务 EDAS 是企业级互联网架构解决方案的核心产品，整合了阿里巴巴整套分布式计算框架（包括分布式服务化框架 HSF、服务治理、运维管控、链路追踪鹰眼和稳定性组件等），以应用为中心，帮助企业级客户构建并托管分布式应用服务体系；消息队列 MQ 则是集阿里巴巴内部 Notify、MetaQ 和开源产品 RocketMQ 三大消息服务优点于一身的消息服务，对实现分布式计算场景中所有异步解耦，以及"双 11"大促场景下提供削峰填谷的功能起到了重要作用。

阿里云中间件平台最大的优势，就是结合了整个阿里巴巴建设数字中台、完成数字化转型的方法论和经验，并固化到技术平台上，再通过"双 11"的检验形成了一套成熟的技术体系。比如，阿里云中间件的性能测试 PTS，就是卓越的 SaaS 化性能测试平台，特别是面向 DevOps 的简易但强大的编排能力，不存在传统商业性能测试软件那样的复杂门槛，同时具备强大的分布式压测能力，可模拟海量用户的真实业务场景和流量，其核心能力基于服务阿里巴巴全生态的单链路/全链路压测平台，可将性能压测本身的工作持续简化，最大限度地优化成本、稳定性和用户体验，帮助企业提升商业价值。

2020 年末，有媒体报道阿里巴巴将拆中台，称阿里巴巴高管认为阿里巴巴的业务变化速度较慢，因此需要将中台变薄，变敏捷和快速。实际上，根据 2020 年中国企业 500 强榜单，依据年营收排名，阿里巴巴位列第 34 位，而且是前 34 名中唯一一家互联网公司。因此，阿里巴巴的中台探索对于绝大多数中国企业来说都是遥遥领先的，而且很多公司也不可能增长到阿里巴巴的营收体量，因此数字中台对于大多数中国企业来说仍具有十分重要的长期价值。

第二节 "双 11"：世界级的共享经济工程

"双 11"是全球商业奇迹，同时也是技术奇迹。正是诸多世界顶尖的技术，帮助"双 11"一次又一次地打破成交纪录，形成了独一无二的世界奇观。2019 年"双 11"，阿里巴巴核心系统 100%上云，每秒订单创建峰值 54.4 万笔，自研数据库 PolarDB 和 OceanBase 分别处理 8700 万笔/秒、6100 万笔/秒的峰值请求，每秒实时计算处理峰值 25.5 亿笔，计算平台单日处理数据 970PB，12 亿笔物流智能化……2019 年"双 11"，阿里巴巴打破了诸多技术纪录。

阿里巴巴董事局主席兼首席执行官张勇在 2019 年谈及天猫"双 11"时表示，"相比销售数字，我更关心技术的峰值。"马云也曾说："双 11"是一次技术测试，它所需要的所有技术、设备，是 10 年以后整个中国科技、经济发展的一种基础设施。这背后的技术基础设施更是一项世界级的超级工程——2009年，阿里巴巴开始自研云操作系统飞天，2011年首次应用自研数据库OceanBase，2014年实现异地多活，2015年实现混合云弹性架构，2018年首次应用神龙服务器，2019年实现核心系统100%上公有云。

● 克服诸多技术难题

超大规模算力是"双11"成功的前提。2017年"双11"当天处理了300PB的数据，2018年"双11"当天处理了600PB的数据，2019年"双11"单日数据处理量再创纪录，达到970PB，这一数字到底意味着什么——央视电视新闻节目几十年存储了约80PB的数据，而2019年"双11"一天就要处理970PB的数据量，没有一个先进的系统是完全无法支撑的。

抗住这一规模数据挑战的就是阿里云的飞天大数据平台，飞天大数据平台也是国内规模最大的计算平台之一，创下了多项世界纪录：2013年8月15日，阿里云历史性地突破了在同一个集群内5000台服务器同时计算的局限，到2019年可扩展至10万台计算集群；2015年、2016年，阿里云刷新世界计算奥运会SortBenchmark的6项世界纪录；2017年，阿里云完成全球首次基于公有云的100TB BigBench大数据基准测试。

此外，飞天大数据平台还攻克了多个技术难题。例如，可以将不同的数据源以类似的方式存储，用统一的方法计算，提供一套标准化语言，快速实现不同类型数据的计算；用"交互式查询"来解决海量数据查询慢的瓶颈，系统可以预判用户将会做哪些查询，通过提前准备进而大幅降低大规模数据查询的时间。

除大数据平台处理的大规模数据外，要应对0点时刻的峰值流量，还需要有高吞吐、低延迟的实时计算。在一年一度的"双11"，无数人涌进天猫，每个人都能用0.1s搜索到自己理想的商品，在智能推荐中发现适合的宝贝，背后依赖阿里巴巴Blink实时计算引擎。"双11"庆典现场，大屏上跳动的总成交量数字，只是背后所有数据的冰山一角。数亿人在天猫搜索商品，他们的每次查看、点击，都会影响个性化的智能推荐，在下一秒就能看到为自己量身定做的宝贝推荐，而这背后的实时计算，都要由阿里巴巴实时计算来支撑。

除此之外，实时统计分析、在线机器学习、实时金融风控、IoT边缘计算等场景都可以通过阿里巴巴实时计算来完成。

● "双11"核心系统100%上云

2019年11月11日零点刚过1分36秒，天猫"双11"成交总额便突破100亿元,成交速度比去年更快。2019年的订单创建峰值更是创下新的世界纪录,达到54.4万笔/秒,是2009年第一次"双11"的1360倍。

在平稳渡过2019年天猫"双11"流量峰值后,阿里巴巴正式宣布,其核心系统已100%跑在阿里云公有云上。中国唯一自研的飞天云操作系统,成功扛住全球最大规模的流量洪峰。而在两个月前,阿里巴巴就已悄悄完成这一浩大的迁徙工程,将数以十万计的物理服务器从线下数据中心迁移到了云上。然而,淘宝、天猫的消费者和商家对这个"给飞机换引擎"的过程毫无感知。

由此,阿里巴巴成为全球首个将核心交易系统100%运行在公有云上的大型互联网公司。截至2019年,同为云计算巨头的亚马逊、微软,都尚未迈出这一步。天猫"双11"11年来一直在推动着阿里巴巴的技术进步。征服"双11"流量洪峰,意味着阿里云已经有能力应对商业世界任何复杂的技术挑战。

在过去的十几年中,阿里巴巴电商的系统架构经历了从集中式到分布式,从中心化到去中心化,从私有云到混合云,今天全面进入阿里云公有云的过程。十几年前,电商只有一个单体的应用系统加上数据库。随着业务的发展、开发人员的不断增加,一个应用上有大量的需求,每次需求都要排期,合并多个代码分支才能发布,最危险的是一旦某个需求有问题,会影响所有业务。业务规模不断地变大,数据库系统也扛不住了,不断升级机器的配置也无法支持业务的发展,于是开始有了这样的想法:"需求能不能不在一个应用上开发?""数据库能不能用多台机器来扛?"阿里巴巴"五彩石"项目和去IOE就此诞生了,电商应用从单体应用演变成了分布式的应用,形成了今天阿里云的一系列中间件产品。

随着电商业务的不断演变,千人千面的个性化推荐、直播短视频等媒体互动形式崛起,所需资源的弹性需求越来越大,而这个需求不断常态化,最典型的就是直播的大V流量来得更加突然。因此,电商从私有云完全迁移到公有云变得更加迫切,同时强大的公有云技术也能进一步驱动业务研发体系升级,改变整个电商的研发模式,使其向更加高效的方向发展。

2019年,阿里巴巴开启了核心系统100%上公有云的战役,对这个过程中设计了严密的迁移方案,借助单元化架构的能力,同时转变成存储、计算分离的模式,充分利用神龙服务器的计算能力和盘古的存储能力,摆脱过去单台机器既要处理计算又要处理存储的情况,大幅提高机器的利用率。

阿里巴巴生态齐发力

"双11"还未开始前,很多中小商家纷纷通过贷款扩充"粮草"。网商银行2019

年"双 11"前发布的《天猫"双 11"小微企业贷款报告》显示,2019 年"双 11",仅网商银行与其合作机构,就向超过 300 万家的商家累计放款 3000 亿元。而令外界想不到的是,如此庞大的"双 11"贷款工程,网商银行却只花费了 20 人的人力资源,这背后的最大功臣就是金融科技。

正是大量使用金融级的云计算和人工智能技术,让网商银行在不增加一台服务器的情况下弹性扩容,应对"双 11"的贷款高峰,并智能精准识别商家的经营能力和信用状况。网商银行是国内第一家核心系统架构在云上的银行。借助阿里云新金融的全栈金融科技技术,网商银行实现了秒级贷款发放,仅用数百人就支撑了全国的业务量,其中绝大多数是技术人员。

2019 年天猫"双 11"物流再创新速度。菜鸟裹裹数据显示,2019 年 11 月 13 日 10 时左右,2019 年天猫"双 11"的第 1 亿个包裹已经送达,比 2018 年提速约 4 小时,仅用 2.4 天,创下物流新纪录。过去 6 年的天猫"双 11",1 亿包裹送达时间从 2013 年的 9 天,缩短到 2019 年只用 2.4 天。2019 年天猫"双 11",菜鸟在无锡投入了中国新一代智能仓,在一个库区内使用多种类型的机器人、机械臂等超过千台智能设备协作,将整个仓库的发货效率提高 60%。除此之外,位于宁波杭州湾的菜鸟进口保税仓是 2019 年"双 11"期间处理进口包裹量最大的保税仓之一,也是菜鸟打造的首个全数字化跨境仓库。通过一系列 IoT 智能设备,员工在仓库的作业流程被数字化,可实时记录、追踪、调配,整个仓库产能提高了 50%,人效提高了 20%。

菜鸟全球包裹网络也通过使用智能算法合单等技术,让原本需用 50 天送达俄罗斯的普通快递,免费升级成了航空特快,仅用 10 天可以送达俄罗斯消费者手中。在菜鸟驿站,人脸识别取件、高拍仪识别取件等 IoT 设备和人工智能技术的应用,让"一秒取件"成为末端取件的新体验。

第三节　阿里云:世界级的共享公有云

● 到底什么是阿里云

那么,阿里云的本质到底是什么?《在线》一书是王坚对于阿里巴巴和阿里云自主技术创新道路的反思与总结。该书中的以下三句话,从根本上说清了阿里云的本质及过去与未来。

第一句话:从某种意义上来说,飞天就是一个操作系统,操作系统最重要的功能就是资源管理。飞天系统的底层是数据中心,有成千上万台通用服务器,每台服务器都有 CPU（中央处理器）、内存、存储，相互之间用以太网进行连接，这套系统简单说就是把所有资源抽象成一台计算机，并通过互联网提供计算服务。

第二句话：这样的底层架构与亚马逊差别很大。亚马逊对外提供的每个服务都会直接对应一个或多个物理集群，如 A 集群对于 S3（亚马逊云存储服务），B 集群对于 EC2（亚马逊云弹性计算服务），它的功能和系统计算是垂直的。阿里云的所有服务对应的都是同一个系统内核、同一套分布式文件系统。也就是说，对象存储、弹性计算、邮件、搜索等，都共用同一个底层。除阿里云外，世界上只有谷歌能够做到这一点。

第三句话：飞天系统是一个规模很大的有机整体。规模很大带来的最大挑战在于这台"超级计算机"每天都可能发生故障——硬盘会坏、风扇会坏、内存会坏，"可能自己买一台笔记本电脑用了 5 年之后依旧完好无损，但在有成千上万台服务器的飞天集群里，硬件故障时时刻刻都会发生。"

把这三段话再精炼地总结一下：如果把全世界的计算资源看成一台庞大的虚拟计算机，阿里云的核心飞天就是这台虚拟计算机的操作系统（见图 16-5、图 16-6），内存、硬盘、显卡等都由巨大的通用服务器集群组成。阿里云除核心飞天操作系统外，还向上提供云服务版本的中间件、安全、文件系统、数据库，以及面向应用的通用 API 等高级服务。用户使用阿里云的方法很简单，只需要通用浏览器或通用 API 简单调用即可。除谷歌外，微软云也是同样的思路。

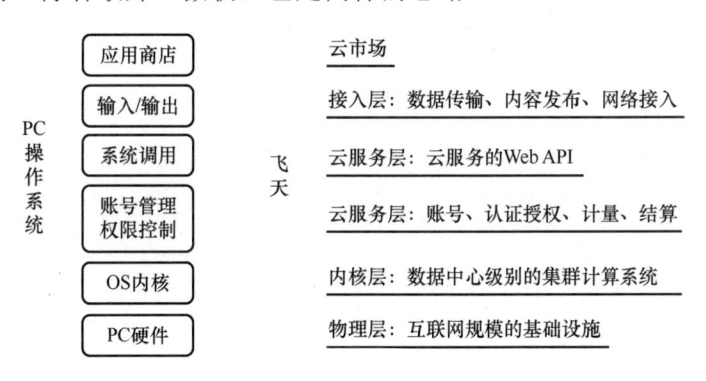

PC 操作系统	飞天
应用商店	云市场
输入/输出	接入层：数据传输、内容发布、网络接入
系统调用	云服务层：云服务的Web API
账号管理权限控制	云服务层：账号、认证授权、计量、结算
OS内核	内核层：数据中心级别的集群计算系统
PC硬件	物理层：互联网规模的基础设施

图 16-5　阿里云飞天与 PC 操作系统的对比示意

（资料来源：2016 杭州云栖大会）

阿里云就是这样一个永远在线的软硬一体的虚拟计算机，这个虚拟计算机庞大到每个人都生活在其中却感觉不到它的存在——当然，这是阿里云的终极梦想，也是亚马逊云、谷歌云、微软云三大巨头的终极梦想。如今，阿里云正与这三朵国际云展开终极竞争。

阿里云到底有多大规模？2016年，阿里云已经达到百万台服务器级别的连接能力，单集群可达1万台的规模，10万个进程达毫秒级响应；10亿级文件数，EB级存储空间；全球15个数据中心区域飞天全球用户数达到230万个，遍布全球200多个国家和地区。简单地对比：当时的亚马逊云与微软云都是百万台服务器级别的规模，亚马逊云在全球有17个数据中心区域、35个可用区域（AZ）；微软云有34个数据中心区域；谷歌虽然自身达千万台服务器级别，但只有一小部分对外提供公有云服务。从2016年开始，阿里云开始接近或达到世界一流水平。

三代阿里云掌门人

在中国市场，到2018年，无论是IaaS市场还是PaaS市场，阿里云都是绝对的第一。2018年11月26日，阿里巴巴CEO张勇发出全员公开信，宣布面向未来的组织升级，阿里云事业群升级为阿里云智能事业群。张勇在公开信中指出：阿里巴巴过去几年在实施中台战略过程中构建的智能化能力，包括机器智能的计算平台、算法能力、数据库、基础技术架构平台、调度平台等核心能力，将全面和阿里云相结合，向全社会开放，为全社会服务。阿里云智能平台是阿里巴巴中台战略的延伸和发展，目标是构建数字经济时代面向全社会基于云计算的智能化技术基础设施。

张勇在2018年11月26日的公开信中宣布，任职4年的阿里云总裁胡晓明卸任，由阿里巴巴CTO张建锋接管阿里云智能的业务。张勇在公开信中表示，胡晓明在过去4年为阿里云的发展做出的突出贡献，让阿里云的技术梦想和商业梦想得到融合与实现。随后，在2018年11月29日，蚂蚁金服宣布组织架构升级：阿里云原总裁胡晓明出任蚂蚁金服总裁，向董事长兼CEO井贤栋汇报。胡晓明于2005年加入阿里巴巴，是阿里巴巴合伙人之一，在2014年11月出任阿里云负责人之前创立了阿里金融，成功实现了1元起贷、3分钟申请、1秒放款、零人工干预的小微企业融资平台。更早之前，胡晓明还曾在中国建设银行和中国光大银行等金融机构任职，在公司及个人金融业务、微小企业融资、网络信用体系等业务方面积累了丰富的经验。

胡晓明是继王坚之后阿里云的第二任总裁。2008年9月，王坚加盟阿里巴巴并担任首席架构师，2009年7月兼任阿里软件CTO；2012年8月，阿里巴巴任命王坚为CTO，负责规划、制定和实施集团技术发展战略，并兼任阿里云总裁职务。此前，王坚曾是微软亚洲研究院常务副院长，在1999年加入微软之前，他曾为浙江大学心理学系教授、博士生导师。王坚在杭州大学相继获得心理学的学士和博士学位。阿里巴巴云计算技术有限公司（简称阿里云）成立于2009年9月10日，由阿里巴巴投资创办，是阿里巴巴的第八家子公司。

2013 年 9 月，阿里巴巴方面证实，王坚不再担任阿里云总裁一职。2012 年 9 月，由王坚主导的阿里云 OS 业务从阿里云计算事业群中拆分，由当时的阿里巴巴首席数据官陆兆禧接管阿里云 OS 总裁。阿里云 OS 是一个移动手机操作系统，于 2009 年开始承担阿里巴巴在移动操作系统方面的探索工作，于 2011 年 7 月作为阿里云 OS 移动操作系统正式被推出。

在 2019 年 9 月的杭州云栖大会上，时任阿里巴巴技术委员会主席、阿里云创始人王坚，蚂蚁金服总裁胡晓明，阿里巴巴首席技术官兼阿里云智能总裁张建锋三代阿里云掌门人同台。2019 年也是阿里巴巴成立 20 周年、阿里云栖大会 10 周年。此时的阿里云，已经稳进全球公有云市场的前三名。

● 早期的阿里云：从 0 到 1

2018 年 7 月，阿里云创始人王坚在参加央视节目时回忆，"现在阿里云的成就是工程师拿命换来的，其实也是最早一批客户拿命在填，就像第一个用电的人一样。"

从思想上的雏形到技术上的成熟，阿里云从 2009 年到 2014 年走过了 5 年多的时间。"拿命在填"的客户，其中之一就是今天网商贷的前身——阿里金融。而胡晓明，正是阿里金融的创办者。2009 年，在阿里金融的创业初期，马云找到当时担任阿里金融总裁的胡晓明，提出必须与刚成立的阿里云在一起，也就是说系统架构必须基于阿里云搭建。众所周知，2009 年，阿里云才刚刚起步。

2009 年，胡晓明创立阿里金融，王坚创立阿里云，阿里金融还要跑在阿里云上，相当于"一边盖房子，一边还要搞装修"，而且阿里金融还是金融业务，对底层计算的要求更高。阿里金融和阿里云这对难兄难弟，开始了一起"飞天"之旅。"明明可以坐高铁，却偏偏要骑自行车去上海。"这是当时研发工程师对阿里金融要跑在阿里云上的评价。2010 年，胡晓明感觉快要被当时阿里云无休止的故障拖垮了。阿里巴巴的开发工程师经常半夜起床处理线上故障，而在阿里金融的早期，因为阿里云的故障，有研发人员在 200 多天内起夜近 300 次。

在整个阿里云的飞天系统研发历史上，5K 集群具有非常典型的代表意义。代号为云梯 1 的机群，搭载了开源的 Hadoop 大数据系统；代号为云梯 2 的机群，承载的是阿里云当时自研的 ODPS（Open Data Processing Service，开放数据处理服务）及底层的飞天系统，ODPS 后就是阿里云对外提供的自研大数据计算引擎 MaxCompute。云梯 1 和云梯 2 都是当时阿里巴巴处理海量数据存储与计算的系统，在 2008 年 2 个云梯启动时，阿里巴巴内部已经有 9 个 Hadoop 集群了。

云梯 1 和云梯 2 这样的竞争在阿里巴巴内部其实非常普遍，技术团队内部的争论非常厉害，甚至当着马云的面也不掩饰。Hadoop 作为大数据的标志性项目，本身更加成熟，在技术人员心目中的地位很高、感情很深，但可控性、安全性的问题可能更会长期存在。2013 年 8 月 15 日，基于阿里云飞天的云梯 2 规模达到 5000 台服务器，而且实现了跨机房并经受了整机房断电的严苛考验。该平台计算 100TB 排序只需 30 分钟，远超雅虎在当年 7 月创造的 71 分钟的世界纪录。阿里云成为世界上屈指可数的具备这一能力的公司之一，也是第一个对外提供这种大规模计算能力的公司。对于阿里云来说，2013 年是拐点。

后来，阿里巴巴的自研技术团队都实行了自研技术与原有技术两套方案并行、灰度逐步切换流量、出现问题及时回滚等保护机制。一句话总结，阿里巴巴自研技术能够在阿里巴巴内部站住脚并赢得长期发展，是阿里巴巴内部的市场竞争、优胜劣汰的自然结果，并不是权威压制。随着飞天 5K 项目的成功，飞天平台用技术实力证明了其在"性能强劲、架构灵活，可支撑业务飞速发展，技术自主可控、安全可靠，成本更具优势"等方面远超 Hadoop 集群的优势。2014 年，阿里巴巴启动"登月计划"，将计算和数据处理统一转移飞天平台上，并从长远的安全可控等角度考虑，支持云梯 2 上、云梯 1 下。

在云梯 1 和云梯 2 竞争到 5K 规模的时候，两个技术方案的原理其实是不一样的，云梯 2 是基于阿里云业务，从底层硬件到上层应用的完整技术体系设计与优化的，为未来的服务器规模的无限扩展打下了基础，这也就是今天阿里云能够成为全球前三云计算的前提。Hadoop 等技术的终极设计目标并不是为了无限扩展，而阿里云很多自研技术的一个基本要求就是要支持"无限扩展"，甚至到今天还在为这个目标努力。

在阿里云的早期阶段，大量用户把自己的应用架设到阿里云上，但早期的阿里云因为经常死机而招致一片骂声，可以说阿里云就是被"炮轰"长大的，甚至有一个博客网站专门记录阿里云的各种问题，阿里巴巴内部也一度因为是否要把核心应用搬到阿里云上而爆发激烈争吵。当然，今天的阿里云依然会出现问题，但出现问题的概率已经大幅降低。阿里巴巴的核心应用，甚至"双 11"这样的高难度挑战，也都逐渐迁移到了阿里云上。正是因为有了现实应用的试验与实验，以及真实用户和真实场景的不断反馈，阿里云才能在中国这样一个缺乏操作系统、数据库和中间件等高级计算技术人才的地方，从无到小、从小到大。

从 1 到 N

2015 年和 2016 年是阿里云快速发展的两年。2016 年 1 月 28 日，阿里巴巴发布了 2015 年第四季度（2016 财年第三财季）的财报，其中阿里云保持强劲增长，综合 2015 全年数据，阿里云业务三连翻。自 2009 年春节之后写下第一行代码的阿里云，至此已经渡过了整整 7 个年头。

在 2016 年 1 月 20 日的云栖大会·上海峰会上，王坚感叹说，如今的阿里云终于不用为了运营成本而担心。马云在 2016 年 10 月杭州云栖大会的主题演讲中只字未提"阿里云"，但这并不说明阿里云不重要，而是在某种意义上说明在马云的心里，阿里云"从 0 到 1"的阶段已经完成了。在 2016 年 10 月 13 日的杭州云栖大会开幕当天，马云发表了就上一财年致股东信，信中提及阿里云承载了中国 35% 的网站并为之提供云计算和大数据的服务，而截至 2016 年 3 月 31 日的阿里巴巴财报显示，阿里云拥有超过 230 万个用户。

当阿里云达到一定规模、产生了巨大的规模经济效益后，阿里云也不断通过降价和开源的方式回馈社会。阿里云连年宣布云产品的全线下调，包括云服务器 ECS、云数据库 RDS、云存储 OSS、云安全产品等购买时间越长折扣越高，两年七折、三年五折等多年方式并存。而降价空间来自规模效应和飞天操作系统的大规模技术升级。

随着阿里云在技术上的成熟，阿里巴巴内部应用及社会上的应用已经不能进一步"刺激"阿里云的未来成长。因此，阿里云开始选用社会化的极限挑战，杭州"城市大脑"项目就是其中之一。"城市大脑"主要是把人工智能用于城市治理，成为整个城市的人工智能中枢，让城市能够自我调节、与人类更好地互动，交通道路优化与管理是第一个挑战的课题。"城市大脑"由五大系统组成：超大规模计算平台、数据采集系统、数据交换中心、开放算法平台、数据应用平台。城市大脑计算平台采用飞天操作系统，杭州"城市大脑"涉及的数据量巨大，仅视频摄像头就有 5 万多路。阿里云的人工智能引擎 ET 还为"城市大脑"其他四大系统提供人工智能内核。

从 2016 年 3 月开始，杭州的 11 个政府部门和西湖区，以及阿里巴巴、华三通信、富士康等 13 家企业的上百名人员，聚集在云栖小镇进行研发；9 月，在杭州萧山区部分路段的初步试验中，"城市大脑"通过智能调节红绿灯，使车辆通行速度最高提升了 11%。

除用人工智能优化和管理城市外，阿里云还在着力解决全社会的物流挑战。未来物流行业的竞争力已经走出单纯依靠规模和价格的竞争，技术竞争将成为关键，物流云应该成为行业的基础设施。根据预测，未来的几年内，中国日均包裹量很快突破 1 亿个，无法再依靠传统的人力模式送递，必须使用物流云来保证物流网络高效运转。2015 年年底，菜鸟网络已经与阿里云合作推出了中国首个物流云平台——菜鸟物流云。2016 年 10 月 14 日，双方再度联合宣布推出物流加速上云行动——"鲲鹏计划"，加速物流云的应用。

正是这些终极社会挑战，"刺激"着阿里云更好地内向与外向生长。

阿里云的不断"蝶化"

2017 年对于阿里云来说，是一个新的开始。2017 年 3 月 29 日，在 2017 年第一场云栖大会·深圳峰会上，时任阿里云总裁胡晓明宣布阿里云正在开启新的征途：通往智能之路。2017 年 2 月 21 日，美国权威科学杂志《麻省理工科技评论》（*MIT Technology Review*）发布 2017 年全球十大突破性技术榜单，阿里巴巴分别入选"强化学习"和"刷脸支付"两大突破性技术榜单，同列入榜单的还有谷歌、微软、IBM 等科技巨头。

2017 年 3 月 9 日，阿里巴巴在杭州召开首届技术大会，动员公司 2 万多名技术人员投身"NASA"新技术战略：面向未来 20 年组建强大的独立研发部门，为服务 20 亿人的新经济体储备核心科技。在 2017 年 10 月 11 日的 2017 杭州云栖大会上，马云宣布投资 1000 亿元成立阿里达摩院，马云同时说在公司刚刚成立七八年的时候，坚决反对公司成立任何研究室、实验室。当时，阿里巴巴是一个初创公司，尽管很强调技术，但马云认为公司在还没有立足之前就考虑研发是大灾难。但是，2017 年的阿里巴巴已经 18 岁了，要有担当精神。

阿里达摩院聚焦研究量子计算、机器学习、基础算法、网络安全、视觉计算、自然语言处理、人机自然交互、芯片技术、传感器技术、嵌入式系统等，涵盖机器智能、智联网、金融科技等多个产业领域，为人类未来 30 年科技创新储备基础能力。在 2017 杭州云栖大会上，阿里巴巴公布了阿里达摩院首批 10 位学术咨询委员会成员，10 人中有 3 位中国两院院士、5 位美国科学院院士，包括世界人工智能泰斗 Michael I. Jordan、中国唯一的图灵奖获得者姚期智院士、分布式计算大师李凯、人类基因组计划负责人 George M. Church 等。

为实现更好的全球布局，阿里巴巴首席技术官张建锋表示，阿里达摩院将在全球各地组建前沿科技研究中心，包括亚洲达摩院、美洲达摩院、欧洲达摩院，并在北京、杭州、新加坡、以色列、圣马特奥、贝尔维尤、莫斯科等地设立不同研究方向的实验室，初期计划将引入 100 名顶尖科学家和研究人员。

阿里云与阿里达摩院的关系是，阿里云主要专注现在及未来 2~3 年客户的技术需求，而阿里达摩院主要专注未来基础技术研究。未来阿里达摩院的商业模式会跟阿里云密切合作，所有技术产品的商业路径都通过阿里云平台。在 2017 杭州云栖大会期间，阿里达摩院支持研发的量子技术领域做了首个重量级发布——阿里云联合中国科学院量子信息与量子科技创新研究院（上海）共同宣布了"量子计算云平台"上线。量子计算云平台前端对用户提供云端的量子算法开发测试环境，后端连接经典计算仿真环境和真实超导量子计算，阿里云提供云计算资源，支撑经典计算仿真环境，用户可以登录阿里云官网使用。2017 杭州云栖大会公布了阿里云在量子技术方面的发展规划，包括量子软硬件、系统算法、计算应用等。

自写下第一行代码到 2017 年，阿里云已经"蝶化"成了云、机器智能、物联网三位一体的完整结构，产品范围从底层 IaaS 扩展到完整的云数据库产品、机器学习平台、开发工具、移动开发云、OneData 数据中台、Aliware 中间件等 PaaS 产品，以及基于 DI 数据智能平台，面向电商企业、生产销售型企业、产品应用型企业的协同办公、客户服务、CRM、服务共享中心、移动终端、数据展示、营销等多种 SaaS 产品，再通过与 SAP ERP 等应用软件合作，满足互联网企业和传统企业的几乎所有 IT 需求。

在 2019 年 1 月 11 日杭州举办的阿里巴巴 ONE 商业大会上，阿里巴巴 CEO 张勇正式推出了阿里巴巴商业操作系统（见图 16-6）。在阿里巴巴商业操作系统中，面向商业运营、与业务融合的 IT 与云平台层，就是阿里巴巴商业操作系统的技术"中台+底座"，也可称为新商业云。2018 年 8 月，阿里云首次发布了"双中台+ET"战略，帮助企业快速进行数字化转型。简单理解，就是基于企业级分布式应用服务 EDAS 等支撑商品中心、交易中心、用户中心、评论中心等共享业务模块，从而为企业形成自己的业务中台；基于分布式数据库、大数据分析和数据智能等支撑企业自身的全域数据治理与管理的数据中台。"双中台"可以帮助企业构建灵活且快速

图 16-6 阿里巴巴推出阿里巴巴商业操作系统

支撑业务、应对各种新商业场景的中台,再加上 ET 机器智能的人机协作,就是完整的数字化转型平台。

2018 年,阿里云改名为阿里云智能,而张建锋也从阿里巴巴首席技术官转任阿里云智能总裁,这说明阿里云从对外输出 IaaS 和 PaaS 等纯技术观点的数字化"底座",向着对外输出 IT 与业务结合的数字化"中台+底座"进化。

第四节　蚂蚁金服:世界级的共享数字金融

蚂蚁金服:为世界带来平等金融服务

2014 年 10 月,蚂蚁金融服务集团(简称:蚂蚁金服)正式成立。蚂蚁金服是一家旨在为世界带来平等金融服务的科技企业,作为原生的数字企业和数字商业代表,蚂蚁金服从 2004 年成立支付宝开始,在之后 10 多年的时间里走出了一条自研面向超大规模互联网金融应用的金融级技术体系之路,代表技术就是 SOFA 中间件和基础设施及 OceanBase 金融级分布式数据库。

自 2014 年 10 月成立以来,蚂蚁金服以"为世界带来更多平等的机会"为使命,致力于通过科技创新能力,搭建一个开放、共享的信用体系和金融服务平台,为全球消费者和小微企业提供安全、便捷的普惠金融服务。2015 年 9 月,蚂蚁金服宣布启动"互联网推进器"计划,正式推出面向金融机构深度定制的行业云计算服务——"蚂蚁金融云",计划将在 5 年内助力超过 1000 家金融机构向新金融转型升级。2018 年 9 月,"蚂蚁金融云"升级为"蚂蚁金服金融科技"(以下简称"金融科技"),与行业开放、共享更多能力与技术,在挑战中不断前行,让金融服务更加便捷、更有温度。

自 2008 年"双 11"以来,在每年"双 11"超大规模流量的冲击下,蚂蚁金服不断突破现有技术的极限,在金融领域达到了前所未有的技术成就,自研技术可以满足 2017 年"双 11"的 25.6 万笔/秒支付峰值、全天 14.8 亿笔支付的需要,理论上蚂蚁金服的科技成就可以支撑"双 11"的无限扩展。2008—2017 年,蚂蚁金服自研的中间件技术所支持的支付峰值翻了 750 余倍,全天支付笔数翻了 115 倍,交易覆盖全球 225 个国家和地区,而在理论上更支持无限扩展。

蚂蚁金服为了技术而技术,希望用技术来解决社会当下和未来的问题。如果用金字塔结构来描绘数字金融的社会价值,在塔顶的就是数字金融能在全球范围内带来更多平等的机会。那么,到底怎么理解这个"平等"?还要回看马云对整个阿里巴巴的愿景：办102年的企业，让天下没有难做的生意。在阿里巴巴18周年年会上，马云说："我们希望为全世界解决1亿个就业机会，我们希望能够服务20亿个消费者，我们更希望能够为1000万家中小企业创造盈利的平台。"具体到未来5～10年，"我们不是要超越谁，也不是要当世界前三，而是要为未来解决问题，要为中小企业、为年轻人、为我们当年'让天下没有难做的生意'这个承诺去付诸行动。"

蚂蚁金服的科技理念

作为大阿里巴巴系的核心成员，蚂蚁金服对更多平等的机会的理解是，让全世界的年轻人能够平等地获得金融服务，支持其发展；让全球消费者能够平等地获得金融服务，更便利地生活；让全球的中小企业能够平等地获得金融服务，享受与大企业一样的商业机会。

包容、可持续发展的绿色数字金融是蚂蚁金服的核心技术理念。要想建立一个包容、可持续发展的绿色数字金融，有三个核心能力要建设——连接、风险和信用。

（1）连接。金融服务过去要能够触达消费者和商家，成本和运营占比都很大，比如银行要开很多线下网点，有了数字技术之后，就可以用很轻的方式触达上亿的人，所以整个连接触达方式，从广度和深度上都发生了变化。银行的线下网点覆盖会越来越少，跑网点的商家与消费者也会越来越少，甚至未来IoT时代，金融服务可以随时随地触达。因此，连接是一个非常重要的能力，不光是与消费者和商家的连接，也包括与合作伙伴的连接，因为金融服务从生产到消费有很长、很多的产业链，连接能力能够让整个链条的协同更加高效、更低成本、更少摩擦，所以连接是数字金融的核心能力。

（2）风险控制。蚂蚁金服要让更多的人享受平等的金融服务，如果想让用户的体验简单、高效，背后的风险必然就高。如何在风险降低的同时，能让支付过程中用户的体验更加顺畅、更少打扰用户，背后核心还是技术能力的提升。

（3）最核心能力就是信用。如果未来真的建立一个全社会的人与人、机构与机构、人与机构之间新型的信任机制，整个金融服务的成本可以进一步大幅降低。

能支撑住连接、风险、信用三大能力的是交互、决策、交易和协同四大业务技术能力。蚂蚁金服的系统规模非常大，但从每个系统来看，一个个组件无外乎就是做了交互、决策、交易和协同这四件事情。

（1）交互技术。交互包括怎么与消费者、机构等交互，刷脸支付、人脸识别进地铁站等新交互技术，不但带来了体验上的变化，也带来了商业流程的变化。

（2）决策技术。无论是风险控制，还是建立信用，甚至一个营销事件，背后都有一套决策引擎。比如经过一系列的用户行为画像，自动化地通过算法和模型给出决策。而决策技术的提升，可以带来连接、风险和信用能力的提升。

（3）交易技术。用最低的成本处理交易。只有用更低的成本，甚至是远低于银行处理交易的成本，才有可能让很多新业务形态发生，提高交易能力。例如，淘宝的"双11"大促随着交易能力的提升，规模增长得非常快。交易能力还体现为扩展能力，如何让数字金融服务可以服务1亿个，甚至20亿～30亿个全球消费者，根本在于低成本的系统扩展能力。

（4）协同技术。通过重构整个金融产业链条上的各个环节的连接，通过技术平台连接银行、金融机构等，让连接的机制发生变化。

在四大业务技术能力之下的金字塔塔基，就是最根本的基础技术：区块链、人工智能、安全、物联网和计算等。

● OceanBase：中国自研的金融级数据库

OceanBase是蚂蚁金服的科技成就之一。2013年5月，阿里巴巴的最后一台IBM小型主机在支付宝下线。2013年7月，淘宝广告系统使用的Oracle数据库下线，这也是整个淘宝使用的最后一个Oracle数据库。2014年，OceanBase替换了支付宝交易系统中的Oracle数据库。2015年，OceanBase替换了支付宝支付系统中的Oracle数据库。2016年，OceanBase替换了支付宝最核心的账务系统中的Oracle数据库。2017年，蚂蚁金服全面去IOE。

从2011年开始参战"双11"到2016年"双11"支付宝支付峰值达12万笔/秒的世界纪录，再到2017年"双11"支付峰值达到25.6万笔/秒和2019年"双11"支付峰值达到54.4万笔/秒（多次刷新2016年创下的峰值纪录），这背后做支撑的是一个由OceanBase研发和运维人员组成的几十人的团队。在2016年的世界互联网大会，OceanBase入选世界互联网领先科技成果，其他获奖公司还包括特斯拉（Tesla）、IBM、微软、卡巴斯基（Kaspersky）等。

2016年5月，当时的蚂蚁金服董事长彭蕾亲自为OceanBase团队的几十位技术明星戴上了"土豪金"工牌带——而其他所有人的工牌带都是清一色蚂蚁蓝——理由是这个小团队自主研发的OceanBase数据库，以远低于传统数据库的成本、更高的可用性，扛住了支付宝一次又一次自我刷新的支付峰值世界纪录，打破了IT核心技术长期被西方垄断的格局。"土豪金"工牌带，是蚂蚁金服内部最高荣誉——CEO大奖。

OceanBase 这样的中国技术奇迹，是阿里巴巴/蚂蚁金服举全集团之力所创造出来的成果，这个过程本身也堪称"奇迹"。2008 年，阿里巴巴的数据库就已经是全亚洲最大的数据库，阿里巴巴也是 Oracle 最大的用户之一，那年阿里巴巴还没有启动"双 11"。从 2009 年开始的"双 11"，每年产生和处理的数据量都在爆发式增长，如果一直采用 Oracle 数据库的话，运营成本将是天价。另外，为传统 IT 环境而设计的 Oracle 数据库，并没有考虑互联网的大规模、高并发、实时在线、大型网络优化等新兴需求。2008 年，Oracle 数据库就已经难以处理阿里巴巴的大规模数据量了。

OceanBase 是面向超大规模互联网公司的分布式计算环境而重新开发的关系型数据库。OceanBase 可实现数千亿条记录、数百 TB 数据的跨行跨表事务，其代码完全可控，可实现城市级容灾，集群中少数故障时数据不丢、服务不停。除了性能优势，在兼容性上，OceanBase 较传统商业数据库也有创新，其可高度兼容 Oracle 和 MySQL，支持一键快速迁移，并提供云上的完整生态服务；解决了授权费用贵、硬件成本高、架构与运维复杂、迁移难度大等传统数据库难题。

从 2017 年开始，OceanBase 跟随整个蚂蚁金服的金融科技开放，开始了向传统金融赋能的实践过程。OceanBase 还出口到了印度和美国等地，为当地的支付业务提供数据库服务。2020 年 3 月 25 日，由支付宝自研的金融级分布式数据库 OceanBase 正式通过阿里云向全球开放，提供高可用、高性能、低成本的计算服务，企业可在云上获得"支付宝同款"的世界顶级数据库处理能力。

2020 年 6 月 8 日，蚂蚁金服宣布将自研数据库产品 OceanBase 独立，进行公司化运作，成立由蚂蚁金服 100%控股的数据库公司北京奥星贝斯科技，并由蚂蚁金服 CEO 胡晓明亲自担任董事长。2020 年 6 月前后，蚂蚁金服更名为蚂蚁科技集团。

第十七章
腾讯：全社会共享连接力

腾讯自 2015 年以来加大了对云计算业务的投入力度，时任腾讯高级执行副总裁、社交事业群总裁汤道生在 2015 年 9 月的腾讯云峰会上表示，未来 5 年将保持每年投入 20 亿元的水平，预计将投入超过 100 亿元。在 2016 年腾讯举办的第二届"互联网+"峰会上，马化腾提出腾讯未来的战略：很清晰，就是提供基础服务，做连接器，把用户和服务连接起来，解决"最后一公里"的问题。

不过，这个连接器和"最后一公里"问题的解决，并没有那么简单。马化腾当时也认识到，"互联网+"各行各业，每个行业的知识都非常复杂、非常深。尽管互联网、云计算和在线支付能连接各行各业的"最后一公里"，但由于每个行业知识、业务和流程的复杂性，马化腾当时认为要通过合作伙伴和创业公司帮助完成"最后一公里"的连接。这样的做法一直持续到 2018 年 9 月底腾讯的第三次组织架构调整。

第一节 研发文化的转型

● 产业互联网下半场

作为互联网上半场最成功的企业和企业家代表，腾讯与马化腾是一个时代的标签。自 2004 年 6 月上市到 2009 年，腾讯的股价在 10 港元以内徘徊，而从 2009 年到 2018 年年初最高接近 475 港元，腾讯股价翻了近 50 倍，市值突破 4.5 万亿港元，腾讯成为中国互联网上半场的一面旗帜。

然而，整个 2018 年，腾讯的市值经历了大幅回调，股价也接近腰斩，游戏主管部门加强监管等是主要原因。面对 ToC 消费互联网的瓶颈，腾讯急需在面向 ToB 的产业互联网领域有所作为。与面向消费者 C 端用户的互联网上半场有极大的不同，以 B 端企业用户为代表的互联网下半场有着完全不同的逻辑与特点。这直接导致腾讯在 2018 年 9 月宣布第三次组织架构大调整，新成立云与智慧产业事业群（CSIG）、平台与内容事业群（PCG），原有七大事业群中 MIG（移动互联网事业群）、SNG（社交网络事业群）和 OMG（网络媒体事业群）被取消并把业务拆分进新成立的 CSIG 和 PCG，保留原有的微信事业群（WXG）、互动娱乐事业群（IEG）、技术工程事业群（TEG）及企业发展事业群（CDG）；整合社交与效果广告部（SPA）与原网络媒体事业群（OMG）广告线，成立新的广告营销服务线（AMS）；同时还成立技术委员会，打造腾讯的技术中台，并将内部开源成果开放给产业。腾讯也将持续投资未来前沿基础科学，继续加大对 AI 实验室、机器人实验室和量子实验室的投入。

众所周知，腾讯历史上的第一次组织架构调整是在 2005 年宣布以产品为导向，将业务系统化升级为事业部（BU）制，腾讯从单一社交产品成为一站式生活平台；第二次调整是在 2012 年将 BU 升级为 BG（事业群），确保腾讯从 PC 互联网向移动互联网的升级。2004 年，腾讯上市；2010 年，著名的"3Q"大战爆发。2017 年年初，吴晓波撰写的《腾讯传（1998—2016）》较完整地总结了互联网上半场腾讯的成功之道，而这些成功之道却在数字化转型所启动的互联网下半场，成为"缺乏 ToB 基因"的魔咒。

腾讯将如何在互联网下半场转身，如何服务以企业为代表的 B 端用户群？特别是作为互联网上半场最优秀的产品经理，马化腾自己要如何转型？马化腾说，互联网下半场就是产业互联网。在产业互联网中，腾讯是继续做产品还是转向面向企业和政府机构的项目制？马化腾又如何成为互联网下半场合格的项目经理？

● 从产品经理到项目经理的转型

"一部手机游云南"是腾讯向产业互联网转型的关键一战（见图 17-1）。2019 年 5 月 21 日在昆明举办的 2019 云南国际智慧旅游大会上，马化腾表示"一部手机游云南"是腾讯转战产业互联网的关键战役。

马化腾在 2019 云南国际智慧旅游大会的演讲中表示，2016 年云南省与腾讯商讨对策共建数字旅游平台，打造"一部手机游云南"产品。该产品涉及多个场景：餐饮、酒店、交通景区等。腾讯聚集了深圳、广州、北京、昆明 4 个地方的 28 个部门、46 个团队，组织大批的技术专家参与建设。云南省为了这个 APP 成立了省级"一部手机游云南"领导工作小组，县级人民政府也建立了"一部手机游云南"领导工作小组。这个 APP 项目由云南省长亲自挂帅为"产品经理"，而马化腾则亲自挂帅为"项目经理"。2017 年 12 月，云南省投资控股集团、云南省交通投资建设集团与腾讯公司共同设立云南腾云信息产业有限公司，承接云南省"一部手机游云南"的项目建设，负责项目的总体规划设计、建设开发、平台运营等业务。

图 17-1 "一部手机游云南"界面示意图

（资料来源：一部手机游云南官网，2020 年 1 月）

"一部手机游云南"是非常典型的 ToB 项目，技术供应商为企业或政府机构提供方案和项目开发与实施，帮助企业或政府机构开发自己的数字产品或服务，而腾讯的身份则由此前自己直接担任产品经理和直接开发产品的角色，转为服务企业或政府机构客户需求的解决方案商，成为项目经理和承接产品开发的角色。

马化腾曾被喻为最好的产品经理，特别是用邮件的方式推动了腾讯产品的迭代，而且马化腾几乎能关注到所有腾讯产品迭代的细节，哪怕腾讯的产品线变得更长。《腾讯传（1998—2016）》中曾记载，当年主持 QQ 空间开发的负责人透露，马化腾与其团队的邮件往来起码超过 2000 份，而 2007 年 QQ 邮箱改版，马化腾在一年半的时间里与该团队来往了 1300 多份邮件，尽管当时的 QQ 邮箱在腾讯内部是一个边缘产品。马化腾对页面的字体、字号、色彩等都非常敏感。有一次，QQ 会员主管收到一份邮件，马化腾指出两个字之间的间距好像有问题。

但项目经理的身份和职责完全不同。项目经理最重要的工作是先了解企业客户的开发需求，然后组织内部各部门的资源组成临时项目组，根据客户需求完成开发并分阶段交付项目成果。项目经理需要与客户端的负责人保持沟通，不能根据自己的喜好而"独断专行"，必须按照客户的喜好提供意见，最终意见是否被采纳也取决于客户。更重要的是，即使是"一部手机游云南"这样的消费级产品，马化腾作为项目经理首先要面对的是云南省现有的信息化环境，而不能直接套用腾讯的产品开发经验。特别是"一部手机游云南"需要服务很多景区，而很多景区的信息化程度其实是从零开始的，甚至要新架设移动通信网络。另外，他还要面对云南省旅游业错综复杂的产业组织关系、各类业务流程、旅游投诉这样涉及法律法规的处理问题等非技术因素。

产品经理是产品思维，而项目经理是客户服务思维，这是两种截然不同的思维方式。一个人能够做一个好的产品经理，但往往很难做一个好的项目经理，因为一个优秀的产品经理往往有自己独到和主观的经验，甚至比较强调个人能力，而一个优秀的项目经理则需要优秀的沟通能力、组织能力和协同工作的意愿。腾讯曾表示，在互联网上半场，公司的使命是做好连接；而在下半场，公司的使命是成为各行各业最贴身的数字化助手。这个数字化助手，首先要做好"助手"，必须从工程师思维转向客户服务思维，这是极大的思维和文化挑战。

从"赛马制"到"集团军"作战

随着马化腾从产品经理向项目经理的转型，腾讯的 KPI 和企业文化也面临着转型的挑战。过去，"赛马制"是腾讯产品的成功之道，互联网公司也广泛采用这种产品团队组织方式。所谓"赛马制"即互联网公司内多个团队同时开发一个互联网产品，谁开发得最快、最好、成本最低等，谁就胜出，获胜的"赛马"成为产品的最终负责团队，其余团队则淘汰和拆分到其他团队。

"谁提出，谁执行""一旦做大，独立成军"的"赛马制"成为腾讯内部不成文的规定，也是互联网公司普遍奉行的组织方式。"赛马制"让产品开发团队对市场和消费者需求变化保持很高的敏感度，不断把市场趋势和消费者需求融入产品中，这往往导致不少产品的新功能是"意外"开发出来的，而并不是产品规划的结果。

早年，马化腾曾说过，"我们最终是靠 C 打天下的。""在技术上，我的算法不是太强，那需要数学很强的人才可以。但是，我做应用比较强，就是我知道如何把一个产品实现出来。"腾讯在产品开发上线后，还会根据网民和消费者的体验，不断发现和修复 Bug，甚至一周就连续完成三个迭代版本，平均每两天发布一个，所谓的"小步快跑，试错迭代"原则即这个意思。

"赛马制"是消费级通用互联网产品的成功组织之道，但不适用于企业级定制化的解决方案组织与开发。对于企业来说，一个系统的规划往往需要至少半年到一年的时间立项，经过组织层层审批，再经过严格的招投标过程，系统开发的目的是服务于企业的某个或多个产品、服务或业务流程。由于很多B端企业的产品、服务或业务流程是服务于另一家B端企业的，导致这些产品、服务或业务流程都是多年不变的，要求系统稳定、可靠、高效运转。对于直接服务于C端消费者的企业，企业的产品、服务或内部业务流程也不是一周三变的，消费者的需求虽然不断变化，但企业自身的稳定性则要非常高，即使有变化也是缓慢改变。另外，B端企业的内部业务逻辑和流程往往非常复杂，并不像互联网公司那样高度扁平化运作，这更需要为B端企业服务的解决方案商沉下心来，细细琢磨企业的内部"门道"。

更重要的是，为B端的客户服务，很难直接获得技术体验。例如，为企业的IT部门提供解决方案，使用系统的是企业IT人员，外部人员很难有企业IT人员的使用体验。马化腾也无法像以前那样不断试用腾讯自己的产品，从而提出意见。B端客户体验，更多是通过文字描述的方式去体会和传达的间接体验。因此，与客户打交道的商务体验，也成为B端企业的客户体验之一。

为B端的客户提供服务，主要是以"集团军"作战为主。以IBM为例，一个成功的项目既有来自业务咨询服务部门的行业和业务咨询师，也有来自技术服务部的技术架构师和工程师，还有来自产品部门的软件和硬件产品负责人，以及可能来自IBM研究院和软件开发中心的研究员和开发工程师等，而在必要的时候也会有来自IBM中国区和全球的高管参与整体讨论的过程。B端企业的项目往往是分几期的大项目，甚至是持续建设的过程，并不是一两期就可以结束，而在长期持续服务的过程中，甚至会经历客户方对应管理人员或企业高管的更迭，在这个过程中要保持合作关系的延续，也需要更强的客户关系管理能力。

因此，从"赛马制"到"集团军"作战，涉及企业文化、岗位设置、组织协调、KPI考核等多种企业"DNA"的转型。例如，在与政府机构的合作中，不能再称对方为"同学"，而必须为"同志"，这虽然是一种称呼的转型，却意义重大而深远。

第二节 产业互联网"共同体"

● 一个腾讯

2018—2019年，腾讯在ToB道路上快速学习与前进。腾讯自2015年以来加大了对云计算业务的投入力度。"后发优势"是马化腾总结的消费互联网产品的策略，即先学习业界的最佳案例和实践，然后再超越。马化腾认为，不需要盲目创新，微软、谷歌都是做别人做过的产品，最聪明的方法是不争第一，而是跟进后再改进。

在第三次组织架构（见图17-2）调整中，腾讯把原属于CDG（企业发展事业群）的智慧零售战略合作部，原属于MIG的安全、地图、医疗、智能平台等业务团队，原属于OMG的开放平台ToB团队，原属于SNG的腾讯云、在线教育、实验室群团队等互联网+、智慧零售、教育、医疗、安全和LBS等行业解决方案及腾讯云业务整合到云与智慧产业事业群（Cloud and Smart Industries Group，CSIG）。组织架构调整只是第一步，在随后与云南省政府等打交道的过程中，腾讯快速理解了"一个腾讯"对于企业和政府机构客户的意义。

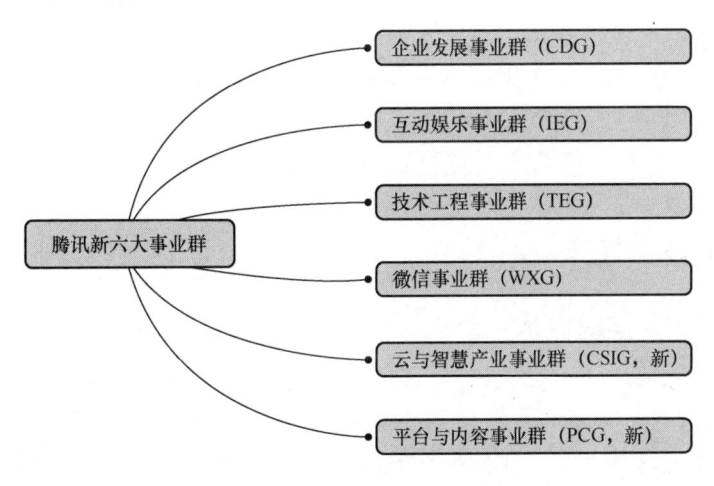

腾讯新六大事业群：
- 企业发展事业群（CDG）
- 互动娱乐事业群（IEG）
- 技术工程事业群（TEG）
- 微信事业群（WXG）
- 云与智慧产业事业群（CSIG，新）
- 平台与内容事业群（PCG，新）

图17-2 腾讯第三次组织架构图

在2019腾讯全球数字生态大会上，汤道生在智慧零售专场致辞中表示，因为零售行业是离C端消费者最近、最直接的行业，所以其自然而然地成为腾讯战略升级产业互联网的主战场之一，也是腾讯C2B的样板工程。零售企业和商家自营的业态、数据、用户资产等都是商家自有的，这是与传统互联网电商平台的最大区别。腾讯希望零售企业可以更好地按照自己的商业逻辑去经营企业和品牌，而不是按照"别人"的商业逻辑去做生意。腾讯提出的"数字化助手"角色，就是通过小程序、公众号和其他工具帮助商家积累起属于自己的自主可控的数字资产。腾讯希望运用自己独特的优势，帮助零售企业建立属于它们所需要的工具和能力，这绝对不是纯流量就可以解决的问题，腾讯要做的是帮助传统企业完善自己的会员体系，建立自己线上线下的数字化销售渠道、忠实客群及社交环境等。

2018—2019年，作为腾讯产业互联网转型的"先锋团队"，腾讯智慧零售在实践中总结了四个宝贵经验，其中最为关键的就是"一个腾讯"。企业对于腾讯资源和能力的需求往往是多方面的，以前它们和腾讯合作需要同时与好几个部门沟通，现在腾讯成立了智慧零售战略合作部，可以更灵活地调用公司各个团队跨部门的资源和能力，更好地服务于零售企业。汤道生介绍了一个案例：在2019腾讯全球数字生态大会召开的前几天，马化腾和王健林一起参观了北京丰科万达广场，这个项目正是腾讯智慧零售战略合作部牵头协同腾讯内外部资源一起完成的，整个项目横跨腾讯内部4个事业群的资源和能力，很好地体现了"一个腾讯"的精神和实力。这个项目的成果，对于整个腾讯产业互联网战略来说都有很好的借鉴意义。

"一个腾讯"的做法，也发生在"一部手机游云南"等大项目上。除了协同腾讯内部的资源，腾讯也协同合作伙伴的资源，以"一个腾讯"的方式对接大项目。以"数字广东"为例，腾讯联合三大运营商成立了数字广东公司，在广东省政府的领导下，"数字广东"为民众、企业法人及政府公务人员打造了"粤省事"小程序、广东政务服务网、协同办公平台三大应用，从提高政府行政效率、便利民生事项办理、优化营商环境等多方面协助广东省的数字政府建设。

● 产业互联网共同体

腾讯对产业互联网高度重视，也在多个场合表示产业互联网是互联网下半场的关键词，应通过数字技术为产业升级，把消费者和产业对接起来创造巨大的社会和产业价值。马化腾曾在第三次组织架构调整的时候表示，在互联网上半场，腾讯通过连接为用户提供优质的服务，而下半场将在此基础上，助力产业与消费者形成更具开放性的新型连接生态。那么，这个新型连接生态到底是什么样的呢？

"一部手机游云南"初步体现了腾讯所尝试的产业互联网模式：与省市等区域级政府机构合作，构建覆盖整个区域的政府机构、产业组织、企事业单位及消费者的全域产业互联网"共同体"。无怪乎马化腾说，"一部手机游云南"是腾讯转战产业互联网的关键战役。

作为云南省与腾讯公司联合打造的全域智慧旅游项目，"一部手机游云南"旨在整治云南省旅游行业乱象、推动旅游产业升级。利用物联网、云计算、大数据、人工智能等技术，"一部手机游云南"为云南省打造了一个智慧、健康、便利的省级全域旅游生态项目（见图17-3）。云南省政府对"一部手机游云南"寄予厚望，希望实现"游客体验自由自在、政府服务无处不在"。"一部手机游云南"项目由36个省级部门共同推进，通过整合本地及全国数据资源，对旅游交通、景区基础设施建设和管理、应急指挥管理等方面改造升级，打造全省统一的智慧旅游大数据平台。

图 17-3 全域智慧旅游解决方案"一机游"功能和业务逻辑

基础功能
- 城市名片
- 景点名片
- 餐厅
- 酒店
- 机票
- 厕所
- 导游
- 旅行社
- 直播
- 投诉
- AI小云

腾讯内部产品技术能力
- 地图导览：精准测绘｜定位优化｜数据重构　旅行说走就走
- 安全体系：网络｜主机｜数据｜服务器｜应用　腾讯七大安全联合实验室，全安全保障
- 智能客服：自然语言处理｜知识库导入　游客贴心管家，24小时提供贴心服务
- 云服务：高可用｜弹性伸缩｜深度定制和部署　腾讯20年技术积累，ISO27001:2013认证

政府资源打通结合

完备旅游解决方案
- 互动直播：灵活接入｜视频转码｜百万并发｜CDN｜鉴黄　腾讯视频，视频云行业排名第一
- 智能推荐：精准推荐｜旅游标签｜用户画像　结合腾讯大数据，为游客提供精准服务
- 人脸识别：金融级人脸识别｜刷脸入园｜刷脸入住　智能算法和腾讯最真实场景的海量多媒体数据
- 诚信体系：数字身份｜数字诚信｜数字消费　腾讯征信数据和政府信用数据结合，重构诚信生态

旅游小程序
- 找厕所
- 看直播
- 识你所见
- 买门票
- 景区导览
- 无感高速
- 智慧停车场

（资料来源：腾讯《产业互联网——构建智能+时代数字生态新图景》，2019年）

"一部手机游云南"不仅建立起省、市、县三级旅游机构综合管理平台,还帮助建立旅游舆情大数据和舆情监测与引导平台,使政府相关部门及时掌握和处理舆情;建立旅游投诉响应平台,以便政府相关部门在收到问题后能够及时回应,确保游客的利益和体验,云南省旅游局、工商局、税务局、发改委等部门通过联合执法平台让旅游监管无处不在;建立运营管理平台,让景区运营、排名、舒适指数尽在掌握;建立旅游市场监管平台,实行全省旅游价格监管;建立旅游应急管理平台,提高对综合性应急事件的处置效率。

在腾讯方面,"一部手机游云南"有来自 QQ、微信、优图实验室、腾讯地图、腾讯云、腾讯旅游、AI-Lab、QQ 浏览器、大数据平台、云鼎实验室的多位技术专家加入,从设计之初就不同于传统 OTA(在线旅游服务商),而是试图打造一个线上和线下、G 端与 B 端、C 端相连接,涵盖各种旅游公共服务、商业服务的云南旅游平台。

"一部手机游云南"体系包括:数字身份体系,用于用户行为理解、识别、追溯,精准提升体验和服务保障,如基于个人兴趣的旅游产品推荐、多维度数字化内容辅助决策等;数字消费体系,用于支付、营销、服务行为与消费数据的耦合,多维合一;数字诚信体系,以建立游客、商家、政府三方共赢的诚信市场生态;地理信息开放体系,实现开放、共享、精准的地图应用;基于 LBS 数字化资源服务体系,用于找厕所、智能停车、自驾营地资源周边服务,通过实时动态的商业聚合服务,让用户随时随地获取所需的各种商业服务,大幅提升用户体验,提高用户转化率;AI 服务体系,如智能导游、AI 识景等;端到端的投诉服务体系,打造以游客为中心的全程可视化投诉体系。

根据《云南日报》报道,截至 2019 年 5 月,"一部手机游云南"平台自 2018 年 10 月 1 日正式上线以来,"游云南"APP 已经做到 6 个"全国之最":一是全国景区实时直播最大的平台,接入直播流 1400 路,实时直播最美云南;二是全国景区地理信息最全的平台,142 家 3A 以上景点景区全面上线"游云南"APP,实现手绘地图、在线导游、语音讲解、AI 智能识景等服务,接入 2.3 万个厕所(其中,智慧厕所 733 个)和 441 个景区停车场点位信息,提升游客旅游体验;三是最全面权威的云南旅游资讯,汇集云南省 16 个州(市)、129 个县(市、区)1 分钟城市宣传片,339 个景区的名片和官方旅游攻略、出行信息等,为游客提供全方位服务信息;四是最诚信的旅游服务保障,构建由政府部门、行业协会(或专业机构)、游客共同参与的诚信评价体系,对涉旅企业开展规范指数、品质指数、体验指数 3 个方面的打分评价,形成企业诚信指数并在平台上公布,为游客选择诚信旅游企业提供参考;五是最高效的旅游投诉处置体系,构建云南省、州(市)、县(市、区)、涉旅企业"1+16+129+X"的全域旅游投诉体系,游客可选择在线投诉、语音投诉和电话投诉等投诉渠道进行投诉,并在"游云南"APP 上实时查看投诉办理进展情况,云南旅游投诉平均办结时间从原来的 7 天缩短到 6 个半小时,99%的投诉做到了 24 小时内办结,同时新增上线"我要退货"功能，全面保障游客权益；六是最先进的互联网技术运用，整合物联网、云计算、大数据、人工智能、人脸识别、小程序、微信支付等多项技术，实现刷脸入园、高速公路无感支付、识你所见等功能，"识花识草"目前已经覆盖云南 6000 种以上的植物，全省 91 个景区可以刷脸入园，省内 15 个机场可以刷脸登机，76 条高速公路全部支持无感支付。

自 2018 年 10 月 1 日，"一部手机游云南"项目的第一阶段成果"游云南"APP 正式上线运行，至 2019 年 5 月中旬，其已综合了云南省餐饮、酒店、交通、景区景点、大型综合商场、文娱场所、养生基地 7 大行业，覆盖云南省近 3000 个政府机构部门、300 多个景区、1228 路慢直播、2 万多家诚信企业，串联起吃、住、行、游、购、娱旅游 6 要素；"游云南"APP 下载量超过 230 万次，使用超 2000 万人次，月活跃用户超过 50 万人，"游云南"小程序集群累计访问量突破 1700 万人次。

到 2020 年 5 月，根据北京第二外国语学院中国文化与旅游大数据研究院、云南省智慧旅游工程研究中心、腾讯文旅产业研究院联合撰写的《"一机游"模式发展白皮书》，"一部手机游云南"面向游客端的产品"游云南"APP 的下载量达 500 万次，为公众提供服务超过 1 亿次；"游云南"小程序用户数超 400 万人，累计访问突破 1700 万人次；"一部手机游云南"上线后，云南省旅游投诉处理平均时长缩短至 4 小时 20 分；自云南省推行"30 天无理由退货"以来，"游云南"平台已累计受理游客退货 2730 件，涉及金额 2179.21 万元。

"一部手机游云南"连着两端：一端是游客端，另一端是政府端。"一部手机游云南"项目一方面推进数字化政府治理实施，创造便捷、安全的数据生态环境，为有关部门提供真实可靠的内容，帮助高效地决策，协助政府掌握最新动向和群众需求，预判决策效果并做出调整；另一方面加速文旅产业的数字化转型，是全域旅游的数字化样本。

腾讯不仅为"一部手机游云南"提供整体的架构、开发、建设和运营，还把整个腾讯的内容等 ToC 端生态与"一部手机游云南"对接，帮助云南旅游通过腾讯平台进行全面的推广。马化腾本人也亲自代言"一部手机游云南"，在多个场合对外推介云南旅游和"一部手机游云南"。

从"一部手机游云南"项目，可以看出腾讯和马化腾眼中的产业互联网：实体经济与数字经济在一个区域范围内的高度整合，结合了 G（政府）、B（企业）、C（消费者）三方资源和参与的平台，通过云、互联网和通信网络连接一切，包括"最后一公里"的连接，甚至让景区的厕所也智慧在线，然后在这个大平台上打通大数据，形成基于区域大数据和 AI 的智慧治理。例如，智慧厕所不仅能为用户规划到达厕所的最优线路，还能进行客流量监测，并将其转化为用户关注的空闲、拥挤等状态；景区智慧厕所提供的温度、湿度、异味指数监测，让管理人员了解厕所实时环境状态，及时进行环境卫生改进，用户也能对如厕体验进行反馈与举报，督促管理人员加强厕所环境卫生管控；在特殊景区，比如高海拔雪山景区，智慧厕所安装自动报警器，如果游客如厕超过 30 分钟未出，则会提醒工作人员，以免出现游客危险情况。

产业互联网的"最后一公里"打通，不仅需要依靠合作伙伴，而且更需要依靠政府机构的政策和推动。实际上，腾讯眼中的产业互联网是整个经济升级、治理升级和社会生产生活方式升级等的综合承载体，当前还处于发展的初级阶段。类似"一部手机游云南"这样针对信息化水平较低的旅游产业互联网，对于旅游各实体与主体的改造是一个巨大的政务和社会民生工程，必须举整个区域之力才能完成。

复制"一机游"模式

自从"一部手机游云南"取得成功后，腾讯开始把"一机游"项目向全国推广。截至 2020 年年初，"一部手机游烟台""一部手机游甘肃""一部手机游乌鲁木齐""一部手机游河南""一部手机游江西""一部手机游广西"等 20 余个"一机游"项目全面展开。

"一机游"由政府引导、企业参与、市场主导，以数字科技为驱动，以目的地为核心，以智库为推介，深耕目的地智慧服务，打通各部门间信息资源，打通产业上游下游连通渠道，旨在直接为游客提供智慧化的综合服务，促进数据资源共享，加速产业数字化转型，实现生态共建的全域旅游数字生态共同体。

"一机游"以数字技术连接产业上下游，完善产业互联网构建，实现社会资源的有效调度，是政府数字化治理在文化旅游领域的应用，是全域旅游的数字化样本。"一机游"概念的内涵包括政府治理数字化和旅游产业数字化，外延则是将目的地数字全域旅游作为切入点，逐步将其他领域产业连接，形成完善产业链，将产业互联网不断延伸，促进各部门与互联网的深度融合，实现全社会的数据转型，达到多方参与共赢效果，实现产业互联网布局和生态共建。

"一机游"的基础模块包括一个大数据中心、两个综合管理平台、五大统一系统，而基础模块是"一机游"的必需模块（见图 17-4）。"一机游"的外延模块则包括平台的多个应用模块，以及景区智慧服务、特色文旅建设等实施项目。外延模块可根据实际需求，自由选择、随机组合，让"一机游"更加全面地延展落地。"智慧化"建设是"一机游"的核心要素之一，也是外延模块组合中必要的体现。

此外，"一机游"模式已经形成了"1+N"的基本模式（见图 17-5）。狭义上，"1"是数字基础，"N"则是基于数字基础的各类旅游服务；在广义的应用层面上，"1"是设置完善的顶层设计产品包，"N"是适应省、市、区级特色发展需求的延展性模块，可因地制宜，搭配选择。

第十七章　腾讯：全社会共享连接力

「游客端」综合服务平台	「政府端」综合管理平台
• 用户管理　　• 商户管理 • 资讯管理　　• 诚信商家体系 • 资源管理　　• 载体（小程序/ • 客服管理　　　公众号/APP）	• 业务管理系统　　• 投诉管理系统 • 诚信服务　　　　• 退货管理体系 • 数据可视化　　　• 旅游市场监管 • 产业运行监测　　　系统

统一体系：统一用户身份　统一管理体系　统一支付体系　统一诚信体系　统一评价体系

大数据中心：决策分析　舆情控制　综合管理　旅游智慧大脑　游客画像　产业经济　网络安全

图17-4　"一机游"的基础模块

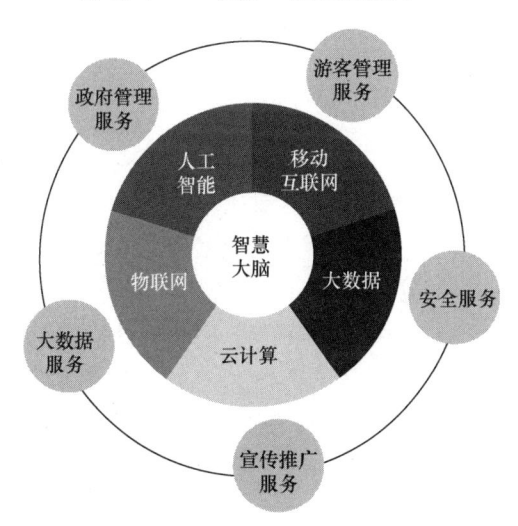

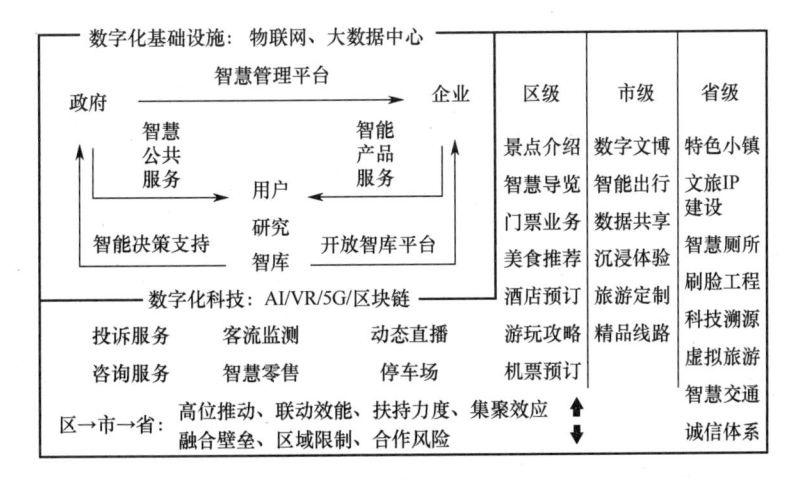

图17-5　"一机游"的"1+N"模式

（资料来源：《"一机游"模式发展白皮书》，2020年）

第三节　小程序、广连接

● 产业互联网的重要工具

腾讯产业互联网框架包括市场融合、产品升级、人机协同运营、弹性组织、系统互联、云基础设施等。相应的腾讯产业互联网解决方案包括面向深度连接的微信、QQ、小程序、二维码、IoT，提供全方位、多触点深度连接；数字助手七大工具，即公众号、小程序、移动支付、社交广告、企业微信、大数据和安全能力；去中心化立场，即腾讯对流量和资源不做强主导，去中心化保障生态多样繁荣；坚持前沿探索，包括基础科学研究支持、前沿交叉学科研究和投资；通过合作、服务、投资与行业合作伙伴共建"数字生态共同体"，协同培养数字与产业能力。

小程序是腾讯转型产业互联网的重要工具。2019年1月的微信公开课透露，2018年小程序已覆盖了超过200个细分行业，2018年为用户提供了超过1000亿人次的商业和政务服务，其交易金额增长了6倍，全年小程序累计创造了超过5000亿元的商业价值。用户已经习惯于在生活中使用小程序来获取服务，截至2018年年底，小程序日均使用频次比上一年提升了54%，用户的次日留存从34%增长到了54%，一年提供了超过1000亿人次的商业和政务服务。

2020年1月的微信公开课进一步披露了小程序、微信支付、小游戏、企业微信、微信公众平台、微信AI等腾讯生态产品在2019年的"成绩单"：小程序日活跃用户已突破3亿人，小程序全年创造8000亿元交易额，人均访问小程序次数上涨45%，人均使用小程序个数上涨98%，用户使用小程序次日留存率达59%，活跃小程序平均留存率上升14%；小游戏商业规模年增长率超35%，累计服务用户数超过10亿人；微信支付的用户数突破1亿人；微信二维码开放生态所创造的码上经济规模已达到8.58万亿元。

马化腾曾评价小程序："小程序是中国IT行业里，一个真正能够影响普通程序员的创新成果，它打造了一个'不受限'开发环境，为'跨系统开发'这个世界难题给出中国的解决方案。未来，将为推动世界科技互联网行业的进步贡献新的力量。"

张小龙则认为："小程序代表了一种表达方式。在未来，万事万物可能都是包含信息的，所有的信息都需要用某种方式被人触达，小程序刚好是这样一种信息的组织方式，或者说是一个信息的载体。小程序最终的目的不光是在线上可以玩一个游戏或者获取一个服务的信息，对于线下，对于更多的场景，它就代表了我们所能接触到的、所能见到的任何事物背后的信息，以及对于它背后信息访问的方式。"

小程序代表一个时代的连接器。APP只能够在系统桌面上点开，H5比APP有更多的连接场景，比如浏览器和公众号。在移动互联网中没有网址的概念，记住一个网址很难，但小程序不一样，其在2018年的时候就提供了50多种连接方式。

小程序并不"小"

实际上，小程序虽然名为"小"程序，但不小也不简单。例如，零售的三个要素"人、货、场"，通过小程序的"连接"就可以做到"以人为中心"的触点梳理。

"以人为核心，做成人、货、场的融合"，这是腾讯智慧零售最重要的理念，简单说就是"现有业态的客流数字化"，以及商业往线上延展"新增业态.com 2.0"，通过这两个操作模式互相融合、彼此交融，形成一个全新的零售数字化。例如，乳制品企业并不开店，怎么让乳制品与用户产生互动？在乳制品的瓶子上面印一个二维码，用户扫码之后，可以直接参加小程序互动，这样乳制品企业就可以沉淀用户的数据资产，同时知道到底谁喝了牛奶。

"现有业态的客流数字化"的例子：腾讯与万达广场战略合作，推动了万达广场以小程序的形式进行客流数字化。不管消费者是从停车场还是从大门进入万达广场，都有很多提示用户手机扫码的小程序，用户使用小程序可以得到万达广场里的各种推广信息、门店信息，手机成为万达广场里的导购和商场里的导览，带来的结果是人流更自然地流转。

在沃尔玛里，消费者在店里获取小程序，再在购物过程中扫码购物，不仅可以节省排队买单的时间，同时还可以知道商品的信息、附近还有什么适合的商品。小程序不仅帮助沃尔玛节省客户排队时间，而且带来实际成本的节省，包括店员效率提高、更多额外增量，同时消费者在扫码互动过程中可进一步得到商品的信息和促销的信息。

".com 2.0"就是商家开自己的网店，但网店不一定非要开在电商平台上，一个有效的形式是以小程序为载体、以社交为"血管"的".com 2.0"，包括品牌官方小程序、导购、社交裂变等。小程序并不是另一种信息化的方式，而是以轻连接、轻程序、轻数据的方式重新连接信息和数据，重新组合业务流程甚至是创新业务逻辑，重建实体世界与数字世界的入口。

小程序的开发，更重要的是腾讯要与企业客户一起，重新商讨新的业务流程和逻辑。汤道生在谈到腾讯智慧零售实践中的四个宝贵经验时说，小程序是产业互联网不可或缺的一环，腾讯希望和客户在一个战壕里，深挖腾讯生态和小程序的价值。

● 腾讯产业互联网的四大经验

通过小程序这个载体，零售企业可以更灵活自主地联动线上线下的消费场景，打造属于自己的会员体系和品牌影响力，更重要的是可以沉淀自主、全链路的数据资产。腾讯和优衣库打造的小程序"掌上旗舰店"，打通了微信公众号粉丝、线下触点、商业流量和腾讯社交触点四大渠道，会员可以一键预订限量商品、将搭配分享给好友，这个方案在活动期间带来了超过行业 3 倍的转化。在这个过程中，腾讯智慧零售战略合作部与合作伙伴一直都处于工作在一起的状态，工作方式就是和客户一起打造"智慧零售实验室"，以驻场的方式，打磨方案，测试效果，直至帮助客户真正解决痛点。

"一个腾讯""并肩作战"是腾讯产业互联网实践及小程序开发的两大宝贵经验。第三个宝贵经验就是"量体裁衣"。以智慧零售为例，每家零售企业都有自己的特质，每家企业在面对数字化转型的时候所遇到的问题和场景都不一样，数字化转型的进度不一样，需求也不一样。因此，腾讯认为拿出最适合客户的解决方案才是最重要的。比如腾讯和永辉云创共建的到家模式，为周边 3 千米的用户提供 30 分钟配送服务，让用户可以直观地体验永辉出色的供应链体系。这个方案就充分应用了永辉既有的供应链优势，又结合了腾讯的数字化能力和资源。同样是商超类零售企业，腾讯与沃尔玛的合作更多是在小程序和扫码购方面，通过小程序解决沃尔玛排队时间长的问题。截至 2019 年 5 月，沃尔玛的扫码购已经连接了超过 3000 万个用户，为沃尔玛减少了 50%的结账时间。

沉下心来，用心研究每位零售合作伙伴的真实能力，了解真实的痛点，并且有针对性地解决问题，帮助合作伙伴形成自己独特的智慧零售竞争优势，是腾讯在智慧零售领域的实践总结，也是腾讯产业互联网的实践总结。让腾讯产业互联网实践的第四个宝贵经验就是"共生共赢"，比如进一步开放中台能力，让企业与开发者可以灵活地把这些技术整合到业务场景中。

第四节　数字生态连接者

● 产业互联网的 C2B2B2C

2019 年 3 月，腾讯云、腾讯研究院共同发布了研究报告《产业互联网——构建智能+时代数字生态新图景》。该报告系统地提出了腾讯的数字化转型方法论——产业互联网：产业互联网是C2B2B2C，通过连接渗透到企业和机构内部，实现用户需求和生产运营高效协同；产业互联网是以机构组织为主体的渐进式创新，目的不是也不可能替代其他产业，而是协同升级；产业互联网创新不盲求颠覆式，而要遵循产业和行业客观的商业规模和问题，在此基础上进行渐进式创新；产业互联网依托于消费互联网，平台把消费者的经验和需求高效传递到产业侧，实现两张网的协同发展；互联网公司不与传统企业竞争，而是作为"数字化助手"，是连接器、工具箱和生态共建者（见图17-6）。

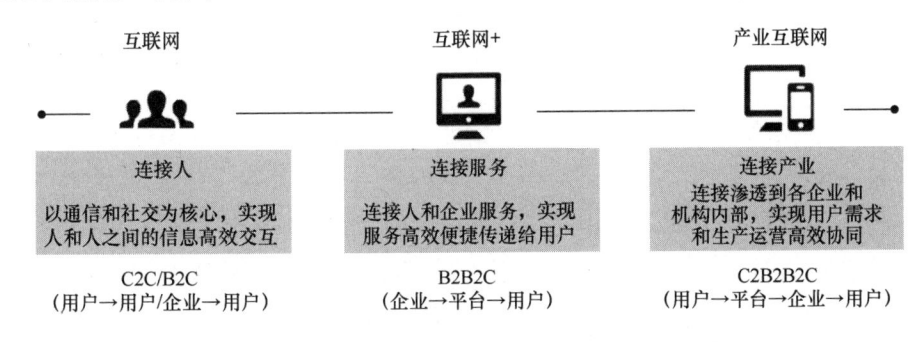

互联网	互联网+	产业互联网
连接人 以通信和社交为核心，实现人和人之间的信息高效交互	连接服务 连接人和企业服务，实现服务高效便捷传递给用户	连接产业 连接渗透到各企业和机构内部，实现用户需求和生产运营高效协同
C2C/B2C （用户→用户/企业→用户）	B2B2C （企业→平台→用户）	C2B2B2C （用户→平台→企业→用户）

图17-6 从互联网到产业互联网

（资料来源：腾讯《产业互联网——构建智能+时代数字生态新图景》，2019年）

《产业互联网——构建智能+时代数字生态新图景》可以说是马化腾和腾讯对于产业互联网深入思考的结果。与阿里巴巴从电商切入产业互联网的路径不同，腾讯结合自身的资源优势选择从C端（消费者）和G端（政府机构）切入产业互联网，特别是从G端（政府机构）切入产业互联网是腾讯的一大特色路径。《产业互联网——构建智能+时代数字生态新图景》认为产业互联网在广度上不仅覆盖了服务业、工业和农业，还从商业扩展到公益和政府，整个社会走向全面互联。腾讯选择了9个先导领域，分别是零售、文旅、出行、金融、医疗、教育、政务、制造和农业，其中6个领域与电子政府直接相关，其余4个也间接相关。

腾讯提出的产业互联网路径是C2B2B2C，腾讯解释为"用户→平台→企业→用户"，相应的互联网为C2C/B2C（用户→用户/企业→用户），"互联网+"为B2B2C（企业→平台→用户）。在C2B2B2C中，两端的C都是消费者和用户端，这两端都是腾讯微信及QQ可以触及的群体；中间的企业端是需要腾讯打通的环节，而平台端就可以选择从政府机构入手，建立电子政务和城市服务平台，以城市服务平台带动区域工业、农业等上公有云，从而打通企业端。毕竟对于腾讯和腾讯云来说，公有云是主战场，也是必争之地。

基于数字政府平台建立广连接

从政府机构和电子政务入手切入产业互联网，是腾讯的特有路径。而实际上，政务信息化是所有企业级信息化领域最落后的一个，反而最容易先行上公有云。这在 2019 年 5 月腾讯发布的《数字中国指数报告 2019》中有明显的体现，该报告数据显示数字中国发展呈现明显的集群效应，大型城市群在数字化发展过程中作用明显，京津冀、长三角、关中平原城市群增速领先。而背后的原因则在于核心城市拥有广大市场，同时掌握大量资源，可以起到带动作用；周边城市也能有效地与中心城市形成协同和分工，形成集群发展的态势。

《数字中国指数报告 2020》进一步指出，城市群是推动全国数字化进程的中坚力量：11 大城市群虽然数量占全国城市的大概一半，但其数字中国总指数占比高达 70%；在 11 大城市群中，以广州、深圳为双核带动的珠三角城市群数字化程度最高，数字中国指数远高于其他城市群；成渝城市群持续向第一梯队逼近，同比增速达 79.4%；关中平原、中原、长江中游、哈长和兰西等后发城市群同比增长超 80%，高于全国平均水平；而城市群的先进示范辐射作用日渐强化，四、五线城市数字化进程按下"快进键"，2019 年跑出了"加速度"。

此外，《数字中国指数报告 2019》的数据还显示，不同层级的城市，数字化发展的主动力有所差异。数字化程度高的城市主要是产业驱动，而后线城市更多的是产业+政务双轮驱动，甚至主要是政务驱动。但《数字中国指数报告 2019》也强调了城市的数字产业、数字文化、数字生活、数字政务四大板块相互之间的高关联性，即四大板块呈现明显的同步性，如果其中一个板块较为落后则导致整体落后，而当一个板块成为发展主动力后就必须同步发展其他板块，从而提升整体城市的数字化程度。因此，当数字政务成为城市的数字化主动力后，就必须同步注重发展数字产业，这样才能相辅相成。

在由马化腾为顾问团队成员、由腾讯研究院出品的研究报告中，《数字中国指数报告 2019》反复强调两个观点：数字政务与城市 GDP 呈现强相关性，数字政务水平高的地区，其 GDP 也通常较高，反之亦然；用云量的增量也与城市 GDP 呈现显著的正相关性，用云量每增长 1 个点，GDP 就大致增强 230.9 亿元，两者之间还存在正反馈机制，也就是说 GDP 高的地区有更多资金投入数字产业建设（见图 17-7）。因此，腾讯以城市云为平台，通过数字政务推动数字产业，进而带动产业中企业的数字化进程，核心在城市 GDP 的增加。

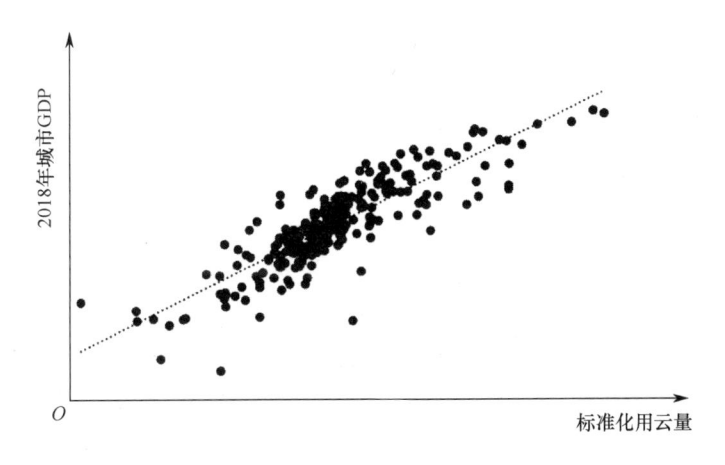

图 17-7 用云量与 GDP 的相关性

以腾讯参与的广东"粤省事"为例,"粤省事"的政务服务集成小程序于 2018 年 5 月上线,涵盖了社保、户政证件、交通出行、不动产登记查询、法律服务等多个领域的数百项服务,截至 2019 年 4 月已有千万级的实名注册用户数,约每 12 个广东人中就有一个人在使用"粤省事","粤省事"有效支持了广东的全省级数字政务体系建设。根据腾讯云政务民生负责人的介绍,数字广东项目中来自腾讯云渠道侧的生态合作伙伴就多达 1400 家,包括代理、联合开发、服务、咨询等几大类。截至 2020 年 6 月,"粤省事"已有 6291 万名实名注册用户,实现 1226 项高频民生事项集成在移动指尖办理、83%的事项零跑动。

2019 年,腾讯云在数字政务方面的中标还包括:2019 年 6 月 10 日,腾讯云、腾讯产业投资基金、东华软件和华体科技四方联合,以 8.7 亿元中标成都市"智慧绿道"项目;2019 年 7 月 2 日,腾讯云以 5.2 亿元中标长沙市城市超级大脑项目,东华软件为最重要的服务商和参与方;2019 年 8 月 20 日,腾讯云与湖北联投集团签署战略合作协议,引入北明软件、广州道一、上海安畅网络等生态伙伴,共同构建智慧新城等。当然,腾讯并不是简单地提供公有云服务及所有腾讯资源,而是采用灵活的资本合作、当地招聘员工、当地纳税等一系列合作方式,建立城市这个大"平台"。例如,为了数字广东项目,腾讯就与三大运营商合资成立了数字广东网络建设公司;腾讯的各种总部也相继落户合作城市,包括腾讯首个智慧产业总部落户长沙、腾讯西南总部大厦落户重庆等。

除了与地方省市等级政府机构合作,腾讯也加强了与中央政府和国资委的合作。例如,2019 年 6 月,"中国政务服务平台"小程序正式上线,接入了 46 个国务院部门、32 个地方政府的 142 万项政务服务指南,可以让用户享受 200 多项政务服务。2019 年 8 月,国资委党委书记、主任郝鹏在国资委会见了马化腾。腾讯与中国建设银行、中国银行、中国人保、中粮集团、国家电网、南方电网、华润集团、中国广核集团等大型央企均建立了深厚的合作关系。

● 新连接力

针对产业互联网和企业数字化转型，截至 2019 年，腾讯已经快速进行了调整。以微信和 QQ 为代表的腾讯平台级产品，找到了在中国市场的新连接力模式：结合腾讯自己的 ToC 互联网优势、一个领域内的主导性政府机构或企业、腾讯技术中台和前台及合作伙伴，形成覆盖一个全领域的实体经济与云及互联网相结合的产业互联网平台，智慧旅游、智慧教育、智慧零售、智慧医疗、智慧交通、智慧政务等都可以出现"一部手机游云南"的模式。

这种可以称为"产业互联网共同体"或"数字生态共同体"的模式，举腾讯全集团及生态之力成为数字化转型平台，拉动消费、企业、政府三位一体的大转型、公共社会化转型，再反向促进企业内部的渐进式和艰巨的再造与重塑过程。至此，马化腾之问（马化腾在《知乎 2018"互联网洞见者"》中提出的第一问："产业互联网和消费互联网融合创新，会带来哪些改变？"）已经有了较为明确的答案。

2020 年 3 月 18 日，腾讯发布 2019 年第四季度和全年业绩报告。其中，"金融科技及企业服务"自 2019 年第一季度单独披露以来，年收入达到了 1014 亿元，同比增长 39%。作为腾讯组织架构升级一周年后的首份年报，除"金融科技及企业服务"年收入 1014 亿元外，腾讯云全年收入超过 170 亿元；微信月活用户达 11.648 亿人；小程序的日均交易笔数同比增长超过 1 倍，交易总额超 8000 亿元；商业支付日均交易超 10 亿笔，月活跃账户超 8 亿个；腾讯视频的订购用户数高速增长，达 1.06 亿人。可以说，这些为腾讯的产业互联网转型之路交上了一份满意的答卷。

第十八章
华为：数字中国新"土地"

2018年年初，华为发布了新的愿景：致力于把数字世界带给每个人、每个家庭、每个组织，构建万物互联的智能世界。2017年11月20日，任正非在公司愿景与使命研讨会上指出：我们（华为）实质是通过聚焦ICT基础设施和智能终端，提供一块信息化、自动化、智能化的"黑土地"，这块"黑土地"上可以种"玉米""大豆""高粱""花生""土豆"……是让各个伙伴的内容、应用、云在上面生长，形成共同的力量面向客户。

任正非认为，未来每个人、每个家庭、每个组织（包括企业、政府及公共事业组织等），或多或少要用到华为公司的产品或服务，但这些是分散的，缺少凝聚力，要通过智能化才能凝聚起来。数字世界是散的、虚拟的，智能世界是凝结的、现实的，而华为就是中间的桥梁，也是连通万物的"黑土地"，做平台是华为的优势，华为要让优势更具优势。

在2017年9月华为全联接大会上，华为宣布已经成立云BU，正式进入公有云市场；2019年，华为成立了Cloud & AI BG，该BG主要承担云与计算产业的研发、市场营销、生态、技术销售、咨询与集成使能服务的责任，围绕鲲鹏、昇腾及华为云，构建生态，打造"黑土地"，成为数字世界的底座，而普惠AI是华为云与计算"黑土地"的使命。2020年1月，Cloud & AI升至华为第四大BG，与华为的运营商BG、企业BG、消费者BG并行。

第一节 数字化转型再造华为

在成为世界的数字世界"黑土地"之前，华为自身的数字化转型尤为关键。2017年，华为收入达6036亿元，在世界500强中排名第72位；2018年营收达7212亿元；2019年营收达8588亿元。截至2020年，华为在全球拥有19.4万名员工、900多个分支机构、15个研发中心、36个联合创新中心及百万级的合作伙伴，业务覆盖全球 170 多个国家和地区，服务 30 多亿人，与运营商共同合作在全球建设了 1500 多张网络，帮助世界超过三分之一的人口实现了互联，每年销售手机上亿部，数亿人在使用华为的数字平台。如此庞大的组织，必须把自身变成数字世界"黑土地"，才能为外界提供同样的平台与服务。

● "开着飞机换引擎"

在本轮全球企业数字化转型大潮中，华为也是其中的一员，也在积极推进自己的数字化转型。作为一个非数字化原生的企业，华为从成立之初开始就经历了第一阶段的分散型企业 IT、第二阶段的集中化 IT、第三阶段的国际化 IT。

2012 年 1 月，邓飚出任华为 CIO 后提出了基于 IaaS、PaaS 和 SaaS 云模式的第四阶段 IT 2.0。2016 年 1 月，陶景文出任 CIO 后继续推进数字化变革。2016 年，华为数字化转型的愿景是：通过数字化变革，在客户服务、供应链、产品管理、流程与组织等方面全面提高效率，自身率先实现基于 ROADS（Real-time、On-demand、All-on-line、DIY 和 Social）体验，实现达到领先于行业的运营效率与客户满意度。

2018 年年初，华为公司发布了新的愿景，即要把数字世界带给每个人、每个家庭、每个组织，构建万物互联的智能世界，而华为自身也要去使能这样一个万物互联的智能世界的未来。因此，陶景文在 2018 年 10 月的华为全联接大会·数字化华为峰会上强调，"把数字化转型重新定义为华为公司未来转型的唯一任务，打造全联接的智能华为生态，为构建万物互联的智能世界做出努力。"华为全面推进"Digital First"数字化战略（见图 18-1），在成为行业标杆的同时还将实现两个诉求：对外让华为与用户和客户做生意，简单、高效、安全；对内逐步提升内部的运营、效率和效益，支持公司"多打粮食"，增加"土壤肥力"。

相比于亚马逊和阿里巴巴等原生互联网企业的数字化转型、微软等传统软件企业的数字化转型，华为走出了一条独特的硬件产品公司数字化转型之路（华为也有软件业务，硬件是主体业务）。华为内部 IT 从最初的信息化到后来的数字化，再从数字化平台到基于平台的服务化，再到以客户体验为中心的业务与 IT 合一，甚至 IT 使能业务这种接近数字化原生企业模式，华为将实现"高速路"上的重生，即"开着飞机换引擎""高速路行驶中换车轮"。

华为作为一家非原生数字化企业，永远不可能让业务停下来去实施公司的数字化转型，而是永远在进行非破坏式的演进和改造。2018 年年底，华为质量与流程 IT 管理部 3300 余人支撑了华为全球 18 万名员工、15 万个合作伙伴、170 多个国家和地区的高效运营，以及 2018 年历史性的超千亿美元的营收大关。

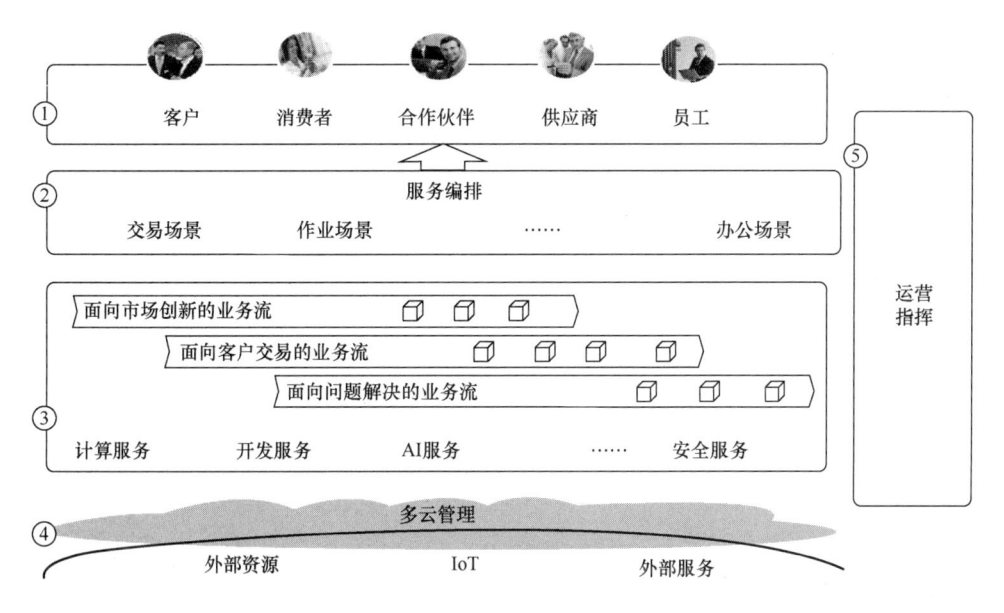

图 18-1 华为全面推进"Digital First"数字化战略

● 为什么要进行数字化转型

华为在自身数字化转型实践中,不断探索和引入云、AI、大数据等数字化技术。在转型过程中,华为IT在追求客户满意的同时,支持公司业务的发展。

华为在数字化转型大潮中并不是先行者,而且华为还是一个非原生数字化企业。相比软件企业和互联网企业,华为具有相当比重的制造业,因此华为的数字化转型有其特点和特色(见图18-2)。

图 18-2 为了实现数字化转型变革的三个 IT 转变

首先,华为为什么要进行数字化转型?这是因为第四次工业革命正在来临,数字化生产已经成为普遍的商业模式。数字化是以数据为处理对象、以ICT平台为生产工具、以软件为载体、以服务为目的的一个生产过程。在未来的商业中,各行各业数字技术正在深度影响每个行业的变化,未来的商业机会将由数据变机会、机会变服务、服务变收入,这是未来的全联接数字世界里的数字化生产模式。

非原生数字化企业通过数字化转型能解决什么问题?所有的企业在第三次工业革命时代,通过引入大量的装备和先进的机器,极大地打破了每个企业中生产效率的瓶颈;通过流水线、自动化制造、精益制造及各种装备和工具,极大改善了生产部门的效率。但是,鲍莫尔成本病也已成为各个行业的典型突出问题。根据鲍莫尔成本病研究理论,在任何一个组织里,有大量的部门为"停滞部门",而"进步部门"的生产率相对快速增长将导致"停滞部门"运营成本持续攀升、居高不下。

比如,人力资源等许多服务部门并不是通过机器的改变就能提高效率,因此第三次工业革命中机器的进步,并不能解决一个企业或一个行业的运营效率问题。运营效率持续降低、运营成本持续居高的问题,已经成为时代性问题。数字化平台则能够从根本上解决这个时代性的问题,让各行各业为客户提供更多、更好的产品和更优质的服务,同时具有更低的运营成本和更高的运营效率。数字化平台能够同时满足产品体验、成本和运营效率三大要素的要求,因此未来的数字化时代就是给"机器以智能,给服务以平台"。

华为 IT 服务的平台化演进

2018 年 8 月,华为公司董事长梁华在 2018 中国国际智能产业博览会上发表主旨演讲:尽管数字化技术是一个非常痛苦的历程,但从长远来看,数字化非常重要、至关重要,华为通过自动化、数字化、智能化来结构性地解决生产效率、服务质量和运营效率低下的问题。华为聚焦在 ITC 基础设施和智能终端,致力于打造云服务和"黑土地",希望构建数字化平台,首先改造内部的管理和运营,提升内部的效率。例如,华为选取了技术服务和财经体系作为突破口,已经取得了明显效果。

服务平台化,这是华为内部 IT 的数字化演进方向。过去,非原生数字化企业的 IT 部门都是封闭的 IT 系统,这是传统行业和传统企业的历史包袱。现在,越来越多的企业意识到,绝大多数流程正变得越来越复杂,流程往往由"烟囱"式 IT 应用组成,一个应用一套数据,数据孤岛造成企业数字化转型和数据挖掘的重重困难。此外,分段式的业务场景也让非原生数字化企业的转型十分困难。陶景文刚到华为流程 IT 部门的时候,对业务人员做的一个调研显示:华为客户服务交付部门需要打开 26 个不同的 IT 系统,进行 30 多步到将近 40 步的操作,才可以完成日常工作。

华为流程 IT 内部讨论时发现,华为有上千个应用并没有以用户为中心,而是以功能为中心。很多企业也像华为一样,员工出差要完成 5~6 个不同的电子流,包括申请出差电子流、订机票电子流、费用报销电子流、外出公干接待和酒店电子流等，而这些电子流程都不以用户为中心。当一个企业谈到数字化转型的时候，更多谈到的是 ABC（A 指 Artificial Intelligence，即人工智能，B 指 Big Data，即大数据，C 指 Cloud Computing，即云计算），涉及很多技术名词，但作为企业管理数字化转型，应该是 CBA（Customer 即用户，Business 即业务，Architecture 即架构）。华为认为，企业数字化转型第一要以用户和客户为中心，要回归用户和客户的体验；第二要回归业务的本质；第三是要有清晰的架构，包括组织、人力等各方面。CBA，也是华为从内部 IT 云化到数字服务化的演进方式。

数字化转型的技术手段其实是次要的，只要能够找到需要解决的问题，就可以找到充足的技术手段解决相应的问题。因此，数字化转型要同时依靠业务和技术，实现双轮驱动，最后为业务创造价值。华为自己的数字化转型及企业数字化转型，都要更多地先思考客户是谁、到底向客户销售什么、客户为什么选择或者放弃，以及企业的准备度、人和组织是否适合变化和数字化转型，然后才是引入恰当和合适的技术及解决相应的问题。

华为数字化转型战略要做的 5 件事

华为数字化转型战略要做的 5 件事如下。

（1）将用户划分为 5 类（客户、消费者、合作伙伴、供应商、员工），并以这 5 类用户的体验为优先目标，打造用户一站式交付平台，这是前台最主要的目标。

（2）提供场景化，对准业务作战，实现自主编排，灵活调度。

（3）依靠强大的企业服务中台，支持面向市场交易、客户交易及解决问题的业务流。华为在 170 多个国家开展业务，每个国家的供应模式、清关模式、交易模式等都不一样，要求快速响应、适应多种业务及多变的场景，因此服务化的平台是实现数字化转型的关键。

（4）多云管理。华为强调"欧美砖修中国长城"，数字化转型采用多云的平台，这样才能跑得更快、更轻松。例如，华为原来内部的会议系统叫 E-Space（中文名：华为智真），现在华为 E-Space 变成了会议服务，服务上有 Skype for Business、Zoom、QQ 视频及华为自己的产品，目的就是让华为员工能够在任何时间、任何地点、任何终端一键开会。

（5）将体验、场景、服务及多云管理连接起来的是运营指挥能力。华为要从产品公司向 DevOps 数字化转型，而华为强在敏捷开发、弱在运营能力，所以需要重新优化公司的运营模式，建立实时的运营指挥系统以管理公司的业务。

在用户方面,华为IT面向五类用户构建了一站式体验:用数字化手段做深连接,追求客户和用户满意;利用Digital Profile连接业务、人和团队、知识,以及所需要的所有装备和资产设施。WeLink是一站式服务平台,WeLink已经部署在华为公有云上,并且华为的全部IT资产都部署到华为公有云上,再以服务方式购买回来。在面向运营商的一站式服务方面,运营商是低频率、大订单模式,且欧美运营商也习惯了亚马逊可追踪货品位置的方式,因此华为也在为运营商开发基于场景化的服务,通过一站式的订单系统和交易系统实现类似亚马逊物流的体验。

在场景化方面,华为对准业务作战场景,把所有业务作战场景都细分到一个个"小方格",目标是提供等距离服务,灵活支持业务作战。华为面对5类用户,基于场景进行服务编排,实现全球"等距服务";通过标准化、服务化的数字化平台,对业务作战场景(如办公室、食堂、会议、供应等)全部进行地图化,场景服务则相对独立开放接口、支持业务人员灵活编排。截至2018年10月,华为把自己的IT业务打散成200多个具体的场景,并将每个业务场景服务化,由业务人员自主进行编排和服务,最终实现在全球任何地方都能获得等距离的服务体验,如肯尼亚和上海的华为销售人员都能获得同样的内部服务体验。

场景化的服务和灵活的编排,是华为转型的方向,以支持快速响应业务的变化。华为也向亚马逊学习。例如,亚马逊全球商场调一次价格只要15分钟,而传统沃尔玛商场调一次价格则要一周甚至一个月的时间。原来华为改变一个简单的业务流程也要很长时间,更无法实现"一国一策";而通过场景化、标准化的服务,把接口开放给用户,可以为业务提供更快速、更灵活的自主定制方式。华为也改变了内部IT部门的作战方式,原来的内部IT部门提供保姆式客户化服务,现在则要通过场景化和标准化服务,把接口开放给用户,让用户自主定制业务。

比如在消费者门店的场景中,华为IT把消费者业务门店场景服务化,对WiFi、办公PC、文印、IPOS收银等门店IT装备服务,以及进销存、货物盘点、客流分析、用户画像、店员排班等IT应用服务,均可提供一站式标准化IT服务,可在服务平台上一站式配置相应的服务能力,实现快速服务编排,支撑全球快速开店。华为IT可支撑消费者业务在全球的开店周期从3~6个月缩短到1~2周;截至2018年10月,使用户在任何地方打开页面或操作的响应时间均在3秒以内;在门店现场,提供超过12项标准化IT装备服务,实现现场快速部署。

在企业服务中台方面,华为认为构建一个服务化的企业中台,是数字化转型的关键"黑土地"。华为中台以ROMA(Relationship Open、Multi-ecosystem、Any-connect,关系开放、多生态系统、任意连接)多云管理为基底,提供了600多项服务能力,分为应用服务、平台服务、基础服务、安全服务四大类,将买卖机制、服务承诺完全云化，并支持业务的在线评价，使得用户能够不断优化自身业务。其中，基础服务包括弹性主机、弹性容器、对象存储、块存储和网络等；平台服务包括应用开发框架和应用开发工具链两大类，应用开发框架包括应用运行、中间件服务、数据库等，应用开发工具链包括大数据分析与AI、集成和IoT等；应用服务包括三大业务流服务、办公协同及公共应用服务；安全服务包括态势感知、数据防护、应用防护和主机防护等。

在中台建设中，华为主要围绕三大业务流，即面向市场创新的业务流、面向客户交易的业务流、面向问题解决的业务流构建中台应用服务（见图18-3）。在中台建设之前，华为只有孤立流程，包含上千个集成点，要想打通业务非常困难。华为将其改造成服务化后部署在云端，并与 AI 结合后，分成三层：底层面向记录（System of Record），采用 ERP 软件包和统一数据底座，数据拉通一致并实现全局共享，从而形成稳定、高效的后台；中间层面向差异（System of Differentiation），围绕三大业务流，业务与 IT 一体化团队共同识别和构建服务，并通过服务市场建立生态；顶层面向创新（System of Innovation），针对场景可以进行快速服务编排，快速适应业务变化。

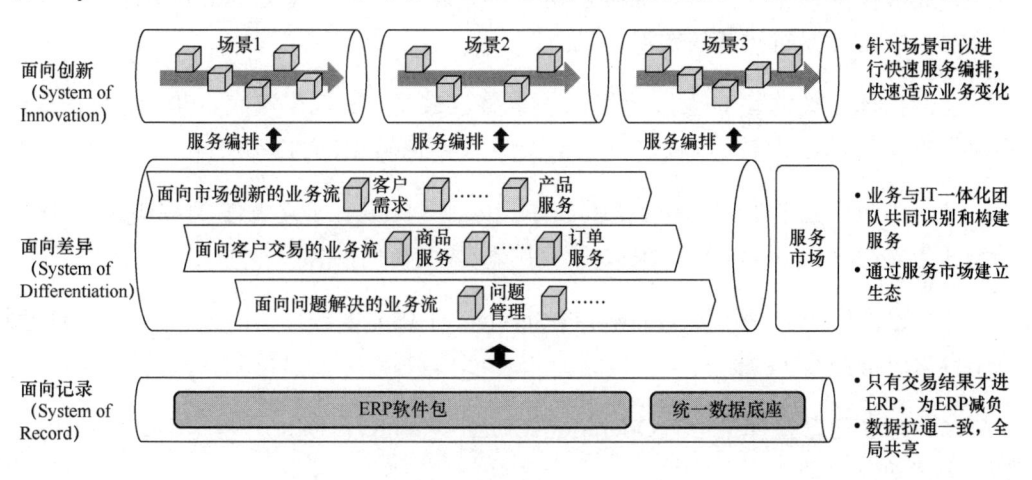

图 18-3　华为数字化转型构建的中台应用服务

同时，华为也在推进人工智能服务在内部的应用，人工智能应用优先对准高频、海量、复杂作业场景，通过人工智能来促进流程的智能化。2018 年，华为专门成立了组织，对准相应的业务加大 AI 技术的引入。华为还在中台建立了实时安全服务，基于策略中心、Profile 和安全围栏，实现用户无感知的实时安全。

在多云管理方面，华为构建了 ROMA 多云管理能力，实现企业"内部互通、内外互通、多云互通"。ROMA 能够实现协同多云服务，汇聚微软 Office 365、Zoom、SAP、Oracle 等。华为 IT 部门在忙着应对华为国际化战略的 10 多年里仅做了一个连接，即在华为开展业务的 170 多个国家搭建 IT、部署服务器和网络等。如今，华为终端公司可以在全球任何一个城市开店,无须关心华为 IT 如何提供服务。通过 ROMA 多云管理,能够实现快速的网络部署:一方面可集成业务应用,连接应用之间的信息孤岛;另一方面能够实现 IT/OT 融合,实现仓库、工厂、园区、门店的全面连接,消除数字断层。

华为在公司的全球网络架构及数据中心布局上,以业务和用户 ROADS 体验为中心成功部署了 8 个 100 毫秒业务圈,其服务的目标就是在 100 毫秒内能响应所有国家的业务需求。同时,华为在核心的几个数据中心积极实践了"极简"的网络架构,极大地减少了光纤的使用数量。

在运营指挥方面,通过"运营指挥平台+铁骑"实现快速实时运作。之前的华为并没有运营系统,只有报告系统。随着重塑整个公司的运营体系,华为打造了公司的运营中心,如华为的财经业务和人力资源业务都将获得运营指挥平台的支持。在运营指挥平台中,业务作业平台关联自动化作业岛,OCC 运营平台关联智能化指挥中心,作业岛与指挥中心互动,实现监测、预警、联动、指挥等行为,以实现业务监控、业务预测、业务预警、业务协调、业务调度、业务决策和业务指挥,从而支持公司数字化转型和业务的发展。

运营指挥系统的建立也涉及组织的重整。截至 2018 年年底,华为的 IT 部门实现了根本性的组织转型,构建了面向业务数字化转型的"IT 铁三角"(见图 18-4)。

(1)华为成立了 12 个 BET(Business Enable Team,业务&IT 混编团队),服务于包括当时的三大 BG、所有 BU、所有国家/区域在内的各个业务。

(2)重构华为 IT 服务(Huawei IT Service,HIS)平台,利用统一的云化 IT 服务平台来管理整个 IT 服务。

(3)建立运营指挥中心(Operation Control Center,OCC)指挥 BET 和 HIS 平台,运营随需而动。

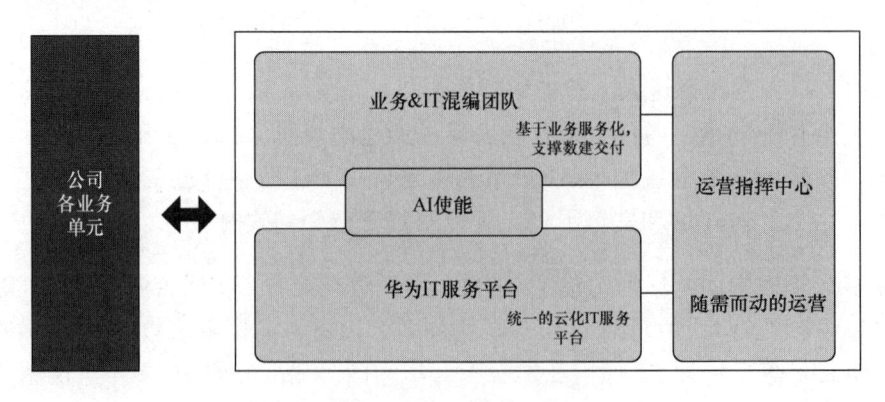

图 18-4 数字化转型需要完成组织转型

不仅如此，人工智能也会使能 BET 和 HIS 平台，完善并加速"IT 铁三角"的所有业务的发展。由 BET、HIS 平台和 OCC 组成的"IT 铁三角"将服务华为公司的各个业务单元，加速华为的数字化转型历程。这也意味着，不能只靠贴心的服务取悦于业务，而要靠持续的能力提升来赢得业务的尊重。

华为的数字化转型体会

在 2018 年 10 月的华为全联接大会·数字化华为峰会上，陶景文分享了如下华为自身数字化转型的体会。

第一，一个企业数字化转型要有战略的决心，需要有最高层和业务主体的业务驱动，而不仅仅是技术部门的驱动。数字化转型一定是一把手工程，任正非也投入了很大的关注度来推进华为的数字化转型。第二，在数字化转型的过程中，要以客户和用户为中心。第三，数字化转型要通过技术和业务实现双轮驱动。第四，数字化转型要有好的蓝图和架构，既要有系统性设计，也要从解决问题入手，并推进平台化进而服务化。第五，在方向大致正确的前提条件下，坚持持续的优化。在数字化转型的过程中，企业要有不断快速的调优和相应业务变化的能力。

华为的 IT 组织在国际化过程中进行了很多调整，现在云化组织基本上全部通过线上提供在线服务，华为 IT 的 3000 多人中只有约 100 多人在一线，本地服务都是包给公司相应的服务团队。在整个华为的数字化转型过程中，让用户 DIY 自助是一个重要的思想。华为在全球约有 19 万名员工，而华为 IT 仅有 3000 多人，这么大的工作量就意味着必须放权，提供可自助式服务的 IT 平台和工具。

华为的数字化转型，可以形容为在以 120 迈（1 迈=1.609344 千米/小时）的速度在高速路行驶中换车轮，永远不可能让业务停下来做公司的数字化转型，华为 IT 永远是在"非破坏式的演进和改造"，华为 IT 的所有产品、服务和解决方案都体现了这一特点。华为 IT 在开发了新的系统后，也不会停止原有业务部门所使用的 IT 系统，而是并行使用。如果新的系统确实好用，那么用户自然会切换到新的系统，当原有系统的用户流量低到一定程度后，就可以直接关闭原有的系统。

第二节 云+AI：打造数字"黑土地"

2019 年 11 月 1 日，中国进入 5G 商用第一天。这一天，全国首批 50 个城市迎来 5G 落地。到 2020 年年底，据不完全统计，中国 5G 用户已经突破 2 亿人，而 5G 也将进一步打开智能互联的产业互联网市场空间。2020 年被视为 5G 新经济周期元年，有望释放第一波新经济周期红利。

过去，由于带宽、时延、连接密度和成本的限制，能极大提高计算效率的云计算并未向千行百业、万事万物普遍延伸。但随着 5G 的应用和普及，其高速度、低功耗和低时延等特点将有效破解这一难题，"5G+云计算"可使计算资源的普惠性大幅提升。与此同时，被认为具有颠覆性潜能的人工智能技术也需要 5G 和云计算才能得以真正普惠。5G、云与 AI 三者的融合将释放巨大能量，推进政企智能升级火箭式上升。

云是"底座"

在 5G、云、AI 三大核心技术中，云是基础和底座。华为云的业务定位和使命是赋能应用，使能数据，做智能世界的"黑土地"。

自从华为于 2017 年推出面向公有云的华为云以来，根据 Gartner 发布的 *Market Share: IT Services，Worldwide 2019* 研究报告，华为云 2019 年在中国市场排名前三，在全球 IaaS 市场排名上升至第六，增速高达 222.2%，全球增速最快。2020 年 7 月 IDC 发布的《中国公有云服务市场（2020 年 Q1）跟踪》报告显示，2020 年第一季度华为云在中国云厂商中增速最快，位列中国公有云市场（IaaS+PaaS）第三，其中 IaaS 市场份额增长至 8.9%，同比增长超过 170%。2020 年 9 月，Canalys 发布的《中国公有云服务市场报告（2020 年 Q2）》显示，华为云以 15.5% 的份额位居第二，较 2020 年第一季度的 14.1% 进一步上升，同比增速高达 259.6%，排名第一。2021 年 4 月，Gartner 发布的 *Market Share: IT Services, Worldwide 2020* 研究报告显示，2020 年，华为云在全球 IaaS 市场的排名上升至中国第二、全球前五，增速为主流厂商中最快。

截至 2020 年，华为云提供 1 个基于擎天架构的云基础设施底座、3 个技术使能服务（应用使能、数据使能、AI 使能）、4 个面向行业场景化的联接触点（ROMA、DevCloud、IoT、华为云会议），帮助政企联接应用、联接开发者、联接万物、联接组织。截至 2020 年 9 月，华为云已上线 210 多个云服务、210 多个解决方案。华为云中国香港、俄罗斯、泰国、南非、新加坡、智利大区相继开服，与合作伙伴在全球 23 个地理区域运营 45 个可用区；华为云已发展 18000 多个合作伙伴，汇聚 150 万名开发者，云市场上架应用 3500 多个，云市场年交易额超过 10 亿元。

历经 8 年技术积淀的擎天架构，是驱动华为云稳健增长的关键动力源之一。基于擎天架构的云基础设施，华为云实现了全场景的一致体验与生态，为客户提供了多样性算力、极致效能、稳定可靠的云。擎天架构由华为历时 8 年打造，在 2012 年启动预研，2014 年构建软硬协同系统，2017 年应用于华为云，由 500 多个专利加持、10 万多个节点打磨而来，实现了"支持共享存储的裸金属服务器""千万级

PPS 转发实例""40G 带宽裸金属服务器"等多项创新突破。

华为云擎天架构包含数据面"软硬协同系统"和管控面"智慧云脑"两部分。其中，数据面从极简数据中心、多样性算力、擎天系列卡、极速引擎、极简虚拟化五个维度进行软硬协同创新，实现计算、存储、网络、安全的全卸载与加速能力，并已全面支持虚拟机、裸机与容器；管控面"智慧云脑"作为面向云、AI、5G 时代的分布式云操作系统，依托全域调度能力实现云边端的协同与治理。

值得一提的是基于擎天架构的华为云 Stack。华为云 Stack 是位于政企客户本地数据中心的云基础设施，为政企客户提供在云上和本地部署体验一致的云服务。华为云 Stack 提供的系列化版本满足传统业务云化、大数据分析与 AI 训练，建设大规模城市云与行业云等不同业务场景的客户诉求。华为云 Stack 包含基础版、智数版和全栈版三个版本，匹配企业业务云化的差异化建设需求，还推出一体化交付模式，即出厂前完成云服务软件的预装和机柜内部硬件安装与布线，设备到货后从现场调试到上线时间小于 24 小时。

华为云还提供了完整的边缘解决方案。2018 年，华为云率先发布了边云协同一体化平台 IEF，打造了边云应用协同的框架和生态；华为云 IEC 已经在公测，将华为云向外延伸，构建了多个时延圈的边缘站点群，为应用提供了极致的时延体验；一体化交付、本地部署、中心运维的 IES，让客户可在本地获得与中心云一致的体验；在安全可靠方面，通过边云资源统一调度能力，华为云实现了分钟级灾难恢复，有效保障了边缘应用的安全性及业务连续性；华为云边缘解决方案集成了 150 多个 AI/IoT 及加速应用，帮助各行业实现转型升级。

在面向云原生的容器技术方面，在 2019 华为全联接大会上，华为云发布了容器基础设施"Vessel"（军舰），包括 Kubernetes 集群调度平台 Volcano、容器存储 Update 版本 Everest、新一代容器网络 Yangtse，以及容器监控 Update 版本 Glacier。Vessel 作为面向更大规模、更高性能的下一代容器基础设施平台，将重点解决大中型企业尤其是泛互联网行业深入推进落地 Kubernetes 容器平台所面临的大规模核心业务 SLA 保障的问题。此外，华为云还重点面向 AI、大数据和基因等批量计算场景，推出了基于 Kubernetes 的高性能批量计算解决方案。

在应用平台方面，华为云推出了华为云 ROMA 应用平台，其来自华为自身流程 IT 近 30 年的实践，是华为内部 ROMA 平台的对外输出，也沉淀了华为长期服务政企客户的经验，让客户的数字资产生在云上（开发、集成在云上），也在云上再生（在云上持续共享变现）。华为云 ROMA 应用平台聚焦于数字化资产的治理，为伙伴与客户提供应用使能服务，支撑行业数字化转型。华为云 ROMA 应用平台包括如下能力。

- 开发能力 ROMA Factory 和 ROMA Service Core：为开发者提供业界首家打通研发态、运行态、运维态全流程的 DevOps 流水线，工具 ROMA Factory（DevOps），支持 Full Code、Lite Code、和 No Code/Low Code 三种开发模式，满足七大应用开发场景；提供一系列应用使能服务（ROMA Service Core），如身份认证、区块链、分布式中间件等，基于这些服务开发业务，能让客户应用自动获取云原生的能力，极大降低开发成本，提高开发效率，加速云转型。
- 集成能力 ROMA Connect：基于立而不破的理念，具备融合集成的技术，实现消息、数据 API，IT 与 OT、第三方应用等的集成；经过华为自身转型的上百个项目的实践，已有众多成熟的行业资产。
- 共享变现能力 ROMA Exchange：可以帮助企业进行资产的沉淀、管理和共享，实现数字资产持续变现、价值最大化。

2019 年 12 月，华为云正式对外发布了智能工作平台华为云 WeLink，这也是华为内部的数字办公平台 WeLink 的对外输出。华为于 2016 年 5 月正式成立了 Huawei Works（WeLink）变革项目，旨在用 3~5 年时间完成数字化办公转型，支撑线上线下精兵作战和跨企业团队协同合作。Huawei Works 项目于 2017 年 1 月 1 日发布华为全联接平台 WeLink，实现了各种办公应用之间的融合，通过建立与团队、知识、业务、办公装备的联接，打破了内外协同边界，构筑了简单、安全、高效的办公体验。WeLink 带来的数字办公新体验是从过去的"以功能为中心"转变为"以用户为中心"、从"做了什么事情"转变为"解决了什么问题"、从"N 个 APP"转变为"1 个联接器"。经过 3 年的发展，截至 2019 年年底，WeLink 让全球华为人整体协作效率提高 30%，员工满意度达到 90 分以上，APP 交付周期从"90 天"缩短到"7 天"。WeLink 为华为在全球 172 个国家、19 万名员工、1023 个办公场所、7 种办公语言等条件下的大规模复杂运营创造了快速且如流水般的流畅体验。

2019 年年底，经由华为云对外输出的华为云 WeLink 可实现任何时间、任何地点、任何设备、任何人的全场景智能办公，用户可随时、随地、通过任何终端（手机、计算机、Pad、电子白板等）实现协作办公，服务容量不受限，2000 方可以同时入会。智能会议室能让会议室设备自动将语音转文字，生成纪要并实时翻译成 7 种语言，扫码可将会议板书和纪要发送到工作邮箱，智能板书可跨地域共享并具备多种智能投屏方式等。在智能算法驱动连接服务方面，华为云 WeLink 提供了越用越懂员工的 AI 工作助手，员工只需要说一句话就能直达百种服务，包括智能找人、找邮件、预定差旅、报销费用、充值卡包等。

普惠 AI

对于华为来说，数字化是基础，智能化是目标。作为中国的高科技领军企业之一，华为一直提倡普惠 AI，强调让 AI 用得好、用得起、用得放心。普惠 AI，也就意味着要攻克算法和算力课题，特别是算力这个最关键的基础科研难关。华为从 2014 年就启动了 AI 芯片底层架构的预研工作，经过两年的论证后于 2016 年正式启动昇腾（Ascend）AI 芯片的研发。在华为全联接大会 2018 上，华为轮值董事长徐直军首次发布了华为 AI 战略与全栈全场景 AI 解决方案，其中包括自研的覆盖全场景人工智能的华为昇腾系列芯片，以及基于华为昇腾系列芯片的产品和云服务。

华为强调全栈和全场景 AI 解决方案，所谓全栈就是技术功能视角，包括芯片、芯片使能、训练和推理框架、应用使能在内的全堆栈方案；所谓全场景，就是包括公有云、私有云、边缘计算、物联网行业终端及消费类终端等全场景的部署环境。2017 年 9 月，华为发布了面向企业、政府的人工智能服务平台华为云 EI；2018 年 4 月，华为发布了面向智能终端的人工智能引擎 HiAI；2018 年 10 月，华为发布了全栈、全场景 AI 解决方案，这是华为在普惠 AI 方面的里程碑。

"达芬奇架构"是昇腾系列芯片所基于的统一架构，是由华为自研的 AI 技术架构。因为华为需要的是从云到边缘和端（包括不同物联网终端）全场景支持人工智能，因此必须开创一个新的架构，而且这个架构要在技术上行得通、可实现。华为开创性的达芬奇架构，能够实现从极致的低功耗需求到极致的大算力需求全覆盖。基于统一的达芬奇架构的好处是可以一次性开发算子、算力可扩展、一致的开发和调试体验、开发一次可跨各场景平滑迁移、超高带宽和极低时延及可扩展的片上互联等。基于统一的达芬奇架构的昇腾系列芯片，可实现任何场景下以最低成本获得最优性能。

华为昇腾系列芯片基于统一、可扩展架构的系列化 AI IP 和芯片，包括 Max、Mini、Lite、Tiny、Nano 五个系列。华为全联接大会 2018 上首发的华为昇腾 910（Ascend 910），面向数据中心的计算需求，是当时全球已发布的单芯片计算密度最大的 AI 芯片；昇腾 310（Ascend 310），面向桌面计算、边缘服务器计算等场景，是当时最强算力的 AI SoC。此外，华为还在陆续推出面向智能手机计算场景的 Lite、面向时刻在线计算场景的 Tiny，以及面向智能耳机等可穿戴计算场景的 Nano，覆盖从小于 1mW 到 200 多 W 的全功率计算场景。

华为并不直接销售昇腾系列芯片，而是对外提供基于昇腾芯片的硬件产品。例如，华为全联接大会 2018 上推出的基于昇腾 310 的 Atlas 智能计算平台：面向端侧的 Atlas 200 AI 加速模块、面向数据中心侧的 Atlas 300 AI 加速卡、面向边缘侧的

Atlas 500 智能小站，以及定位于企业领域一站式 AI 平台的 Atlas 800 AI 一体机等。其中，Atlas 200 AI 加速模块仅为半张信用卡大小，可支持 16 路高清视频实时分析，面向摄像头、无人机等端侧设备部署，功耗仅为 10W 左右；Atlas 500 智能小站是业界领先集成 AI 处理能力的边缘产品，可实现 16 路高清视频处理能力，当时相比业界产品性能提升 4 倍，适用于交通、看护、无人零售、智能制造等广泛的领域。所有的昇腾系列芯片，也都通过华为云对外提供服务。

从达芬奇架构到昇腾系列芯片，再到 Atlas 智能计算平台和华为云服务，华为在人工智能芯片上是一个面向未来的长远布局，而且是考虑到各类功耗和长期低功耗可持续发展需求的布局。除昇腾系列芯片及智能计算平台外，华为的全栈、全场景 AI 解决方案还包括：芯片算子库和高度自动化算子开发工具 CANN；支持端、边、云独立的和协同的统一训练和推理框架 MindSpore；提供全流程服务的机器学习 PaaS ModelArts，提供分层 API 和预集成方案的应用使能；面向生产环境的模型自动优化 ExeML，提供面向执行的自动模型生产和适应部署环境的自动优化。

除了 Atlas 系列，华为全联接大会 2018 上还推出了面向移动汽车计算的 MDC（Mobile Data Center），可内置到智能汽车上。在自动驾驶领域，华为与奥迪在华为全联接大会 2018 上宣布了在 L4 自动驾驶领域的联合创新。华为与奥迪双方技术人员共同努力，已经将华为 MDC 移动数据中心集成到奥迪 Q7 原型车中，用于城市自动驾驶环境的运行。

在普惠 AI 方面，面向 AI 开发者的 AI 全流程开发平台与工具 ModelArts 十分重要。ModelArts 以开发者为中心，打造一个从数据准备到模型训练再到推理执行的全生命周期平台，降低 AI 开发者的门槛，落地普惠 AI 的理念。ModelArts 提供了自动学习功能，包括模型的自动设计与自动调参等，目的是让每个开发者都可以快速上手。2018 年，ModelArts 可实现千万级模型、数据集及服务等对象的管理，不需要人工干预，可自动生成溯源图，可找到模型对应的数据集、参数等部署在哪里，这些很实用的功能很受华为内部开发者欢迎。

截至华为全联接大会 2020，华为云在 10 多个行业成功交付了 600 多个 AI 项目，ModelArts 得到了广泛的应用。ModelArts 在行业 AI 中发挥了重要价值。例如，在一个铁路项目中，全车故障类型为 600 多种，大部分故障的数据样本小于 10 个，数据量非常小，而基于华为云 ModelArts，目前已经实现重大故障的识别准确率达 100%，轻微故障的识别准确率达 98%。华为在华为全联接大会 2020 期间发布了 ModelArts 3.0，其融合了骨干模型、联邦学习、模型智能评估与诊断、高性能 AI 计算四大特性，以加速行业 AI 落地。

华为云 EI 智能体可解决产业人工智能落地中结合行业智慧的难题。所谓智能体，即 Intelligent Twins，是数字双胞胎概念在人工智能中的借用。华为认为连接物理世界和数字世界之间的就是智能体，智能体是物理世界在数字世界中的映射，也是数字世界反作用于物理世界的反馈渠道。自 2017 年 6 月推出华为云 EI 智能体以来，华为云通过在城市、制造、物流、互联网等行业的数百个项目进行探索，发现行业智慧与 AI 结合是难点，需要双方专家共同寻找场景和问题解决路径，而华为云 EI 解决方案就是在企业实践中寻找高频出现的重复场景、融入专家积累和经验（行业智慧），使 AI 达到专家助手水平，以及用人工智能探索涉及参数众多、依赖关系复杂、维度高的异常复杂场景——多域协同场景（包括城市治理、工业生产等）。华为云 EI 智能体陆续推出了 EI 交通智能体、EI 工业智能体、EI 城市智能体等，这些都是针对行业智慧与 AI 结合提出的解决方案。

华为的 AI 战略包括五大方面：投资基础研究——在计算视觉、自然语言处理、决策推理等领域构筑数据高效（更少的数据需求）、能耗高效，安全可信、自动自治的机器学习基础能力；打造全栈方案——打造面向云、边缘、端等全场景、独立、协同、全栈解决方案，提供充裕、经济的算力资源，简单易用、高效率、全流程的 AI 平台；投资开放生态和人才培养——面向全球，持续与学术界、产业界和行业伙伴广泛合作；解决方案增强——把 AI 思维和技术引入现有产品和服务，实现更大价值、更强竞争力；内部效率提高——应用 AI 优化内部管理，对准海量作业场景，大幅度提高内部运营效率和质量。

华为云 AI 首席科学家田奇在华为全联接大会 2020 上介绍，华为云长期扎根 AI 基础技术研究，覆盖计算机视觉、语音语义和决策优化三大领域，聚焦于模型高效、数据高效、算力高效、知识高效四大方向，提出了六大基础研究计划——面向大模型的模型摸高计划、面向小模型的模型瘦身计划、面向多模态学习的数据魔方计划、面向小样本学习的数据冰山计划、面向通用知识抽取的万物预视计划和面向新学习范式的虚实合一计划；许多研究成果，包括自动机器学习、小样本学习、联邦学习、预训练模型等，能够即插即用地部署于 ModelArts 使能平台，从而赋能千行百业。

第三节　鲲鹏计算产业

在 2019 年 9 月的华为全联接大会 2019 上，华为正式发布了基于"鲲鹏（Kunpeng）+昇腾"双引擎计算战略，其中鲲鹏为通用处理器，昇腾为 AI 处理器。同时，华为推出了包括处理器、板卡、主板等在内的完整的基础硬件系统，以及包括服务器操作系统、数据库、开发工具、算法框架等在内的完整的基础软件系统。鲲鹏计算产业指华为与产业合作伙伴携手，共同为各行各业提供基于鲲鹏和昇腾处理器的领先IT基础设施及行业应用，包括PC、服务器、存储、操作系统、中间件、虚拟化、数据库、云服务及行业应用等。

华为整体计算战略

在华为全联接大会2019上，华为首次发布计算战略：基于架构创新、投资全场景处理器族、有所为有所不为的商业策略、构建开放生态来布局。

从大型机到个人计算机，从智能手机到可穿戴设备，计算能力日益提升，同时计算模式也在不断演进，基于统计的计算模式将逐渐成为主流。预计5年后，AI计算所消耗的算力，将占到算力消耗总量的80%以上，计算正在进入一个新的智能时代。

时任华为副董事长胡厚崑在华为全联接大会2019上表示，"我们面临的是一个2万亿美元的计算产业大蓝海，华为坚定不移地投入计算产业，通过对架构创新的突破、对全场景处理器的投资、坚持有所为有所不为的商业策略，以及构建开放生态来布局战略。"

架构创新：投资基础研究，推出达芬奇架构，用创新的处理器架构来匹配算力的增速。投资全场景处理器族：包括面向通用计算的鲲鹏系列、面向AI计算的昇腾系列、面向智能终端的麒麟系列，以及面向智慧屏的鸿鹄系列等。有所为有所不为的商业策略：华为不直接对外销售处理器，以云服务面向客户，以部件为主面向合作伙伴，优先支持合作伙伴发展整机。构建开放生态：未来5年继续投入15亿美元，汇聚500万名开发者，使能全球合作伙伴开发应用及解决方案。

华为在2004年开始投资研发第一颗嵌入式处理芯片，历经15年，截至2019年投入超过2万名工程师，形成了以"鲲鹏+昇腾"为核心的基础芯片族。华为将以鲲鹏和昇腾作为根基，打造"一云两翼双引擎"的计算产业布局，持续构建开放生态。

- "一云"是指华为云。华为云通过全栈创新提供安全可靠的混合云，成为生态伙伴的"黑土地"，为世界提供普惠算力。在华为全联接大会2019上，华为发布了基于"鲲鹏+昇腾"的112款华为云云服务，涵盖了IaaS、PaaS、EI、数据库、安全、IoT等领域。
- "两翼"分别指智能计算业务、智能数据与存储业务。在智能计算领域，华为面向端、边、云，提供"鲲鹏+昇腾+X86+GPU"的多样性算力。在华为全联接大会2019上，华为发布了当时全球训练最快的AI训练集群Atlas 900、算力强劲的 AI 推理和训练卡 Atlas 300 及 AI 训练服务器 Atlas 800。在智能数据与存储领域，华为融合了存储、大数据、数据库、AI，围绕数据的全生命周期，让数据的每比特成本最优，让数据的每比特价值最大。

● 鲲鹏处理器

芯片是构建各类计算产品、使能上层软件和应用的底座，也是全产业链可持续创新和发展的驱动力。华为经过多年的技术积累与实践，在 2018 年推出了 AI 芯片昇腾 310 和昇腾 910、基于昇腾芯片的 Atlas 人工智能计算平台；在 2019 年推出了 7nm 服务器处理器鲲鹏 920、基于鲲鹏处理器的 TaiShan 服务器、AI-native 分布式数据库 GaussDB，以及基于鲲鹏处理器的华为云鲲鹏云服务和解决方案等。

鲲鹏处理器基于 ARMv8 架构永久授权，处理器核、微架构和芯片均由华为自主研发设计，鲲鹏计算产业兼容全球 ARM 生态，二者共享生态资源，互相促进、共同发展。鲲鹏处理器及相应的主板等硬件设计是华为主导的开放硬件架构，鲲鹏处理器是基于鲲鹏架构的华为品牌硬件，华为期望通过开放的硬件架构，推动一个新的产业生态，也就是鲲鹏计算产业生态。

华为作为鲲鹏计算产业的一员，已经完全掌握 ARM64 处理器核、微架构及芯片设计的关键技术，拥有 ARMv8 架构永久授权，并在此基础上发展了鲲鹏系列处理器。2019 年 1 月发布的华为鲲鹏 920 是当时业界最高性能的基于 ARM 的处理器，该处理器采用 7nm 制造工艺，基于 ARM 架构授权，由华为自主设计完成。华为通过优化分支预测算法、提升运算单元数量、改进内存子系统架构等一系列微架构设计，大幅提高处理器性能。华为鲲鹏 920 以更低功耗为数据中心提供更强性能。

华为在芯片领域上的长期投入和持续创新，面向计算、存储、传输、管理和 AI 打造了全面的具有差异化竞争力的芯片体系，有能力满足支持鲲鹏计算产业持续发展的算力底座需求。

为满足新算力需求，华为围绕鲲鹏处理器打造了"算、存、传、管、智"五个子系统的芯片族；在鲲鹏生态建设上，与海内外生态厂家合作，重点投入了操作系统、编译器、工具链、算法优化库等的开发和维护；同时针对数据中心大数据、分布式存储、云原生应用等场景，开发了基于鲲鹏处理器的解决方案产品和参考设计。

对于作为鲲鹏计算产业底座的鲲鹏处理器，华为将持续保持重点投入，秉承量产一代、研发一代、规划一代的演进节奏（见图 18-5），落实"长期投入、全面布局，后向兼容和持续演进"的基础战略，通过对产业界提供以鲲鹏系列处理器为核心的芯片族和相应的产品，高效满足市场对新算力的需求。

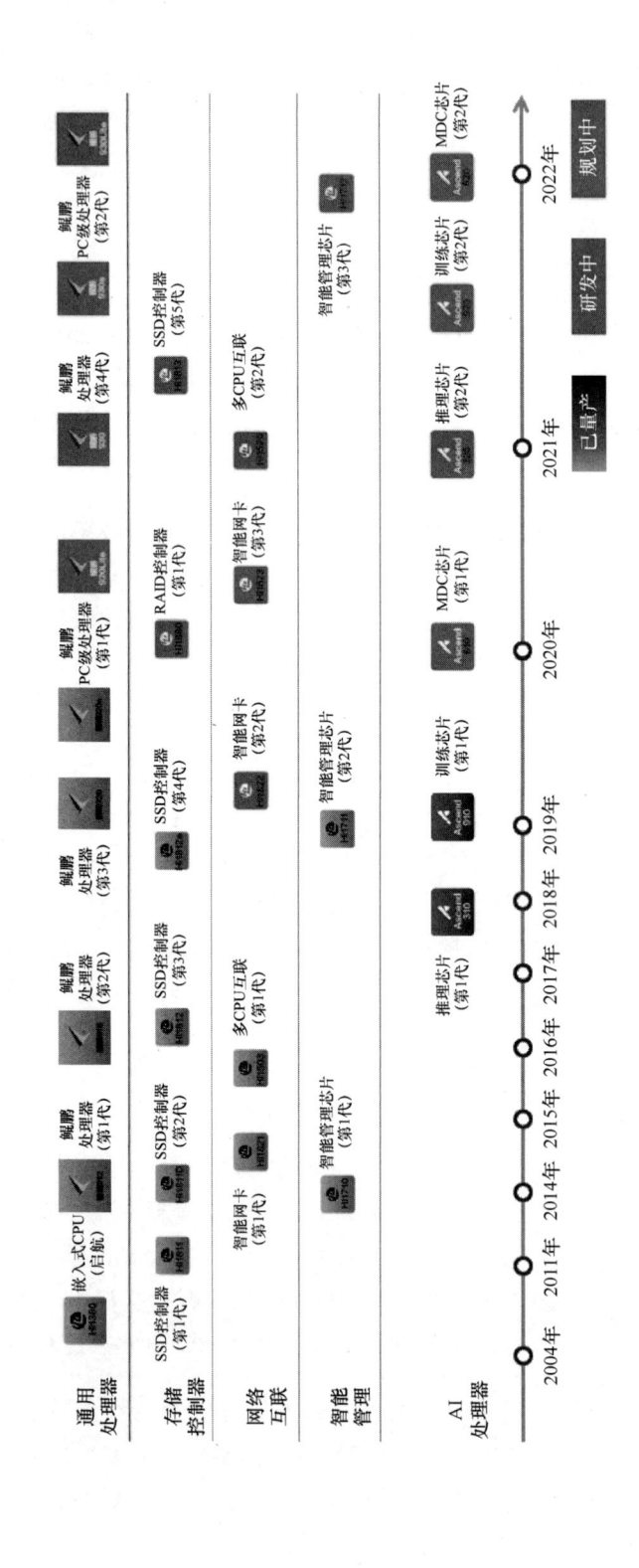

图 18-5 鲲鹏芯片族"量产一代、研发一代、规划一代"的策略

（资料来源：《鲲鹏计算产业白皮书 2019》）

发展鲲鹏计算产业生态

2019年7月，华为宣布计划在未来5年内投资30亿元发展鲲鹏产业生态。同时，华为已构建在线鲲鹏社区，提供加速库、编译器、工具链、开源操作系统等，帮助合作伙伴和开发者快速掌握操作系统、编译器及应用的迁移调优等能力，共建、共享、共赢计算新时代。

为推动合作伙伴更好地采用鲲鹏处理器，华为开源了操作系统、数据库和AI计算框架，使能伙伴发展自己品牌的产品并为开发者提供了覆盖端、边、云的全场景开发框架。华为宣布于2019年12月31日开源服务器操作系统，于2020年6月开源GaussDB OLTP单机版数据库，于2020年第1季度开源MindSpore全场景AI计算框架。其中，开源版本的服务器操作系统名称为openEuler，开源版本的数据库名称为openGauss。openGauss数据库可覆盖企业70%以上的数据库业务场景。华为将支持基于openEuler的合作伙伴发行商业版操作系统，支持各行业主流应用和软件开发商把软件与应用迁移到基于openEuler的操作系统上。华为与深之度、中标麒麟、天津麒麟、中移苏研、普华等伙伴联合推出openEuler开源社区。

在硬件开源方面，华为对外提供主板、SSD、网卡、RAID卡、Atlas模组和板卡，优先支持合作伙伴发展服务器和PC等鲲鹏计算产品。华为在华为全联接大会2019上发布的华为鲲鹏主板采用xPU高速互联、多合一SoC、100GE高速I/O等关键技术。它不仅搭载了鲲鹏处理器，还内置了BMC芯片、BIOS软件。华为开放主板接口规范和设备管理规范，提供整机参考设计指南，全面向伙伴开放华为的技术积累和实践经验，合作伙伴可以基于鲲鹏主板和整机参考设计指南，快速开发自有品牌的服务器和台式机产品。值得一提的是，华为开发TaiShan服务器的根本目的是立标杆，使能产业链。在条件成熟时，华为可逐步停止TaiShan服务器销售业务，转为以主板、部件等方式全面支持和服务更多整机厂商共同发展。

华为作为鲲鹏计算产业的成员，聚焦于发展鲲鹏处理器的核心能力，通过战略性、长周期的研发投入，吸纳全球计算产业的优秀人才和先进技术，构筑鲲鹏处理器的业界领先地位。上下游厂商基于鲲鹏处理器发展自有品牌的产品和解决方案，与系统软件及行业应用厂商一起打造有竞争力的差异化解决方案。鲲鹏计算产业生态品牌和标识为Powered by Kunpeng，鲲鹏计算产业伙伴均可申请使用Powered by Kunpeng生态品牌标识，用于产品贴标、营销传播等场景。

2019年和2020年，绿色计算产业联盟、华为、中国电子技术标准化研究院、ARM中国、IDC等相关单位连续推出了《鲲鹏计算产业发展白皮书》2019版与2020版，从产业发展角度引导鲲鹏计算产业，推动形成具有全球竞争力的计算产业集群。

第四节 以开发者为核心

2020年3月的华为开发者大会2020（Cloud）传递出一个强烈信号：以开发者为核心。过去，围绕运营商，华为的商业模式是提供端到端的全面产品、服务和解决方案，那个年代的华为并没有与开发者过多地接触。而在IT产业里，特别是在以云计算代表的新型数字技术产业中，商业模式必须围绕产业生态展开，没有一家厂商可以独立提供所有的解决方案，开发者就成了核心。

● 沃土计划

IT产业本质上是一个生态型产业，华为在IT产业中聚焦底层的算力、IT基础设施和云平台，而面向各个行业解决客户问题还需要很多的应用和软件，这就需要大量的开发者为各个行业、各个业务场景开发不同的软件适配。因此，华为认为，在计算产业里，开发者就是改变世界的力量，更是企业创新的动力和产业的灵魂。

自在2015年首届华为开发者大会上发布沃土1.0计划以来，华为逐步开源开放了CT产品、云服务、昇腾AI计算、鲲鹏计算能力等，并在全球建立了21个OpenLab，打造了开发者社区，举办了开发者大赛和人才认证等。截至2019年9月，历经4年发展，华为已拥有130万名注册开发者个人，超过1.4万家企业开发者伙伴正在与华为进行产品与方案创新。

不论是鲲鹏算力还是AI算力，华为要做的是打造底层算力及相关工具与平台，让开发者能够在其上更好地开发各种应用软件，帮助客户解决问题。为此，华为在2019年推出了沃土计划2.0。面向下一个5年，华为沃土计划2.0将从五大方面进行升级，未来5年投资15亿美元发展云与计算开发者。

华为沃土计划2.0包括：产品升级，重点基于鲲鹏+昇腾计算处理器，打造开源开放的计算产业生态；赋能升级，打造360°的全方位赋能体系；联盟升级，推动产业标准、规范、示范点、技术认证体系的建设，共同做大蛋糕；社区升级，按行业建设应用生态，按区域建设产业生态；激励升级，让每个开发者都能获取鲲鹏和昇腾算力。在LEADS［Lab as Service（实验室即服务）、End-to-End（端到端）、Agile（敏捷）、Dedicated（专业支持）、Social（社交）］理念的指导下，华为针对开发者开发历程的了解、学习、构建、上市这四个阶段，优化相应流程、社区、资源配置等，使开发者在华为平台上更高效地成长。具体扶持资源包括：鲲鹏开发样机、昇腾训练卡、云服务代金券、OpenLab、培训与认证服务、开发者大赛、ISV应用迁移技术支持、华为 FAE 开发支持服务、华为认证、ISV 营销活动与样板点支持等。华为也将围绕开发者学习、产品构建、产品上市三个阶段，分别设立 LDF（学习成长基金）、PDF（产品开发基金）、MDF（市场发展基金）三类基金。

沃土计划 2.0 的实施相当细致：为了让广大学生开发者掌握基于鲲鹏和昇腾平台的开发技能，华为与 50 多家高校开展了相关的教学与科研合作，已经发布了 20 套纸质版教材和超过 200 套线上课程；华为与各高校合作用鲲鹏和昇腾芯片重新装配计算实验室。截至 2020 年 1 月，基于华为昇腾 AI 平台开课的双一流高校已达 40 多家。此外，华为还发布了 24 类鲲鹏相关的职业认证并被众多企业与机构认可。

华为在华为开发者大会 2020（Cloud）上宣布了 2020 年投入 2 亿美元，并公布了人才扶持细则：面向高校，提供 1 亿元的扶持金额，包括人才培养、云资源及样机支持，同时华为与教育部签署 3 年协议，投入 10 亿元，共同推进人才的培养；面向初创企业及个体开发人员，以云资源及线下活动的方式发放 1 亿元的补助，每家初创公司最高可获得 75 万元的云券；面向合作伙伴，提供 6 亿元的扶持总额，其中包括 3 亿元的一次性研发费用补贴和 3 亿元的云资源。

沃土计划不仅是对开发的支持，同时包括对销售的支持，因为华为希望开发者最终能够实现商业闭环，所以支持开发者的计划是围绕软件应用生命周期展开的。例如，在开始的学习阶段，开发者对华为鲲鹏、ModelArts、HiLens 等不熟悉，华为在这个学习阶段设立了 LDF；开发者学完后进入开发状态，华为设立了 PDF 为开发者提供开发期间的支持；产品开发完成后要上市，华为在这个阶段设立了 MDF；上市之后最终要实现商业变现，华为把开发者开发的优秀产品推广到华为一线销售组织，同时在渠道政策中提供销售激励计划，包括对销售解决方案的返点、认证不同级别的合作伙伴等。

● **新的开发者生产力**

在云计算和芯片技术大发展的今天，开发者需要的新生产力，首先是新的算力。新算力主要体现在：从通用 CPU 走向与 ARM、NPU、GPU 一起的并行计算和分布式计算所形成的异构计算；5G 使能数据可以更多地分布在边和端，算力跟着数据走的云边端协同计算；AI 算力高速增长；泛在算力覆盖"边、端、云"及嵌入式系统。为了满足对新算力的需求，华为在 2019 年发布了基于"鲲鹏+昇腾"双引擎的计算战略，为开发者提供多样算力。

有了芯片作为基础硬件，还需要板卡、编译软件、操作系统、数据库、开发工具等基础软件等才能真正发挥"鲲鹏+昇腾"新算力硬件的威力。在鲲鹏方面，华为与众多合作伙伴从基于鲲鹏系列主板、存储系统、基础软件到上层行业应用，构筑完整的产业生态；openEuler 开源社区发布 openEuler 20.03 LTS（长期支持）版本，并与麒麟软件、普华基础软件、统信软件、中科院软件共同宣布基于 openEuler 的商用版本操作系统正式发布；在软件工具链方面，华为通过开发者社区开放代码移植工具、性能分析调优工具、编译器和加速库，帮助开发者掌握软件迁移、编译构建和系统优化的能力，2020 年推出的鲲鹏加速库让开发者可以在代码修改量不到 1% 的情况下将性能提升大于 10%，甚至在加解密等场景下将性能提升超过 100%；在数据库方面，于 2020 年开源重量级数据库 GaussDB。

在昇腾方面，华为已经陆续发布了 Atlas 加速卡、智能小站、AI 一体机、AI 集群等基础硬件，以及芯片算子库和高度自动化算子开发工具 CANN、支持端边云独立与协同统一训练和推理框架 MindSpore、提供全流程服务的一站式 AI 开发与管理平台 ModelArts、面向生产环境的模型自动优化 ExeML 等。在华为开发者大会 2020（Cloud）上，华为宣布全场景 AI 计算框架 MindSpore 在码云正式开源，企业级 AI 应用开发者套件 ModelArts Pro 在华为云上线，以及推出基于昇腾的高效算子开发工具 TBE。其中，ModelArts Pro 定位为企业 AI 生产力工具，将算法专家的积累和行业专家的知识沉淀在相应的套件与行业工作流（Workflow）中，全面提升行业 AI 开发效率和落地效果。

在华为开发者大会 2020（Cloud）上，华为推出了 CloudIDE 集成开发环境。作为华为云 DevCloud 开发平台组件之一，CloudIDE 是轻量化、云原生、基于 Web 的集成开发环境服务，支持鲲鹏原生和多语言，打通了开发态和运行态，CloudIDE 服务是华为为开发者提供的最重要的服务之一。从软件开发者工具历程来看，第一代是代码编译器，直接、快速、轻量但很难使用；第二代是可视化桌面 IDE，代表为微软的 Visual Studio，其产品相对厚重，但提供了强大的代码理解和调试能力；第三代是在微软于 2015 年发布在线版本 Visual Studio Code 之后，CloudIDE 服务瞄准了 Visual Studio Code 的所有特性，还支持鲲鹏、昇腾等异构计算。截至 2020 年年初，已有超过 40 万名用户在 DevCloud 上开发了超过 50 万个项目。华为还宣布，2020 年 CloudIDE 对所有鲲鹏实例全年免费。

截至 2020 年年初，华为与产业伙伴联合成立了 15 个鲲鹏生态创新中心，与 600 多家 ISV 伙伴推出了超过 1500 个通过鲲鹏技术认证的产品和解决方案，广泛应用于金融、政府与公共事业、运营商、能源等行业；华为还与数十家伙伴合作，推动基于华为昇腾 AI 处理器的 Atlas 系列模块、板卡、小站、服务器在智慧交通、智慧电力、智慧金融、智慧城市、智能制造等数十个行业落地。简而言之，华为正在围绕开发者重塑软件生产力。

激活 SaaS 软件开发

在 2020 年 9 月的华为全联接大会 2020 上，华为云业务总裁郑叶来表示：经过 3 年的发展，华为云已经汇聚 150 万名全球开发者，也就是说从 2017 年华为云刚发布时的近乎空白增长到 3 年后的 150 万名开发者。在华为全联接大会 2020 上，华为云进一步发布了一系列的极简平台、技术使能服务和商业扶持计划，致力成为最佳应用构建平台，同时也期待成为中国软件开发企业值得信赖的伙伴。

在华为全联接大会 2020 上，华为云进一步抛出了对技术工具与商业变现方面的扶持。在技术工具方面，华为云为开发者提供全流程极简开发工具，通过提供 1 个通用工具平台和多个热点场景的工具套件，支持 Full Code 和 Low Code/No Code 多种开发模式，可使开发效率提高 10 倍。例如，利用低代码开发服务 ROMA AppCube，开发者可以快速构建城市 IOC 管理中心。

在商业变现方面，华为云进一步通过两大应用分发平台，加速商业价值转化：华为云 Marketplace 和华为应用市场 AppGallery 两大应用分发平台提供强大的应用分发能力和商业扶持计划，让开发者可以获得丰富的云资源和流量。例如，厦门卡伦特是一家成立不久的在线 CAD 软件提供商，在 2019 年年初开始对外提供服务，在华为云 Marketplace 上，其在短短一年内销售业绩增长 6 倍，销售额迅速突破千万元。

截至 2020 年，经过两年的发展，华为云 Marketplace 年交易额超过 10 亿元，订单数量超过 10 万个，超过 30 个伙伴的销售额已经超过 1000 万元。2020 年 9 月，华为云又推出了 SaaS 应用扶持计划，首批扶持 1000 个 SaaS 应用，每个应用可获得最高 20 万元的云资源。此外，华为云联合 AppGallery Connect，为集成 HMS Core 且上架 AppGallery 的创新应用提供更多技术及资源支持，推出华为云 HMS 生态扶持计划，首批提供 5 亿元的云资源，重点扶持 1500 个 HMS 应用。在商用阶段，每个应用还将获得最高 120 万元的广告资源扶持。

2021 年上半年，在经历了多次调整后，华为消费者云业务总裁张平安兼任华为 Cloud BU CEO。面向未来，华为云和面向智能终端业务的华为终端云将迎来融合发展的新时代，为 SaaS 软件开发者激活新的创业创新空间。

后记
后疫情时代，全社会提速数字化转型

2020年全球疫情在人类历史上留下了永久性的一页。多国多地的"封国""封城"、全球居家办公、长期保持社交距离等前所未有的举措，不仅造成了全球物流大中断、供应链大中断、人口流动大中断等各种"大中断"，更由此造成了对商业运作、企业运营和社会运转的重大影响。可以说，2020年全球疫情将永久性改变人类社会的行为。

但2020年全球疫情又是一个重大的契机。在物理"大中断"出现的地方，数字平台则迅速填平了"鸿沟"。一夜之间，全人类开始向数字平台和数字世界展开了大规模迁移。在中国，2020年春节过后的复学复工让数以亿计的学生和员工都转移到了线上复学复工，数以万计的企业、政府机构、社会组织都在迅速上线移动互联网和云服务，将社会行为迁移上线。

可以说，2020年全球疫情让全球的数字化转型提速了至少2年，有的领域甚至提速了5年。很多在疫情前已经规划了数字化项目的企业和机构，在疫情期间全力投入和全线上线数字化解决方案。在物理中断的地方，人们希望通过线上方式重新连接起来，但是线上方式并不等同于传统的物理方式——从智能机器到无人工厂、从防疫机器人到无人机物流、从远程会诊到基于增强现实技术的远程维修……

信息化、数字化、智能化的技术，在2020年全球疫情期间大量渗透到人类社会的生产生活中，而这些技术并不会因为疫情的消散而消失，相反将永远进入社会基础设施和生产生活实践中，将永久性改变人类社会的面貌和人们的行为方式。这就是新基建的意义所在，新基建不仅仅是中国的新基建，更是全世界向数字经济与数字社会发展的探索与实践，是人类社会基础设施的再发明、再创造、再进化。

从电力和供电系统进入人类社会基础设施，从而推动人类从蒸汽时代进入电气时代，直至引发第二次工业革命的过程来看，这是一场近百年的演进。而信息技术和数字技术正在经历同样的进程，2020年全球疫情正是一次全球数字化进程的集体加速。中国的新基建恰逢全球疫情，而中国又最先走出疫情影响、进入后疫情时代并成为2020年全球唯一经济正增长的主要经济体，这给予了中国新基建一次领跑全球的机会。

本书写作过程历时3年，从2017年到2020年，恰经历了以云计算、人工智能和大数据为代表的数字技术体系进入成熟期、全球大规模数字化转型、2020年全球疫情引发数字化转型提速及中国新基建的开端。在2021年年初，一切都十分清晰——我们将永久性进入新基建时代，而新基建将带来数字技术的普惠及为数字经济"筑基"。

如果说电力催生了电视机、计算机、现代工厂等依靠电力运行的创新应用，那么新基建所普惠的智能计算力将催生怎样的新创新和新应用呢？一切都再一次有待于人类的想象与创造！

反侵权盗版声明

电子工业出版社依法对本作品享有专有出版权。任何未经权利人书面许可，复制、销售或通过信息网络传播本作品的行为；歪曲、篡改、剽窃本作品的行为，均违反《中华人民共和国著作权法》，其行为人应承担相应的民事责任和行政责任，构成犯罪的，将被依法追究刑事责任。

为了维护市场秩序，保护权利人的合法权益，我社将依法查处和打击侵权盗版的单位和个人。欢迎社会各界人士积极举报侵权盗版行为，本社将奖励举报有功人员，并保证举报人的信息不被泄露。

举报电话：（010）88254396；（010）88258888
传　　真：（010）88254397
E-mail：　dbqq@phei.com.cn
通信地址：北京市万寿路173信箱
　　　　　电子工业出版社总编办公室
邮　　编：100036